RICHAR

Das zünd

RICHARD ROHR

Das zündende Wort

TÄGLICHE ÜBERRASCHUNGEN

Herausgegeben von John Bookser Feister

Aus dem Amerikanischen übersetzt
von Bernardin Schellenberger

KIRCHENJAHR-LESEBUCH

HERDER
FREIBURG · BASEL · WIEN

Titel der Originalausgabe
RADICAL GRACE
Daily Meditations by Richard Rohr

Published by St. Anthony Messenger Press, Cincinnati, Ohio

Gewidmet
vier begnadeten Frauen:
Cathy Bookser Feister, Patti Dailey Garrity,
Sr. Pat Brockman OSU, Christina Spahn

2. Auflage

Herstellung: Clausen & Bosse, Leck 1994
Gedruckt auf umweltfreundlichem,
chlorfrei gebleichtem Papier
ISBN 3-451-23252-9

VORWORT DES HERAUSGEBERS

Die Betrachtungstexte dieses Bandes sind so angelegt, daß sie dem Verlauf des Kirchenjahres folgen; die Datumsangaben beziehen sich auf das Lesejahr B 1993/94. Doch der Leser sei gleich zu Anfang ermutigt, das Buch so zu benutzen, wie es für ihn am ergiebigsten ist. Mancher wird es als täglichen Begleiter verwenden, der ihm für jeden Tag eine Anregung zum Nachdenken bietet; ein anderer wird lieber kreuz und quer darin lesen und sich von Textstellen überraschen lassen, die ihn besonders ansprechen. Beide Arten erfüllen das Anliegen, das uns beim Zusammenstellen dieses Bandes geleitet hat: aus allem, was Richard Rohr im Lauf von zwei Jahrzehnten gepredigt und geschrieben hat, eine Sammlung seiner besten Gedanken und Anregungen anzubieten.

Wer die Hörkassetten von Richard Rohr kennt, wird schnell merken, daß unsere vorliegenden Betrachtungstexte davon nicht wörtlich übernommen sind. Was beim Sprechen von besonders eindringlicher Wirkung ist – das Wiederholen, die Betonung, das Langsamerwerden oder Beschleunigen und andere Kunstgriffe –, wirkt als Lesetext meist nicht besonders gut. Was hier geboten wird, sind oft gestraffte Sätze; gelegentlich sind sogar mehrere verschiedene Quellen zu einem einzigen Betrachtungstext verwoben. Richard hat selbst noch für fast alle Texte, als sie zunächst einmal im Konzept vorlagen, neue Formulierungen oder ergänzende Gedanken beigesteuert. Öfter waren das Äußerungen, die er bereits in irgendeiner anderen seiner vielen Veröffentlichungen geäußert hatte (er ist ja von ungeheurer Produktivität!).

Wo nötig, wurden vor allem in den frühen Vortragstexten unpräzise Aussagen auf den heutigen Stand gebracht, um nicht den Richard Rohr der 1970er, sondern denjenigen der 1990er Jahre vorzustellen. Im Verlauf der letzten zwanzig Jahre hat sich unsere Redeweise über Gott und über unser menschliches Miteinander beträchtlich weiterentwickelt. Doch die Beziehung zwischen Vater und Sohn als Gleichnis für ein richtiges Gottesverständnis bleibt für Richard von zentraler Bedeutung und wurde deshalb so stehengelassen.

Der Leser findet in diesem Buch beträchtlich mehr Tage, als irgendein Jahr jemals hat. Der Grund dafür ist, daß die Dauer einiger Kirchen-Jahreszeiten von Jahr zu Jahr ziemlich schwankt. Der Advent zum Beispiel dauert nur ganz selten volle vier Wochen, weil Weihnachten meistens schon auf einen der Wochentage der vierten Adventswoche fällt. In diesem Buch sind die längstmögliche Adventszeit und die längstmögliche Weihnachtszeit vorgesehen. Das gleiche gilt für die Abschnitte „Im Jahreskreis" vor der Fastenzeit und nach Pfingsten, die ebenfalls von sehr unterschiedlicher Länge sein können.

Hier sind also so viele Besinnungstexte vorgesehen, daß sie in jedem Fall für den längstmöglichen Zeitabschnitt im Kirchenjahr reichen. Das Buch ist damit jedes Jahr verwendbar. Wenn Sie das Buch zur tagtäglichen Anregung verwenden, überschlagen Sie einfach an den betreffenden Stellen etliche Seiten, um genau mit dem liturgischen Kalender Schritt zu halten. Und wenn Sie ohnehin wahllos darin Texte aufschlagen, bereichert die Überzahl ja nur die Auswahl.

Die Besinnungstexte sind zwar auf den liturgischen Kalender der Kirche abgestimmt, doch wurde nicht versucht, die Betrachtungen an die im Lektionar vorgesehenen Tageslesungen anzuknüpfen; sie wollen lediglich der Grundthematik der jeweiligen Kirchenjahreszeit entsprechen.

Ich wünsche dem Leser das, was ich selbst in diesen Texten reichlich gefunden habe: fruchtbare Impulse, herausfordernde Gedanken und neue, in die Weite führende Perspektiven.

John Bookser Feister

EINFÜHRUNG DES AUTORS

Es ist immer ein Risiko, vor großem Publikum zu sprechen – vor allem, wenn man etwas über Gott sagen will. Aber das dann schwarz auf weiß vorzulegen grenzt an Tollkühnheit. Meine Freunde ziehen mich schon auf, es gebe nicht den mindesten Gedanken von mir, der nicht ins reine getippt sei. Um so mehr fürchte ich jetzt, meine unsteten Gedanken würden nun endgültig „in Stein gehauen". Gerade zur rechten Zeit, damit man mich damit steinigen kann.

Ein Fachmann in Kommunikationswissenschaft hat mir unlängst gesagt, nur zwölf Prozent dessen, was Menschen sich übermitteln, werde über das blanke Wort übermittelt. Sechsunddreißig Prozent des Sinns werde durch Gestik, Modulation der Stimme, Betonung, Wiederholung und Klangfarbe ausgedrückt, während sich sage und schreibe zweiundfünfzig Prozent aus dem Umstand und Zusammenhang ergeben, in dem das Wort gesprochen wird. Der lebendige Vortrag und Tonbänder sind also „heißere" Medien als Bücher. Man kann dabei seine Spuren verwischen, seine Zuhörer über trockenere Strecken bei der Stange halten, eine Übertreibung kaschieren und mit der Inbrunst seiner Überzeugung die schlichte Logik oder Grammatik ersetzen.

Auf dem Papier ist das anders: da müssen die Gedanken schlüssig aufeinanderfolgen, müssen einen Sinn ergeben und kontinuierlich das Interesse des Lesers wachhalten. Sollte die vorliegende Sammlung diesen Ansprüchen einigermaßen genügen, so verdankt sie das weithin John Bookser Feister, der mir dieses Unternehmen nahegebracht hat. Mit Hingebung hat er Tonbänder aus vielen Jahren abgehört, mir unablässig eingeredet, damit könne man noch einiges Gute tun, und meine kunstlosen Äußerungen in sprachlich ansehnliche Form gebracht. Ein Bekannter hat mir unlängst geschrieben: „Der Mensch muß lange träumen, ehe er etwas Großes vollbringen kann, und Träume werden in der Dunkelheit gespeist." Dieses Buch ist die Frucht meines eigenen

Ringens mit der Dunkelheit, und zugleich sicher auch des Ringens von John. Allerdings sind wir nüchtern genug, um unsere Frucht nicht für etwas außergewöhnlich „Großes“ zu halten.

Viele Leute auf der Straße sagen zu mir: „Ich habe deine Entwicklung miterlebt.“ Darauf antworte ich gewöhnlich: „Ich hoffe, es stimmt, daß ich mich weiterentwickelt habe.“ Wenn ich zurückblicke, erkenne ich deutlich vier Stadien meiner inneren Entwicklung, in denen ich diese Texte formuliert habe. Das erste Stadium hatte evangelistischen Charakter, im zweiten lag die Betonung auf der Beziehung zu Gott und den Menschen, im dritten ging es mir um die soziale Seite des Evangeliums, und im vierten beschäftigte mich die Kontemplation.

Ich habe seinerzeit angefangen mit meiner ersten Serie von Tonkassetten, „The Great Themes of Scripture“. Sie kam 1973 in der St. Anthony Messenger Press heraus. Das war das Goldene Zeitalter der Kommunität von New Jerusalem: ich war jung, unbefangen, begeistert, verliebt in Gott und die vielfältigen Möglichkeiten, die mir offenstanden. Vielleicht war das eine Art „Anfänger-Naivität“, aber das Leben von vielen änderte sich radikal, und ich hielt das für selbstverständlich. Das Evangelium, das wir neu entdeckt hatten, weckte in mir und vielen anderen, die sich zum erstenmal in den Menschen Jesus verliebt hatten, eine freudige Begeisterung. Ich wünsche mir manchmal, ich könnte zu diesem einfachen evangelistischen Glauben zurückkehren. Er machte am meisten Spaß.

In den späten siebziger Jahren hatte unser Bewußtsein entdeckt, daß die Verhältnisse alle viel komplexer waren; der Reiz des Neuen überdeckte nicht länger die Widersprüche. Die Vision erwies sich nicht immer als unmittelbar wirksam und fruchtbar. Das war die Phase, in der ich mich sehr auf Beziehungen konzentrierte: Ich versuchte alle losen Enden zusammenzuflicken, in endlosen Gesprächen und Vorträgen über Beziehungen, Familie, Sexualität, Heilung, Tagebuchführen, Träume, Management, Führerschaft, Persönlichkeitstypen, Gruppendynamik, Gesetz und Freiheit, Gebetsweisen, Ego und Schatten, linke und rechte Gehirnhälfte – und schließlich die Erfahrung des „Nicht-Denkens".

Gott allein weiß, mit welcher Hingabe wir alles mögliche versucht haben! Und oft kam recht viel Gutes dabei heraus. Wir vertieften unsere Selbsterkenntnis beträchtlich, wir bekamen ein lebhaftes Gespür für das abgrundtiefe Geheimnis, als Menschen beieinander zu sein, und wurden oft genug wieder auf Gott und auf die Gemeinschaft zurückgeworfen. Wir wußten, daß das letztlich das einzige war, was uns blieb, obwohl wir bestimmt zumindest in unserem Kopf einen letzten Halt für uns selbst nicht loslassen wollten. Das ist das Kreuz mit unserem komplexen Bewußtsein: Wir möchten an ihm festhalten, wie es Dinge fixiert und begreift, statt es einfach loszulassen und zur Erleuchtung zu gelangen. Das alles war gut und sogar notwendig, aber es war nicht der ganze Weg.

Ungefähr 1980 hatte ich damit angefangen, Einkehrzeiten in Ländern der Dritten Welt zu halten. Ich konnte von da an nicht mehr vergessen, was ich gesehen, gespürt und gelitten hatte. Gottes Terminkalender umfaßte sehr viel mehr als Amerika, sehr viel mehr als die katholische Kirche und ganz bestimmt sehr viel mehr als eine einzige prächtige Gemeinschaft in Cincinnati. Oft bewegten mich Ärger oder Frustration dazu, über Themen wie Gerechtigkeit, soziale Belange und Frieden zu sprechen. Darüber waren viele nicht besonders erfreut, „sogar unter den Erwählten". Sie müssen gedacht haben: „Ja, falsche Christusse und falsche Propheten werden auftreten" (Mt 24,24). „Warum kann Richard nicht allein heimkommen? Warum schleppt er uns ganz Asien und Lateinamerika ins Land? Und außerdem – das hört sich überhaupt nicht mehr wie die ‚Frohe Botschaft' an."

In dieser Zeit wurde mir immer klarer, daß wir alle die Opfer eines allumfassenden und selbstsüchtigen Mythos waren. Der einzige Weg zurück zu einem wahren Evangelium bestand darin, die Kehrseite der Geschichte zu lesen, sich solidarisch auf die Seite der Lämmer, die geschlachtet werden, zu stellen, auf die Seite des Christus, der in jedem Zeitalter gekreuzigt wird. Ich bedauerte nur, daß ich diese soziale Seite des Evangeliums in der Frühzeit meiner Verkündigung nicht aufs Tapet gebracht hatte. Die vielen, die sich im Lauf dieser Jahre von mir abgewendet haben, haben mich etwas ganz deutlich gelehrt: Die Religion ist nicht immer das gleiche wie das Evangelium – in Wirklichkeit sind beide gelegentlich Todfeinde.

Mitte der achtziger Jahre war mein Bedürfnis, das Äußere und das Innere wieder auf einen Nenner zu bringen, so stark geworden, daß mir die Franziskaner ein Sabbatjahr für die Kontemplation zugestanden, in dem ich versuchen wollte, das ganze Puzzle wieder zusammenzusetzen. Ich entdeckte in diesem Jahr unsere eigene kontemplative Tradition, und schließlich gelang es mir, mich fest in dem einzuquartieren, was Thomas Merton „den Palast von Nirgendwo, wo all die vielen Dinge eins sind", genannt hat. Das Gebet ist der einzige Raum, der so weitläufig ist, daß jegliche Wahrheit darin Platz findet.

Im Anschluß daran bin ich nach Neu Mexiko gezogen und habe das „Center for Action and Contemplation" gegründet, wo viele von uns arbeiten und sich um eine Integration von Gebet und Leben in dieser Welt bemühen. Es war kein Zufall, daß gleichzeitig mit dieser Entwicklung des kontemplativen Weges für mich wieder Themen wie Sexismus, Feminismus und männliche Spiritualität wichtig wurden. Diese Tabus und faszinierenden Dinge stecken im spirituellen Kern der meisten Fragen um Gerechtigkeit und Gebet. Wer an den Geist rührt, findet zur Leibhaftigkeit. Wer leibhaftig bleibt, der rührt unvermeidlich an den Geist.

Ich möchte Sie anregen, diese täglichen Besinnungstexte so zu lesen, daß Sie sich jeweils den Kontext vor Augen halten, in dem sie ursprünglich gesprochen wurden; also nachzusehen, ob sie aus einer evangelistischen Phase stammen oder aus der Phase, in der ich den Schwerpunkt auf die Beziehungen, auf die soziale Dimension des Evangeliums oder auf die Kontemplation gelegt habe. Im Quellennachweis können Sie die Daten finden.

Manche Texte sagen Ihnen vielleicht nichts; andere sind vielleicht genau das, was Sie für Ihren eigenen nächsten Schritt brauchen. Steht ein Text Ihrer eigenen Erleuchtung im Weg oder zerrt Sie einer unnötigerweise zurück zum komplexen Bewußtsein, dann „schütteln Sie den Staub von Ihren Füßen" (Mt 10,14) und gehen Sie zum nächsten Text weiter.

Wenn Sie in sich selbst inneren Widerstand spüren; wenn Sie nicht mit dem übereinstimmen, was ich sage, geben Sie die Schuld diesem schwachen Instrument, aber nie dem Evangelium. Denn das Evangelium ist immer noch Kraft und Leben und gelegentlich Licht. Der Botschafter ist schwach, aber die Botschaft ist unfehlbar. Ich hoffe, ein wenig davon sickert durch.

Ich würde mich selbst an der Nase herumführen, wenn ich mich für einen gelehrten Theologen oder einen Heiligen halten würde. Ich bin bloß ein Franziskaner. Wir haben die Berufung, den Reichtum des Evangeliums unters Volk zu bringen, und zwar, wie Franziskus sagt, „ohne eigenen Zusatz".

Center for Action and Contemplation,
Albuquerque, New Mexico,
im Januar 1993

Richard Rohr OFM

EINLADUNG ZUM MENSCHSEIN AUS DEM GEIST

Neben dem, was wir alles tun, ist etwas anderes am Wirken: das ist die Liebe. Ich wünschte, ich könnte Ihnen beweisen, daß sie auch in diesem Augenblick am Werk ist. Aber die Liebe ist nicht immer unbedingt greifbar. Ich wünschte, ich könnte Sie so eindeutig davon überzeugen, daß Ihnen kein Wenn und Aber mehr möglich wäre. Aber ich kann nur sehr viel weniger tun: Sie einladen, das zu tun, was Jesus getan hat; also nicht dauernd im Bogen um unser Menschsein herumzulaufen, sondern sich darauf einzulassen und es zu spüren. Ich lade Sie in den Schmerz und in die Freude des Menschseins ein.

Jesus lädt uns ein, nicht an der Macht, sondern an der Ohnmacht dieser Welt teilzunehmen. Das ist für Christen der absolut notwendige Ausgangspunkt. Die Logik dieser Welt wird das nie begreifen. Aber sehen Sie sich einmal in Ruhe und Geduld an, auf welche Weise die Menschen ihr Leben und ihre Lebenskraft miteinander teilen. Sehen Sie sich an, wie das geschieht, wenn jemand sich völlig ändert. Das fängt immer in Ohnmacht an. Napoleon hat rückblikkend gesagt, die Macht veränderte im Grund überhaupt nichts; sie könne höchstens alles ein bißchen anders anordnen. Eine wirkliche Änderung kann letztlich und in Fülle nur durch ein Leben aus dem Geist, und zwar aus dem Geist Gottes, herbeigeführt werden. Ich lade Sie zu diesem Leben ein und zugleich zu allem, was sich daraus ergibt.

NOVEMBER
DEZEMBER

KOMM, HERR JESUS

Komm, Herr Jesus!" Die christliche Bibel schließt mit dieser dringenden Einladung an Jesus, bei uns zu sein. Zugleich ist das ein Eingeständnis, daß das, was kommen wird, noch nicht ganz da ist (Offb 22,20). „Komm, Herr Jesus!" heißt also: die ganze Geschichte der Christenheit muß sich in einer absichtlichen Unerfülltheit abspielen.

Und doch bitten wir, daß uns die Angst genommen werde. Wir sagen: „Warum hast du dies und jenes nicht für mich getan?" Wir neigen zum Enttäuschtsein, weil die Wirklichkeit nicht unsere Erwartungen erfüllt, oder weil jemand sie nicht erfüllt: unsere Frau, unsere Kinder, unsere Gemeinschaft. Wir weigern uns, zu sagen: „Komm, Herr Jesus!"

Und so weigern wir uns, aus einer Haltung der Offenheit, der Freiheit, der Ergebung zu leben. Wir verlangen von uns selbst und voneinander zu viel. Das Wort Gottes hat uns nicht angeleitet, das zu verlangen oder auch nur zu erwarten.

Jetzt schon das ewige Leben haben wollen heißt: nicht in Hoffnung oder Glauben leben. Die einzige Art Leben, die uns für diese Welt versprochen ist, ist jenes geheimnisvolle Leben, in dem Leben und Tod bunt durcheinandergewürfelt sind: das österliche Mysterium des Übergangs vom Tod zum Leben.

ERKENNE DEN HERRN

Wir sind wie Betlehem: zu klein, um uns die Größe vorstellen zu können, die in uns steckt: „Aber du, Betlehem-Efrata, so klein unter den Gauen Judas, aus dir wird mir einer hervorgehen, der über Israel herrschen soll" (Mi 5,1).

Gott in seiner Gesamtheit läßt sich überall finden. Indes wird er nur dort sichtbar, wo die einzelnen Teile es lernen, alle anderen Teile zu lieben. Zuerst muß man Gott mit Hilfe der Gnade in seiner eigenen winzigen Seele wahrnehmen können. Ich vermute, wer das gelernt hat, gewinnt auch gleichzeitig die Freiheit und Einsicht, Gottes Anwesenheit im Leib Jesu und im Leib des ganzen Universums zu erkennen.

„Wer bin ich, daß die Mutter meines Herrn zu mir kommt?" (Lk 1,43), sagt Elisabet. Wahrscheinlich ist es so: Wenn ich diese winzige Gnade, diese verborgene Ganzheit, dieses Kind im Mutterschoß erkennen und an es glauben kann, dann wird mein Geist auf die größere Heimsuchung vorbereitet, auf die Offenbarung des Sohnes Gottes. Doch bin ich mir stets darüber im klaren, daß Gott nicht lediglich eine Erfahrung meiner selbst ist. Man könnte richtiger sagen, ich sei eine Erfahrung im Geist und Herzen Gottes. Uns modernen Menschen, die alles von sich selbst her beurteilen, ist das sehr schwer klarzumachen. Wenn wir jedoch den Mut aufbringen, an dieses heilige Geheimnis zu glauben, werden wir zu Teilhabern einer Gegenwart, die ein überwältigendes Geschenk und zugleich eine kostbare Überraschung ist. Wir haben keinen wirklichen Anspruch darauf, sie ist nicht unbedingt notwendig, aber der Glaube an sie fällt ganz leicht!

Indem wir uns dafür öffnen, bereiten wir Christen uns auf das große Fest vor. Gott fängt als erster an. Er läßt Geist zu Fleisch werden und senkt in Fleisch Geist. Diejenigen unter uns, die es wie Elisabet gelernt haben, auf diese heiligen Heimsuchungen zu setzen, machen die Erfahrung, daß unser Leben in uns vor Freude hüpft!

MARIA LÄSST ALLE ANGST HINTER SICH

Als Maria die Anrede von Gott her hört, denkt sie nicht lange darüber nach, sondern *handelt* auf der Stelle: „Sie machte sich auf den Weg und eilte in eine Stadt im Bergland" (Lk 1,39). Hier ist keine Rede von langer Planung, Begleitung, Transportmöglichkeiten oder eventuellen Schwierigkeiten unterwegs. Wie bei Abraham und beim geflügelten Merkur bestand ihre Bewegung *aus* der Tat, bewegte sie sich in Richtung Tat, um ihrer Base beizustehen. Ihr Führer und ihr Lehrer waren die Ereignisse selbst. Sie fing erst gar nicht damit an, sich alles im voraus auszumalen und entsprechende Vorkehrungen zu treffen; sie überließ die Vorkehrungen Gott, der mit ihr mittels ständiger alltäglicher Begegnungen verkehrt. Ihr Lehrer ist das tatsächliche Leben. Daher war sie fähig, Engel zu hören. Und deshalb konnte sie auch Elisabet hören.

Wenn wir alle unsere Ängste hinter uns lassen und entschlossen zur Tat schreiten, gibt uns das ein Gefühl, daß wir voller Kraft sind und daß Gottes Kraft in uns am Werk ist.

Maria verwahrt sich nicht in falscher Demut gegen Elisabets „laute Stimme": „Gesegnet bist du mehr als alle anderen Frauen ... Selig ist, die geglaubt hat, daß sich erfüllt, was der Herr ihr sagen ließ" (Lk 1,42.45). Maria ist nämlich eine Frau, die sich selbst voll in der Gewalt hat. Sie hat keine Schwierigkeiten damit, daß ihre Kraft gerühmt wird, denn sie weiß, daß ihr diese Kraft von Gott geschenkt ist. Ihr steht es zu, sie auszuüben und anzubieten. So kann sie stolz ins Magnificat mit einstimmen. Diese Frau kennt genau ihre Grenzen, ihre Mitte und ihre Gabe. Sie hat ihre Würde weder verdient noch erarbeitet. Sie hat sie einfach.

DEIN REICH KOMME, MEIN REICH VERGEHE

Jegliche falsche Religion nährt sich in gewisser Hinsicht von der gleichen Halbheit: ihre Anhänger beten in der ersten Satzhälfte „Dein Reich komme", aber sie unterschlagen die zweite Hälfte des Satzes: „Mein Reich vergehe". Das geschieht immer dann, wenn wir versuchen, beide Reiche aufrechtzuerhalten; wenn wir bekennen: Jesus ist der Herr unseres Lebens und zugleich selbst die Herren unseres Lebens bleiben wollen.

Wenn Jesus nicht tatsächlich der Herr unseres Lebens ist, passiert es ziemlich sicher, daß wir danach trachten, uns mit unserem Leben als die Herren anderer zu gebärden. Aus dieser Einstellung stammt dann jener Zug zu rücksichtsloser Vormacht, gnadenlosem Wettbewerb und unglaublichem Erfolg, der weithin die westliche Zivilisation auszeichnet. Christen haben sich gegenseitig ihr eigenes Reich übergestülpt und dabei behauptet, sie stünden im Dienst des Reiches Gottes und Jesu Christi.

Wir dürfen nicht weiterhin den Wunsch „Dein Reich komme" im Mund führen, wenn es uns in Wirklichkeit um unser ganz persönliches oder nationales Reich geht. Wie war das mit Spanien, Frankreich, England? Das waren die christlichen Nationen: ging es denen vor allem um das Reich Gottes oder (wie vielen Amerikanern) um die Vergrößerung ihrer eigenen Spielwiese?

Ich brauche als Prediger bloß an diese heilige Kuh zu rühren, und schon kommt ans Licht, um welches Reich es den Leuten wirklich geht. Sie sagen zwar munter „Komm, Herr Jesus", aber das Goldene Kalb, vor dem sie auf den Knien liegen, ist meistens ihr eigener Wunschzettel und derjenige ihres Nationalstaats. Aber Sie können nicht allen Ernstes sagen „Komm, Herr Jesus" und so leben! Gott schert sich keinen Deut um nationale Grenzen!

SICH DER HERRSCHAFT CHRISTI UNTERWERFEN

Die Kirche spielt die gleiche Rolle wie Johannes der Täufer; sie spielt die gleiche Rolle wie der Leib Jesu. Der Leib Jesu mußte sterben, damit das Reich Gottes kommen konnte. Johannes der Täufer mußte über sich selbst hinaus auf das Reich Gottes verweisen. Die Kirche ist kein Ziel in sich selbst; die Kirche ist ein Mittel. Das Ziel ist das Reich Gottes. Sooft wir aber ein Mittel zum Ziel machen, erschaffen wir einen Götzen. Nach Ausweis der Bibel ist dieser Götzendienst die allergrößte Sünde. Vielleicht ist das sogar die einzige wirkliche Sünde.

DIE LIEBE IST WIE EIN SPIEGEL

Die Zen-Meister sagen, der Spiegel sei ohne Ego und ohne Absicht. Schaut ein Gesicht in ihn hinein, so reflektiert er ein Gesicht. Stellt man einen Tisch vor ihn, so reflektiert er einen Tisch. Er zeigt alles so, wie es wirklich ist. Seitens des Spiegels kommt keinerlei wertender Geist oder ichbezogenes Denken ins Spiel.

Tritt etwas in sein Gesichtsfeld, reflektiert es der Spiegel; zieht es weiter, läßt es der Spiegel weiterziehen. Der Spiegel ist ganz leer von sich selbst und deshalb ganz offen für das andere. Der Spiegel läßt jeden bedingungslos ein, nimmt jeden vorbehaltlos auf. Er empfängt und reflektiert, was da ist, nicht mehr und nicht weniger. Der Spiegel ist der vollkommene Liebhaber und Kontemplative. Er wertet nicht, richtet nicht, greift nicht ein. Er hält sich an die Anweisung des Philosophen Wittgenstein: „Denk nicht! Schau!"

Wenn wir so sehen lernen wollen, wie Gott sieht, müssen wir zuerst einmal Spiegel werden. Wir müssen zunichte werden, um etwas aufnehmen zu können. Vermutlich ist das der einzige Weg dazu, daß Liebe sich ereignen kann. Um lieben zu können, bedarf es einer vollständigen Umwandlung des Bewußtseins. Um diese Umwandlung ging es allen Religionsgründern, Heiligen, Mystikern und Gurus, seit der Mensch angefangen hat, sich über Liebe Gedanken zu machen. Und die Umwandlung unseres Bewußtseins besteht darin: Wir müssen von uns selbst befreit werden.

Tatsächlich müssen wir der Tyrannei unserer eigenen Urteile, Meinungen und Gefühle über alles und jedes entrissen werden, diesen „undisziplinierten Rotten von Gefühlen", die T. S. Eliot in seinen Gedichten beklagt. Wir müssen damit aufhören, unserer falschen Subjektivität leichtgläubig zu vertrauen, die alles und jeden in der Welt zum fest umrissenen Objekt macht – und natürlich auch Gott und unsere eigene Seele. Wir gehen mit unseren eigenen Seelen um, als müßten wir sie zerlegen, beurteilen und vervollkommnen.

GIB DICH DER FREUDE HIN

Als der Prophet Zefanja einem elenden Haufen Jerusalem-Flüchtlingen im Nordreich zuredet (Zef 3,14–18) und als Paulus gefesselt im Gefängnis liegt und an die Philipper schreibt (Phil 4,4–7), besteht ihr wichtigster Rat darin, sich grenzenlos zu freuen. Beide sprechen von unserer Berufung zu Heilsein und Heiligkeit. Sie haben sich innerlich völlig von ihrem praktischen äußeren Zustand und ihren vordergründigen Gefühlen gelöst und schöpfen aus einer objektiven Quelle, aus einem bodenlosen Brunnen, der Freude spendet, die im Gehorsam aufgenommen werden will. Sie wissen: zutiefst ist Freude eine Entscheidung. Sie beschäftigen sich nicht länger damit, sich eine fehlerfreie Umgebung zu gestalten, die ihnen ihr Glück gewährleisten soll. Nein, sie wissen, daß Freude darin besteht, in einen anderen einzutreten, in den Anderen, in eine objektive Gegenwart, in die Liebe selbst, in Gott. Die Freude ist Gott.

Welche Freiheit eröffnet sich, wenn wir wirklich lieben und nicht mehr auf uns selbst bedacht sein müssen! Das führt uns weit darüber hinaus, daß wir uns selbst lieben, nur das suchen, was uns angemessen ist, nur unsere persönlichen Empfindungen genießen wollen. Statt dessen wird uns befohlen, für die Freude offen zu sein – auf sie zu vertrauen, ihr zu glauben. Ja, ganz verwegen wird uns *befohlen*, Gott zu lieben. Damit wird uns gleichzeitig versichert, es gebe im Anderen ein unerschöpfliches Potential an wahrer und tiefer Freude.

Zweifellos handelt es sich dabei um die „Taufe mit Heiligem Geist und Feuer", die Johannes der Täufer im Evangelium ankündigt. Das ist eine Taufe, die man nicht wie die bloße Wassertaufe veranstalten kann. Nein, auf diese Taufe kann man nur warten; nach ihr kann man sich nur sehnen; man muß an sie glauben, um sie dadurch zu empfangen. Von den Menschen, die Johannes zuhörten, heißt es, sie seien „voll Erwartung" gewesen (Lk 3,15). Sie waren innerlich darauf eingestellt und daher bereit dafür, daß sich ihnen die Freude offenbarte. Die Seher und Hörer, die Kontemplativen jedes Zeitalters sind bereit, die Freude wahrzunehmen. Gleichzeitig haben sie ein Gespür dafür, daß sie jederzeit überall aufbrechen kann.

Ich habe mich der Freude verschrieben. Mir ist aufgegangen, daß Menschen, die der Freude einen Platz einräumen, Menschen, die nichts Größeres kennen als die Freude, Menschen, die diese äußerste Wirklichkeit ersehnen, sie ganz gewiß auch geschenkt bekommen werden.

Wir sollten sie unbedenklich den Flüchtlingen, den Slumbewohnern, den trostlosen Gefangenen, den zornigen Propheten ankündigen. Gelegentlich müssen wir sie sogar uns selbst ankündigen. In diesem Gefängnis des Hier und Heute, in diesem menschenverachtenden und besserwisserischen Zeitalter müssen die Christen an die Freude glauben.

IM BETONBUNKER DES ICH

Der heilige Bonaventura und der heilige Thomas von Aquin haben beide gesagt, das Sein und das Gutsein seien ein und dasselbe. Tatsächlich ist es so: wenn wir es fertigbringen, auf die Ebene reinen Seins zurückzugehen, empfinden wir das als zutiefst gut. Auf dieser Ebene bewegt sich der Kontemplative. Hier eröffnet sich das Reich Gottes. Darin besteht der ursprüngliche Segen. Jesus erkannte das Reich Gottes, weil er von dieser kontemplativen Mitte her lebte.

Zu vielen anderen Formen des Gebets, die man uns beigebracht hat, braucht man gute Gedanken oder muß viele Worte sprechen oder lesen. Ich sage nicht, sie seien schlecht; sie sind offensichtlich gut. Aber all das können wir tun; wir können fruchtbare Gedanken über Jesus und Maria entwikkeln, können die Psalmen singen oder auswendig Gebete aufsagen, ohne unser Bewußtsein zu verändern. Dann bleiben wir immer im gleichen alten System. Unser Ego ist immer noch voll in Gang. Es mag sein, daß wir nicht bewußt so denken, aber im Tiefsten denken wir es doch: „Ich bin der Mittelpunkt der Welt. Ich habe meine Gefühle. Ich habe meine Überzeugungen, und ich, in meinem Betonbunker, will jetzt an Jesus denken."

Raten Sie, was dann passiert. Nichts. Alles bleibt beim alten. Das Ei wird nicht aufgeschlagen. Die Illusion bleibt intakt.

Wenn wir dagegen vom kontemplativen Gebet sprechen, geht es uns nicht darum, innerhalb Ihres alten Systems über Jesus nachzudenken. Es geht uns um eine Bewußtseinsveränderung, bei der Sie einen neuen Standpunkt jenseits der Über-Identifikation mit dem Ego einnehmen, jenseits der Identifikation mit dem ganz privaten, abgetrennten Ich. Es geht um eine wirkliche und ständige Revolution.

GEBET UND GERECHTIGKEIT

Alles kommt darauf an, daß wir die wirkliche Quelle der Wahrheit kennenlernen. Wenn ich mich darum bemühe, die Falschheit unseres politischen Systems aufzuzeigen – kämpfe ich da lediglich um meine Richard Rohrsche Wahrheit, oder geht es mir tatsächlich um jene letzte große Wahrheit, die Jesus das Reich Gottes nennt? Ich muß mir also darüber klarwerden, daß es nicht nur darum geht, *was* ich tue, sondern auch, *warum* ich es tue und aus welchen Quellen es gespeist wird. Wenn ich erst einmal so weit bin, daß ich vom Ort der letzten Wahrheit her handle, geht es gar nicht mehr in erster Linie um den Erfolg. Es geht dann einzig darum, daß ich der Wahrheit des Evangeliums gehorche.

Wenn wir sozialen Aktivisten unfähig zum Beten sind, werden wir schließlich unvermeidlich zu Ideologen. Wir gehen den Produkten unserer eigenen Köpfe, unseren Überzeugungen oder unserer Selbstgerechtigkeit auf den Leim. Vielleicht tun wir durchaus das Richtige, aber wir tun es aus einer egozentrischen Grundhaltung heraus und nicht aus einem alles einigenden Bewußtsein; also nicht von einem Mittelpunkt her, an dem alles zur Einheit zusammenfindet. Mit anderen Worten, wir wenden dann unsere eigenen Rezepte an statt diejenigen Gottes.

Sobald wir dabei auf die Nase fallen, wird der Unterschied offensichtlich. Darum sind für uns das Scheitern, das Abgelehntwerden und die Bloßstellung so wichtig. Einzig dies sind die Mittel, die uns eindeutig erkennen helfen, ob wir von der Mitte her, vom Ort des Gebets aus handeln, oder ob wir im Grunde unsere eigenen Ziele verfolgen und sie als Ziele Gottes ausgeben.

Wenn jemand Gottes Anliegen verficht, ist er innerlich frei – er kann über sich selbst lachen, kann Bloßstellungen und Mißerfolge hinnehmen, geht es doch gar nicht um ihn selbst und sein Ansehen. Der reife Gläubige wirkt vermutlich eher wie ein heiliger Narr als wie ein Wohltäter oder „Heiliger".

NENNT DIE FINSTERNIS NICHT LICHT

Brüder und Schwestern, wir erwarten nicht, daß die Finsternis weicht. Ich habe bestimmt lange genug in der Seelsorge gearbeitet, um zu wissen, daß sie nicht weichen wird.

Wir wünschten, sie würde auf manchem der großen sozialen Problemfelder tatsächlich weichen. Wir wünschten, der Hunger auf der Welt könnte behoben werden. Wir wünschten, man könnte diese ganze Waffenproduktion und alles Töten von Menschen stoppen. Aber von einem bestimmten Punkt ab muß man kapitulieren und einfach zugeben, daß die Finsternis nicht ganz zu vertreiben ist. Wie gehen wir damit um? Wir müssen in unserem Herzen und in unseren Gemeinschaften eine innere Freiheit finden, mit der wir zumindest diese Finsternis zulassen und lernen, mit ihr sinnvoll umzugehen.

Mit anderen Worten: Nennt die Finsternis nicht Licht! Nennt die Finsternis nicht gut. Ich glaube, viele von uns sind schon verleitet worden, das zu tun. Will man das ändern, so muß man einfach damit aufhören, sie in Ordnung zu finden. Wenn wir davor kneifen, die Finsternis als solche zu bezeichnen, gehen wir ihr in die Falle. Das ist gefährlich. Das ist eine falsche Art von Unschuld. Wenn wir die Finsternis beim Namen nennen können, können wir es auch lernen, so zu leben, daß sie nicht über uns kommt.

Die Länder der Ersten Welt sind unerlöst und können nur ungeheuer schwer zur Freiheit erlöst werden. Das liegt vor allem daran, daß in ihnen bei der Mittelklasse der Bürger die Grenzen zwischen Finsternis und Licht völlig verschwommen sind. Wenn nichts mehr verboten ist, wird auch nichts mehr verlangt. Diesem Zustand haben wir uns schon sehr angenähert. Ich glaube, das ist das, was Thomas Merton die „organisierte Verzweiflung" genannt hat.

FRAUEN IM GEFÄNGNIS

Ich bin in Albuquerque Gefängnisseelsorger. Die Art, wie ich zu diesen Leuten im Knast predigen kann, liegt mir. Für sie ist nicht alles so kompliziert wie für uns. Sie haben sich nicht derart in einem Dickicht von Wörtern und Begriffen verheddert, daß nichts mehr klar ist. Für sie ist ganz klar, was der Tod ist, ganz klar, was es heißt, Leute zu vernichten, und wie das ist, Leute zu vernichten. Ihre Psyche hat ganz einfach nicht so viele Mechanismen zu ihrem Selbstschutz entwikkelt, weil sie durch ihre Lage knallhart mit der Realität konfrontiert werden.

Einige meiner drei dortigen Sonntagsmessen ist für Frauen. Diese Frauen fühlen sich ungeheuer miserabel. Aus irgendeinem Grund scheint es für Männer normalerweise vorstellbar zu sein, eventuell ins Gefängnis zu geraten. Männer, das weiß jeder, sind halt schlecht. Aber von Frauen denkt man nicht von vornherein, sie seien schlecht; Frauen sind eigentlich gut. Frauen haben Kinder. Frauen sind weise.

Diese Frauen im Gefängnis tragen eine Extraladung Schuld mit sich herum. Immer wieder fragen sie mich: „Warum bin ich hier? Was habe ich denn getan?" Ihre Kinder sind daheim, und sie sind im Gefängnis. Wie sollen sie es ihren Kindern beibringen, daß sie im Gefängnis sind und daß ihre Mutter ein schlechter oder ein böser Mensch ist?

Um ihnen seelsorglich überhaupt irgendwie helfen zu können, muß ich in einen Bereich vorstoßen, an den Sie und ich sonst kaum einmal denken. Da genügt die „Religion" nicht. Diese Frauen müssen sich ganz mühsam zum Glauben zurücktasten – zum Glauben an sich selbst und an Gott, der sie anscheinend verlassen hat. Nicht nur ihre eigenen Schnitzer sagen ihnen, daß sie schlecht sind, sondern ihre gesamte Lebenswirklichkeit verurteilt sie.

Notwendigerweise ist diese Wirklichkeit ein großes Stück weit geprägt vom Eigeninteresse der vorherrschenden Klasse. Um das deutlicher zu erklären, benütze ich als Beispiel gern das Fünfte und das Sechste Gebot. Ein Theologe hat mich einmal gefragt: „Warum sind für das Sechste Gebot: ‚Du sollst nicht ehebrechen' keine Ausnahmen vorgesehen, so wie für das Fünfte Gebot: ‚Du sollst nicht töten'?" Weil die Regierungen aller Zeiten, die vorherrschenden Mächte, immer eine Entschuldigung dafür gebraucht haben, töten zu können. Folglich haben wir ihnen Rechtfertigungen für die Todesstrafe und für den „gerechten" Krieg geliefert. Das nenne ich institutionalisierte Finsternis.

Paulus verwendet die vor-psychologische Sprache seiner Zeit, um das gleiche Phänomen zu beschreiben: „Wir haben nicht gegen Menschen aus Fleisch und Blut zu kämpfen, sondern gegen die Fürsten und Gewalten, gegen die Beherrscher dieser finsteren Welt, gegen die bösen Geister des himmlischen Bereichs" (Eph 6,12). Ganz gleich, ob wir nun von „der Welt" sprechen, von „Fürsten und Gewalten" oder von strukturellen Sünden, in jedem Fall versuchen wir damit die allumspannende unheimliche Macht zu beschreiben, die dem System als solchem innewohnt, um uns ins Böse zu drängen. Ein solches korporatives Böses kann nur durch korporatives Gutes überwunden werden – bloßer Individualismus hat da keine Überlebenschance.

DAS ZEHNTE GEBOT

Während all meiner Jahre als katholischer Christ habe ich noch nie eine Predigt über das Zehnte Gebot gehört. Wahrscheinlich können wir überhaupt nicht über das Thema „Du sollst nicht begehren deines Nächsten Güter" predigen, weil die westliche Gesellschaft auf dem Begehren der Güter des Nächsten gründet. Die Massenwerbung hämmert uns pausenlos ein, wir sollten Dinge begehren, die eigentlich keiner von uns braucht. Damit wird Verwirrung darüber ausgestreut, was eigentlich lebensnotwendig ist. Der Standard unseres Begehrens ist längst mit Hilfe von Illusionen und hochkomplizierten Argumenten so hochgeschraubt, daß tausend Dinge, die früher einmal höchster Luxus waren, zu Lebensnotwendigkeiten geworden sind. In unserer Kultur kann sich kein Mensch gut fühlen, dessen Urlaub in diesem Jahr nicht aufwendiger wird als sein Urlaub vom vorigen Jahr. Alles muß immer noch mehr gesteigert werden. Und gleichzeitig leidet der größte Teil von Gottes Volk auf dieser Erde an Hunger.

Die westliche Überflußgesellschaft hat das Glück unerreichbar gemacht. Wir haben ein Pseudo-Glück erfunden, einen Pseudo-Erfolg, eine Pseudo-Sicherheit, die das Herz des Menschen nie und nimmer befriedigen werden. Die meisten Mitglieder des Volkes Gottes sind gezwungen, das Glück und die Freiheit auf einer viel niedrigeren Ebene finden zu lernen. Das Evangelium sagt uns, daß man tatsächlich dort jederzeit das Glück finden kann.

Dieses Evangelium ist so traditionell, altmodisch und konservativ wie nur irgend möglich und wird sich nie ändern. Wir müssen es weiterhin sagen: Es *gibt* ein Zehntes Gebot.

SEIN LEBEN MEISTERN

Taut, ihr Himmel, von oben!" (Jes 45,8). Daß sich das Entscheidende in unserem Leben wie Tau auf uns herabsenkt – sagen das nicht viele Ihrer Weihnachtskarten, und sagen das nicht die Lesungen aus dem Alten Testament im Advent? Die Gnade fällt uns in den Schoß, wenn wir aufhören, uns endlos Sorgen zu machen und uns einzubilden, mit unserem ganzen Gewurstel, Managen und Machen könnten wir sie selbst produzieren.

Wir werden dazu ausgebildet, alles wie Manager selbst in die Hand zu nehmen, unser Leben zu organisieren, den Verlauf von allem genau vorauszuplanen. Das hat zu unserer Kultur geführt, und das ist durchaus nicht schlecht. Aber wenn man das auf das Gebiet des spirituellen Lebens überträgt, wird es zur reinen Häresie. Es funktioniert nicht.

Spirituelle Energie läßt sich nicht in Verwaltung nehmen, läßt sich nicht nach Bedarf lenken und manipulieren. Bei ihr kommt es darauf an, alles loszulassen und ihrem Wirken Raum zu geben. Vor allem geht es dabei darum, unser Ich aus dem Weg zu räumen und immer kleiner zu werden. Johannes der Täufer hat gesagt, das wolle er tun. Paulus nennt das in seinem Brief an die Philipper (2,6–11) die große „kenosis", das heißt das „Leerwerden" von sich selbst, damit ein anderer in uns Platz hat.

Uns fällt es furchtbar schwer, unser Leben nicht genau festzulegen und selbst zu managen, sondern auf die Gnade wie auf einen „Tau vom Himmel her" zu warten.

Sollen wir also passiv sein? Nein, ganz im Gegenteil. Als Buddha einmal die ähnliche Frage wie Jesus stellte: „Für wen halten mich die Leute?", gaben auch seine Schüler alle möglichen Antworten: „Du bist dies, du bist das." Der Buddha erwiderte: „Ich bin der Erwachte." Erwacht zu sein, bedeutet, wachsam zu sein, und das ist etwas sehr Aktives.

Viele unserer Adventslesungen rufen uns nur zu dem Einen, aber äußerst Schwierigen auf: wach zu sein.

DAS MITEINANDER VON MÄNNERN UND FRAUEN

Der heilige Paulus sagt: „Es gibt nicht mehr Mann und Frau, denn ihr alle seid ‚einer' in Christus Jesus" (Gal 3,28). Die neue Menschheit, zu der wir unterwegs sind, ist weder Neutrum noch Unisex noch Supersex, denn all das macht Liebe unmöglich. In Christus sind wir alle ganz, eins, vereint, integriert. Unser Ich wird *völlig heilig*. Das ist das Endprodukt des Geistes, der alle Dinge eins macht. Das ist das Endergebnis des Wirkens Gottes durch Christus, denn er wollte „durch ihn alles versöhnen" (Kol 1,20) und lädt uns ein, bei der fortschreitenden Versöhnung aller Dinge mitzuwirken (Eph 1,3–14).

Die Männer müssen zum Weiblichen bekehrt werden, die Frauen zum Männlichen. Das ist vielleicht der Grund dafür, weshalb Gott die sexuelle Anziehungskraft so stark gemacht hat.

Wenn wir in unser Nicht-Ich umgewandelt werden, ändert sich *alles*. Dadurch nähern wir uns der echten religiösen Bekehrung und Umwandlung (in unser äußerstes Nicht-Ich: in Gott) und nähern uns ihr mehr als durch jede andere Art von Umwandlung.

Vom Standpunkt der Ganzheit und der Mitte her sehen wir alles ganz anders als mit unseren üblichen halbblinden Augen. Wir sehen die Kehrseite der Dinge. Das macht uns zum Verzeihen fähig. Wir sehen, daß unser Feind nicht unser Feind ist, sondern unser spiritueller Gehilfe.

Haben wir erst einmal unseren inneren Gegenpol kennengelernt und angenommen, brauchen wir nichts mehr zu verteidigen und vor nichts mehr Angst zu haben.

ADVENTSGEBET

O Weisheit, o heiliges Wort Gottes, du herrschst mit Stärke und dennoch zärtlicher Sorge über deine Schöpfung: Komm!

O heiliger Herr des alten Israel, du hast dich dem Mose im brennenden Dornbusch gezeigt und auf dem Berg Sinai das heilige Gesetz erlassen: Komm!

O Blüte aus Jesses Wurzel, du bist als Zeichen für alle Völker aufgerichtet; Könige verstummen in deiner Gegenwart; die Nationen beugen sich in Anbetung vor dir: Komm!

O Schlüssel Davids, o königlicher Herrscher über Israel, du (nicht die Systeme dieser Welt) öffnest und schließt so, wie du willst, das Himmelstor: Komm und reiß die Gefängnismauern des Todes ein!

O strahlende Morgenröte, Abglanz des ewigen Lichtes, Sonne der Gerechtigkeit: Komm und leuchte denen, die in Finsternis und Todesschatten sitzen.

O König über alle Nationen, du einzige Freude jedes menschlichen Herzens;

O Grundstein der gewaltigen Arche der Menschheit: Komm und rette diese Geschöpfe, die du aus dem Staub geformt hast.

O Immanuel, Gott-mit-uns, König und Gesetzgeber, Sehnsucht der Völker, Retter aller Menschen: Komm und mach uns frei!

„Der Geist und die Braut sagen: Komm!" (Offb 22,17). Amen. Herr Jesus, komm bald her! Herr Jesus, komm und befreie uns aus dem Gefängnis des Todes.

Wir bitten als sein Volk gemeinsam darum. Und wir bitten darum in Jesu Namen. Amen.

DIE DREI HAUPTHINDERNISSE DES REICHES GOTTES

In der Bergpredigt sagt Jesus, es gebe drei Haupthindernisse für das Kommen des Reiches Gottes: die Macht, das Ansehen und die Besitztümer. Neun Zehntel seiner Lehre lassen sich in eine dieser Sparten einordnen.

Ich hätte auf die Sexmoral getippt, aber Jesus sagt nicht, daß es darum gehe. Nein, er behauptet, die Dirnen kämen eher ins Reich Gottes als viele von uns, die mit Macht, Ansehen und Besitztümern geschlafen haben. Diese drei Dinge stumpfen das Herz ab und töten den Geist, sagt er.

Lesen Sie das Lukasevangelium. Lesen Sie die Bergpredigt. Lesen Sie das Matthäusevangelium. Behaupten Sie dann noch, es seien nicht Macht, Ansehen und Besitztümer, die seiner Aussage nach den Weg zur Wahrheit blockieren und das Kommen des Reiches Gottes hindern.

Ich zeige nicht mit dem Finger auf Bischöfe und Päpste. Ich zeige auf uns als Kirche. Die Kirche hat sich viele Jahrhunderte hindurch mit Macht, Ansehen und Besitztümern bequem arrangiert und hat das nie zur Häresie erklärt. Für eigene Sünden ist man blind.

SELBSTHASS

Als ich in den frühen siebziger Jahren anfing, mich um Jugendliche zu kümmern, mußte ich viel Zeit dafür aufwenden, Teenager davon zu überzeugen, daß sie einen Wert hätten. Sie schienen sich alle grenzenlos und abgrundtief selbst zu hassen. Später war ich in der Gemeinschaft von New Jerusalem tätig, und ich stellte fest, daß das nicht bloß bei Teenagern der Fall war, sondern auch bei Erwachsenen. Sie hassen sich selbst grenzenlos, sie sind randvoll mit Selbstzweifeln und brauchen den größten Teil ihrer Energie dazu, mit sich selbst einigermaßen klarzukommen.

Meiner Überzeugung nach kommen viele unserer Schuldgefühle und unserer Schwierigkeiten, uns selbst anzunehmen (oder wie immer man das genau bezeichnen will) daher, daß wir im Christentum den Menschen die falschen Aufgaben gestellt haben. Die Christen von heute fühlen sich in einer Welt daheim, von der Jesus zu uns gesagt hat, wir sollten uns in ihr nicht daheim fühlen. Schlimmer noch: sie fühlen sich in einer Welt daheim, in der Mädchen magersüchtig werden und Burschen meinen, sie müßten in der Spitzenmannschaft Fußball spielen, und alle andern nehmen sich die Reichen zum Maßstab, die Berühmtheiten, die Stars, die Trend und Image bestimmen.

Genau besehen, ist unser Prinzip „Wettbewerb“ lediglich ein anderes Wort für „Macht über andere“. Sooft man eine Gesellschaft einrichtet, die sich nach den Kriterien von Macht und Erfolg bemißt, braucht man Menschen, die machtlos und erfolglos sind. Das allerdings ist die überwältigende Mehrheit unserer Bevölkerung. Die meisten Menschen in unserer Gesellschaft sind von Anfang an auf die Verliererseite gestellt.

WIRKLICHKEIT, RÜHR MICH AN

Viele von uns schaffen sich in einer Welt voller Leiden kleine Inseln, auf denen sie in einem andauernden Glück zu leben versuchen. Dieser Versuch gründet auf einer Illusion darüber, wie die Wirklichkeit beschaffen ist. Er kann nur gelingen, wenn wir uns ein ganzes Stück weit vor dieser Wirklichkeit verschließen. Das nennt man *Verdrängung*.

Allerdings betet der Christ immer wieder: „Komm, Herr Jesus." Mit anderen Worten: „Wirklichkeit, rühr mich an, volle Wirklichkeit, kosmischer Christus, alles, was es gibt."

Die Inkarnation bedeutet die Verweigerung jeder Verdrängung. Sie bedeutet, daß Gott ja sagt zu ausnahmslos allem Dreckigen, Versauten, Kaputten, Ohnmächtigen.

BASISGEMEINDEN

Von Leuten wie den Quäkern und Mennoniten müssen wir eine Menge lernen. Sie haben viel Übung darin, eine Minderheit zu sein. Sie brauchen keine Menschenmenge um sich, damit sie an die Wahrheit glauben können. Sie versammeln sich in kleinen Gruppen und teilen miteinander das Wort Gottes. Gott sei Dank, gibt es das jetzt auch wieder in der katholischen Kirche, in den Basisgemeinden.

In Menschen, die sich selbst nicht für Fachleute oder Theologen halten, steckt eine ganz eigene Art Weisheit, mit dem Evangelium umzugehen. Sie übertrifft bei weitem die Weisheit, zu der wir es gebracht haben, indem wir meinten, eine Gruppe weißer, materiell abgesicherter zölibatärer Männer sei am besten geeignet, uns das Wort Gottes richtig auszulegen. Wie sind wir bloß auf die Idee gekommen, eine auserlesene Gruppe überstudierter Männer könne am besten verstehen, was Gott seinem ganzen Volk sagen will?

Die Armen und Ungebildeten erheben jetzt den Anspruch auf das Wort Gottes. Frauen erheben Anspruch darauf und farbige Menschen und solche, die noch etwas von Gemeinschaft und familiären Bindungen verstehen, Menschen, die das Leben von der Warte der Besiegten her betrachten, und nicht aus der Warte der Sieger.

Das Wort Gottes wird von Menschen beansprucht, die nicht Nutznießer des Systems gewesen sind. Und wir stellen auf einmal fest, daß sie das Wort Gottes mit einer Vitalität, einer Wahrhaftigkeit, einer Freiheit auslegen, die uns angst macht und einige unter uns vor die Frage stellt, ob wir es seither schon jemals richtig verstanden haben.

Wenn uns aufgeht, was für Ansprüche das Evangelium an unser Leben stellt, kann es sein, daß wir es gar nicht verstehen wollen.

NUR AN GOTT KÖNNEN WIR UNS MIT HAUT UND HAAR AUSLIEFERN

Nur an Gott können wir uns so mit Haut und Haar ausliefern, daß wir uns selbst dabei nicht verlieren. Das ist ein Paradox. Ich kann es Ihnen nicht beweisen. Es fühlt sich in Wirklichkeit auch gar nicht so an. Aber ich verspreche Ihnen, das stimmt.

Jesus sagt, wer sein Leben verliere, der finde es, und wer sein Leben loslasse, der gewinne es neu. Offensichtlich redet er dabei von einer anderen Art Leben als dem, was wir gewöhnlich darunter verstehen und fühlen. Wir meinen, unser Leben sei der Gegenstand, den wir sicher beschützen müßten. Jesus sagt dazu: Nein; das wahre Ich braucht man nicht zu schützen. Es *ist* schlechthin und ist nicht umzubringen. Was wir gewöhnlich schützen, sind die unablässigen Illusionen und zwanghaften Gefühle unseres falschen Ich.

Nur an Gott können wir uns mit Haut und Haar ausliefern. Alle Menschen, die sich Christen nennen, die Brüder und Schwestern des Sohnes Gottes, Jesu, sind dazu berufen, diese Auslieferung in ihrem Leben zu verwirklichen.

EINE SCHWELLE ÜBERSCHREITEN

Die Heilige Schrift hat eindeutig einen „Hang zur Tat". Oder einfacher gesagt, das Wort Gottes sagt uns: Wenn ihr's nicht tut, ist es, als hättet ihr es gar nicht gehört und ihm nicht geglaubt (vergleiche z. B. Mt 21,28–32; Jak 1,22–25).

Es gibt nur einen Weg, davon überzeugt zu werden, daß in uns Kraft steckt, daß der Geist Gottes voll Kraft ist und daß das Evangelium wahr ist: indem wir eine Schwelle überschreiten. Die Schwelle hin zur Entscheidung, zum praktischen Versuch, zum Fragen, zum Tun und zum Tragen der Konsequenzen.

Ein gut Stück weit ist das un-sinnig, unbeweisbar. Darum nennen wir es *Glauben*.

Wenn wir die Schwelle überschreiten, handeln wir nach völlig neuen Maßstäben: nach den Werten, von denen wir glauben, sie seien die Werte Gottes. Es ist vermutlich sehr viel wichtiger, sich auf den Weg zu machen, als bloß zu reden, selbst wenn man eine Zeitlang nicht ganz den richtigen Weg findet.

DEN LIEBEN, DER UNS LIEBT

Sitze am Strom, am Ufer. Laß nicht zu, daß das Ich versucht, irgendeine deiner Erfahrungen festzuhalten, zu zensieren, einzuordnen oder sicherzustellen. Das Ich möchte sicherstellen, daß die Dinge bedeutungsschwer sind, daß die Ereignisse uns als gewichtige Persönlichkeiten erweisen. Unsere Tätigkeiten werden so zu Akten der Selbstbeweihräucherung, und wir verankern uns im Bewußtsein, alles recht zu machen.

Dann sagen wir: „Ich habe doch soviel in meinem Leben geleistet. Ich habe meinem Ehepartner die Treue gehalten. Ich habe meine Kinder großgezogen. Ich habe alle meine Rechnungen bezahlt." Aber solche Akte der Wahrnehmung und Erfüllung von Pflichten stehen oft lediglich im Dienst des lieben Ich. Ein Großteil der Religion besteht darin, den lieben Gott zur Ausstaffierung seines schönen Bildes von sich selbst zu verwenden. Echte Religion kreist nicht um das Bild von sich selbst, sondern um Gott.

Beim Leben als Christ geht es nicht darum, daß ich irgend etwas richtig mache. Nein, alles kommt darauf an, daß ich die Freiheit habe, den zu lieben, der mich liebt und alles richtig macht, und mich ihm voll und ganz anzuvertrauen. Ich soll also diesen Liebenden lieben, und nicht das, was ich selbst zustande bringe.

ICH BIN VÖLLIG ABSURD UND PARADOX

Wir Menschen sind seltsame Geschöpfe: wir sind zu gleicher Zeit sowohl sehr gut als auch voller Sünde. Eines schließt das andere nicht aus. Der Glaube besteht darin, dieses Paradox zu leben und auszuhalten. Wer weit genug ist, um diesen beiden offensichtlich einander widersprechenden Wahrheiten in sich Raum geben zu können, kann eine Ahnung davon bekommen, worin das Reich Gottes besteht.

Die Absurdität der Wirklichkeit des Menschen schockt ihn dann nicht – weil er sie in sich selbst bereits kennengelernt hat. Der Feind ist nicht da draußen, sondern der Feind sind wir selbst. Wem das aufgeht, der hört damit auf, die Welt zu hassen und zu meiden. Er gewinnt die Freiheit, auf jener Schwelle zu leben, die wir das Reich Gottes nennen.

Warum bezeichne ich das als „Schwelle"? Weil die Schwelle zwischen dem Draußen und Drinnen des Hauses liegt. Wir sind alle Grenzgänger, bewegen uns auf dem schmalen Pfad, der ins Leben führt (Mt 7,13–14), mitten zwischen zwei unbestreitbaren Wahrheiten hindurch. Sind Sie fähig, in diesem Zwischenbereich zu leben? Sorglos um alles besorgt zu sein? Wer das kann, verfügt über die Freiheit, das Reich Gottes willkommen zu heißen. Er kann in Freiheit durch alles hindurchgehen, denn er braucht keine große eigene Spielwiese zu schützen und zu verteidigen – mag sie nun aus Besitztümern, aus der eigenen Identität, aus dem Ansehen oder aus einem bestimmten Bild von sich selbst bestehen. Die Erfahrung der Schwelle besteht darin, immer wieder geohrfeigt zu werden – vom *Paradox*.

JOHANNES DER TÄUFER: DER WILDE UND WEISE MANN

Aus mehreren Gründen haben wir den heiligen Johannes den Täufer zum Patron unseres Zentrums für Aktion und Kontemplation erwählt. Unser Patronatsfest fällt auf den 24. Juni, den Tag, an dem sich (Anspielung auf Johannes 3,30) die Sonne dazu überwindet, wieder abzunehmen. Johannes der Täufer ist der Prophet, der sich nicht lange rechtfertigt, wenn er das System ablehnt. Er ißt das harte Brot dieser seiner Wahl und trägt die Kleider des Außenseitertums. Wie unsere Eingeborenen hier in New Mexico zieht er auf seiner visionären Suche in die Wüste und setzt sich dort seinem Alleinsein, seiner Langeweile und seinem nackten Ich aus. Er kommt mit einer Botschaft zurück, mit einer Klarheit und Sicherheit des Herzens, die eindeutig zeigen, daß er ein kompromißlos hingegebener Mensch ist. Zunächst horcht er lange und selbstvergessen; dann redet und handelt er und nimmt die Folgen auf sich. Er ist bestimmt der Inbegriff des wilden Mannes! Oder des weisen Mannes? Er ist beides.

Johannes zeigt immer über sich selbst hinaus; er ist immer auf dem Sprung, den Weg zu räumen. Schließlich wird er von den Mächten des Bestehenden enthauptet. So verkörpert er genau die Art von Befreiung und Prophetentum, die wir in unserer Überflußgesellschaft brauchen. Er ist nicht bloß vom System frei, sondern er ist auch in bewundernswerter Weise frei von sich selbst. Nur Propheten, die das sind, kann Gott brauchen. Und nur solchen Propheten können wir trauen.

Seine Zeitgenossen und auch Jesus selbst betrachten ihn als den wiedergekommenen Propheten Elija. Elija – das war der Kontemplative auf dem Berg Horeb, der dort dem Heiligen begegnet ist „nicht im Erdbeben, nicht im Feuer, sondern im sanften, leisen Säuseln“ (vgl. 1 Kön 19,11–13). Er hatte vor der feindseligen Verfolgung durch den König und die Königin Zuflucht im Gebet auf dem Berg gesucht. Sie hatten ihn als den „Verderber Israels" betrachtet (1 Kön 18,17), weil er ihren Götzendienst schonungslos gebrandmarkt hatte.

Wer möchte schon als Problememacher, als Spielverderber auftreten? Wer könnte sich erdreisten, sich als Prophet zu fühlen? Was wollten wir sehen, als wir in die Wüste hinausgegangen sind? Mir scheint, Johannes der Täufer sagt uns, daß die Wüste der einzige Ort sei, der öde und leer genug ist, um uns ohne jede Beschönigung unsere eigenen Motive und Verkleidungen wie im Spiegel vor Augen zu halten. Es war unbedingt notwendig für uns, hierher zu kommen und zur Stille zu finden. Wir müssen Menschen wie Johannes vertrauen, um das Vertrauen in unsere eigene Aktion und Kontemplation lernen zu können. Verdirb unsere Spiele, Johannes! Du bist für uns der Zeigefinger, der Patron, der Prophet. Wir sind noch nicht wild.

SICH AN ALLES ERINNERN

Baruch ermuntert Jerusalem: „Leg ab das Kleid deiner Trauer und deines Elends, und bekleide dich mit dem Schmuck der Herrlichkeit, die Gott dir für immer verleiht. Leg den Mantel der göttlichen Gerechtigkeit an; setz dir die Krone der Herrlichkeit des Ewigen aufs Haupt! Denn Gott will deinen Glanz dem ganzen Erdkreis unter dem Himmel zeigen. Gott gibt dir für immer den Namen: Friede der Gerechtigkeit und Herrlichkeit der Gottesfurcht.

Steh auf, Jerusalem, und steig in die Höhe! Schau nach Osten, und sieh deine Kinder: Vom Untergang der Sonne bis zum Aufgang hat das Wort des Heiligen sie gesammelt. Sie freuen sich, daß Gott an sie gedacht hat" (Bar 5,1–5).

Unsere Erinnerung daran, daß Gott sich an uns erinnert, wird für uns zum Weg in die Zukunft, zur ebenen Straße für den Herrn, die Johannes der Täufer angekündigt hat (Lk 3,4). Die Erinnerung bringt uns sowohl Schmerz als auch Freude.

Legen Sie nicht vorschnell alle Ihre Erinnerungen ab. Vorher müssen Sie sie alle tief in sich hinein- und auf sich wirken lassen, damit sie zum fruchtbaren Bestandteil Ihrer eigenen Heilsgeschichte werden. Gott beruft uns dazu, die gesamte Wirklichkeit zu erleiden. Wir sollen uns nicht nur an das Gute, sondern auch an das Schlechte erinnern. Wahrscheinlich gehört das zum Verlauf der Reise zu neuen Hoffnungen.

Es ist seltsam, daß wir uns leichter an Verwundungen, Ausrutscher und Mißerfolge erinnern können. Aus Liebe zur Freiheit hat uns Gott so geschaffen, daß wir anfällig für alles Böse sind. Ehe wir das richtige Sehen gelernt haben, kommt das Böse leicht zu uns und hält uns in seinen Fängen.

Doch die Kraft, dem Tod energisch die Stirn zu bieten, gewinnen wir nur dadurch, daß wir das Gute erfahren und uns daran erinnern. Die zerstreuten Kinder Jerusalems „freuen sich, daß Gott an sie gedacht hat" (Bar 5,5), daß er sich ihrer erinnert hat. Diese Erinnerung eröffnet uns neue Perspektiven, und wir können das Böse tilgen und auslöschen.

GUTE FREUNDE FRISCHEN UNSERE ERINNERUNG AUF

Man braucht einen erfahrenen Propheten, einen, der vor uns die Strecke abgefahren hat und sich an alles erinnert. Er muß uns führen, wenn wir blind sind und nur an bestimmten Stellen nach dem Weg zurück zu unseren Erinnerungen suchen. Suchen Sie sich Ihre Freunde sorgfältig aus; hören Sie auf diejenigen, die Ihnen die Wahrheit sagen und Sie an alles erinnern, „damit Sie beurteilen können, worauf es ankommt ... bis zum Tag Christi" (Phil 1,10).

Bitten Sie Gott um Weggefährten (oft wird das nur Jesus sein!), die den Weg Ihrer Erinnerungen mit Ihnen abschreiten, Mentoren im Heiligen Geist, die Ihnen helfen können, die Täler auszufüllen und die Berge und Hügel abzutragen, die krummen Wege gerade und die holprigen Strecken eben zu machen. Die Menschen wenden sich heute auf der Suche nach solchen spirituellen Freunden allen möglichen Selbsthilfegruppen zu, weil wir in den Kirchen ihnen allzuoft nichts dergleichen bieten können. Wenn die Seele dafür bereit ist, findet sie auch ihren Lehrer.

DIE RANDFIGUREN SIND DIE TRÄGER DES GEHEIMNISSES

Ironischerweise sind immer die Randfiguren die Träger des Geheimnisses und Schlüssels zur Bekehrung jedes Zeitalters und jeder Kultur. An ihnen treten die nach außen projizierten und verdrängten Aspekte unserer Seele zutage, die Aspekte, deren wir uns schämen, die wir hassen und abstreiten, die Aspekte, vor denen wir in unserem Inneren Angst haben. Nur wenn das Volk Gottes den Fremden und den Aussätzigen in seiner Mitte aufnimmt; wenn es den zuläßt, der unser Spiel nicht mitspielt, entdecken wir nicht nur die uns verborgenen und verhaßten Aspekte unserer eigenen Seelen, sondern Jesus selbst. Dadurch sagen wir: „Komm, Herr Jesus." Indem wir loslassen, machen wir Platz für den Ganz Anderen. Das Anzeichen dafür, daß sich die Kirche bekehrt, ist immer, daß sie die Ausgestoßenen wieder in den Tempel einläßt.

DEN FREMDEN WILLKOMMEN HEISSEN

Wie sehr leben wir immer noch nach den Normen dieser Welt! Wir stehen immer noch so stark unter dem Einfluß des Lebensstils der Reichen und Berühmten, der Leute, die das Sagen haben, die sich vorbildlich kleiden, die eindrucksvolle Berufe ausüben! Viele von uns messen jedem in ihrer Umgebung genau seinen sozialen Rang zu. Dann wissen wir ein für allemal, in welcher Schublade wir ihn ablegen müssen! „Der ist gebildet, der hat sein Haus im richtigen Wohnviertel. Dem kann ich trauen. Gut. Er entspricht meiner Art. Er hat im System auf die gleiche Art mitgespielt wie ich, betrachtet genau das gleiche wie ich als erstrebenswert, hält genau das gleiche wie ich für Erfolg ..."

Wenn wir uns so verhalten, gehen wir einer Bekehrung systematisch aus dem Weg. Aus diesem Grund macht es schon im Alten Testament das Wort Gottes dem jüdischen Volk zur Auflage, den Fremden am Tor zu erkennen und willkommen zu heißen. Immer wurde es dem jüdischen Volk als heilige Pflicht auferlegt, den Fremden bei sich aufzunehmen. Diese Tradition wird im Neuen Testament über den Hebräerbrief weitergeführt. Sein Verfasser sagt darin, viele hätten bei sich Engel aufgenommen, ohne es zu merken (Hebr 13,2). Wir sind Erben dieser ununterbrochenen Überlieferung, daß im Fremden der Engel, der Botschafter Gottes verborgen ist. Er steckt im Fremden, in dem, der nicht so ist wie alle uns nahestehenden Leute, nicht so, wie wir selbst sind.

Heute nacht kommt Jesus nach Betlehem als Fremder, als Flüchtling, als Außenseiter. Haben wir einen Platz für ihn in unserer überbelegten Herberge?

DAS FEST DES WORTES, DAS FLEISCH WIRD

In Jesus hat Gott Göttliches und Menschliches in vollkommener Weise ineinander verwoben. Gott hat der Menschheit die Vision einer Ganzheit geschenkt und uns verunsichert, diese Vision könne tatsächlich wahr werden.

Die Menschwerdung Jesu führt uns deutlich vor Augen, daß Gott uns dort abholt, wo wir stehen. Sie sagt uns ausdrücklich, daß wir nicht die Welt verlassen oder auf unser Menschsein verzichten müssen, wenn wir Gott kennenlernen wollen. Wir müssen nur eines: uns vom Bösen abwenden. Bei der Geburt des Gott-Menschen sind wir „in der Wahrheit geheiligt" worden. Seither werden wir in die Welt ausgesandt, um den erlösenden Heilsvorgang der Verleiblichung fortzuführen.

In uns steckt eine gewisse Angst vor der Fleischwerdung, und zwar, weil sie die Religion so greifbar, so konkret erdverbunden, so weltlich werden läßt. Uns gefällt es besser, wenn die Religion auf der Ebene des Wortes bleibt. Doch es gehört zur Eigentümlichkeit Jesu, das Wort Fleisch werden zu lassen.

Die große Lüge besteht darin, Erlösung sei ohne Fleischwerdung, ohne Verleiblichung möglich. Annie Dillard hat das „den Skandal der Absonderung" genannt. Für den Christen steckt die Macht immer in der Ohnmacht, so wie Gott in einem hilflosen Säugling gesteckt hat.

Es kann sein, daß wir das Spirituelle lieber ohne das Leibhaftige hätten, das Kosmische ohne das Konkrete. Aber damit das Wort geliebt und geteilt werden kann, müssen wir seine Verleiblichung wagen. Sie ist immer konkret und alltäglich. Nur im Konkreten und Alltäglichen verbirgt sich Gott vollkommen und offenbart er sich vollkommen.

WIE GOTT UNS LIEBT

In Eheseminaren lernt man unter anderem, wie man richtig miteinander streitet. Beide Partner halten sich an den Händen, schauen einander in die Augen und schreien sich gegenseitig an. Während der ganzen Zeit sollen sie nicht die Hände des andern loslassen. Verheiratete haben mir gesagt, das sei das Allerschwerste an der ganzen Übung. Denn wenn einen der andere spürbar verletzt, möchte man sich von ihm abstoßen. Man möchte ihn dann nicht mehr berühren oder ihm in die Augen sehen.

Aber unser Einssein ist vorgegeben: wir gehören nun einmal zusammen. Darüber gibt es keinen Zweifel. Frau und Mann sind eins. Sie haben einander die Treue gelobt und können sich aus dieser Bindung nicht mehr verabschieden. Solange sie sich gegenseitig an den Händen halten, können sie einander heißen, was immer sie wollen.

Das ist ein wunderbares Bild dafür, wie Gott uns liebt: Gott läßt unsere Hände nie mehr los.

ZUR SOLIDARITÄT VERFÜHRT

In der Enzyklika über die menschliche Arbeit „Laborem Exercens“ Papst Johannes Pauls II. finden sich viele wertvolle Aussagen. Er sagt, die beste Umschreibung für die Agape-Liebe, also die vollkommenste Form christlicher Liebe, sei der Ausdruck „Solidarität“.

Zunächst könnte man meinen, Solidarität sei etwas Freundliches und Bestätigendes. Aber wirkliche Solidarität besteht darin, bei gebrochenen Menschen auszuhalten; besteht darin, sich durch die Zerrissenheit und Widersprüchlichkeit führen zu lassen und bereitwillig die Folgen zu tragen. Diese Solidarität hat Jesus ans Kreuz geführt.

Ich meine, Solidarität mit den Schmerzen, mit der Schwachheit, ja mit den Anzeichen des Todes in unserer Gesellschaft könnte der beste Name für Liebe in unserer heutigen Welt sein; vor allem für männliche Liebe, die allerdings Männer wie Frauen verwirklichen sollten. Keiner von uns wird sich freiwillig ans Kreuz nageln lassen oder sich aus freien Stücken auf die Seite der Opfer unserer Gesellschaft stellen. Doch die Umstände sind so, daß wir unvermeidlich auf dieser Seite in die Falle gehen und keine Möglichkeit finden werden, hocherhobenen Hauptes daraus wieder herauszugehen.

Wir bekehren uns nicht freiwillig; wir werden wider unsern Willen bekehrt. Gott verführt uns und führt uns Schritt um Schritt in die Solidarität hinein.

DER WEG DES LIEBESJÜNGERS JOHANNES

Den Weg vom kulturell Männlichen (d. h. von dem, was unsere Kultur als „männlich" bezeichnet) zum Weiblichen bezeichne ich als den Weg des Liebesjüngers Johannes. Johannes war sich seiner Männlichkeit so sicher und fühlte sich in der Gemeinschaft der zwölf männlichen Apostel so gut aufgehoben, daß er seinen Kopf an die Brust Jesu legen konnte, ohne deswegen Scham oder Angst haben zu müssen. Die meisten von uns würden das als emotional, wenn nicht sogar als gesellschaftlich unmöglich empfinden. Welche Phobie haben wir doch vor der Liebe zum gleichen Geschlecht! Wir sind voller innerer oder auch äußerer Angst davor, was die Leute sagen könnten, wenn ein Mann einem anderen Mann gegenüber Zärtlichkeit zum Ausdruck bringt.

Und doch würde niemand von uns in Abrede stellen, daß Johannes im Evangelium Jesus in besonderer Weise geliebt hat. Ja, er selbst rühmt sich dessen ganz offen: „Ich war derjenige, der beim Letzten Abendmahl seinen Kopf an die Brust Jesu gelegt hatte, als die anderen alle dabei waren." Diese Kultur ist ziemlich anders als diejenige, in der Sie und ich aufgewachsen sind. Wir können uns gar nicht vorstellen, so zu sein. Aus diesem Grund ist Johannes der Schutzpatron aller Männer, die sich auf den Weg zu ihrem weiblichen Ich machen. Will der Mann seine eigene Seele freilegen, so muß er unbedingt diesen Weg gehen.

ZUERST DIE ARMEN

In der heutigen Theologie ist eine Redewendung gang und gäbe geworden: die „vorrangige Option für die Armen". Das soll bedeuten: Gott hat einen natürlichen Hang zu den Armen, zu denjenigen, die unter ungerechten Verhältnissen leben müssen.

Manche Leute meinen, das sei eine seltsame neue Theologie. Wir Franziskaner wissen allerdings, daß bereits Franziskus ganz dieser Auffassung war; sie ist also bestimmt mindestens achthundert Jahre alt. Wenn Sie aber genauer zusehen und die Bergpredigt nachlesen, erweist sich eindeutig, daß sie schon zweitausend Jahre alt ist. Ja, wenn Sie dann auch noch im Buch Exodus nachschlagen, stellen Sie fest, daß Sie schon dreitausendzweihundert Jahre alt ist!

Gott ergreift immer die Partei der Armen und derer, die keine Stimme haben.

GEH INS GEFÄNGNIS

Alle Ausgestoßenen, Armen und Kleinen haben im Vergleich mit der Kirche und mit jedem von uns einen Vorteil. Es ist der Vorteil, etwas zu haben, was wir verabscheuen: eine Unsicherheit, eine Unfähigkeit, eine abstoßende Art, eine sexuelle Schwierigkeit oder eine Sucht. Wir meiden jeden, der nicht ist wie wir, der in unserem System erfolglos geblieben ist – wie etwa die Leute im Gefängnis.

Wir brauchen unbedingt die leiblichen Werke der Barmherzigkeit. Eines von ihnen heißt: Geh ins Gefängnis! Warum? Eigentlich meinen wir, um den armen Teufeln dort zu helfen oder um uns als „gute" Christen zu erweisen. Aber das sind nicht die wirklichen Gründe. Wir müssen ins Gefängnis gehen, um selbst bekehrt zu werden. Wir müssen an die Ränder gehen, um dort zu entdecken, was die eigentlichen Fragen sind und was wirklicher Erfolg ist; und wir müssen unserem eigenen Versagen ins Gesicht schauen.

Ich konnte so lange mit meinen Illusionen leben, wie ich um das Gefängnis einen großen Bogen gemacht hatte. Ich war der falschen Auffassung gewesen, die Häftlinge da drinnen seien die bösen Menschen.

DEM WORT GOTTES DIE MÖGLICHKEIT VERSCHAFFEN, SICH ZU ÄUSSERN

Der Satz, man müsse zuerst lieben, ehe man zu erkennen vermöge, entspricht guter franziskanischer Theologie. Wir erkennen nur das wirklich, was wir lieben. Wenn wir drei Schritte zurücktreten, unser Gegenüber analysieren und kühl kalkulieren, werden wir es nie wirklich kennenlernen. Nur wenn wir aus uns herausgehen und uns jemandem anvertrauen, kann sich dieser Mensch uns mitteilen. Zuerst muß man lieben. Dann kann man erkennen.

Machen Sie also einen Sprung vorwärts im Glauben, in der Liebe, in der Hingabe Ihrer selbst. Dann kann Gott zu Ihnen sprechen.

Ich kann Ihnen zum Beispiel mit keinerlei logischen Argumenten oder philosophischen Darlegungen beweisen, daß die Bibel Gottes Wort ist, daß es Gott wirklich gibt und daß Jesus der Sohn Gottes ist. Ich kann Sie nur dazu auffordern, aus sich herauszugehen, zu vertrauen, zu lieben.

Sagen Sie einfach: „Herr, wenn du wirklich Gott bist, dann zeig dich in meinem Leben, sprich zu meinem Herzen."

SÖHNE UND TÖCHTER GOTTES

Uns Christen wird gesagt, von unserer Taufe an seien wir Söhne und Töchter Gottes. Wir brauchen unser ganzes weiteres Leben dazu, um an diese Wahrheit über unsere Taufe zu glauben. Wir müssen unseren Platz nicht erst verdienen; wir haben ihn schon. Sagen wir also voll und ganz ja dazu: wir sind göttlicher Natur, wir sind Kinder Gottes.

Von woher stammen wir? Was einst im Innern Gottes war, ist jetzt von Gott nach außen entlassen, und das sind wir. Das Christsein bewirkt das nicht, sondern verkündet das, und wir sind die Glücklichen, denen das zu Ohren gekommen ist. Wir sind die Verkünder der Frohen Botschaft, wir rufen laut aus, daß alle Söhne und Töchter Gottes sind.

Aber da gibt es eine große Schwierigkeit: in unserer gut funktionierenden Kirche haben wir alles auf den Kopf gestellt. Da widmen die Menschen ihr ganzes Leben der Aufgabe, sich das zu verdienen, was ihnen doch längst geschenkt ist; sie versuchen, sich das Wohlwollen Gottes zu erwerben, der sie doch längst liebt.

Wir *werden* niemals Gottes würdig; wir *sind* es doch längst! Das einzige, was uns anfangs von Gott trennt, ist unsere Vorstellung, wir *seien* von Gott getrennt!

JANUAR

MARIA, DIE MUTTER GOTTES

Maria stellt das Volk Gottes dar, die Kirche, die Menschheit mit ihrem Bedürfnis nach Gott. Die Menschen im Mittelalter hatten dafür ein waches Gespür. Sie stellten in ihren Kunstwerken Maria gern als Frau mit einem riesigen Umhang dar. Der Umhang barg wie ein riesiger Schutzmantel das gesamte Volk Gottes. Was Christsein hieß, hielt sie in ihrer Person als Bild vor Augen; ihr Jawort stand stellvertretend für dasjenige der ganzen Christenheit.

Sie ist das Sinnbild des endgültigen Sieges Gottes in der Menschheit. Weil sie leibhaftig in den Himmel aufgenommen ist, wissen wir, daß unser gesamtes Menschsein dazu bestimmt ist, frei und erlöst zu werden, weil es von unermeßlicher Würde ist. Ihr wurde das schneller und vollkommener als uns geschenkt, damit wir sie sehen und unser Ja dazu sagen können. Sie ist eine von uns, und sie ist, was wir sein werden. Wir wissen jetzt, daß auch uns die Auferstehung von Geist und Leib geschenkt werden wird, die Jesus uns versprochen hat.

Wir sind ganz und gar erlöst. Wir sind nicht nur dem Geist nach frei; auch mit unserem Körper haben wir Anteil an der Erlösung und Freiheit durch Christus. Alle Marienverehrung will uns im Tiefsten das sagen.

EIN FESTMAHL FÜR ALLE

Jesus verkündet eine neue Art Gerechtigkeit, eine neue Art Rechtschaffenheit. Sie besteht darin, einfach und kühn auf die grenzenlose Liebe Gottes zu vertrauen. Jesus lädt die Menschen zu einem ewigen Festmahl ein, zum Festmahl der Liebe Gottes. Gott bereitet dort seinem Volk ein festliches Essen, und der Wein und die Speisen seiner Liebe gehen nie aus. Damit erfüllt sich die Verheißung an Jesaja. Das Volk Israel wird zu diesem Festmahl eingeladen.

Aber die Leute wollen nicht kommen. Sie möchten lieber ein Fest mit einer präzisen Liste der geladenen Gäste organisieren.

Es scheint so einfach zu sein, ausnahmslos alle zu Tisch zu laden und gar nicht erst damit anzufangen, bei jedem zu fragen, ob er das auch verdient habe. Aber den Klassenbewußten fällt es sehr schwer, dabei mitzumachen. Da halten sie sich lieber an das, was sie sicher in Händen haben: an ihren Grundsatz, ihre Stellung, ihre Frau. Jesus ordnet daraufhin an, hinauszugehen und die Leute zum Hereinkommen zu nötigen: „Sagt allen, sie sollen zu meinem Fest kommen." Dennoch wird der Saal nur halb voll. Wenige bringen es fertig, sich unverdient etwas schenken zu lassen. So sagt er schließlich, man solle noch einmal hinausgehen und die Dirnen hereinholen, die Trinker, die Lahmen und die Kranken, und man solle sie geradezu dazu zwingen. Irgend jemand muß doch an meine frohe Botschaft glauben!

Jesus hat seine Lehre mit solchen Gleichnissen verdeutlicht, mit Gleichnissen, die wenig oder gar keinen Sinn ergeben, wenn man sie auf die praktische Gerechtigkeit der Menschen anwendet. Wessen Denken ganz von Gedanken der Würdigkeit, des Wettbewerbs und der Belohnungen beherrscht ist, für den ergibt das Evangelium keinen Sinn.

WIRKLICH ZU LEBEN ANFANGEN

Die Liebe zu allen Dingen genügt sich selbst. „Sie hat ihren eigenen Sinn, ihren eigenen Lohn, ihre eigene Befriedigung. Sie sucht keinen Grund außerhalb ihrer selbst und braucht keine Frucht außerhalb ihrer selbst. Sie ist sich selbst Frucht genug. Ich liebe einfach, weil ich liebe" (Bernhard von Clairvaux). Das ist meine tiefste Identität, darin und dafür bin ich erschaffen.

Jemanden „in Gott" lieben bedeutet für mich, ihn um seiner selbst willen lieben und nicht deshalb, weil er für mich irgend etwas tut oder weil ich dadurch psychologisch geheilt und ertüchtigt werde. Unser umgewandeltes Bewußtsein sieht die Person des anderen als ein anderes „Ich selbst", das von Christus genauso geliebt wird wie ich. Sie ist kein von mir abgetrenntes Objekt, dem ich großzügigerweise mein christliches Wohlwollen entgegenbringen kann.

Wenn ich noch nicht das Gefühl habe, richtig geliebt zu werden, oder wenn mich die Liebe überanstrengt – kommt das nicht zum Teil daher, daß ich die anderen Menschen als Objekte meiner Pflicht oder als bedrohliches Gegenüber empfinde? Wäre es nicht richtiger, sie als Verkörperungen meines eigenen Leidens und Einsamseins zu begreifen? Ja, mehr noch: sind sie nicht in Wirklichkeit Verkörperungen des Leidens und Einsamseins Gottes?

Wenn ich aus dem Bewußtsein dieser Wahrheit lebe, daß ich selbst Liebe bin, fange ich allmählich wirklich zu leben an.

DER KLEINE JUNGE UND DER ALTE MANN

Ich glaube, in jedem Mann stecken grundsätzlich zwei Archetypen, und zwar recht einfache: der kleine Junge und der alte Mann. Bei vielen von uns dominiert im praktischen Leben der eine oder der andere. Das Ideal wäre, wenn beide in uns gute Freunde wären.

Wenn sich im Idealfall in der letzten Lebensphase beide gegenseitig lieben und achten, stellt das für mich das Urbild des Vaters dar. Der kleine Junge steht für die Frühlingsblüte von allem; der alte Mann steht für die herbstliche Ernte. Der kleine Junge ist voller Hoffnung und Erwartung, ist optimistisch. Ich erinnere mich noch gut, daß ich in dieser Verfassung war und mir immer wieder gesagt habe: „Das Eigentliche kommt noch, es ist da draußen, irgendwo." Noch in meinen zwanziger Jahren war ich darauf gespannt.

Jemand hat gesagt, ein junger Mann, der nicht weinen könne, sei ein Wilder, und ein alter Mann, der nicht lachen könne, sei ein Narr. Die Spiritualität lehrt uns beides.

Der kleine Junge ist voller Hoffnung und Erwartung, der alte Mann hat vieles erworben, weiß vieles und kann lieben. Der kleine Junge ist auf Überraschungen gefaßt und immer bereit, etwas Neues zu entdecken. Der alte Mann blickt in Heiterkeit und mit verzeihender Güte auf die Vergangenheit zurück. Jeder muß den anderen ehren, sowohl zu Beginn als auch gegen Ende unserer Lebensreise.

GESCHICHTE MACHEN

Menschen, die vom Reich Gottes erfaßt sind, machen Geschichte. Menschen, die noch in ihrem falschen Ich leben, in der falschen Welt der Illusion, bremsen die Geschichte. Sie wiederholen bloß längst Übliches. Das sind die konformen, ängstlichen, netten und ehrenwerten Leute jedes Zeitalters, die das denken, was die Masse denkt. Sie entwickeln keinerlei Energie, mit der sie etwas Neuem zum Durchbruch verhelfen könnten.

„Weh euch, wenn euch alle Menschen loben!" (Lk 6,26), sagt Jesus zu solchen Menschen. Er scheint zu wissen, daß die Menschen normalerweise das Ungesunde für gesund und normal erklären.

Wer vom Reich Gottes her lebt, sieht das Leben mit neuen Augen. Für ihn ist nichts mehr das, was es seither war. Es ist nicht das, was man gewöhnlich dafür hält. Nur eines ist absolut. Alles andere ist relativ und vergänglich.

Die große Allgemeinheit wird nie im Sinne des Reiches Gottes denken.

MENSCHWERDUNG GOTTES

Immer wenn wir Katholiken die Eucharistie feiern, nehmen wir ein Element dieser Erde, dieser Welt, nämlich Brot und Wein, und wir sagen, das sei Gott. Das ist verwegen und unglaublich. Ich kenne keine andere Religion, die jemals das gleiche täte. Die meisten großen Religionen – der Hinduismus, der Buddhismus und viele Formen des Protestantismus – machen immer den Versuch, den Menschen zum höheren, transzendentalen, heiligen Denken hinzuführen; sie möchten ihm bestimmte Grundgedanken, Erklärungen und Prinzipien und Visionen vermitteln. Die Vorstellung des Katholiken von der Welt ist so, daß er immer sagt: „Geh in die Geschichte, geh ins Fleisch, geh ins Brot und in den Wein, geh ins Materielle." Geh in diese Welt hinein, und diese Welt wird dir die Dimension des Spirituellen erschließen.

Darin liegt unsere besondere Stärke. Das Lieblingswort dafür ist das Wort vom „inkarnatorischen Christentum". Darum ist das volkstümlichste Fest Ostern. Wenn Sie jemals in einem Land gewesen sind, das vom Katholizismus geprägt ist, erleben Sie das ganz eindeutig. Das größte Fest ist Weihnachten, das Fest der Inkarnation, der Fleisch- und Menschwerdung Gottes; das Fest, an dem verkündigt wird, daß Gott in einem Säugling Fleisch geworden ist. Die österliche Erlösung ist lediglich eine Konsequenz daraus.

SÜCHTE

Für viele Menschen ist die Angst eine Sucht. Sie bringen es nicht fertig, sich zu irgend etwas aufzuraffen, ohne daß das mit Ängsten verbunden wäre. Sie wissen gar nicht, wie das ist: sich keine allzu großen Sorgen machen. Wenn man ein unechtes Leben führt, hat man dauernd Angst. Das kommt daher, daß der Geist unbewußt weiß, daß man ein Stück weit verlogen lebt. Deshalb haben so viele Leute Angst, es könnte jemand dahinterkommen.

Je mehr Illusionen wir aufrechterhalten müssen, desto größer ist unsere Angst. Es besteht geradezu eine Wechselbeziehung zwischen den Ängsten, die jemand hat, und dem falschen Leben, das er führt. Trägt man einige Schichten von der Oberfläche des Verhaltens ab, ist es die Angst, die mehr als jedes andere Gefühl die Menschen dazu treibt, sich irgendwo auszusprechen und Rat und Hilfe zu suchen.

Der Berater hat die Aufgabe, den Menschen entdecken zu helfen, was hinter ihrer Angst steckt. Mit dieser Entdeckung fängt das wirkliche Leben an.

JENSEITS VON GELD, SEX UND MACHT

Nehmen Sie Geld, Sex und Macht weg, und die meisten Menschen auf dieser Erde wissen nicht mehr, wovon sie sich motivieren lassen sollen. Sie wissen dann nicht mehr, was sie mit ihrem Leben anfangen, wofür sie sich entscheiden, wohin sie gehen und wer sie sein wollen. Das ist der Grund dafür, weshalb wir sowenig männliche Spiritualität und so wenige spirituelle Männer haben: weil die meisten Männer im Westen gar nicht wissen, wie sie von innen heraus ihr Leben entwerfen sollen. Sie brauchen einen Anstoß von außen, der sie in Bewegung bringt, belohnt, anfeuert, absichert und in Trab hält. Das ist das Gegenteil eines spirituellen Menschen.

Spiritualität ist nämlich gerade eine Energiequelle im Innern des Menschen, ist ein Geist und eine „Begeisterung" (was ja heißt: „vom Geist gepackt und umgetrieben werden"), die weit jenseits von Geld, Sex und Macht liegt.

ZU WEM SONST SOLLEN WIR GEHEN?

Der Glaube ist ein Geschenk. Es gibt keine Möglichkeit, sich selbst zu beweisen, daß Gott existiert, daß Jesus der Sohn Gottes und unser Herr ist und daß er in der Eucharistie tatsächlich da ist und sich uns schenkt. Das sind Geschenke Gottes. Haben wir je um sie gebetet? Haben wir je gebetet: „Herr, schenk mir die Einsicht, daß du der Herr bist?" Wir bekommen das von Gott, was wir von ihm erwarten.

Jesus muß sehr traurig gewesen sein, als er zu den zwölf sagte: „Wollt auch ihr weggehen?" Simon Petrus antwortete ihm: „Herr, zu wem sollen wir gehen? Du hast Worte des ewigen Lebens" (Joh 6,67–68).

Viele von uns könnten zur Antwort geben: „Herr, uns ist der Sinn unseres Lebens nicht recht klar. Bis jetzt haben wir keine rechte Ahnung, ob es überhaupt ein Ziel hat. Manchmal kommst du uns ziemlich unwirklich vor. Manchmal empfinden wir keinerlei Freude beim Gedanken an dich. Aber, Herr, zu wem sonst sollen wir gehen? Wir haben deine Herrlichkeit gesehen, wir haben gesehen, was du in unserem Leben schon bewirkt hast. Wir haben gespürt, wie du uns geliebt und bis hierher geführt hast, und so bauen wir auf diese gute Erfahrung." Das ist ein schlechter Glaubensakt.

Der Glaube besteht nicht so sehr darin, daß man glaubt, es *gebe* Gott, sondern daß man glaubt, Gott sei *für einen selbst wirklich da*. Daran müssen wir um jeden Preis festhalten. Das ist die Frohe Botschaft.

DER BLICK DER LIEBE

Ich erinnere mich an einen Sommer, in dem ich allein vom Blick der Liebe leben konnte. Sie wissen, was ich meine, wenn Sie das selbst schon erfahren haben. Alles, was für Sie sonst schmerzlich oder mühsam ist, kommt Ihnen plötzlich leicht vor, denn Sie sind beschwingt, weil Sie sich geliebt wissen. Sie wissen dann, daß Ihr Leben einen Sinn hat, Sie wissen, daß es jemanden gibt, der Sie liebt. Dieser Mensch braucht gar nicht unbedingt immer da zu sein. Das Wissen genügt, daß es irgendwo da draußen jemanden gibt, der Sie liebt. Wenn Sie bloß daran denken und das wissen, ist alles andere leicht zu ertragen.

Dafür lebt im Grunde jeder Mensch: für diesen Blick der Liebe. Er ist, streng genommen, unnötig, ist eine Dreingabe; daher wirkt er so erlösend und befreiend.

Warum gerade ich? Warum keiner von den anderen, die doch viel netter sind als ich? Warum hat sie gerade mich erwählt? Das ist eine Erfahrung des Auserwähltseins, des glücklichen Zufalls, dessen man eigentlich gar nicht wert ist.

Von diesem Blick der Liebe Gottes kann man ein Leben lang zehren. Ist man sich dieses Blickes gewiß, kann man Unerträgliches tragen und selbst dabei noch Freude empfinden. Die Last wird leicht und schwerelos.

DER SINN DES LEBENS

Wir Menschen sind dazu berufen, nicht aus eigener Kraft etwas aus uns zu machen, sondern uns von einem anderen erschaffen und wiederherstellen zu lassen. Einzig und allein Jahwe ist unsere Stütze, unser Fels, unser Befreier. Das Leben eines Menschen kann nicht durch das abgesichert werden, was er besitzt, sondern nur durch das, was er ist.

Eines der Hauptthemen im Alten Testament ist das der Auserwählung der „anawim". Das ist ein hebräisches Wort und bedeutet „die Armen und Kleinen". Im Laufe der Zeit wird es immer deutlicher herausgearbeitet und entspricht dann dem, was Jesus für das Sympathischste am Menschen hält. Folglich ist das die wesentliche Grundhaltung des Menschen. Man kann sie auf vier Begriffe bringen: Kleinheit, Sehnsucht, Offenheit und Hingabe.

GIB MEINEM HERZEN DIE RICHTIGEN FRAGEN EIN

Denken Sie jedesmal, bevor Sie die Bibel aufschlagen, ganz bewußt: Welche Frage möchte Jesus an dieser Stelle beantworten? Und dann beten Sie: Herr, gib meinem Herzen die richtigen Fragen ein.

Jesus gibt solchen Menschen Antwort, die die richtigen Fragen stellen. Wenn viele meinen, das Evangelium enthalte für die heutige Welt keine brauchbaren Antworten mehr, so liegt das vielleicht daran, daß die Welt nicht mehr die richtigen Fragen stellt.

Die Welt fragt zum Beispiel: Wie kann ich mit vierzig Jahren jährlich DM 70000 verdienen? Unser Land ist auf eine solche Frage fixiert. Aber Jesus meint, das sei eine falsche Frage. Mehr noch: er sagt, sie richte sich auf etwas völlig Hohles, das unweigerlich vergehen werde.

Solange Sie nicht tiefer dringen und seine Fragen stellen, werden Sie immer nur falsche Antworten bekommen. Und diese Antworten werden besonders falsch sein, weil sie recht fromm aussehen werden.

SPIRITUELLES KONSUMENTENVERHALTEN

Die Kenntnis der Seele führt die Menschen genau in die Gegenrichtung zu dem, was man Konsumentenverhalten nennt. Man wird nicht durch Hinzufügen heilig, sondern durch Abziehen: durch das Ablegen seiner Illusionen, das Loslassen seiner Fassaden, das Freilegen seines falschen Ich, das Aufbrechen seines Herzens und die Offenheit und das Verständnis für andere; und bei alldem nimmt man sein eigenes Ich nicht allzu wichtig.

Wir sind gewissermaßen auf der völlig falschen Spur. Wir bemühen uns um einen Aufstieg, während Jesus absteigt. Ich denke, das ist ein Abbild des Stolzes und der Überheblichkeit der westlichen Zivilisation, die darauf angelegt ist, immer etwas zustande zu bringen, etwas darzustellen und etwas zu erreichen. Diese ganzen Prinzipien haben wir auf das Christentum übertragen und sind zu spirituellen Konsumenten geworden. Unser Ich läuft immer noch auf Hochtouren. Wenn sich aber unser Ich derart wichtig nimmt, bleibt für Gott gar kein Spielraum.

Das einzige, was wir tun können, besteht darin, zurückzutreten, um nicht mehr ständig uns selbst im Weg zu stehen. Aber nicht einmal das können wir aus eigenen Kräften tun.

DÄMONEN

Wie halten Sie Ihr Herz frei? Wie bewahren Sie sich davor, bitter zu werden? Wie gehen Sie mit den Dämonen um?

Vielleicht haben Sie schon Bilder des heiligen Abtes Antonius gesehen (der im 3./4. Jahrhundert gelebt hat). Darauf sind immer alle diese kleinen Teufel dargestellt, die versuchen, ihm beizukommen. Das ist ein anschauliches Bild des spirituellen Kampfes.

Doch die wirklichen Dämonen, die hinter uns her sind, sind viel weniger greifbar. An den Herzen sehr vieler Christen zehren Anfechtungen wie etwa die Hoffnungslosigkeit oder die beißende Kritik. Sie sind vielleicht ein Jahrzehnt lang am Werk, ohne daß sie recht darum wissen. Und im Lauf der Zeit ist ihr Herz dann ausgelaugt und hohl.

Wir „verhärten Richtung Hölle“, hat Gerald Vann gesagt. Wir steigern uns in die Haltung des Nichtverzeihens hinein und merken es gar nicht.

DIE FREIHEIT DER MUTTER TERESA

Wie keine andere Generation in der Geschichte sind wir mit einer Fortschrittsphilosophie aufgewachsen. Wir sind imstande, schlechthin alles zu verändern. Alle unsere Werbetexte aus dem Bereich der Technologie versprechen uns, daß nächstes Jahr alles noch besser entwickelt sein wird. Das hat unsere Seelen angeknackst. Wir sind für das Geheimnis des Ja-Sagens unfähig geworden, für das Geheimnis, das Maria ahnte, als sie sagte: „Mir geschehe nach deinem Wort."

Mutter Teresa von Kalkutta spricht vom Ja-Sagen. Zunächst könnte man dagegen einwenden: Sie steht eben kurz davor, zur Märtyrerin zu werden; sie hat eine fatalistische Einstellung, sie nimmt zu schnell alles Bestehende hin. Aber wenn man den Frieden, die Freiheit und die Freude sieht, die aus ihrem Gesicht, ihren Augen und ihren Taten leuchten, ist es einem, als habe man es mit der Vertreterin einer anderen Art menschlicher Wesen zu tun. Das ist, als treffe man einen Marsmenschen.

Kein Mensch redet heutzutage mehr von Ja-Sagen und Annehmen. Heute heißt es: „Wir beheben das schon. Wir kriegen das schon so hin, wie wir es haben wollen. Das gilt es festzuhalten. Mach was aus dem Augenblick. Verbessere das Vorgegebene." Mitten dazwischen steht ganz sperrig Marias: „Mir geschehe nach deinem Wort."

ADLERSCHWINGEN

Erst wenn uns aufgeht, daß die gesamte Spiritualität Jesu darauf angelegt war, immer weiter zu wachsen und sich immer mehr dem Geist zu öffnen, verstehen wir richtig, was eigentlich mit dem Reich Gottes gemeint ist oder mit der Aussage, das Reich Gottes sei in Jesus verkörpert. Er war ein vom Geist geführter und belehrter Mensch. Der Zeitpunkt der großen Wende in seinem Leben war der Augenblick seiner Taufe im Heiligen Geist. Dabei wurde ihm die tiefe Erfahrung geschenkt, er sei der Sohn Gottes. „Das ist mein geliebter Sohn, an dem ich Gefallen gefunden habe" (Mt 3,17).

Jesus erkennt sich selbst, und er erfaßt, daß er als liebender Sohn auf einen liebevollen Vater bezogen ist; er erfährt, daß der Vater ihn auserwählt hat. Von da an lebt er aus dem Bewußtsein, von Gott geliebt zu sein, und das prägt sein gesamtes Wirken. Die dreißig Jahre bis dahin waren ein Warten und Horchen auf diese Offenbarung gewesen, auf dieses Wissen, der Auserwählte Gottes zu sein, dem eine ganz besondere Aufgabe zukommen sollte.

Grundsätzlich ist das im Leben jedes Christen genauso. Die Bekehrung tritt in dem Augenblick ein, wo Sie dessen gewahr werden, daß Sie von Gott auserwählt sind – so wie Israel von Gott auserwählt war. Von da an wissen Sie, daß Sie Sohn oder Tochter Gottes sind; Sie spüren, wie Sie von Gott bei Ihrem Namen gerufen werden und daß Sie als Geschöpf ganz dieser Liebe Gottes Ihr Dasein verdanken. Sie werden sich dessen bewußt, daß Sie einmalig auf der Welt sind: Noch nie hat jemand genau die gleichen Augen gehabt wie Sie, noch nie jemand genau das gleiche Haar wie Sie. Sie sind einmalig, und Gott ruft Sie bei Ihrem einmaligen Namen. Und wenn Sie schließlich hören, wie Sie ganz persönlich mit Ihrem Namen gerufen werden, öffnen Sie sich zum ersten Mal für die Gabe des Heiligen Geistes. Darin sollte eigentlich die Taufe bestehen.

Die Adler bauen ihre Nester auf hohe Felsenklippen. Wenn ihre Jungen geschlüpft sind, wollen diese immer weiter auf Kosten ihrer Eltern leben, die ihnen die Nahrung bis zum Nest hertragen. Aber wenn die Zeit gekommen ist, werfen die Eltern einfach die Jungen aus dem Nest, so daß sie die Klippen hinunterfallen. Diese Klippen sind sehr hoch, und so fällt das Junge ziemlich weit und schreit und krächzt dabei jämmerlich. Trotzdem lassen die Eltern es einfach fallen; aber wenn es fast auf dem Boden angekommen ist, fliegt plötzlich ganz wunderbar der Adlervater herbei und fängt es mit seinen Flügeln gerade noch auf. Dann wiederholt er das gleiche so lange, bis es selbst das Fliegen gelernt hat.

In der männlichen Spiritualität ist es wichtig, daß man schließlich das Nest verläßt. Wenn ein Vater nur den Ernährer spielt und die Jungen nicht auch mit gesunden Forderungen konfrontiert oder ihnen Wunden zumutet, bezweifle ich, daß seine Söhne und Töchter jemals ein starkes Selbstwertgefühl entwickeln. Mich hat diese grundsätzliche Beziehung zwischen dem Vater und Jesus immer sehr beschäftigt. Der Vater war auch einer, der Jesus verwundet hat; er hat ihm Wunden zugemutet, und durch diese seine Wunden wurden wir geheilt. Aber auch er selbst wurde in einem gewissen Sinn durch diese Wunden geheilt.

ACHTET EINANDER

Wir alle könnten etwas lernen aus der Anweisung für Eheleute im 1. Petrusbrief 3,7: einander zu achten: „Ihr Männer sollt im Umgang mit euren Frauen rücksichtsvoll sein, denn sie sind der schwächere Teil" – der Verfasser war ein Mann seiner Zeit –, „ehrt sie, denn auch sie sind Erben der Gnade des Lebens. So wird euren Gebeten nichts mehr im Weg stehen."

Es fällt uns ungemein schwer, einander wirklich *Achtung* zu schenken und wirklich im Geist der Ehrfurcht miteinander umzugehen. Aber wir können an unseren eigenen Wert nur glauben, wenn uns andere Menschen mit Achtung und Ehrfurcht begegnen. Ehepartner schulden einander das. Lassen Sie Ihre Beziehung nicht auf das seichte Niveau von beißendem Humor, raschem Sarkasmus und Einander-Fertigmachen abgleiten – auf diese blöde Art, wie sich die Welt auf Cocktailpartys unterhält.

Gott hat uns zu einem Leben berufen, das von Ehrfurcht und Achtung geprägt ist. Durch unsere Ehrfurcht dem andern gegenüber werden wir füreinander zu Botschaftern Gottes.

EHE UND ZÖLIBAT

Jesus sagt im Mätthausevangelium 19,12: „Manche haben sich um des Himmelreiches willen zur Ehe unfähig gemacht. Wer das erfassen kann, der erfasse es."

Es ist in der katholischen Tradition tief eingewurzelt, aus diesem Bibelvers zu schließen, der Zölibat sei besser als die Ehe. Aber das sagt Jesus nicht. Ich glaube auch nicht, daß die Kirche das tatsächlich sagen will. Jesus sagt lediglich, der Zölibat sei eine Begabung innerhalb des Leibes Christi, genau wie die Ehe darin eine Begabung ist. Die zölibatären Menschen sind ein Geschenk, mit dem uns gesagt werden soll, was letztlich zählt und was letztlich wirklich ist. Der allgemeine Endzustand wird derjenige einer großen Gemeinschaft sein, nicht einer Ehe.

Gesunde Zölibatäre sind ein Unterpfand dafür; sie verkünden uns das mit großer Überzeugungskraft. Ihr Leben hält uns vor Augen, daß Gottes Liebe genügt. Der Leib Christi braucht zu seiner vollen Verwirklichung in seiner Mitte ehelose Menschen, um uns zu sagen, daß die Liebe Jesu genügt, daß das Reich Gottes an allererster Stelle stehen und schon hier und jetzt wahr werden kann.

Aus diesem Grund sind unglückliche Zölibatäre Weichlinge. Sie jammern ewig und sind voller Materialismus und wirken wie eine Trompete, aus der kein rechter Klang mehr kommt. Sie haben ihre Kraft für das Reich Gottes verloren. In diesem Zustand stiften sie mehr Schaden, als daß sie Gutes täten.

BETE MIT DEINEM EHEPARTNER

Paulus gibt einmal eine Anweisung, mit der er die neue Lebensordnung Jesu genauer präzisiert. Im 1. Korintherbrief 7,5 sagt er: „Entzieht euch einander nicht, außer im gegenseitigen Einverständnis und nur eine Zeitlang, um für das Gebet frei zu sein." Können Sie sich vorstellen, ich würde als Gemeindepfarrer an den Ambo treten und über diesen Text predigen? Alle würden mich auslachen.

Paulus ist davon überzeugt, es sei sehr wichtig, seinen Glauben miteinander zu teilen. Er sagt, es sei nicht möglich, eine neue Art von Gemeinschaftsleben und eine neue Art von Liebe miteinander zu gestalten und zu leben, wenn man nicht gleichzeitig gemeinsam eine neue, gute, echte, mitreißende Wirklichkeit erfährt, die einen verbindet und inspiriert. Diese Wirklichkeit aber sollte man auch miteinander auf dem Gebiet des Gebets erleben. Das ist eine weitere Möglichkeit, für den absoluten Vorrang des Reiches Gottes Zeugnis zu geben. Er sagt, worauf es vor allem ankommt, sei, für das gemeinsame Gebet frei zu sein.

Franziskus hatte für seine Brüder ein Kriterium aufgestellt, das ziemlich genau dem entspricht, um was es hier geht. Grob gesagt heißt es: Ihr könnt alles tun, solange es nicht den Geist des Gebets und der Hingabe beeinträchtigt. Das ist eine sehr einfache Faustregel. Wenn du eine Beziehung zu einem Bruder oder einer Schwester hast und dabei die Freiheit wahrst, mit ihm oder ihr gemeinsam beten zu können, bist du wahrscheinlich frei. Aber wenn du den Geist der Unterredung mit Gott verloren hast, hast du wahrscheinlich auch deine Freiheit verloren.

IN DER FAMILIE DIE LIEBE LERNEN

Jesus sagt, jeder, der Vater oder Mutter, Sohn oder Tochter mehr liebe als ihn, sei seiner nicht wert. Er sagt, die natürliche Familie sei lediglich der Anfang, und das sagt er in eine Kultur hinein, die viel stärkere Familienbande hat als die unsrige heute. Er ruft die Menschen in eine neue Gemeinschaft, in seine geistliche Familie.

„Wer ist meine Mutter, und wer sind meine Brüder? Und er blickte auf die Menschen, die im Kreis um ihn herumsaßen, und er sagte: Das hier sind meine Mutter und meine Brüder. Wer den Willen Gottes erfüllt, der ist für mich Bruder und Schwester und Mutter" (Mk 3,33–35). Gegen alle Vorstellungen seiner Kultur definiert Jesus radikal neu, was zutiefst eine wahre Familie ausmacht: nicht die Blutsbande, sondern die Echtheit der Beziehungen untereinander.

Alles spirituelle Wachstum hat seinen Nährboden dort, wo die familiären Beziehungen in ihrem ursprünglichen, idealen Sinn geheilt, wiederhergestellt und neu gelebt werden. Paradoxerweise sind die Beziehungen zu Vätern, Müttern, Schwestern und Brüdern die Orte der größten Ängste und der größten Freiheitserlebnisse der Menschen. In unseren natürlichen Familien empfangen wir die grundlegenden Wunden, Prägungen und hoffnungsvollen Segnungen. Und in der spirituellen Familie werden wir ebenfalls verwundet und geheilt. Das ist ein Prozeß, der ein Leben lang dauert. Jedoch kann man nur hoffen, daß die spirituelle Familie in etwa den Sehnsüchten entsprechen kann, die in der natürlichen Familie aufgerissen worden sind. Die heilende Liebe nimmt gewöhnlich die Gestalt einer mütterlichen, väterlichen, schwesterlichen oder brüderlichen Liebe an.

SUCHE UND AUSLIEFERUNG SEINER SELBST

Wir können nur im Rahmen dessen, was uns vom Geheimnis vorgegeben und im Bruchstück erschlossen wird, als Propheten tätig sein. Wer hätte etwa im festgefahrenen Einerlei um 1958 das Wunder des Zweiten Vatikanischen Konzils voraussagen können? Hätten Vernunft oder Futurologie den kulturellen Umbruch vorhersagen können, der Mitte der sechziger Jahre stattgefunden hat? Wer hätte im voraus geahnt, daß in den 1980er Jahren eine reaktionäre Epoche einsetzen würde – sowohl in der Kirche wie im Staat? Besteht irgendeine Wahrscheinlichkeit, daß dieser verrückte Rhythmus tatsächlich etwas mit der Heilsgeschichte Gottes mit den Menschen zu tun hat?

Ich möchte durchaus alle unsere Verstandeskräfte, unsere Willensanstrengungen und unsere spirituelle Intuition aufbieten, um damit im Sinne dessen zu planen und zu wirken, was unserer Überzeugung nach Gottes Zukunft und Gottes Absicht mit uns ist. Aber nur denen, die sich zunächst einmal ganz Gott und seinem Heilsplan ausgeliefert haben, kann ich zutrauen, daß sie das im Sinn haben und sich dafür einsetzen. Im andern Fall ergibt sich nur, was wir ohnehin schon viel zuviel haben: der Wille, energisch selbstgesetzte Ziele durchzusetzen, und ichsüchtige Entschlossenheit, die sich selbst als das „Neue Zeitalter des Geistes" bezeichnet.

Damit kommt die amerikanische Kirche und keine andere Kirche weiter. In diesem Haus herrscht noch viel zu sehr das privatisierte, exzentrische Ich. Es ist völlig unfähig dazu, jemals für den wahren Herrn des Hauses offen zu sein. Vor der Suche muß die echte Auslieferung kommen. Erst diese Auslieferung setzt dann auf den Weg der Suche. Ich traue keiner Suche, der nicht eine Auslieferung vorausgegangen ist. Wie hat Jahwe zu Ijob gesagt? „Wo warst du, als ich die Erde gegründet?... Hast du je in deinem Leben dem Morgen geboten, dem Frührot seinen Ort bestimmt?" (Ijob 38,4. 12). Sagt Jahwe das zu Ijob oder zu uns?

SAKRAMENTALE EHESCHLIESSUNGEN

Wir müssen die Ehe genauso taufen, wie wir einzelne Menschen taufen. Wir müssen die Freiheit haben, zu sagen, daß wir gekommen seien, um zu dienen, um unser Leben hinzugeben, um das Kreuz auf unsere Schultern zu nehmen. Gott verspricht uns im Sakrament der Ehe, daß er sich in unserem Miteinander offenbaren wird.

Ich wüßte nicht, daß jemals eine andere Religion so verwegen gewesen wäre, das zu sagen. Das ist sehr fleischlich, sehr erdhaft und sehr sinnlich. Aber Gott sei Dank hat die Kirche die Ehe zum Sakrament gemacht. Die Beziehung eines Mannes und einer Frau wird, wo sie in wirklicher Hingabe aneinander gelebt wird, zum Ort der Begegnung mit Christus. Das ist die Grundlage für unsere Spiritualität der Ehe. Sie brauchen nicht in ein Kloster fortzulaufen. Sie brauchen nicht große asketische Übungen zu machen. Sie begegnen Christus in Ihrer konkreten Liebe zueinander.

Aber wir müssen es lernen, so zu lieben, wie Gott liebt. Ihre Augenblicke der Begegnung, Ihre Augenblicke des Teilens, Ihre Augenblicke physischer Nacktheit und seelischer Nacktheit müssen auch Augenblicke der Nacktheit vor Gott sein, Augenblicke des Gebets und der Freiheit. In Ihren intimen Augenblicken miteinander treten Sie in das große Geheimnis ein, in die Wirklichkeit, die Gott für Sie ist und die Gott Ihnen zumutet.

ENTSCHEIDUNGEN ÜBER UNSER HEUTE

Als Jesus die zwölf Jünger aussandte, „gebot er ihnen, außer einem Wanderstab nichts auf den Weg mitzunehmen" (Mk 6,8).

Wenn Jesus mit aller Konsequenz das Reich Gottes ansagt, gibt er uns die Anweisung, wir sollten uns heute so entscheiden, daß das Morgen offenbleibt. Die meisten Menschen sind nicht frei genug, das Evangelium richtig zu hören, weil es von ihnen zu viele Rückzieher und zuviel Stillhalten verlangen würde.

Sehr viele unserer Leute haben alle ihre Wurzeln in diese Welt gesenkt. Das sind durchaus gute Leute. Sie machen Exerzitien und Meditationstage mit, sie kaufen Bücher übers geistliche Leben wie dieses hier, sie stellen die Frage: „Wie können wir uns aus allem lösen?" Aber sie kommen damit nie auf einen grünen Zweig, denn sie haben in der Vergangenheit derart viele Entscheidungen getroffen, daß sie damit ihr Morgen völlig festgelegt haben. Folglich ist ihr Morgen für neue Fragestellungen gar nicht mehr offen. Sie haben sich mit ihren gestrigen Antworten selbst unerbittliche Fußangeln angelegt.

Wir alle stehen also vor der grundsätzlichen Frage: Ist unser Morgen noch offen für die radikalen Fragen Jesu bezüglich Erfolg, Sicherheit, Macht, Besitztümern und Liebe?

RELIGIÖSE AUSSTEIGER

Ich bin der festen Überzeugung, daß die meisten Heiligen religiöse Aussteiger aus Gesellschaften waren, die ins Nirgendwo schlitterten. Ihr Glaube verlangte von ihnen, daraus auszusteigen und auf etwas anderes zu setzen. Als Jesus das Reich Gottes ausrief, sagte er damit, daß die Kultur, wie wir sie geschaffen haben, unweigerlich auf der Schiene Richtung Selbstzerstörung und Leere laufe. Er hat uns gesagt, an der nächsten Haltestation hätten wir die Möglichkeit, auszusteigen. Dann könnten wir für unser Leben wirklich und nüchtern eine neue Mitte finden. Das, was wir aufgeben müssen, ist unsere völlig falsche Vorstellung von uns selbst, die uns die bürgerliche Gesellschaft eingeimpft hat. Aus irgendeinem Grund kommt es uns jetzt so vor, als sei diese Befreiung die schwierigste Sache der Welt!

Es ist ein und dasselbe, Gott zu finden und sich selbst zu verlieren. Aus diesem Grund ist der Glaube nie *unser* Unternehmen; wir erlangen ihn nie ganz natürlich, und wir wählen ihn auch nie aus eigenem Entschluß. Der Glaube ist immer eine Angelegenheit Gottes. Er scheint die einzige Möglichkeit für Gott zu sein, uns neue Perspektiven zu eröffnen, neue Perspektiven für ein Leben, das viel größer als unser Leben ist. Dieses Leben ist die Liebe.

AN EINER GEMEINSCHAFT MITBAUEN

In Amerika haben wir nicht im entferntesten etwas, was den großen Städten Europas gliche, mit ihren Brunnen, Kathedralen, Spazierwegen und Parks. Ich weiß: wir haben für den Bau unserer Städte nur zweihundert Jahre Zeit gehabt. Aber der eigentliche Grund ist ein anderer: wir Amerikaner träumen gar nicht davon, eine große Stadt zu bauen. Der amerikanische Traum besteht darin, sein eigenes Heim zu haben.

In Amerika sind wir vom großen katholischen Bewußtsein, an einer Gemeinschaft mitzubauen, an der Stadt Gottes, an einem großen Volk, abgerückt zur Sorge um unser eigenes Heim und um die Sicherheit in unserem Wohnviertel; Behinderte und Menschen anderer Hautfarbe sollen sich daraus heraushalten und unsere Eigentumsrechte und unsere Wohnqualität nicht beeinträchtigen. Wir müssen das bezeichnen als das, was es ist: als bodenlosen Narzißmus.

Es gibt eine Welt, die größer als unsere Familien ist. Die einzig nachhaltig hilfreiche Möglichkeit, unsere Familie zu schützen, besteht darin, die gesamte Menschheitsfamilie mitzugestalten und zu schützen.

BEIM NAMEN GERUFEN

Wissen Sie erst einmal, daß Sie und der Vater eins sind, können Sie einiges riskieren. Sie brauchen nicht immer bloß der brave kleine Bub oder das liebe kleine Mädchen zu sein, Sie brauchen nicht immer nur dem System Freude zu machen. Ihr Vater hat Sie bei Ihrem einmaligen Namen gerufen.

Hat das nicht auch Jesus erlebt, bevor er in die Wüste ging? Mit dreißig Jahren hörte er, wie er bei seinem Namen gerufen wurde. Von da an zog er mit großer Entschiedenheit und Selbstsicherheit los.

Der Ort, wo Sie diese Stimme hören, ist Ihre Seele. Darin haben Sie gehört, wie Sie bei Ihrem Namen gerufen worden sind, bei Ihrem geistlichen Namen, bei Ihrem Selbstwertgefühl. An diesem Ort in Ihrem Inneren haben Sie gehört, daß jemand an Sie glaubt und Sie bestätigt. An diesem Ort hat Gott Ihnen einen göttlichen Namen geschenkt und ein göttliches Ich. An diesem Ort sind alle Ihre Namen zur Einheit gebündelt.

EXERZITIEN UND KONFRONTATIONEN

Jedesmal, wenn wir Exerzitien machen, sollten wir auch bewußt einplanen, uns irgendwo einer Konfrontation zu stellen. Zwar sollten wir alle gelegentlich an Exerzitien teilnehmen; aber für manche Leute wird das Mitmachen von Exerzitien zu einer Art Lebensweise. Alle paar Monate sind sie wieder bei Exerzitien dabei. Bei vielen dieser Leute ist es offensichtlich, daß sie nicht in der Seelsorge engagiert sind und auch sonst niemandem dienen. Sie treiben einfach Nabelschau. Im Namen der Gottessuche laufen sie unablässig vor Gott davon. Es gibt keine wirksamere Möglichkeit, vor Gott davonzulaufen, als die, im Übermaß fromm zu sein und sich in religiöse und heilige Dinge um ihrer selbst willen zu vergraben.

Man kann einen guten Ausgleich zwischen seinen männlichen und seinen weiblichen Energien herstellen, indem man in seinem Leben regelmäßig sowohl Exerzitien als auch Konfrontationen vorsieht. Achten Sie darauf, daß Sie sich regelmäßig zurückziehen und allein für sich über Ihren Weg nachdenken und beten; aber achten Sie genauso darauf, daß Sie sich irgendwo konkret engagieren und einmischen, Ihre Spiritualität Fleisch werden lassen und etwas Sicht- und Greifbares tun.

GELEGENHEITEN ZUR ERFAHRUNG VON GNADE

Wir möchten zwar immer Gelegenheiten zur Erfahrung von Gnade finden, aber unser Lebtag sind wir eher damit beschäftigt, Gelegenheiten zur Sünde zu meiden. Gibt es Umstände, auf die wir uns bewußt einlassen und die uns dann zwingen, alles und jedes mit neuen Augen zu sehen und einzuschätzen? Für mich war ein solcher Umstand meine Begegnung mit der Dritten Welt. Ein anderer solcher Umstand war für mich als junger Mann der Eintritt in den Franziskanerorden, und später war ein weiterer solcher Umstand das Leben in der Gemeinschaft von New Jerusalem. Man muß bewußt nach solchen Umständen und anderen Lebenszusammenhängen suchen und sie für sich wählen; dann empfindet man die gesamte Wirklichkeit anders und denkt anders über sie. Nur aus Predigten und Büchern allein kann man das nicht lernen und mitvollziehen. Wir werden durch neue Umstände geändert. Die Gnade kommt dann am besten an uns heran, wenn unsere üblichen Sperren nicht mehr funktionieren.

DIE GABE DES GEBETS IN UNSEREM INNEREN

Ein chassidischer Jude hat gesagt, wenn wir erfahren wollen, daß von uns Energien ausgehen, müssen wir zunächst irgendwie uns selbst als Gott erkennen (wir bewegen uns hier auf einer ganz schmalen Grenzlinie zwischen Wahrheit und Illusion!). Wir müssen wissen, zu wem wir gehören; wir müssen daran glauben, daß Gott in uns wohnt, wir müssen auf die Würde und Kraft unserer Seele vertrauen. Dieser chassidische Jude sagte etwas Wunderschönes: „Wenn ich bete, bin ich Gott." Das Gebet selbst ist Gott. Es ist keine Tätigkeit, mit der ich versuche, Gottes Wohlwollen zu erwerben oder mich mit Gott zu unterhalten. Es ist nicht etwas, was ich für Gott tue. Das Gebet ist Gott in mir, der Gott außerhalb von mir liebt, und Gott außerhalb von mir, der Gott in mir liebt. Der Heilige Geist ist die Gabe des Gebets in unserem Inneren (vgl. Röm 8,26–27).

Viele von uns sind mit ihrem Gebetsleben recht unzufrieden. Bei Exerzitien sage ich den Leuten immer: Mich interessiert es gar nicht, auf welcher Stufe des Gebets Sie sind. Fragen Sie sich einfach: *Sehne* ich mich nach dem Beten? Solange in Ihnen die Sehnsucht nach dem Beten wach ist, ist auch der Heilige Geist in Ihnen noch lebendig. Haben Sie dagegen überhaupt keine Sehnsucht mehr danach, dann steht es schlecht um Sie.

SCHULDBEWUSSTSEIN

Der vierte, fünfte und sechste der Zwölf Schritte der „Anonymen Alkoholiker" lautet: 4. Wir legen gründlich und furchtlos Rechenschaft über unser eigenes moralisches Verhalten ab; 5. Wir gestehen Gott, uns selbst und einem anderen Menschen genau ein, worin unsere Fehler bestehen; 6. Wir sind ganz und gar bereit, uns von Gott alle diese Charakterfehler nehmen zu lassen.

Die Geschichte von der Frau, die beim Ehebruch ertappt wurde (Joh 8,1–11), ist ein gutes Beispiel dafür, wie Jesus den Menschen die „Gabe des Schuldbewußtseins" schenkt, also etwas, was unsere verhirnte, liberale Gesellschaft sich gar nicht mehr als möglich oder wünschenswert vorstellen kann. Er hat zu ihr zwei Dinge gesagt: 1. „Ich verurteile dich nicht" (Beschämung ist keine Antwort) und 2. „Geh und sündige von jetzt an nicht mehr" (Nimm dich selbst in die Hand und ändere dich). Damit gibt er die gleiche Anweisung, die in den Schritten 4, 5 und 6 unseres Zwölf-Schritte-Programms steht. Sei ganz und gar bereit, dir von Gott alle diese Charakterfehler nehmen zu lassen. Das bedeutet ja, daß man zunächst einmal dazu steht, diese Charakterfehler zu haben. Die Welt lehrt uns etwas anderes: Wir sollen unsere Fehler abstreiten, rechtfertigen oder anderen die Schuld daran geben.

Jesus dagegen vermittelt die Gabe des Schuldbewußtseins (Ich *habe* diesen Fehler und trage die Verantwortung dafür) und nimmt zugleich die Beschämung darüber weg. Sie besteht ja genau besehen darin, sich davor zu fürchten, von den anderen verachtet zu werden. Wir leben in der Angst, die anderen könnten auf uns herabschauen. Wir leben in der Angst, so, wie wir sind, abgelehnt zu werden.

Jesus hat nie jemanden beschämt. Statt dessen hat er die Menschen ermutigt, die volle Verantwortung für ihre Fehler zu übernehmen. Das ist der schmale Pfad zum Gesund- und Heilwerden, den das Evangelium und das Zwölf-Schritte-Programm erschließen.

DIE „ZWÖLF SCHRITTE“

Die Spiritualität der „Anonymen Alkoholiker“ wird als charakteristischer und origineller amerikanischer Beitrag in die Geschichte der Spiritualität eingehen. Sie ist eine echte Spiritualität. Für mich als Christ ist das Aufregende daran, daß die Zwölf Schritte in sehr klarer Sprache das zum Ausdruck bringen, was wir so lange und so mangelhaft als Theologen ins Wort zu bringen versucht haben. Unser religiöser Jargon ist derart ausgeleiert und mystifiziert, daß er keinen Biß mehr hat. Wörter wie „Liebe“ und „Bekehrung“ sind so vielfältig bedeutungsschwanger, daß kein Mensch mehr begreift, um was es nun konkret dabei geht. Statt etwas deutlich zu machen, verdunkeln sie die Vorstellung nur; statt etwas direkt beim Namen zu nennen, hüllen sie es in mystischen Nebel.

Die Sprache der Zwölf Schritte schiebt die mystischen Schwaden beiseite, die man in der Religion immer so gern wabern läßt. Das Mystifizieren ist der Trick, mit dem die Vertreter der Religion Herrschaft errichten und Verdrängungen fördern. Die Zwölf Schritte nennen das „stinking thinking“ – „Stinkedenken“. Wer die Zwölf Schritte gehen will, hat dafür keine Zeit.

KINDSEIN

Jesus hat gesagt: „Wenn ihr nicht umkehrt und wie die Kinder werdet, könnt ihr nicht in das Himmelreich kommen" (Mt 18,3). Er sagt: Ohne die Augen von Kindern habt ihr nicht einmal einen Blick für das Himmelreich.

Ich glaube, man kann das ganz legitim auch so auslegen: Alle von uns sind in Familien aufgewachsen, in denen nicht allen unseren Bedürfnissen entsprochen worden ist; also in Familien, in denen ein bestimmtes Maß an Finsternis, ja sogar an Mißbrauch war. Gegen jeden von uns ist schon gesündigt worden.

Das ist auch mit der Lehre von der Erbsünde gemeint: Jeder von uns trägt die Wunde. Wir reichen diese Wunde von Vater zu Kind, von Mutter zu Kind weiter. Irgendwann muß jeder von uns in seine Ursprungsfamilie zurückkehren und seine Ängste und Bedürfnisse nach Sicherheit von damals noch einmal beim Namen nennen, unterdrückte Gefühle noch einmal nachfühlen und alles, was er niemals fühlen und niemals denken durfte, sich noch einmal zu eigen machen, wiedererwecken und empfinden. Das heißt dann tatsächlich ein Kind werden, denn man fühlt sich wie ein verflixter Trottel, wenn man das tut. Wenn man jedoch seine innere Reise als Kind nicht noch einmal zum Leben erweckt und bewußt annimmt, läßt man sein Lebtag das verletzte Kind in sich trösten und hätscheln.

DER ORT DER HEILUNG

Warum wird in vielen Sprachen das Wort „Geist", „Spiritus" zur Bezeichnung von Alkohol („Spirituosen") verwendet? Was wäre, wenn ich bei der nächsten Messe, die ich mit Ihnen feiere, den Kelch vor Sie hinhalten und statt „Das Blut Christi" sagen würde: „Alkohol von Christus"? Würde Sie das nicht alle vor den Kopf stoßen? Ist es nicht merkwürdig, daß genau der Stoff, der im Leben von vielen soviel Unheil angerichtet hat, auch zur Feier des Sakraments verwendet wird? Ist das nur Ironie oder Zufall – oder Vorsehung? Das Blut Christi, der Wein Christi, der Alkohol Christi.

Der Ort der Wunde ist der Ort der Heilung. Der Ort des Bruchs ist der Ort der größten Stärke. Aus diesem Grund trägt Jesus auch dann noch die Wundmale an seinen Händen, seiner Seite und seinen Füßen, als er in seinem auferstandenen Leib wieder erscheint. Sie sind nicht verschwunden, wie eigentlich zu erwarten wäre.

Was macht dem Thomas Schwierigkeiten? Er kommt mit den Wunden nicht klar. Jesus sagt zu ihm: Leg deinen Finger hinein. Laß dich auf den Schmerz ein. Stell dich der Wahrheit, daß ich immer noch gebrochen bin.

Nein, du bist auferstanden. Dann darfst du eigentlich kein Loch mehr in deiner Seite haben, sagt Thomas. „Thomas, streck deinen Finger aus – hier sind meine Hände! Leg sie in meine Seite, und sei nicht ungläubig, sondern gläubig!" (Joh 20,27).

Ich glaube, Sie können nicht zu glauben anfangen, ehe Sie nicht den Finger in Ihre eigenen Wunden gelegt haben, oder in die Wunden von jemand anderem oder in die Wunden Christi.

NEGATIVE ENERGIE

In einer nicht funktionierenden Familie hat alles einen Hang zur Enttäuschung. Alle sind sozusagen pausenlos auf Krisen gefaßt, und das ganze ist unterschwellig von Angst begleitet. Zeitweise habe ich das am eigenen Leib erlebt. Gelegentlich kann ich gar nicht recht motiviert werden; erst muß mich wieder irgend etwas überkommen, vor dem ich Angst haben kann.

Offensichtlich wurde es vielen von uns nie beigebracht und wurden wir nie ermutigt, einfach die positiven Säfte sprudeln zu lassen. So wissen wir gar nicht, wie das geht.

Wenn wir als Aufhänger immer etwas brauchen, um das wir uns sorgen, über das wir uns ärgern oder weswegen wir aus der Haut fahren müssen, setzen wir alles auf ein negatives Fundament. Fangen wir aber im Negativen an, so ist es ziemlich wahrscheinlich, daß wir auch im Negativen enden. Kein Wunder, daß so viele von uns entgegen ihren besten Absichten negativ eingestellte Leute geworden sind und alles mit einer Energie tun, die auf irgendeine Weise vergiftet ist. Oft erfaßt diese Energie gesamte Familien. Viele von uns haben das früh in ihrem Leben als einzige Reaktionsweise ausgebildet. Uns wurde gesagt, was wir falsch gemacht haben, was wir nicht fühlen dürften, vor was wir uns fürchten sollten. Uns wurde nicht gesagt, wie wir das Gute sehen und fühlen sollten, wie wir statt dem Tod dem Leben vertrauen sollten.

DAS LOCH IN DER SEELE

Ist Ihnen richtig klar, wie schwierig es für eine Mentalität, die immer bloß alles festhält und selbst macht, ist, sich auszuliefern? Nichts in einer solchen Psyche ist darauf angelegt, die spirituelle Weisheit, die im Sich-Ausliefern liegt, zu begreifen. Alle großen Weltreligionen lehren die Auslieferung. Doch den meisten von uns ist der Gedanke an das Sich-Ausliefern ganz fremd, bis wir durch das Loch in unserer Seele schlüpfen, durch den Schwachpunkt in der Mitte. Zumindest für uns, die in den Ländern der Ersten Welt leben, ist das so. Andererseits scheinen die Armen schon in einem frühen Alter den Sinn der Begrenzung zu begreifen.

Die Dritte Welt kommt dadurch an ihre Grenzen, daß ihr soziales und ökonomisches System zusammenbricht. Wir dagegen scheinen vor allem in unserer Innenwelt mit unseren Grenzen konfrontiert zu werden. Dort muß *unsere* Befreiungstheologie ansetzen. Wir müssen in uns selbst den armen Mann, die arme Frau, den unterdrückten Teil entdecken, den wir verabscheuen, den wir leugnen, vor dem wir uns fürchten. Das ist das Loch in unserer Seele. Das ist der Weg, auf dem wir durchbrechen müssen. Das ist vielleicht der einzige Weg, sagt der gekreuzigte Jesus.

WEISHEIT IN IRLAND

Am Schluß von Einkehrtagen, die ich in Irland gegeben hatte, kamen drei ältere Frauen zu mir und sagten: „O Pater, das, was Sie gesagt haben, haben wir schon vor Jahren geglaubt. Aber mit dem Zweiten Vatikanischen Konzil haben wir das aufgegeben."

Sie erzählten mir von dem gefallenen Priester. Das war der Priester, der irgendeine schreckliche moralische Schwäche gehabt hatte (als ob wir nicht alle eine hätten). Natürlich schaute man auf den gefallenen Priester voller Verachtung und ließ ihn von der Bildfläche verschwinden, indem man ihn in irgendein Kloster an der irischen Küste steckte. So brauchten die guten irischen Leute nicht mit der Vorstellung zu leben, ihr Priester sündige oder trinke. Doch die drei Frauen sagten ganz erregt zu mir: „Wissen Sie was? Wir wissen nicht, ob die Priester das gewußt haben. Aber wir alten Leute in Irland sind immer zu den gefallenen Priestern gegangen, wenn wir wirklich Hilfe gebraucht haben."

Sage einer, es gebe in Irland keine Weisheit.

EHRE DEN SABBAT

Im dritten Gebot kommt ein grundlegendes Verständnis der Beziehung zwischen Gott und der Menschheit zum Ausdruck. Die Hebräer sagten, am siebten Tag, am Sabbat, müßten sie ruhen. Alles mußte stillstehen. „Dies ist der Tag, den der Herr gemacht hat; wir wollen jubeln und uns an ihm freuen", singt der Psalmist (Ps 118,24).

Gott sagt: „Ich muß diesen Leuten beibringen, daß ich ihre Kraft bin, ich ihr Liebhaber und ich ihr Leben. Hört also einen Tag pro Woche, ein Siebtel eurer Zeit damit auf, euch euren Wert selbst zu beweisen, alles selbst zu machen, alles selbst zu leisten. Laßt alles bleiben, was zweckgerichtet ist. Überlaßt es mir, zu retten, zu lieben, zu befreien."

Das war der Sinn der Sabbatruhe: Gott zu dienen, in Gott zu ruhen. Und um Gott eine Chance zu geben, seine Sorge für sie unter Beweis zu stellen, unterließen sie jedes siebte Jahr die Aussaat.

Wir entdeckten dann, daß nicht wir es sind, die die Liebe zustande bringen. Ein anderer liebt durch uns.

GOTT LIEBT DICH

Lesen Sie von Anfang bis Ende die Gebete des heiligen Franziskus durch. Franziskus will nur eines: Gott loben und preisen.

Damit ist für alles andere gesorgt. Denn damit läßt er einfach Gott Gott sein. Er preist Gott für dies, er preist Gott für das. In jeder Lage, mag sie auch unmittelbar unglücklich oder schwierig oder verzweifelt oder unmöglich aussehen, preist er Gott. Dadurch gewinnt er diese völlige Durchsichtigkeit für Gott, die es Gott ermöglicht, durch uns und in uns zu wirken. Wir müssen dazu völlig auf Gott vertrauen, müssen glauben, daß Gott uns immer liebt.

Es gibt keine Zeit, keinen Platz, keine Situation, in der Gott dich nicht liebt. Es gibt keine Weise, auf die Gott dich nicht liebt. Wir müssen das unablässige „Ja“ dazu sein, daß die Liebe durch uns hindurchgelangt. Dann ist in unserem Leben nichts mehr bloßer Zufall, sondern alles ist pausenlos Vorsehung!

FEBRUAR

DIE KRAFT DES EVANGELIUMS

Gott spricht das wirklich kraftvolle Wort, aber wir sind unfähig, ihm zu glauben. Wir vertrauen auf unsere eigene Kraft und meinen, sie könne die Welt verändern. Aber was hat sie angerichtet? Schauen Sie sich unsere Regierung an, schauen Sie sich die Welt an! Wie wenig Kultur, wie wenig echte Zivilisation hat die Welt zustande gebracht! Wie wenig Menschlichkeit! Die Konservativen neigen dazu, der Machtlosigkeit zu mißtrauen, während die Liberalen dazu neigen, der Macht zu mißtrauen. Jesus verknüpft beides auf eine völlig neue Weise miteinander, die keiner der beiden Gruppen paßt.

Wir haben noch nie den Mut aufgebracht, das Wort Gottes wirklich ernst zu nehmen. Wir haben sowohl vor der Kraft als auch vor der Kraftlosigkeit des Evangeliums Angst.

Jemand hat gesagt, wir hätten gerade so viel vom Christentum verkostet, daß wir für immer dagegen geimpft seien, das Richtige zu wollen.

GOTT KENNT KEINE ENKEL

Im Buch der Richter 2,10 heißt es: „Auch diese ganze Generation wurde mit ihren Vätern vereint, und nach ihnen kam eine andere Generation, die den Herrn und die Taten, die er für Israel vollbracht hatte, nicht mehr kannte." Sie hatte alles vergessen.

Wir müssen *Kinder* Gottes werden. Jede Generation muß aufs neue bekehrt werden. Jede Generation muß zum Leben aus Gott berufen werden, um Gottes Treue kennenzulernen, aus sich selbst herauszugehen und ihr Leben auf das Wort Gottes zu gründen.

Es genügt nicht, zu sagen: „Meine Mutter war katholisch, mein Vater war Christ." Solange Sie in Ihrem Leben nicht an den Punkt gekommen sind, an dem Sie den Gott gewählt haben, dem Sie dienen wollen, haben Sie noch nicht damit angefangen, die Erfahrung der Bekehrung zu machen. Der Grund, weshalb das Wort Gottes unseren Leuten nichts sagt, liegt einfach darin, daß sie sich nie bekehrt haben. Viele Kirchgänger sind praktisch Heiden mit Taufe. Der Glaube unserer Eltern ist noch nicht unser Glaube, solange wir den Weg nicht selbst gehen. Gott kennt keine Enkel.

GLAUBEN

Das Wissen um Gott kann man nicht beweisen, hervorbringen, mit dem Verstand erzwingen, rechtfertigen oder begründen. Dieses Gottes-Wissen und diese Gottes-Kraft laufen immer Gefahr, mißverstanden zu werden (auch Gott läuft diese Gefahr), falsch gedeutet zu werden (was Gott auch wird) und sogar verkannt zu werden (was auch Gott passiert).

Mit Glauben leben – was bedeutet, mit Gott leben – bedeutet, das Wagnis eingehen, wie nichts auszusehen und sich zu fühlen – wie nichts, das man besitzen, mit dem man handeln, das man entwickeln, kontrollieren, veräußern, kaufen, messen, verdienen, beklatschen lassen oder auch nur angemessen äußern könnte. Und schließlich liegt der Glaube jenseits der Welt von Macht, Funktion und Zweck.

Ich muß das so sagen. Sonst würde ich die gesamte Geschichte des Glaubens von Abraham bis Jesus und bis zu unseren eigenen Donny Flowers und Erwin Wolke verkennen: der Glaube liegt jenseits jeglichen vernünftigen und objektiven Vorgangs; selbst noch so gute Leute können ihn sich ausdenken. Wir mögen ein Gemeinschaftsprogramm oder eine Struktur noch so vollkommen und gut anlegen, wir mögen sie vollkommen beherrschen und unsere gesamte Kraft hineinstecken – all das wird niemals den Glauben, von dem in der Bibel die Rede ist, unnötig machen. Glaube ist Glaube ist Glaube. Und Gott kann man nur durch Glauben erkennen (siehe Römerbrief 3–5). Ich frage mich, warum religiöse, fromme Menschen das so leicht vergessen.

Glauben heißt letztlich, mit nichts dastehen, mit nichts, das man beweisen oder beschützen könnte. Der Glaube weiß um sich selbst in unerschöpflich lebendiger Liebe, die uns drängt, uns hinzugeben, uns loszulassen, uns herzugeben, alles auszuliefern, zu verzeihen, über unseren Schatten zu springen, nie beleidigt zu sein, aufeinander zu vertrauen, sich ineinander zu verlieren – und dabei die Gewißheit zu haben, daß wir uns nach all dem voll und ganz selbst finden werden.

Ein konsumorientiertes, funktionales und materialistisches Zeitalter findet das Glauben nahezu unmöglich. Wir wollen zwar durchaus „Religion“ haben, aber sicherlich keinen Glauben. Der Glaube ist nämlich nichts, der gläubige Mensch ein Niemand. In unserer oberflächlichen Kultur wird Vertrauen als Naivität bezeichnet. Das Verzeihen sieht immer wie Weichlichkeit und Nachgiebigkeit gegenüber dem Feind aus. Selbst wenn Sie die Wahrheit sagen, bringt Ihnen das keinerlei Wählerstimmen, und in den Abendnachrichten wirkt das durchaus nicht patriotisch. Das Glauben ist in unserem Zeitalter und unserer Kultur nichts. Das Glauben ist schon immer nichts gewesen.

MASKEN GOTTES

Das lateinische Wort für „Maske" ist „persona". Davon ist unser Wort für das individuelle Menschenwesen abgeleitet. Es scheint anzudeuten, daß die Lebensäußerung des Individuums nicht mehr als die Maske einer größeren Wirklichkeit ist. Ursprünglich wurden damit die großen Theatermasken bezeichnet, die sich die griechischen Schauspieler vors Gesicht hielten und durch die sie „hindurchsprachen" (per-sonare), um ihre Stimmen zu verstärken. Schließlich verwendeten die christlichen Philosophen und Theologen den Begriff „persona" dazu, das Individuum als getrennt von der Gruppe zu definieren. Jede Person ist eine Maske Gottes. Jede Person ist ein Atmen und Tönen durch die Maske hindurch, ein Bild einer viel größeren Wirklichkeit.

Ich kann meines Personseins nur dann gewahr werden, wenn ich unendliche Ehrfurcht vor der Ich-Du-Beziehung habe, die mir letztlich nur Gott richtig zeigen kann: von Subjekt zu Subjekt, von Blick zu Blick, und zwar so, daß dabei mit mir nicht wie mit einem Objekt umgegangen wird. In gewisser Hinsicht ist Liebe immer etwas, was sich zwischen Gleichrangigen abspielt. Gottes Liebe zu uns ist so vollkommen, daß wir wissen: er behandelt uns als gleichrangig mit ihm, als seine Liebhaber. Man braucht sein ganzes Leben lang dazu, um das wirklich zu begreifen!

DER KAMPF MIT DEM ENGEL

Unser Glaube besteht nicht in Worten. Unser Glaube besteht in einer Person. Unser Glaube besteht in Gott, der uns das göttliche Ich in Christus und in denen, die im Leib Christi leben, offenbart. Das Wort ruft uns in einen persönlichen Dialog, nicht in eine sklavische Idealisierung von Worten, nicht in eine starre Liebesaffäre mit Begriffen und Vorstellungen. Das wäre Fundamentalismus.

Die Heilige Schrift ruft uns in einen persönlichen Ringkampf, wie ihn Jakob antreten mußte. Er hat mit dem Engel Jahwes gerungen (Gen 32,25–31). Wenn wir derart persönlich verwickelt werden, wenn wir derart persönlich im Ringkampf mit dem Geheimnis Gottes liegen, kommen wir zum Glauben. Der Glaube ist nicht lediglich eine Ideologie mehr im Wettbewerb der Ideologien. Er ist eher ein Prozeß als eine Schlußfolgerung, eher eine Form der Beziehung als eine Weise der Erklärung, eher ein Ringkampf als eine Unterrichtsstunde im Klassenzimmer.

AUS DER FINSTERNIS HINAUSSTARREN

Das vom Glauben erfüllte Volk in der Bibel hörte das Wort Gottes genauso, wie Sie und ich es hören müssen. Vielleicht hörten sie gar keine akustische Stimme, vielleicht hatten sie auch nicht mehr regelrechte Visionen als Sie und ich. Aber irgendwie wußten sie, daß Gott sie rief. Und sie nahmen das Wort Gottes an. Sie erfuhren und empfingen die Gaben Gottes. Und sie zweifelten kaum an ihrer Gabe.

Für das hebräische Volk war die Geschichte immer die Zeit zwischen der Verheißung und ihrer Erfüllung. Der Gläubige war derjenige, der aus der Finsternis und Leere hinausstarrte und wußte, daß irgendwie und auf irgendeine Weise mitten aus all dieser Absurdität und Ausweglosigkeit heraus das Wort Gottes erfüllt werden würde.

DAS VERSPROCHENE LAND

Die Frohe Botschaft zeigt immer in die Zukunft, an einen neuen Ort, auf das Versprochene Land. Nie zeigt sie zurück, außer, um aus der Vergangenheit zu beweisen, daß man sich auf Gott auch in der Zukunft verlassen kann. Das ist die Ironie der Geschichte des Christentums: weithin hat es auf die gute alte Zeit voller Glauben und Wunder zurückgeschaut, auf die Zeit, in der „Gott noch Gott war" und in der die großen Propheten gelebt haben.

Wie ist das Wort Gottes zu dieser konservativen Parole verkommen, zu dieser Formel für versteckte Angst, mit der man die Menschheit klein hält, mit der man uns auf die Vergangenheit festnageln will (und gewöhnlich auf die nicht allzu ferne)? Es ist ganz klar: Wir haben nicht wirklich auf das Wort Gottes gehört.

Das Wort verweist uns immer auf die Zukunft. Es ruft uns heraus aus unserer Beschäftigung mit dem Herstellen von Götzen, ruft uns heraus aus unseren Unsicherheiten in die Sicherheit und Zukunft, die Gott erschaffen wird. Das Christentum ist genau wie das Judentum zutiefst eine vorwärts-gerichtete Religion, denn es zerstört unsere Götzen, den Panzer um unser wahres Ich und unsere Verteidigungsmechanismen und leitet uns an, auf Gottes Zukunft zu vertrauen. Der Glaube ist die Sicherheit der Unsicheren.

DAS VERSPRECHEN GOTTES

In unserer Zeit hat man sich an die Erwartung gewöhnt, daß Wünsche auch erfüllt werden. Wir sind in einer absolut einmaligen Periode der Geschichte aufgewachsen, in der das Haben und das Besitzen und das Erfüllen von Wünschen zu echten Möglichkeiten geworden sind. Wir haben die Illusion, wir könnten uns jeden Wunsch erfüllen, und die weit gefährlichere Illusion, wir hätten auch ein Recht darauf, und zwar auf der Stelle. Die einzige Voraussetzung dafür ist, daß wir geschickt genug und schnell genug sind und fest genug beten oder arbeiten, um unsere Ziele zu erreichen.

Wir erwarten, daß uns der Spatz in der Hand mit Energie erfüllt. Aber aus dem Wort Gottes und der Geschichte all der Menschen, die mit diesem Wort gerungen haben, ist eher zu schließen, daß uns von der Taube auf dem Dach wesentlich mehr Energie zufließen kann. Das Volk Gottes wird durch Versprechen vorangeführt. Die Aussichten, die ihm diese Versprechen eröffnen, stärken die Herzen der Menschen ungleich mehr, mitten durch alle Risiken und Wagnisse hindurch.

Gottes Volk wird vom Reiz, den der Ruf selbst in sich birgt, angetrieben, und zwar viel stärker als vom direkten Schauen des Angesichts Gottes, von der Gewißheit, daß Gott seine Versprechen einlöse, oder von der unfehlbaren Gegenwart der Freude an Gott. Gott ist „unsere Gerechtigkeit" nicht dadurch, daß er uns in jeder Hinsicht befriedigt, sondern indem er uns von dort fortruft, wo wir festsitzen. Gott stellt uns nicht wieder her, indem er das Versprochene wahr werden läßt, sondern indem er zusagt, daß es wahr werden wird. Gott sagt uns, wer wir sind, indem er uns sagt, wer wir sein werden. Das genügt in gewisser Hinsicht. Und es fruchtet! Zumindest fruchtet es bei denjenigen, die fähig sind, glauben zu lernen: „Selig ist, die geglaubt hat, daß sich erfüllt, was der Herr ihr sagen ließ" (Lk 1,45).

DIE KIRCHE LIEBEN

Nichts in dieser Welt ist ein Ziel in sich selbst; auch nicht die Kirche, die Priester, Bischöfe, Päpste, Gesetze, die Bibel – nichts. Nur Gott ist das Ziel; alles andere ist Mittel dazu. Nur Gott kann uns retten, nicht die Kirche.

Ich sage das aus großer Liebe zur Kirche. Gott rettet die Menschen, und die Kirche ist das herrliche Geschenk, das Gott uns gemacht hat und das uns das erlösende Wort verkünden soll. Wenn wir jedoch „die Kirche" predigen und um den Erhalt „der Kirche" kämpfen, verkünden wir nicht unbedingt Gott. Oft verkündigen wir dann uns selbst. Jesus hat in seiner Predigt nie Israel in den Mittelpunkt gestellt, sondern immer Gott. Er hat die absolute Transzendenz Jahwes verkündet, und daß wir Jahwe treu bleiben und ihm gehorchen sollen.

Gleichzeitig hat Jesus nie Israel niedergemacht. Er hat Israel geliebt. Soweit Israel dem Bund und den Propheten treu war, hat Jesus Israel gehorcht, hat er den Priestern gehorcht, hat er „der Kirche" gehorcht. Aber er zögerte nicht, Israel kräftig wachzurütteln. Er lud Israel dringend und hartnäckig dazu ein, sich selbst treu zu sein. Jesus hat uns gelehrt, das nicht Liebenswerte, ganz genau so, wie es ist, zu lieben.

Wenn wir nur das lieben, was unserer Liebe wert ist, lieben wir überhaupt nie. Jesus liebte „die Kirche", liebte Israel genau so, wie es war. Sie können nicht die Kirche lieben, wie sie vor fünfzig Jahren war. Das wäre eine faule Ausrede. Die einzige Kirche, die Sie lieben müssen, ist die Kirche von heute.

AUF GOTT VERTRAUEN

Ein beliebter Spruch lautet: „Wer sich selbst hilft, dem hilft Gott." Ich denke, man kann diesen Spruch richtig auffassen; aber in den meisten konkreten Fällen ist er reine Häresie. Die Heilige Schrift sagt klipp und klar, wer auf Gott vertraue, *dem* helfe Gott, und nicht dem, der sich selbst helfe.

Uns muß das deshalb so deutlich gesagt werden, weil wir völlig in der „do it yourself"-Haltung befangen sind. Als gebildete Menschen, als Amerikaner, fahren wir alle voll darauf ab, „to do it": alles selbst zu machen. Es kostet uns Mühe, die Bremsen durchzutreten, das Gas wegzunehmen und einem anderen die Vorfahrt zu lassen. Wenn wir sagen, Jesus sei „der Herr", dann soll das heißen: zuallererst kommen wir zu ihm, zuallererst legen wir alles ihm in die Hände. Unser Tun muß eine Folge dessen sein, was wir sind. Aber was wir sind, ist „mit Christus verborgen in Gott" (Kol 3,3).

INS SCHWEIGEN EINTRETEN

Wir müssen es lernen, Gott zu vertrauen. Es bedarf einiger vorsätzlicher Aufmerksamkeit und Anstrengung, um dieses Vertrauen zu entwickeln. Man muß sich Zeit nehmen, anhalten und beten und in Gott still werden. All das scheinen recht unergiebige Dinge zu sein, aber auf dem Weg zum Glauben darf man nicht nach unmittelbarem Ertrag fragen. Gott hat uns nicht zu einem ertragreichen Leben berufen. Er hat uns zu einem Leben aus dem Glauben berufen. Entscheidend kommt es dabei auf das Hören und Warten an.

Zuzeiten müssen wir in Gottes Schweigen eintreten. Wir müssen das Vlies auslegen, wie es Gideon getan hat (Ri 6,37–40), und dann zurücktreten und abwarten, ob Gott uns bestätigt. In einem wirklichen Leben aus dem Glauben hören wir genau auf unsere innere Eingebung, setzen darauf, daß Gott dadurch zu uns spricht, und tun dann einen energischen Schritt. Wenn man so aus dem Geist des Gebets heraus seinen Weg geht, darf man das Vertrauen haben, daß Gott im Spiel ist, selbst wenn man einen Fehler macht.

PROPHET DAHEIM UND DRAUSSEN

Die Propheten standen immer mit einem Fuß in Israel und mit einem Fuß draußen. Auch Sie müssen mit einem Fuß in Ihrer Glaubensgemeinschaft stehen und mit einem Fuß in der Welt draußen. Wir müssen immer unsere Liebe zuerst finden und dann hergeben. Manchmal ist das gar nicht so leicht, sie herzugeben oder die Augen offen zu haben. Wir müssen unsere Liebe dort einsetzen, wohin zu lieben wir gerufen werden; und gelegentlich heißt das, wir müssen Leute und Institutionen lieben, die uns niedermachen.

Die Propheten haben Israel immer geliebt. Sie sind ihnen immer treu geblieben. Sie glaubten fest daran, daß Gott Israel dazu benutzte, um seine Gegenwart in der Welt und seine Liebe zu ihr zu verkünden. Sie hatten nicht das Gefühl, sie seien besser als Israel. Sie wußten allerdings, daß sie diesem Volk reinen Wein einschenken mußten. So sehr sie unter der Welt litten – noch mehr litten sie an Israel.

KATHOLISCHE IDENTITÄT

Die über Vierzigjährigen unter uns haben meistens ein starkes Identitätsgefühl als Katholiken mitbekommen. Der Katholizismus war eine allumfassende Welt, eine alles umfassende Art des Denkens und des Fühlens. Jemand hat einmal gesagt, sein Katholischsein könne man so schlecht ablegen wie seine Haut- und Rassenzugehörigkeit als Schwarzer, Brauner, Gelber, Roter oder Weißer. Man konnte es beim besten Willen nicht abstreifen. Die „heilige Mutter Kirche“ ist immer noch unsere Mutter. Seine Mutter kann man nicht auswechseln. Seine Mutter kann man nicht umbringen. Das Reifwerden bedeutet gewöhnlich, daß man das Gefühl entwickelt, die eigene Mama sei „eigentlich doch ganz gut“ gewesen, trotz ihrer Unvollkommenheiten.

Aber die meisten Menschen, die nach dem Zweiten Vatikanischen Konzil aufgewachsen sind, kennen diese Erfahrung nicht mehr. Die Fälle sind nur noch selten, wo jemand eine starke katholische Identität mit auf den Weg bekommen hat. Und so empfinden diese Menschen auch keine große Verpflichtung zur Loyalität gegenüber der katholischen Kirche. Allerdings verspüren sie auch kein großes Bedürfnis, gegen die Kirche aufzubegehren. Ich weiß nicht, was schlimmer ist. Ist es schlimmer, eine Mutter zu haben, gegen die man aufbegehren kann, oder überhaupt keine Mutter zu haben?

Die Mitglieder meiner Generation, ich bin 1943 geboren, verwenden ihre ganze Zeit darauf, die Autoritätsstrukturen und -modelle zu reformieren. Doch den Jüngeren geht es um ganz andere Probleme: sie zerbrechen sich nicht den Kopf über ihre christliche oder katholische Identität, haben kaum mehr Sinn für gesunde Grenzen und so gut wie kein Gespür für das Heilige.

DREI GRUNDSÄTZLICHE FRAGEN

Die erste Frage, die uns das Evangelium stellt und beantworten möchte, lautet: Wer bist du? Das ist die Frage, um die es in jeglicher Spiritualität geht. Und selbstverständlich wird uns gleich ganz am Anfang, am Tag unserer Taufe, die Antwort gesagt: „Du bist Gottes geliebtes Kind."

Unser Leben lang hoffen wir darauf, eines Tages könnten wir aufblicken und jemanden sehen, der uns anschaut und uns diese Antwort auf unsere grundsätzliche spirituelle Frage gibt. Hoffentlich haben uns unsere Eltern in die Augen geschaut, zu uns gesagt, wir seien wunderhübsch und uns unzählige Male geküßt. Unser Lebtag hoffen wir, daß sich das wiederholt und daß jemand zu uns das sagt, was wir in unserer innersten Seele und unserem innersten Herzen bereits wissen: Ich bin etwas Besonderes, ich bin gut, ich werde von jemandem geliebt. Wir sehnen uns danach, daß das wiederholt werde, weil wir wissen, daß das die Wahrheit ist, die einzige Wahrheit, um derentwillen wir erschaffen worden sind.

Die zweite Frage, die uns das Evangelium stellt, hat mit der Sexualität zu tun: Sind wir liebesfähig?

Worin immer dieses Leben bestehen mag, wie immer die Identität aussehen mag, die ich in meinem Inneren finde – ich bin aller dieser Wirklichkeiten erst dann ganz sicher, wenn ich sie jemand anderem mitteilen und schenken kann. Ich weiß nicht, ob in mir Kraft ist, solange mir das nicht ein anderer Mensch bestätigt.

Bei diesem endlosen Lernen, wie wir unsere Kraft anderen zukommen lassen und wie wir sie selbst wieder empfangen können, finden wir gleichzeitig die Antwort auf die eigentlichen Fragen der Sexualität: Bin ich fähig, ein liebevoller, zärtlicher Mensch zu sein? Kann ich alle Türen der Angst aufschließen und in das innerste Gemach der Intimität eintreten? Kann ich mich so, wie ich im Innersten bin, wenigstens einem einzigen anderen Menschen offenbaren?

Bin ich imstande, das große Wagnis auf mich zu nehmen und sozusagen zu entdecken, wer ich in den Augen eines anderen Menschen bin?

Und schließlich stellt uns das Evangelium die Frage und hilft uns zu ihrer Beantwortung: Kann ich etwas erschaffen?

Jeder Mensch muß schöpferisch sein können. Erst dann entdecken wir in unserem Inneren den Ort der Leidenschaft, wenn wir unser schöpferisches Potential erschließen, das Potential, mit dem wir in einem anderen Menschen, in der Welt und in unserem Hinterhof schöpferisch neues Leben zeugen können.

Die Liebe ist aus einem Guß. Entweder lieben wir alle Menschen, oder wir haben noch keine wirkliche Liebe. Deshalb müssen wir, nachdem wir über Spiritualität und über Sexualität gesprochen haben, schließlich noch über das Dienen reden. Wir können nicht unsere Familie lieben und unsere Feinde hassen. Entweder wir lieben alle und alles, sind also „in love", „in der Liebe", oder wir lieben nichts und niemanden wirklich.

LIEBE DICH SELBST

Es ist völlig unmöglich, wirklich zu lieben, ehe man nicht sich selbst verziehen hat, daß man nicht vollkommen und nicht der Heilige ist, der man eigentlich schon längst sein wollte. Oder um ein Bild aus dem Leben des heiligen Franziskus zu verwenden: zuerst muß man den Abgrund überspringen und den Aussätzigen küssen. Erst dann geht einem auf, daß der Aussätzige gar nicht auf der anderen Seite des Abgrunds, sondern daß er zunächst einmal in einem selbst da ist, und erst dann entdeckt man sein eigenes Leiden und wird zum Mit-Leiden fähig.

Das Mitleiden ist an einem geräumigen Ort beheimatet, an dem viele unterschiedliche Dinge zusammenkommen und sich miteinander vertragen. Dort erkennen wir den Feind in unserem eigenen Inneren, verzeihen ihm und schließen mit ihm Freundschaft. Dort haßt man nichts, dort hat man vor nichts Angst, was man da drüben bei anderen Leuten sieht, denn man hat alles schon in seiner eigenen Seele kennengelernt und sich mit ihm ausgesöhnt. Aus dem leidenschaftlichen Ringen mit dem eigenen Schatten wird das Mitleiden mit dem Ringen des Mitmenschen.

DIE STATTLICHEN SÖHNE DER HOFFNUNG

Augustinus sagt, wenn wir die Hoffnung entdecken, lernen wir auch ihre zwei stattlichen Söhne kennen: den Zorn und den Mut. Aber vielen von uns ist in unserer guten katholischen Erziehung beigebracht worden, der Zorn sei eine schlimme Regung.

Auf dieser Erde würde nichts vorangehen, wenn nicht manche Leute zornig werden würden. Nichts würde sich ändern. Oft ist der Zorn gut und notwendig.

Der Zorn gehört wie die Hoffnung zur Leidenschaft Gottes. Mit dieser Leidenschaft empfindet Gott, was mangelt und was es eigentlich geben sollte, und was es auch geben *könnte*, wenn nur jemand bereit wäre, Gottes Empfinden zu teilen. Oft ist der Zorn auch eine Form der Trauer darüber, wieviel Gutes die Menschen haben verkümmern und sterben lassen.

Über den Zorn hinaus führt uns die Hoffnung zum Mut. Das englische Wort „courage" heißt wörtlich übersetzt: „Tat des Herzens". Wenn wir Courage haben, setzen wir auf einige leidenschaftliche Gefühle, setzen auf unser Gespür, daß Gott etwas Wildes an sich hat. Dann werden wir fähig, im Einsatz gegen unrechte Dinge unser Leben aufs Spiel zu setzen und dagegen anzukämpfen, wo Gottes Volk angelogen und unterdrückt wird.

Das Problem an unserer Leidenschaft ist nicht, daß wir zuviel wollen, obwohl uns das die Moralprediger gewöhnlich unterstellt haben. Das eigentliche Problem liegt darin, daß wir nicht genug wollen! Wir sollten die Verkörperung der Sehnsucht Gottes sein.

GEIST CONTRA SÜNDE

Sünde besteht immer darin, daß man behauptet, sein Ich gehöre einem ganz unabhängig von allen und allem anderen und man habe ein privates Recht darauf. Jede Sünde ist in irgendeiner Form Ausdruck der Selbstbefangenheit, was eine Lüge über die wahre Natur der Wirklichkeit ist.

Der Geist Gottes dagegen, der in alle Wahrheit einführt, versöhnt alles, macht alle Dinge eins, indem er sie daran erinnert, daß sie ja ursprünglich eins gewesen sind, sehr viel inniger eins als die vielen Einzelteile eines großen Haufens.

Was wie eine Neuentdeckung aussieht, ist im Grunde das Gewahrwerden einer Wirklichkeit, die schon immer vorhanden war. Was wie eine Forschungsreise in ferne Länder wirkt, ist in Wirklichkeit eine Heimreise. Der Geist vereinigt; die Sünde trennt immer.

Mit anderen Worten, das einzig wirklich Böse an uns besteht darin, daß wir das Gute in uns unterdrücken. Dieses Gute in uns ist der Geist, der uns geschenkt und versprochen ist. Wenn man ihn unterdrückt, ist das tatsächlich etwas Böses.

Praktisch äußert sich dieses Bösesein in Härte, Unfähigkeit zum Zuhören, mangelnder Bereitschaft zum Mitfühlen, in Selbsthaß unter vielfältigen Verkleidungen und ganz allgemein in Oberflächlichkeit. Das ist die große Sünde des Unglaubens, die die Seele des Menschen tausendmal jeden Tag abtreibt: Wir weigern uns, zu glauben, was wir nach Aussage des Sohnes Gottes sind: Söhne und Töchter des lebendigen Gottes. Wir verabscheuen unbarmherzig uns selbst, und dadurch, daß wir immer nur unsere einzelnen Sünden aufs Korn genommen haben, ist unser Blick für die Erkenntnis dieser grundlegenden Sünde gar nicht geschärft worden. Das aber ist die unverzeihliche und unerkannte Sünde gegen den Heiligen Geist, denn wer in ihr befangen ist, erkennt gar nicht, daß er nicht an das glaubt, was Gott für uns getan hat.

IN DIE LIEBE HINEINFALLEN

Jeden Tag müssen wir irgendwann und irgendwo in die Liebe hineinfallen, müssen uns in jemanden, in etwas, in einen Augenblick, in eine Begebenheit, in einen Satz verlieben. Jeden Tag neu sollten wir es zulassen, daß unser Herz weich wird. Tun wir das nicht, so verhärtet unser Herz zusehends immer mehr. Wir neigen dann immer stärker zu beißender Kritik, Bitterkeit, Angst und Verzweiflung. Die allermeisten Menschen gehen in diese Falle, und sie merken es nicht einmal.

Die Welt ist schon so lange in den Tod verliebt, daß sie den Tod „Leben" nennt. Sie versucht das Leben herbeizubeschwören, indem sie sich in künstliche Aufregung versetzt und pausenlos Feste veranstaltet, auf denen es nichts zu feiern gibt.

Unsere Aufgabe besteht darin, Feste des Herzens zu gestalten und zu entdecken, Gelegenheiten, von denen wir wissen, daß wir dabei Grund zur Freude haben, Anlässe, bei denen wir uns selbst voll einbringen können. Wer sich nicht so einsetzt, daß er dabei eigene Gedanken oder Gefühle hergibt oder etwas ver-gibt, der läuft Gefahr, sich nur immer etwas zu nehmen. Aber zur Erfahrung wirklicher Freude kann man nur vorstoßen, wenn man sich selbst an die Wirklichkeit hingibt. Die Freude stellt sich erst ein, wenn man die eine Meile mehr mitgegangen ist und jeden Tag bereit war, immer als erster sich selbst ins Spiel zu bringen.

Bitten Sie Gott um die Gnade, sich zu verlieben und in die Liebe hineinzufallen. Erst dann sehen Sie alles richtig, denn nur als Verliebte verstehen wir irgend etwas wirklich. Nur wenn wir uns an die Wirklichkeit hingegeben haben, können wir die Wirklichkeit auch in uns aufnehmen. Darin besteht das abgründige Geheimnis der Dreifaltigkeit, das sich in jeder Facette dieser Welt spiegelt: Vollkommenes Hergeben ist gleich vollkommenes Empfangen.

GOTT AN DIE RÄDER BRINGEN

Wie immer Ihre Lebenssituation aussehen mag – suchen Sie auf jeden Fall nach einer Möglichkeit, unmittelbaren Kontakt mit den Menschen zu haben, die klein und niemand sind. Suchen Sie die Bekanntschaft von Menschen, die nichts zählen, die nicht im Strom der Gutsituierten mitschwimmen. Vielleicht sagen sie nicht das „Richtige" und haben nicht den „richtigen" Geruch. Sie scheinen vielleicht nicht zur Gruppe derer zu gehören, die „in" sind.

Wenn wir Mitglieder der bürgerlichen Mittelschicht allzusehr Anstoß daran nehmen, daß wir selbst gebrochen und unvollkommen sind, kommt das daher, daß wir uns vom gebrochenen Charakter fast der gesamten Wirklichkeit abgesetzt haben.

Wenn uns ein schwerbehinderter Mensch begegnet, nehmen wir Anstoß und bekommen Angst. Alles in uns sagt: Ach, das darf nicht wahr sein; kann man denn da nichts machen? Aber da kann man nichts machen. Wir können dann nur eines: uns zurückziehen, uns voll Angst, Zorn oder Enttäuschung über Gott aus dem Staub machen. Aber Gott schickt uns gegenseitig zueinander. Die Behinderten können alle anderen daran erinnern, wer sie selbst sind. Wir machen uns Illusionen, wenn wir meinen, wir seien in keiner Weise behindert oder zurückgeblieben, sondern wir seien in Ordnung.

Vor denen, die schwach zu sein scheinen, fürchten wir uns, denn sie kommen mit dem Gesicht des gekreuzigten Jesus auf uns zu. Wir schieben sie an den Rand der Gesellschaft. Die Älteren stoßen wir beiseite, weil sie uns daran erinnern, daß auch wir eines Tages alt sein werden. Die kleinen Kinder übergehen wir, weil wir denken, die wüßten doch überhaupt nichts und hätten uns nichts zu sagen. Wir meiden Behinderte, weil sie uns vor Augen halten, daß auch unsere Körper nur einen Schritt davon entfernt sind, jederzeit zum Krüppel werden zu können. Menschen mit geistigen Behinderungen erinnern uns schmerzlich daran, daß auch wir selbst nicht die Hellsten sind. Flüchtlinge wecken in uns die Angst, die tief in jedem von uns sitzt, eines Tages könnten wir keinen Platz mehr haben, wo wir uns zum Schlafen hinlegen können. Homosexuelle und Lesbierinnen erinnern uns daran, daß wir alle sowohl männliche wie weibliche Züge in uns tragen. Gefangene erinnern uns daran, daß auch wir gefangen sind und in der Falle sitzen.

Es gibt also einen guten Grund dafür, weshalb wir alle diese Menschen weit von uns wegschieben und uns von ihnen distanzieren: sie verkörpern alles, wovor wir Angst haben, und alles, was wir an uns selbst geflissentlich übersehen wollen. Wenn man jedoch von solchen Menschen berührt wird, entdeckt man die tiefsten Winkel seines eigenen Lebens.

LEIDEN

In meiner Jugend wollte ich für Gott leiden. Ich malte mir aus, wie ich ein großer und ruhmreicher Märtyrer würde. Sein Leben in den Tod zu geben hat etwas ungeheuer Romantisches an sich. Ich vermute, jeder junge Mensch sieht sich irgendwann einmal gern selbst in einer solchen Rolle. Aber wenn man mitten im Leiden steckt, hat das überhaupt nichts Romantisches oder Ruhmreiches an sich. Dann fühlt es sich fürchterlich sinnlos an. Es sieht dann ganz und gar nicht mehr gut und heilig aus.

Zutiefst besteht die Erfahrung der Wüste darin, daß man unbedingt herauskommen möchte. Dort, wo uns Sinn und Ziel völlig fehlen, setzt das eigentliche Leiden ein. Solange man in seinem Leiden eine sinnvolle Fügung und eine Richtung erkennen kann, kann man es auch annehmen und damit leben. Das abgrundtiefe Leiden, das Leiden Jesu, setzt dann ein, wenn jeder Sinn und Zusammenhang verlorengehen.

CHRISTENTUM AUS DER LINKEN HIRNHÄLFTE

Westliche Menschen haben den natürlichen Zugang zum Verständnis der inneren Welt verloren. Als ich in Afrika und Asien war, habe ich Menschen getroffen, die diesen Zugang noch hatten. Wir haben die äußere Welt fest in den Griff bekommen. Deshalb haben wir es fertiggebracht, die wissenschaftliche und industrielle Revolution heraufzuführen. Der westliche Geist, der von der linken Gehirnhälfte gesteuert wird, erweist sich in der äußeren Welt als Sieger, aber in der inneren Welt ist er im Kleinkindstadium stehengeblieben.

Die westliche Christenheit hat dafür einen hohen Preis bezahlt. Ich möchte das jetzt nicht mit einem beißenden oder ungerechten Unterton sagen, aber doch so, daß es uns aufrüttelt und uns mit der Nase auf die Wahrheit stößt: die westliche Kirche ist in puncto Spiritualität recht flach. Sie hat kein wirkliches Verständnis für spirituelle Dinge. Uns kommt es weit sinnvoller vor, im Tempel Läden einzurichten und dort zu kaufen und zu verkaufen.

ZWEI HIRTENSCHREIBEN

Mit großem Interesse wurden die beiden Hirtenschreiben aufgenommen, die die US-amerikanischen Bischöfe über Krieg und Frieden und über die Wirtschaft geschrieben haben. (Es ist im Grunde unglaublich, daß wir zweitausend Jahre gebraucht haben, ehe wir ernsthaft über diese Themen nachgedacht haben!) Da die westliche Kirche vom europäischen Geist geprägt war, der streitlustig und kriegerisch ist, hatte sie keinen Sinn dafür, sich mit den Lehren Jesu über die Gewaltlosigkeit zu beschäftigen. Sie war kulturell dafür noch nicht aufgeschlossen. Die Theorie vom „gerechten Krieg“ wurde weit mehr dazu benützt, Kriege zu legitimieren, als reife Christen heranzubilden.

Das gleiche gilt für die Wirtschaft. In keinem der synoptischen Evangelien kann man zwei oder drei Abschnitte weit lesen, ohne darauf zu stoßen, daß Jesus über die Fragen spricht, die mit dem Materialismus und dem Geld zu tun haben. Das ist ein durchgängiges Thema, und er ist darin so absolut wie nur irgend möglich: Ihr könnt nicht zugleich Gott und dem Mammon dienen, Punkt. Wenn ihr meint, ihr könntet auf beiden Hochzeiten zugleich tanzen, macht ihr euch selbst zu Narren. Trotzdem: wir waren davon überzeugt, daß wir es könnten. Jesus sagt: „Das ist unmöglich!“

Die Hirtenbriefe der US-Bischöfe sind zwei Beispiele dafür, wie stark Katholizismus an diesem Punkt der Geschichte sein kann. Wir mögen ganz offensichtliche Schwächen haben; wir mögen in der katholischen Kirche recht düstere und wunde Punkte haben – dennoch ist in der Kirche eine ungeheuere spirituelle Kraft am Werk. Sie äußert sich darin, daß wir uns jetzt trauen, sogar die größten Dämonen unserer Kultur, den Krieg und die Habgier, beim Namen zu nennen. Mir sagt das, daß der Geist in der Kirche recht lebendig ist. Ich muß rundheraus sagen: Ich kenne keine andere Kirche, die sich derart bemüht, nicht nur einzelne Menschen, sondern unsere gesamte Kultur zu evangelisieren.

HEILIGE WORTE

Die Väter des Zweiten Vatikanischen Konzils haben verkannt, welch ungeheure Macht die Worte haben. Wir sind mit einer ganzen Reihe von Worten und mit einer bestimmten Sprache aufgewachsen, und diese Worte haben als erste unsere Seelen angerührt. Wie wichtig diese Worte sind! Es waren heilige Worte mit ungemein tiefer Bedeutung. Aber über Nacht wurden diese Worte ausgewechselt. Nicht nur aus dem Lateinischen ins Englische oder ins Deutsche. Nein, plötzlich schien die ganze theologische Sprache des guten alten Katechismus nicht mehr zu greifen. Jahrzehnte danach haben wir uns davon immer noch nicht erholt.

Wir haben unsere heiligen Worte verloren, und wir haben noch keine neuen heiligen Worte gefunden, die die gleiche einprägsame Kraft hätten, wie sie die alten Worte für viele von uns als kleine katholische Buben und Mädchen besaßen. Diese Worte lernten wir aus dem Mund unserer Mütter und Väter kennen. Aber ich glaube, auf lange Sicht prägen in Wirklichkeit nicht die Worte die Weltsicht des Katholiken oder Protestanten. Es ist der ihnen zugrundeliegende „Mythos“ oder das Ethos, die zugrundeliegende Vorstellungswelt, die aus Geschichten, Liedern und Heiligengestalten entsteht. All das fügt sich zu einer Weltsicht, die weitgehend unzerstörbar ist.

Das wird jetzt ganz langsam neu geschaffen, aber es gründet sich kraftvoll auf die vergangene katholische Erfahrung. Man kann nicht beim Nullpunkt anfangen. Wir brauchen neue Heilige und Mythenschöpfer genauso dringend wie die alten.

UNIVERSALER GLAUBE

Letzten Endes können wir überhaupt nichts tun außer anbeten. Letzten Endes können wir überhaupt nichts tun außer ein Stück weit so lieben, wie wir geliebt werden. Große Seelen leben nicht aus dem Kopf, in den sie alle möglichen Grundsätze, Gesetze, Erläuterungen, Bibelzitate, Erlösungsmöglichkeiten, sakramentale Weisungen steckten. Das wäre ein mickriger Katholizismus. Der große Katholizismus ist bis zur Mitte tief unterhalb all dieser Äußerungen vorgedrungen. Das schenkt ihm seinen universalen Charakter.

Diese Katholizität ermutigt mich auf so trostvolle, ja sogar liebevolle Weise dazu, ein Katholik zu sein... Ich kann Gott gar nicht genug für unsere universale Weltschau danken. Aber wie können wir das an die nächste Generation weitergeben? Ich weiß, daß mir dieser Reichtum und diese Tiefe noch erschlossen worden sind. Ich bin gerade noch rechtzeitig geboren, um das Beste von der „alten Kirche" noch mitzubekommen. Gute Franziskaner und gute Lehrer sind zur richtigen Zeit in mein Leben eingetreten. Ich bin im Verlauf meines ganzen Weges immer wieder Menschen voller Liebe und Weisheit begegnet, und so war für mich die katholische Weltsicht mit tiefem Sinn erfüllt. Was mir das Herz bricht, ist die ungeheure Zahl von Menschen in unserem Volk (und nicht nur von jungen Menschen), die nichts als Brosamen mitbekommen haben. Was sie abbekommen haben, sind Legalismus, Funktionen, Strukturen und Ansprüche der Institution; versagt geblieben ist ihnen die Kenntnis der reichen und tiefen katholischen Weltsicht, die einen befähigt und darauf vorbereitet, mit allem und jedem in einen fruchtbaren Dialog einzutreten.

Es macht mich traurig, daß die meisten Katholiken gar keine Katholiken sind. Die meisten Katholiken haben keine gute Brille mit auf den Weg bekommen, um damit Gott und die Welt klarer sehen zu können. Statt katholisch zu sein, sind sie ethnisch und provinziell kurzsichtig geblieben.

RADIKAL

Bekannt ist der Begriff „radikale Katholiken", wir möchten ihn erläutern und vertreten. Es ist ein stolzer und notwendiger Titel. Wir meinen, in unserem säkularisierten und nach-christlichen Zeitalter sei er ganz wesentlich. Zunächst einmal liefert der Ausdruck selbst den Schlüssel. *Radix* ist das lateinische Wort für „Wurzel". Ein *Radikaler* ist einer, der tiefer geht als die Anhänger des liberalen oder konservativen Flügels einer Institution und nach den Grundsätzen fragt. Das Wörterbuch sagt, ein Radikaler sei jemand, „der zu den Wurzeln zurückgeht, zur Quelle, zu den Grundlagen".

Das ist etwas ganz anderes als das, was ein Modernist oder Liberaler sucht, der seine Ansichten für die gegenwärtige Lage modernisieren oder sie an sie anpassen möchte, so berechtigt das auch sein mag. Einem echten Radikalen geht es nicht vor allem darum. Ein Radikaler ist aber auch nicht das gleiche wie ein Traditionalist oder Konservativer, denn solche Leute gehen gewöhnlich nicht weit genug zurück. Ein radikaler Katholik wird gelegentlich fast wie ein Liberaler oder wie ein Konservativer aussehen, aber er ist keines von beiden.

Das, wonach Radikale fragen und woran ihnen liegt, hebt jedes Eigeninteresse, jede Ideologie und Institution aus den Angeln. Sie stellen die grundsätzlichen Fragen: „Was erfordert unser Menschsein von uns? Was verlangt die Liebe von uns? Was hat Jesus als wesentlich und grundlegend vertreten? Was möchte Gott auf Erden bewirken?"

Papst Johannes Paul II. stellt solche Fragen in seiner Enzyklika „Sollicitudo Rei Socialis" und reiht sich mit dem, was er darin sagt, in die Zahl der wirklich radikalen Katholiken ein. Er legt die Axt an die Wurzel der Bäume und erörtert nicht nur einige Änderungen, sondern ruft energisch: „Ändert euch!" Aus diesem Grund haben es die Priester und Präsidenten und anderen Machtmenschen bislang nicht fertiggebracht, überhaupt zuzugeben, daß es eine solche Enzyklika gibt. Sie läßt keinen ungeschoren!

DIE „UNMORALISCHE" MINDERHEIT

Wir sollten unseren Ehrgeiz nicht daran setzen, die moralische Mehrheit darzustellen, sondern die „‚unmoralische' Minderheit". Nur aus der Perspektive einer Minderheit können wir die richtigen Fragen stellen und zur Läuterung der Kirche beitragen. Der Geist wirkt am besten im Untergrund.

Wenn es in einer Mehrheitsposition ist, kann das Christentum nicht wirklich blühen. Wo Katholiken sich als Mehrheit fühlen, ist der wirkliche Glaube oft wie gelähmt. Sie sind dann nicht gezwungen, sich mit den unbequemen Fragen des Glaubens auseinanderzusetzen.

FINGER, DIE AUF DEN MOND ZEIGEN

Thomas Merton hat gern den Gedanken eines Zen-Meisters zitiert: Alle religiösen Begabungen, die es gibt, sind lediglich Finger, die zum Mond zeigen. Die Religion kümmert sich meistens endlos um die Finger – definiert sie, wirbt mit ihnen, schützt sie, streitet darüber, welcher Finger der beste ist, welcher Finger das Heil zeigt – statt ihr Interesse auf den Mond zu konzentrieren. Alles ist im Hinblick auf das Reich Gottes ein Mittel, ein Finger. Worauf es ankommt, ist der Mond.

Papst, Institution Kirche, Bibel, Sakramente, Priestertum – dies alles, auf das wir neunundneunzig Prozent unserer Sorgen verwenden, sind die Finger, die auf den Mond zeigen. Viel wichtiger wäre es, den Mond anzuschauen.

EIN BISSCHEN MEHR ZEIT ZUM REDEN

Wir sind ganz versessen auf Konsumartikel, die zeitsparend sind. Und trotzdem gibt es kein Volk, das so wenig Zeit hat wie wir Abendländer. Unsere Küchen sind voller Geräte, die Zeit und Arbeit sparen. Gehen Sie in ein Land der Dritten Welt, und fragen Sie jemanden: „Haben Sie ein bißchen Zeit zum Reden?“, dann sagt der: „Von mir aus bis an mein Lebensende“, setzt sich hin und widmet sich Ihnen bis ans Ende des Tages.

Wir sollten mehr Zeit als alle anderen haben, aber wir haben überhaupt keine Zeit. Wir haben irrtümlicherweise die Freiheit als etwas Äußerliches definiert, haben sie nach Zeit, Raum und Möglichkeiten bemessen. Wir Amerikaner meinen, wenn wir möglichst viele Auswahlmöglichkeiten haben, seien wir besonders frei. In Wirklichkeit werden wir davon gelähmt. Bei so vielen Wahlmöglichkeiten brauchen wir uns auf gar keine verbindlich einzulassen. Immer tut sich wieder eine Tür auf, durch die wir zu etwas anderem übergehen können. Wir werden von unseren Möglichkeiten umhergeschubst und sind voll damit ausgelastet, unsere zeitsparenden Geräte in Betrieb zu halten.

DIESER AUGENBLICK IST VOLLKOMMEN

Menschen, die nach dem Evangelium leben, brauchen sich an nichts zu hängen. Sie stolpern nicht unablässig über ihr eigenes Ich. Sie verhalten sich gerade deshalb in der Welt anders, weil sie es nicht nötig haben, sich zu profilieren. Sie brauchen nirgends die ersten zu sein, sie brauchen nicht wichtig zu sein, sie müssen nicht überall vorne dran sein. Sie müssen nicht reich, beliebt sein, und so können sie frei für das sein, was Gott ihnen aufträgt. Sie können ihm gehorchen. Gott kann durch sie machtvoll wirken. Darum hat die Spiritualität immer mit dem Loslassen zu tun.

Gelegentlich sieht jeder von uns, wie unfähig er ist. Ich wurde an einem schwülen Julinachmittag darauf gestoßen, als ich vor einer Ampel im Stadtzentrum von Cincinnati wartete. Sie schien ewig nicht grün zu werden. Nach einiger Zeit wurde ich auf alle um mich herum wütend: auf das Auto vor mir, auf das Auto hinter mir, auf die Autos rechts und links neben mir. Mir kamen boshafte, lieblose Wünsche für alle möglichen Leute in den Sinn, die ich schon monatelang nicht mehr gesehen hatte.

Eine andere Seite in mir stellte mir da die Frage: „Woher kommt das? Du unterrichtest so viele Leute in Spiritualität. Man hält dich für weise und innerlich frei. In Wirklichkeit bist du derart unfrei und in dir selbst gefangen, daß du schon aus der Haut fährst, wenn eine Ampel zu lange rot bleibt."

Gott hat mir ein kleines Mantra geschenkt, das ich seither immer vor mich hinsage: „Dieser Augenblick ist so vollkommen wie nur irgend möglich." Ich muß das sehr oft wiederholen (und oft wider allen äußeren Anschein). Dieser Augenblick ist so vollkommen wie nur irgend möglich. Alles hier und jetzt ist gut so. Und wenn ich jetzt nicht froh sein kann, bin ich überhaupt nicht zur Freude fähig. Gründet meine Freude auf äußeren Umständen, oder gründet meine Freude in etwas in mir, das mir niemand nehmen und auch nicht geben kann?

INNERE FREIHEIT

Es ist kein Zufall, daß im Ersten Gebot gesagt wird, der Mensch solle sich keine falschen Götter machen. Die Religion selbst kann zum Götzendienst werden. Als Jesus das Reich Gottes ausrief, ging es ihm genau darum, daß wir das nicht tun sollten. Wir sollen nichts für absolut erklären; auch nicht unsere eigenen Erklärungen, unser Selbstverständnis, unsere eigene Wichtigkeit. Denn all das trägt zu unserem Bild von uns selbst bei, und zwar zu unserem Bild von uns selbst als guten, heiligen, rechtschaffenen Menschen.

Immer wenn das Reich Gottes nicht auf die Art verkündet wird, in der es Jesus ausgerufen hat, erschafft die Religion Götzen. Bede Griffiths, ein englischer Benediktiner, hat in Indien, wo er schon dreißig Jahre gelebt hatte, ein Ashram (eine Lebensgemeinschaft als Schule des Gebets) gegründet. Als er nach Indien ging, sagte er etwas Bestürzendes und vielleicht Übertriebenes, das aber bestimmt einen großen Kern Wahrheit enthält: „Ich glaube nicht, daß die westliche Christenheit noch fähig ist, die Menschen zu Gott zu führen. Sie ist voll damit beschäftigt, um sich selbst zu kreisen und dieses Unternehmen Gottesdienst zu nennen."

Das ist besorgniserregend, und ich hoffe, es stimmt nicht ganz, denn schließlich sind wir hier die westliche Kirche. Aber er ist in den Osten gegangen und hat gesagt: „Hier ist eine Kultur, die den Menschen hilft, ihr Ich so weit zurückzustellen, daß Gott die Möglichkeit hat, bei ihnen einzutreten."

In Indien kann man das Reich Gottes leichter verkünden. Dort setzt man nicht so stark auf die Welt. Die Inder haben ihr Vertrauen noch nicht so ganz auf die äußere Technologie und auf die Philosophie des Fortschritts und der Leistung gesetzt wie wir. Für die Inder ist das Ideal der heilige Mann, die heilige Frau, der Mensch, der die Wahrheit in irgendeiner Form der inneren Freiheit sucht, nicht in den Formen äußerer Freiheiten, die die westlichen Gesellschaften verkünden.

WER LIEST DAS BUCH FÜR UNS?

Der Jesuitenpater J. L. McKenzie hat in seinen späten siebziger Jahren gesagt, das Gute am Umstand, ein alter Mann zu sein, sei, daß man endlich sagen könne, was man als Wahrheit erkannt habe.

McKenzie war ein großer Bibelwissenschaftler, der im Alleingang das „Dictionary of the Bible“ (Bibellexikon) geschrieben hat. Er hat gesagt: Wir haben die Lehre Jesu von Anfang an der Prostitution preisgegeben und dazu mißbraucht, unseren eigenen Zwecken zu dienen, die europäischen Gesellschaften stark zu machen und natürlich unvermeidlich deren Oberschicht.

Immer wieder ist das Evangelium so gelesen und ausgelegt worden, daß damit die Privilegien des Klerus und die Privilegien der Reichen gestützt wurden, statt es mit seiner ganzen verwegenen Wahrheit zu lesen, das von alldem ganz und gar nichts sagt.

Aber so wurden die Evangelien gelesen. Denn wer hat die Evangelien gelesen? Der Klerus. Bestimmte Abschnitte scheinen wir gar nicht wahrgenommen zu haben. Diejenigen unter uns, die in katholischen Schulen groß geworden sind, sind im wesentlichen mit drei Schriftzitaten ausgekommen: „Du bist Petrus, und auf diesen Felsen will ich meine Kirche bauen“, war eines davon. Das ist ein prima Zitat, und ich bezweifle nicht, daß darin allerhand steckt. Aber ist Ihnen schon einmal der Gedanke gekommen, daß das natürlich ein Zitat ist, das vor allem Hierarchen in die Augen springen muß? Einer Frau, die acht Kinder aufzieht und recht und schlecht ums Überleben kämpft, würde allerdings vermutlich nicht dieses Evangelienzitat als erstes in die Augen springen. Vielleicht würde ihr die Geschichte vom Scherflein der Witwe spontaner zusagen. Oder ein Schriftwort über das Verzeihen. Oder es könnten hundert andere sein.

JESUS KONSUMIEREN

Wie können wir diesen gegenwärtigen Zeitpunkt der Geschichte deuten, in dem Gott uns das Priestertum wegzunehmen scheint, und damit auch überall auf der Welt die Eucharistie? Offensichtlich sagt Gott: Achtung, jetzt müssen diese Leute hier erst einmal etwas anderes lernen. Nur so können wir diesen Augenblick der Geschichte verstehen, wenn wir so lange um Berufung gebetet haben. Entweder erhört Gott unsere Gebete nicht, oder er hat eine bessere Idee als wir.

Oft ist unsere Liturgie folgendes: Zwar teilen wir weiter Brot und Kelch aus und sagen: Das ist mein Leib, der für euch hingegeben wird, das ist mein Blut, das für euch und für alle vergossen wird – und doch sehen wir weit und breit kein Volk, das auch sein Leben hingibt und sein Blut vergießt! Oft sind es ein und dieselben Leute, die das Brot essen und aus dem Kelch trinken und dann wieder ichbezogen leben und sich selbst gegen alle Ansprüche und Widrigkeiten des Lebens abschirmen.

Hilft uns dieses Sakrament zum Durchbruch, oder liefert es uns einen Vorwand, uns das zu ersparen, wovon es spricht?

Das Ritual kann zum Ersatz für die Wirklichkeit werden. Behalten wir lediglich das Ritual des gebrochenen Leibes und des vergossenen Blutes bei, um es zugleich zum Konsumartikel zu verharmlosen, zu einer frommen Übung, um unser gutes Bild von uns selbst aufrechtzuerhalten? Hilft es mir bloß, mich zu Beginn des Tages besser zu fühlen, oder gibt es wirklich Impulse für meinen Einsatz an diesem Tag? Wenn ich Jesus einfach *konsumiere*, nehme ich wahrscheinlich auch allen anderen Dinge gegenüber die Konsumentenhaltung ein und bediene mich ihrer, um mein Ich zu bestätigen. *Begegne* ich dagegen Jesus und räume ihm Platz ein, so bin ich auch fähig, allen anderen Menschen und Ereignissen zu begegnen und ihnen Platz einzuräumen.

SEID NETT – ODER: SEID TREU?

Denkt nicht, ich sei gekommen, um Frieden auf die Erde zu bringen. Ich bin nicht gekommen, um Frieden zu bringen, sondern das Schwert" (Mt 10,34). Hier geht es nicht um ein Christentum des Nettseins zueinander, der schönen Worte und der Erfahrungen, sich gut zu fühlen. Ich wette, gute siebzig bis achtzig Prozent aller Predigten, die ich jemals gehört habe, haben mehr oder weniger davon gehandelt, wir sollten nett zueinander sein. Derart hat man das Evangelium gezähmt: man hat es zur Anleitung verkommen lassen, wie man in dieser Welt zu den andern nett ist und selbst ein nettes Leben führt. Soweit ich weiß, taucht das Wort „nett" in der Bibel nirgends auf.

Für eine echte religiöse Überzeugung gibt es nichts Gefährlicheres als den Hang zum Konventionellen, das heißt, den Wunsch, so wie alle anderen in unserer Nachbarschaft oder Stadt zu sein. Dieser Wunsch entbehrt jeder Tiefe und jeder Kraft. Die Massen werden nie dafür aufgeschlossen sein, sich auszuliefern und über ihren Schatten zu springen. Sie geben sich immer mit einer bürgerlichen Religion und einem Kulturchristentum zufrieden. Nett sein, ist viel leichter, als treu sein.

NIMM DEIN KREUZ AUF DICH

Der Satz „Nimm dein Kreuz auf dich" ist durch allzu häufigen Gebrauch abgenutzt worden. Von Kindheit an haben wir ihn allzu oft schon gehört; deshalb reißt er uns nicht mehr vom Stuhl. Das Kreuz ist nicht nur dazu da, Ihren heutigen Stachel im Fleisch aus Liebe zu Jesus auszuhalten oder die Unannehmlichkeit etwas geduldiger hinzunehmen, daß Ihre Heizung defekt ist.

Im Neuen Testament handelt es sich beim „Kreuz" um das Leiden, das man sich zuzieht, wenn man bewußt Entscheidungen im Sinn des Reiches Gottes trifft. In diesem Sinn wählt man es immer bewußt und freiwillig.

Mit anderen Worten: Ich kann vielleicht eine bestimmte Arbeit in einer Firma, die Rüstungsmaterialien herstellt, nicht annehmen, obwohl sie meiner Familie größere finanzielle Sicherheit gewährleisten würde. Mein Gewissen sagt dazu nein. Diese Überzeugung kostet mich ihren Preis.

Der Preis besteht darin, daß man absolute Werte anerkennt und daneben alles andere relativ werden läßt, einschließlich des Wirtschaftssystems und des politischen Systems. Er besteht darin, daß man verkündet, daß Gott der Herr sei, und daß man folglich nichts anderes als seinen Herrn anerkenne.

Von da her relativiert die Verkündigung des Reiches Gottes jegliche andere Wirklichkeit. Wenn Jesus der Herr ist, dann ist Amerika, ist das Pentagon nicht der Herr. Dann sind das Bruttosozialprodukt und das Wirtschaftswachstum nicht der Herr. Dann sind weiße Haut, Nachbarschaft, Kultur, Geschlecht und Konfession nicht der Herr...

Ich frage mich fast, ob die religiösen Doktrinen nicht geradezu wiederum gegen Gott abschirmen. Genau genommen sind sie doch zum Nebelvorhang vor meiner eigentlichen Doktrin geworden: daß ich Anspruch auf eine privilegierte Position habe. Zu oft verdeckt unsere Berufung auf Christus nur die Tatsache, daß wir uns faktisch mit Cäsar verbündet haben.

DIE GRENZEN DES LIBERALISMUS

Wir sind an die Grenzen des Liberalismus gelangt. Der Liberalismus ist grundsätzlich eine Philosophie, welche die Rechte und Freiheiten und das Wachstum und die Entwicklung des Individuums betont. Es geht dabei also um meine Rechte, meine Laufbahn, meine Ganzheit, meine Ziele. Das Zweite Vatikanische Konzil hat dieses Anliegen bestätigt und sich deutlich für den Schutz der Person und für Wachstum und Freiheit des individuellen Christen ausgesprochen. Damit konnten wir fünfundzwanzig Jahre lang ganz gut leben. Wir haben Gott sei Dank die Früchte dieser Auffassung verkosten dürfen, und ich möchte keine davon mehr missen. Aber wir sind an die Grenzen dieser Vorstellung gelangt. Schließlich führt uns das zu einem Zustand, wo wir nur noch aus lauter Individuen bestehen, die ihr eigenes Wachstum, ihr eigenes Glück, ihre eigene Entwicklung betreiben. Die meisten Kulturen, die es seit Menschengedenken gibt, würden eine solche Weltanschauung nicht teilen.

Das gemeinsame Gut hat darin keine Chance; ich vernachlässige es, mich für das zu öffnen, was gut für die ganze Pfarrei, die ganze Diözese, das ganze Volk ist. Das gemeinsame Gut ist das, was für die ganze Welt gut ist, und nicht nur, was für Amerika oder für die Christenheit gut ist. Man muß sich fragen, ob unser Volk es vergessen hat, so zu denken.

FASCHING!

Manche Gruppen radikaler Jesusnachfolger gehen uns auf die Nerven, weil sie so furchtbar ernst sind. Alles ist bei ihnen ungeheuer moralistisch, schwergewichtig und befrachtet mit dem Werturteil über gut, besser, am besten und richtig oder falsch: „In der Bibel steht, daß man das nicht tun soll. Also darf man das nicht tun." Vielleicht verdrießt mich das so schnell, weil ich als Katholik aufgewachsen bin. Zuviel Moralisieren wird wirklich lästig, kreist um sich selbst und wird schließlich selbst zum Problem. Der reife Christ ist gewöhnlich ein „heiliger Narr".

Im Grunde genommen sind wir keine schwermütige, immer nur ernsthafte Kirche. An dieser Tatsache haben sich andere Konfessionen schon oft gestoßen. Es gibt Zeiten, in denen man in vorderster Front kämpfen muß, aber dann kann man sich auch wieder etliche Monate in die Etappe zurückziehen und das genießen, was man hat. Das ist ein Hin und Her zwischen Aktion und Kontemplation, Fasten und Festen, und die Kunst, zu wissen, wie und wann jeweils was das Richtige ist. Das ist die reifste Form des Christentums und auch die seltenste.

AUFWACHEN

Wann immer Jesus im Neuen Testament mit Reichen bei Tisch ist oder sich mit ihnen unterhält, fordert er sie ausnahmslos auf, über sich hinauszuwachsen. Doch wirft er ihnen nie vor, sie seien grundsätzlich schlechte Menschen. Statt dessen macht er ihnen klar, daß sie blind sind und nicht verstehen, was mitten unter ihnen vorgeht.

Immer besteht sein Urteil darin, daß sie blind sind: Der reiche Mann hat einfach keinen Blick für die erbärmliche Lage des Lazarus (Lk 16,19–31). Der reiche Mann ist nicht unbedingt schlecht; er ist nicht direkt daran schuld, daß der arme Mann vor seiner Tür arm ist. Er hat ihn einfach nicht wahrgenommen. Er war blind für ihn gewesen. Diese geistliche Blindheit stellt die eigentliche Sünde dar.

Bei der Spiritualität geht es darum, aufzuwachen. Die östlichen Religionen wissen das. Das Wort *Buddha* bedeutet „der Erwachte". Im Westen hat die Spiritualität harte Zeiten durchgemacht, denn hier hat der Legalismus derart unglaublich überhandgenommen, daß sie überhaupt nicht mehr gefragt war. Wir haben die Disziplinen und Hilfsmittel für das Wachwerden und Wachbleiben so gut wie vergessen. Wir haben die Disziplinen verloren, mittels deren wir hätten sehen können, was eigentlich vorgeht, welchen tieferen Sinn unsere menschlichen Beziehungen haben und welche Auswirkungen das hat, was wir einander gegenseitig antun.

Die Kirche muß ständig von den Armen lernen. Die unterdrückten und herumgeschubsten Menschen, die nicht zu den Nutznießern des Systems gehören, können uns immer die wichtigsten Wahrheiten für einen neuen Durchbruch und die tiefste Weisheit beibringen. In der Mythologie nehmen sie meistens die Gestalt des blinden Bettlers an – der in Wirklichkeit der Hellsichtigste ist.

Das gleiche gilt für unser Inneres. Der Teil von uns selbst, den wir am meisten verabscheuen, vor dem wir uns am meisten fürchten und den wir am meisten ablehnen, ist die arme

Frau oder der arme Mann in unserem Inneren. Diese Gestalt in unserem Inneren, die wir am liebsten verleugnen möchten, hält für uns die wichtigsten Gaben bereit.

Wir müssen auch in unserem eigenen Seelenhaushalt eine Option für die Armut treffen. Unsere Armut verfügt über den Schlüssel, sie hält für uns den Augenblick des Durchbruchs bereit, in dem wir aufwachen. Sie ist das Loch in unserer Seele, die Stelle, an der wir radikal gebrochen sind, an der wir machtlos und deshalb offen sind.

VERANTWORTUNG ÜBERNEHMEN

Die schlecht funktionierende Familie lebt davon, daß sich irgend jemand selbstverleugnet. Unablässig muß man alles und jeden unter Kontrolle halten. Die Kinder in solchen Familien wachsen mit einer Art von chaotischem Gefühlsleben auf, das von irgendwoher, von nirgendwoher, von weit her genährt wird. Sie wissen nicht, woher es stammt, aber irgendwie wachsen sie mitten darin auf.

Um einen solchen Zustand zu überleben, versuchen die Menschen, ihre Welt, die anderen Menschen und ihre eigenen Gefühle unter Kontrolle zu halten. Und haben sie das dann vier oder fünf Jahre lang praktiziert, wissen sie gar nicht mehr, wie sie überhaupt anders leben könnten. Ist daran irgend jemand schuld? Nein. Ehe dieses Individuum nicht selbst die Verantwortung in die Hand nimmt, damit aufhört, seiner Mutter oder seinem Vater Vorwürfe zu machen, und sagt: „Das ist mein Leben. Ich bin Alkoholiker. Mein Leben ist saft- und kraftlos geworden, und ich habe nichts mehr im Griff", wird sich nichts Neues ereignen. Die anderen Familienmitglieder, die auf ihre Weise mit dem Süchtigen in der Patsche sitzen, brechen auf ihre Art mit diesem ungesunden Zustand. Wer eher konservativ veranlagt ist, sucht gewöhnlich bei irgend jemand anderem die Schuld und macht diesem Vorwürfe; wer eher liberal ist, vertritt die Auffassung, man solle niemandem die Schuld geben und niemanden beschuldigen (und wenn, dann am ehesten die Konservativen!). Wir alle schrecken vor der radikalen Eigen-Verantwortung der Zwölf Schritte zurück. Hier gibt es keinen Vorwurf, kein Abstreiten, keine vergiftete Scham, sondern nur die aufrichtige Feststellung: „*So* bin ich!"

LEBENDIG SEIN

Was uns in einer süchtigen Gesellschaft und in einer süchtigen Familie fehlt, ist das Gefühl, wirklich lebendig zu sein. Um uns lebendig zu fühlen, suchen wir deshalb nach Formen des Ersatzlebens. Wie Sie wissen, helfen diese nie viel, aber aus irgendeinem Grund scheinen sie besser zu sein, als gar nichts zu tun. Wir greifen zu Nikotin oder Koffein oder stecken uns einfach pausenlos Essen in den Mund, nur um überhaupt irgend etwas zu empfinden. Manche von uns kippen sich Alkohol die Kehle hinunter oder stacheln ihre Reize im Übermaß mit Glücksspiel oder destruktivem Sex an.

Alle diese Verhaltensweisen sind ein deutliches Zeichen dafür, daß es an Spiritualität fehlt. Wer spirituell lebendig ist, verfügt über ein volles Reservoir an Kraft, hat von innen heraus eine gesunde Kreativität und Phantasie. Er kann sagen: „Ich habe davon mehr als genug. Ich habe so viel, daß ich einiges davon hergeben kann."

Wenn wir den Geist Jesu in uns finden, und mehr davon, als was wir erbeten, erwartet oder verdient hatten, *dann* verstehen wir, was Gnade ist. Und die Gnade droht uns für immer nach uns selbst süchtig zu machen.

ALLEINSEIN

Die einfachste spirituelle Disziplin besteht darin, sich ein Stück weit ins Alleinsein und Schweigen zurückzuziehen. Aber sie gehört zugleich zu den schwierigsten. Vielleicht besteht einer unserer mutigsten Schritte darin, mit unseren eigenen Gedanken und Gefühlen zusammen an einen einsamen Ort zu gehen; seine Gebetsmühle, nach der man süchtig ist, zum Stillstand zu bringen und sich einfach auf das einzulassen, was man fühlt, und zwar, was man wirklich fühlt.

Vermutlich gibt es keinen anderen Ausweg aus unserer suchtverfallenen Gesellschaft, unseren suchtkranken und aus den Fugen geratenen Familien, als sich ein gutes Stück weit bewußt ins Schweigen und Alleinsein abzusetzen.

Wenn ich Gesellschaften besuche, in denen vorwiegend Landwirtschaft betrieben wird, Länder wie in Afrika oder die Philippinen, begegne ich suchtfreien Menschen; Menschen, die ein stilles, einfaches Leben führen, die nicht aufgeputscht sind und mit einigen grundlegenden Wahrheiten auskommen, an die sie sich ihr Lebtag halten. Halten Sie sich vor Augen, wie vieles uns tagtäglich aufputscht: Rundfunk, Fernsehen, Werbeflächen, Unterhaltungen. Wir müssen das ewige Geplapper, die zahllosen Reize leiser stellen; wir müssen uns wieder auf Gefühle einlassen, die wir jahrzehntelang angestaut und verdrängt haben. Wir sind davon überladen, und deshalb haben wir Angst davor, uns dem zu stellen.

Ohne eine starke Liebe, ohne das Licht und die Liebe Gottes werden wir kaum den Mut aufbringen, diesen angstbesetzten Ort in unserer Seele aufzusuchen. Das muß ein tiefgründiges, therapeutisches Unternehmen sein. Wir brauchen uns nicht selbst gnadenlos zu analysieren. Wir müssen nur in aller Ruhe sagen, woran es bei uns hapert, und das dann zu beheben versuchen. Ein solches Stillwerden ist die umfassendste und nachhaltigste Technik auf der Welt; aber im Grunde ist das gar keine Technik. Es stellt die Absage an jede Art von Technik dar.

GNADE

Gottes Liebe ist allumfassend, bedingungslos, absolut und für immer. Die Wirklichkeit, begnadet zu sein – also Gottes Einstellung uns gegenüber – ist ewig. Wer sich ändert, sind wir.

Gelegentlich sind wir fähig, es wirklich zu glauben, daß Gott uns bedingungslos, absolut und für immer liebt. Das ist Gnade! Und zeitweise fallen wir auf uns selbst zurück, schleppen unsere Schuldgefühle, Ängste und Lasten mit uns herum und können nicht glauben, daß Gott uns liebt. Von der Bibel her ist das die größte Sünde: die Frohe Botschaft nicht und nicht die bedingungslose Liebe Gottes anzunehmen. Wenn wir nicht mehr glauben, daß Gott uns liebt, können wir auch uns selbst nicht mehr lieben. Wir müssen es Gott ermöglichen, uns unablässig zu erfüllen. Erst dann spüren wir in unserem Leben die Kraft, auch unsererseits Liebe verschenken zu können.

ES GIBT KEIN GELOBTES LAND

Die Geschichte des Mose enthält eine der großen tragischen Begebenheiten der Weltgeschichte: Mose gelangte nicht ins Land Israel. Er sah es von weitem, als er über den Jordan hinüberschaute. Es scheint, daß er vor der Überquerung des Jordan gestorben ist, wofür die biblischen Schriftsteller später einen theologischen Sinn gesucht haben. Sie haben uns gesagt, er habe in der Wüste zuwenig Glauben gehabt, und deshalb hat ihn Gott bestraft.

Doch zweifellos machte Mose bereits während der Wüstenwanderung die Erfahrung, die ersten Schritte in seinem Gelobten Land zu gehen. Es machte ihm bereits eine große Freude und war für ihn voller Leben, durch die Wüste zu wandern und das Volk anzuführen. Wir brauchen sein Schicksal nicht als große Bestrafung seitens Gottes zu deuten. Schon die Wüstenwanderung war die Erfüllung der Versprechung. Es gibt auf dieser Welt kein Gelobtes Land. Mose mußte gar nicht den Jordan überqueren; er fand seine Erfüllung bereits in der Wüste.

Gelegentlich möchte ich keinen einzigen Jugendlichen sehen. Ich frage mich dann, wie ich in all das hineingeraten bin, was ich jetzt treibe, und am liebsten möchte ich in irgendein Trappistenkloster davonlaufen. Was wir am meisten lieben, schlaucht uns oft auch am meisten. Die Arbeit, die wir am liebsten tun, setzt auch oft unserem Herzen am meisten zu. Zweifellos war das auch bei Mose so. Seine Augenblicke religiöser Erfahrung, seine Stunden auf dem Berg Sinai waren ohne Zweifel die beglückendsten Momente seines Glaubenslebens. Und trotz aller riesiger Sorgen, die, die ihm sein Volk machte, wette ich, hätte er um nichts in der Welt seine Aufgabe mit irgend jemandem getauscht. Ich weiß, daß das bei mir genauso ist.

DAS GEBOT

In den Schlußkapiteln des Buches Josua stehen Josuas letzte Worte an das Volk. Er stellt dem Volk seine Berufung vor Augen und fordert es noch einmal auf, sich eindeutig zu Gott zu bekennen. Dabei sagt er: „Haltet aber immer daran fest, alles zu beachten und zu tun, was im Gesetzbuch des Mose geschrieben steht; weicht nicht nach rechts oder links davon ab!" (Jos 23,6). Dann fordert er sie auf, die Gebote zu halten, und wir denken unwillkürlich, dabei handle es sich um die Zehn Gebote.

In Wirklichkeit lautet *das* Gebot, man solle sein Vertrauen ganz auf den einen Gott setzen. Das ist das Gebot, aus dem sie alle leben sollen. Aus dieser Beziehung sollen sie ihre ganze Lebenskraft schöpfen. „Den Namen fremder Götter sollt ihr nicht nennen und nicht bei ihnen schwören" (Jos 23,7).

Zu unserer Welt sagt Gott: Setzt euer Vertrauen nicht auf Götter, die nicht retten können – nicht auf Aussehen, Intelligenz, Geld oder eigenes Haus. Setzt euer Vertrauen nicht auf eure Kinder, eure Frau, euren Ehemann, eure gehobene Position. All das kann euch nicht retten. Was kann euch euer Geld schon helfen? *Gott* bietet Sicherheit und ist der Fels, der euch sicher tragen kann. Noch nie hat jemand auf Gott vertraut und ist zuschanden geworden.

SÜNDE

Die Befreiungstheologie ist größtenteils aus der Dritten Welt gekommen. Eine der ersten Erkenntnisse, die sie vermittelt hat, war, daß die eigentliche Sünde der Welt zunächst nicht aus kleinen Ausrutschern besteht, die den einzelnen Menschen passieren. Die Sünde ist zuallererst eine allumfassende Wirklichkeit, in deren Fängen wir alle sind; es handelt sich um das „institutionalisierte Böse". Papst Johannes Paul II. spricht von der „strukturellen Sünde". Sogar die Erbsünde ist keine Sünde, die wir begangen haben, sondern eine Sünde, die uns gegen unseren Willen angetan worden ist. Die klassischen Quellen des Bösen sind die Welt, das Fleisch und der Teufel – in dieser Reihenfolge!

Wir haben uns sehr mit Schuldgefühlen beschäftigt. Wir mußten lernen, wer schlecht ist und wer sich schämen muß. Vielen Menschen wurde von Kind an beigebracht, von sich zu denken, sie seien schlecht. Kirche wie Welt haben die Scham benützt, um die Menschen unter ihre Kontrolle zu bringen. Das funktioniert im allgemeinen auch recht gut, und dabei wird der Nachdruck darauf gelegt, daß das Fleisch an allem schuld sei (d. h. der einzelne persönlich), statt daß man zur Sozialkritik der Welt anleitet.

Aber beim ursprünglichen Begriff von Sünde geht es nicht darum, den Menschen Schuldgefühle einzuimpfen, sondern darum, die Wirklichkeit beim Namen zu nennen. Ich sehe dieses Anliegen, das, was sich abspielt, beim Namen zu nennen, in der Spiritualität der Anonymen Alkoholiker verwirklicht. Was spielt sich in unserem Leben ab? Was spielt sich in unserer Gesellschaft ab, die so blind macht, so süchtig? Was blockiert die Menschen davor, Gott zu lieben und ihren Nächsten zu lieben und wirklich lebendig zu sein? Nach zwanzig Jahren Seelsorge ist es für mich offenkundig, daß die meisten Menschen nicht Übeltäter, sondern Opfer sind.

WARUM TUE ICH DAS?

Lesen Sie ab und zu das 7. Kapitel des Römerbriefs, empfinden Sie den seelischen Kampf des Paulus nach, und entdecken Sie, daß er ein Mensch wie wir ist. Warum tue ich das, was ich eigentlich gar nicht tun will? Ich verabscheue mich dessentwegen, was ich tue. Und ich verstehe mich selbst nicht richtig. Wehe mir! Paulus sagt: „Wer wird mich aus diesem dem Tod verfallenen Leib erretten?" (7,24). Sie können hier das Empfinden eines Menschen teilen, der von Selbstverachtung geradezu gepeinigt wird und der sich sehnlichst wünscht, von seinem Leib befreit zu werden. Hat nicht jeder von uns schon an einem bestimmten Punkt seines Lebens den Menschen verabscheut, zu dem er geworden ist?

Kirchliche Menschen geben sich Mühe, nett zu sein. Doch in unseren ehrlichen Augenblicken wissen wir, daß vieles an unserer Seele nicht von Gott ist: Wir haben negative, destruktive, ja sogar gewalttätige und rachsüchtige Gefühle anderen Menschen gegenüber.

Auf das siebte Kapitel des Römerbriefs folgt Gott sei Dank das achte. Der heilige Paulus schwingt sich hier zum ekstatischen Kapitel des Neuen Testaments auf: „Jetzt gibt es keine Verurteilung mehr für die, die in Christus Jesus sind" (Röm 8,1).

Wie hat es Paulus fertiggebracht, von der großen Abscheu vor sich selbst in Römer 7 plötzlich in unermeßliche Hoffnung hineinzuspringen? Was immer ihn plötzlich so weit gebracht hat – war es Gnade? Erleuchtung? Bekehrung? Ohnmacht? Kapitulation? –, jedenfalls ist das das Allerwichtigste, um was wir beten müssen: „Führe uns nicht in Versuchung, sondern erlöse uns von dem Bösen ... dein Reich komme." Gott *wird* dieses Vaterunser erhören und uns von Römer 7 nach Römer 8 erlösen. Verlassen Sie sich darauf!

BEICHTE

Die Beichte ist nicht bloß etwas für den Beichtstuhl. Manchmal, ja vielleicht sogar noch öfter, sollte man sie gegenüber seiner Frau, seinem Ehegatten, seinem Kind, seinem Freund ablegen – jemandem gegenüber, der fähig ist, den Sünder zu verstehen und bei sich aufzunehmen.

Was nicht angenommen wird, kann nicht erlöst werden: das ist das Prinzip der Erlösung, soweit es mich persönlich betrifft. Man kann die Erlösung nicht erfahren, solange man seine Wunde nicht angenommen hat, solange man das Loch in seiner Seele – die Schwäche im Innern, die zugleich den Ausweg eröffnet – nicht anerkannt, irgendwie angeschaut und genau als das bezeichnet hat, was es ist.

Im Gefängnis versuchen wir, ohne Umschweife und Beschönigungen zu reden: Sag nicht, das Geld sei gestohlen worden; sag: ich habe das Geld gestohlen. Steh zu deiner Verantwortung. Deine Mutter hat dich verletzt, dein Vater hat dich abgelehnt, das wissen wir alle. Aber wirst du jetzt persönlich die Verantwortung dafür übernehmen, was du getan hast?

Das Gefühl für die Würde der eigenen Persönlichkeit, das sich ergibt, wenn man durch und durch ehrlich ist, ist überwältigend. Das ist das heilige Nein, die Fähigkeit zum falschen Ich nein zu sagen. Das gibt einem das Gefühl, Grenzen zu haben, zu wissen, was zu einem selbst gehört und was nicht. Solange jemand dazu nicht fähig ist, stellt er eine undefinierte, formlose Persönlichkeitsmasse dar, die bar jeder Würde und Selbstachtung ist. Eine gesunde Moral sorgt für gesunde Grenzen und eine klare Identität.

EIN RADIKALER RUF

Wir müssen gewissermaßen eine Kirche sein, die zunehmend sperrig wird. In unseren Herzen und in unseren gemeinschaftlichen Entscheidungen müssen Glaube und kritisches Aufbegehren ein Bündnis eingehen. Ist das nicht der Fall, so werden wir immer wieder von kurzlebigen Fimmeln und kulturellen Moden mitgerissen. Ich muß gestehen, daß ich meine schweren Zweifel habe, ob eine große pluralistische Kirche, eine Kirche mit der imperialistischen Vergangenheit der römisch-katholischen Kirche, so leicht zum Zeichen des kritischen Einspruchs werden kann.

Unsere Tradition als Volksreligion und Kulturkatholizismus ist derart stark, daß man sich kaum vorstellen kann, wir seien jemals imstande, die alternative Möglichkeit zum Bestehenden zu verkörpern. Bei großen Mitgliederzahlen besteht die Neigung, daß sich die Gruppe auf den kleinsten gemeinsamen Nenner einigt. Dann entsteht ein Evangelium von Minimalansprüchen mit ganz leicht zu bestehenden Aufnahmeprüfungen und einem notwendigen Pluralismus. Selbst wenn wir mit den beiden Hirtenbriefen unserer Bischöfe über den Krieg und die Wirtschaft einen großen Schritt in Richtung einer Kirche des kritischen Einspruchs gemacht haben, ist es offensichtlich, daß unsere Führer immer noch ängstlich darum besorgt sind, als intelligente und seriöse Dialogpartner innerhalb des Systems angesehen zu werden.

Wenn unsere so mächtige Nation für die Kirche nicht die Herausforderung darstellt, auf dem Gebiet des Geistes mächtig zu sein, werden wir bestimmt unsere Chance verpassen, das Evangelium radikal zu verkünden. Die römisch-katholische Kirche ist weltumspannend; ihre Tradition, Könige und Diktatoren auf ihren Thronen zu halten, ist erschöpft. Paradoxerweise ist das für sie eine besonders günstige Ausgangsposition, um jegliche Religion, die lediglich selbstbezogenen vaterländischen Interessen dient, weit hinter sich zu lassen.

Unsere eigene Regierung ist sich dieser Neuorientierung des Katholizismus durchaus bewußt. Im „Santa-Fe-Dokument“, das 1980 für die Reagan-Regierung erstellt wurde, stand die Empfehlung, „die Vereinigten Staaten sollten möglichst bald gegen die Befreiungstheologie vorgehen“, die sich innerhalb der römisch-katholischen Kirche entwickle. Ferner sollten sie das Entstehen von Religionsformen des fundamentalistischen und charismatischen Stils fördern, weil diese blind die nationalen Interessen der Vereinigten Staaten begünstigten und daher auf sie Verlaß sei. Das genügt wohl als Argument gegen die Leute, die behaupten, zwischen Theologie und Politik bestehe kein innerer Zusammenhang! Leider scheinen die Politiker über diesen Zusammenhang weit besser Bescheid zu wissen als die meisten in der Kirche.

GOTT IN UNS

Der Gottesdienst besteht darin, daß wir unsere Hände zu einem Gott erheben, der anscheinend völlig jenseits von uns ist. Die moderne Menschheit hat ihre Berufung zum Gottesdienst verloren, weil es unseren Stolz und unser Bescheidwissen schwer verletzt, wenn wir zu einem Gott beten sollen, der unbegreiflich anders ist. Und so wird der Gottesdienst weithin zum Versuch, Gott in den Griff zu bekommen oder zu manipulieren, statt ihn anzubeten.

Rückt uns die Anbetung Gottes Gott in die Ferne? Nein! Sie schenkt Gott die Möglichkeit, seinerseits aus freien Stükken auf uns zuzukommen – aber von jenseits unseres Bereichs her. Immer wieder möchten wir Gott zu uns herunterziehen. Aber Gott ist bereits voll und ganz bei uns, weil er das selbst so will. Wenn wir den verehren, der scheinbar ganz jenseits unserer Wirklichkeit ist, entdecken wir, daß auch das Gegenteil wahr ist: daß Gott *in* uns ist. Das glauben zu können, fällt der modernen Menschheit ungemein schwer. Der Grund dafür ist, daß wir die Anbetung verlernt haben.

DIE SPIRITUALITÄT DES SUBTRAHIERENS

Der Begriff einer Spiritualität des Subtrahierens stammt von Meister Eckart, dem mittelalterlichen Dominikanermystiker. Er sagt, das geistliche Leben habe viel mehr mit dem Subtrahieren als mit dem Addieren zu tun. Aber ich denke, die heutigen Christen sind größtenteils mit einer Spiritualität des *Addierens* beschäftigt.

Die meisten von uns kennen überhaupt nur die kapitalistische Weltanschauung. Wir betrachten die Wirklichkeit, unsere Erfahrungen, die anderen Menschen und alle Gegenstände, also im Grunde alles, als Objekte des Konsumierens. Der Geist des Kapitalisten ist zutiefst von der Grundhaltung geprägt, alle Dinge (und oft auch: alle Menschen) seien nur für mich da. Das führt dann dazu, daß schließlich auch Gott zu einem Konsumartikel mehr verkommt.

Kennen Sie den Aufkleber: „I found it" („Ich hab's gefunden")? Der Heilige ist da zum „it", zum „es", zum Fürwort, zum Gegenstand geworden. Sogar Gott wird also zum Konsumartikel, den ich für mich privat haben kann. Das ist allerdings in jeglicher Religion eine Häresie.

Man muß sich geradezu fragen, ob in unserer Kultur, wie sie beschaffen ist, wirkliche Spiritualität überhaupt möglich ist. Alles wird so verkehrt, daß wir immer selbst am Steuer sitzen: Gott, die Bibel, die Sakramente, die Kirche, die Menschen und das Gebet. Alles dient nur dem einen Zweck, mein eigenes Ich zu bestätigen und sein Bedürfnis, sich gut zu fühlen, zu befriedigen.

MÄRZ

WIR HABEN NICHT GENUG GEBETET

Auf den Gedanken wären Sie vielleicht zuallererst gekommen – aber selbst Ihr Wunsch, ein Heiliger zu werden, der heiligste oder großherzigste Mensch in Ihrer Pfarrei zu sein, der diensteifrigste Priester, oder was auch sonst immer – all das kreist um das liebe Ich. Es ist nicht Ausdruck der Liebe zu Gott, sondern der Liebe zu sich selbst.

Das Ich nimmt tausend Verkleidungen an, aber im Grunde geht es immer darum, sein Bedürfnis zu befriedigen, alles selbst im Griff zu behalten und eine gute Meinung von sich selbst zu haben. Das Ich beherrscht so viele Einrichtungen der Kirche (die es eigentlich besser wissen müßten!). Das Ich ist deshalb weithin nicht in Frage gestellt und in seine Schranken gewiesen worden, weil wir unsere hauptsächliche Sorge darauf verwenden, den Schatten oder die dunkle Seite unserer Persönlichkeit unter Verschluß zu halten.

Das Ich bleibt weithin außer Kontrolle. Wenn wir das Ich schon einmal ausdrücklich in Frage stellen, dann handelt es sich gewöhnlich um das aufmüpfige Ich der kleinen Leute. Und im übrigen behalten wir alles selbst fest im Griff.

LIEBE DEINE FEINDE

Gewöhnlich besteht ein Unterschied zwischen dem, wie wir uns selbst sehen, und dem, wie uns andere Leute sehen. Aus diesem Grund sind, spirituell gesprochen, unsere Feinde unsere besten Freunde. Jesus sagt uns, wir müßten unsere Feinde lieben. Es gibt keinen anderen Weg, um zur Wahrheit vorzustoßen, als zu lernen, auf die Leute zu hören, die uns gegenüber kritisch eingestellt sind.

Die westliche Kultur lehrt uns das gar nicht. Wir *erschaffen* uns unsere Feinde selbst. Staatsoberhäupter wissen, daß das ein Land zusammenhält. Und auch Individuen wissen das. Wenn man einen Feind hat, hält einen das „zusammen", und man fühlt sich überlegen.

Jesus spricht eine völlig andere Sprache. Er sagt: Reden wir nicht davon, wie wir uns Feinde machen, sondern davon, wie wir uns mit unseren Feinden zusammensetzen und uns von ihnen sagen lassen können, wer wir wirklich sind.

Auf die gleiche Weise sind Erfahrungen des Versagens, des Kritisiert- und des Abgelehntwerdens unsere größten spirituellen Freunde. Doch wir neigen eher dazu, uns um Erfahrungen zu kümmern, die uns bestätigen. Von der ersten Schulklasse an werden wir darin trainiert, um die Wette zu kämpfen und es zu etwas zu bringen. Viele von uns, die Priester geworden sind, haben es, genau besehen, zu besonders viel gebracht. Wir haben unseren Ehrgeiz nur auf das Feld der Kirche und der Heiligkeit verlagert – was ganz besonders gefährlich ist, weil er sich dort besonders gut verkleiden läßt. Wir brauchen unsere Feinde ganz notwendig, denn sie sind die einzigen, die uns das klipp und klar sagen können. Wir *brauchen* Feinde, und wir *brauchen* die Fähigkeit, auf sie zu hören.

FREIHEIT VOM ICH

Die Bekehrung, die Hinkehr zu Gott, ist ein Prozeß des Ernüchtertwerdens von seinem eigenen Ich: Man erkennt dabei zunehmend, wie sehr es voller Ängste und Armseligkeiten ist. Die einzige Möglichkeit, jemanden jemals von allen seinen Ängsten zu befreien, besteht darin, ihn von sich selbst zu befreien. Das Maß an Angst, das jemand hat, entspricht fast genau dem Maß an Anhänglichkeit, die er an sein Ich hat. Wer alle seine Ängste hinter sich gelassen hat, hat sein Bedürfnis aufgegeben, alles im Griff zu behalten und zu besitzen. Er sagt dann: Ich bin das, was ich in Gottes Augen bin – nicht mehr und nicht weniger. Ich brauche auf dich keinen besonders günstigen Eindruck zu machen, denn ich bin, der ich bin, und nicht der, für den du mich hältst – oder der, für den *ich* mich halte.

Aus diesem Grund heißt es in der Theologie der Taufe bei Paulus: Ihr seid gestorben, ihr seid tot (Röm 6,3–5). In Christus braucht ihr kein künstliches Ich. Ihr habt euch dem Feind ein für allemal gestellt, und ratet, wer das ist? Ihr selbst.

LIEBEN WIR CHRISTUS?

Jemand hat mich einmal vor den Kopf gestoßen, als er sagte: „Ihr Christen liebt Christus gar nicht. Ihr verabscheut Christus. Ihr verabscheut das, was Christus vertritt." Und er sagte weiter: „Ihr überspielt eure eigene Abneigung gegen Christus und eure Angst vor ihm damit, daß ihr sagt, ihr liebtet Jesus über alles. Aber wenn ihr Jesus wirklich liebt, warum liebt ihr dann nicht eure Feinde? Wenn ihr wirklich Jesus liebt, warum folgt ihr dann nicht wirklich dem Evangelium, das die meisten von euch gar nicht kennen?"

Ich hörte diese Worte und fing innerlich zu beben an beim Gedanken: *Mein Gott, trifft das auch auf mich zu?*

Brüder und Schwestern, schlagt einfach das Markusevangelium auf. Die meisten von uns haben bisher neun Zehntel davon überhört. Die meisten Abschnitte darin überhören schon ganz routinemäßig sowohl die Institution Kirche als auch wir selbst. Wenn ich es genau bedenke, stelle ich oft fest, daß ich *gerade das Gegenteil* von dem tue, was Jesus sagt – so, als ließe sich eine Lüge um so besser verbergen, je größer sie ist. Die Christen und ihre Bischöfe haben jahrhundertelang Kriege geduldet und selbst daran teilgenommen, sie haben Habgier und falsche Sicherheit kultiviert und haben sich trotzdem als den Leib Christi bezeichnet – oder sogar als das Lehramt! Wenn wir das 23. Kapitel des Matthäusevangeliums genau lesen würden, verginge uns offensichtlich für immer die Lust, lange Gewänder und Quasten zu tragen: Das ist doch seltsam, oder?

Wann haben Sie jemals gehört, jemand sei aus der Kirche ausgestoßen worden, weil er sich nicht gefreut und gejubelt habe, als man ihn scharf kritisierte? Hat schon jemals jemand an so etwas gedacht? Aber das hat Jesus gelehrt (Mt 5,11–13). Warum machen wir das nicht zum Anlaß für eine Exkommunikation? Dieser Gedanke ist uns überhaupt noch nie gekommen.

AUS MERTONS EREMITAGE

Zu Beginn meines kontemplativen Sabbatjahres bekam ich die Erlaubnis, dreißig Tage lang die Eremitage von Thomas Merton in der Trappistenabtei Gethsemani zu beziehen. Ich war mir nicht sicher, ob ich es fertigbringen würde, dreißig Tage lang allein draußen in den Wäldern von Kentucky zu leben. Ich bin ein Extravertierter, der immer mit dem Mund denkt. Aber ich wollte auf jeden Fall dieses Jahr mit einem dreißigtägigen Alleinsein anfangen. Ich war schon immer ein Verehrer Mertons gewesen, und ich wußte, daß der Verstorbene mir am Ort seiner letzten Jahre als brüderlicher Freund und Führer zur Seite stehen würde.

Um eine lange und wunderbare Geschichte ganz kurz zu machen: es war atemberaubend schön und wurde mit jedem Tag noch schöner. Haben Sie jemals vierundzwanzig Stunden Ihres Lebens in Alleinsein und Schweigen verbracht, ohne daß Sie ein anderer Mensch eingeordnet oder gebraucht oder mit Ihnen geredet hätte?

Was da geschieht, fühlt sich an, als lege man Kruste um Kruste, Hülle um Hülle ab. Im Lauf der Tage fallen alle Masken weg: Niemand braucht mich jetzt. Ich bin für niemand wichtig. Ich könnte hier sterben, und in den nächsten zwei Wochen würde das kein Mensch merken. Ich bin kein öffentlicher Redner, ich bin kein Priester, ich bin kein Franziskaner, ich bin nicht dies und nicht das, ich habe nicht die und die Ausbildung oder die und die Freunde und die und die Familie, noch bin ich der Seelsorger der Gemeinschaft von New Jerusalem.

Ich wurde nach und nach von allem entblößt und stand ganz nackt da. Um meine Identität zu finden, blieb mir nur noch eines übrig: Zu Gott zurückzugehen und ihn zu fragen: Herr, wer bin ich jetzt eigentlich?

Wenn wir ganz einsam und allein sind, sind wir endlich in dem Zustand, in dem wir uns nur noch von Gott her definieren lassen können, und das ist die einzig wirklich uns angemessene Definition: mittels unserer Beziehung, unserer Ich-Du-Beziehung, unserer Beziehung zu einer Gegenwart, die von uns nichts anderes will als reines Gegenwärtigsein. Wenn wir noch niemals im Zustand der reinen Gegenwärtigkeit gelebt haben, in dem unsere übliche Welt des Leistens und Nutzens hinter uns bleibt, wissen wir darin zunächst gar nicht, wie wir atmen sollen. Aber genau aus dem Grund muß uns Gottes Atem beleben. Gott muß unser Leben sein, Gott muß unsere Identität gewährleisten. Und schließlich lassen wir es zu, daß wir durch unsere Beziehung zu ihm definiert werden – und nicht mehr durch die guten, ja heiligen Dinge, die wir zustande gebracht haben.

JESU GEBOT HEISST: LIEBE

Wir müssen es lernen, über unseren eigenen Schatten zu springen, auf Sofortbefriedigung zu verzichten, unseren eigenen Ansprüchen Grenzen zu setzen und in irgendeiner Weise offen für die Bedürfnisse anderer zu sein. Aus diesem Grund hat uns Jesus die Liebe als *Gebot* aufgetragen. Er hat sie uns nicht bloß vorgeschlagen. Er hat nicht gesagt: Liebe, wenn du geheilt worden bist; liebe, wenn du erwachsen bist; liebe, wenn du dereinst dafür reif bist, wenn du alle deine Wunden, die dir von Mutter/Vater/Gatten/Kindern zugefügt worden sind, aufgearbeitet hast, dann fang damit an. Nein, für uns alle steht ganz einfach das Gebot da: Liebe.

Solange wir mit unserem Ich nicht hinüber zum Nicht-Ich gehen, können wir auch unser Ich nie als echtes Ich erfahren. Mein Ich erfahre ich dann, wenn ich jemand hier drüben bin, der imstande ist, sich an dich da drüben hinzugeben – um deiner selbst willen.

Das ist das gerade Gegenteil von dem, was uns unsere Kultur lehrt. Heutzutage fühlen sich die Leute in ihrem Element, wenn sie Erfolg auf Erfolg türmen. Man erwartet von uns, wir sollten den Leuten sagen, sie seien gut und wunderbar; sie seien großartig und phantastisch, und Jesus liebe sie – und dann glauben sie es vielleicht. Aber ich habe noch nie erlebt, daß das wirklich funktioniert. Ich denke, wir spüren viel eher die Liebe Gottes in uns, wenn wir selbst fähig sind, „die Liebe zu praktizieren", als wenn uns irgend jemand sagt, wir seien liebenswert. Letzterem gegenüber sind immer Zweifel möglich, während das erstere eine unerklärliche Kraft darstellt.

BETE IN DEINEM RHYTHMUS

Die Menschen haben unterschiedliche Temperamente, Rhythmen und Gezeiten. Es gibt nicht nur eine Art, zu beten, in enger innerer Verbundenheit oder in einer persönlichen Beziehung zu sein. Es gibt nicht nur eine Art des Dialogs.

Lange war bei Laien und beim Klerus die Vorstellung üblich, wir alle müßten uns am Gebetsstil der Mönche ausrichten. Bis heute haben wir nicht genügend auf den ganz eigenen Rhythmus der Gesellschaft, in der wir leben, oder auf unseren eigenen Lebensrhythmus als Eltern, Arbeiter und Familien geachtet.

Mein Rhythmus hat sich an verschiedenen Einschnitten in meinem Leben verändert. Ich habe oft das Gefühl, daß mein Gebetsleben während meiner Seminarzeit viel besser war als heute. Mein Lebensrhythmus ist jetzt so unvorhersehbar und so stark von den Bedürfnissen und Erwartungen anderer Menschen abhängig. In den letzten Jahren hat es Phasen gegeben, in denen ich merkte, daß ich eher einen wöchentlichen als einen täglichen Rhythmus hatte. Damals widmete ich die Freitagnachmittage dem Horchen und Warten auf Gott. Heute verwende ich dafür den Mittwoch und nehme mir da immer wirklich viel Zeit, um mich in Gottes Gegenwart zu versenken und darin zu verweilen. Früher wurden wir dazu angeleitet, jeden Monat einen Besinnungstag zu halten. Und es gibt Tage, an denen ich zum Überleben einfach zwanzig Minuten Rosenkranzgebet oder stilles Hinsitzen mitten in einem betriebsamen Tag brauche.

Achten Sie auf Ihr eigenes Temperament. Achten Sie auf den Rhythmus Ihres Lebens, und bedenken Sie, daß Ihr Temperament und Ihr Rhythmus sich in den verschiedenen Phasen Ihres Lebens ändern können.

SEHNSUCHT NACH EINSWERDEN

Wir sehnen uns nach schutzloser Auslieferung, auch wenn das die gefährlichste Sache der Welt ist. Wir sehnen uns danach, daß sich uns ein anderer Mensch erschließt. Darin steckt die Kraft des sexuellen Miteinanders, des intimen Austauschs zwischen Menschen.

Wir westliche Menschen sind dazu erzogen worden, uns zurückzuhalten und uns nichts zu vergeben, und das hängt vor allem bei uns Priestern mit unserer Erziehung zusammen, nie eine Schwäche zu zeigen, sondern uns immer ganz zu beherrschen. So fällt es uns auch nicht leicht, vor Gott schwach zu sein und ganz einfach unser Herz vor Gott auszuschütten. Wir können viel besser *über* Gott reden statt *mit* Gott. Die meisten spontanen Gebete, die ich in Gebetskreisen höre, sind im Grunde eher Botschaften an die Gruppe als persönliche Anreden in Du-Form.

Viele von uns meinen, beim Gebet gehe es darum, an gute, heilige, kirchliche Dinge zu denken oder Predigten vorzubereiten, und das alles oben im Kopf. Warum reden wir nicht einfach als Söhne und Töchter Gottes von Herzen mit unserem Vater, so als stehe er leibhaftig vor uns und sei bei uns da? Es bedarf einer kindlichen Einstellung, um richtig mit Gott reden zu können. Wenn wir immer das Bedürfnis haben, uns fest im Griff zu haben, können wir nicht wie ein Kind mit seiner Mutter sprechen.

DIE SELBSTOFFENBARUNG GOTTES

Der Dialog zwischen Gott und den Menschen besteht in einem ständigen Geben und Empfangen von Selbstoffenbarung und Antwort. Das gleiche geschieht in jeder echten Beziehung. Wem das Sich-selbst-Mitteilen und die Spielregeln einer lebendigen Beziehung fremd sind, der versteht auch die Spielregeln des Gebets nicht.

Im Gebet erschließt sich, offenbart sich Gott nach und nach immer mehr. Daher bedingen sich Offenbarung und Glaube gegenseitig: Ohne Offenbarung gibt es keinen Glauben. Jemandem, der uns von sich selbst gar nichts gesagt hat, können wir auch nicht glauben.

Genauso ist es mit Gott. Wenn wir mit Gott Zeit vergeuden und auf ihn hören, erlauben wir es Gott, nicht uns Informationen zu offenbaren, sondern *sich selbst*. Das kommt symbolisch im Kreuz zum Ausdruck: Gott hat sich vor uns vollständig entblößt, Gott ist der vollkommen hingegebene Gott. Aber wir müssen stark an unserer Schale kratzen und uns ändern, bis wir uns in diesem Maß der Entblößung öffnen. Wenn wir randvoll mit uns selbst sind, gibt es ganz einfach keinen Platz für den anderen, und ganz bestimmt nicht für *den Anderen*.

ECHTES BETEN

Die einfachste Regel für gutes Beten lautet: Sei ehrlich und demütig. Damit liegt man immer richtig. Rede ehrlich mit Gott. Stell dich nicht vor Gott als der hin, der du eigentlich sein solltest. Biete dich Gott in deiner Nacktheit dar, als der/die, der/die du wirklich bist, selbst wenn das heißt, daß du Gott deinen Zorn oder deine Zerstreuungen zumutest.

Gewöhnlich haben wir versucht, Zerstreuungen zu vermeiden. Aber viel besser ist es, unsere Zerstreuungen positiv einzusetzen. Wenn Sie einen Nachmittag lang von einem Gedanken besessen sind, dann schenken Sie eben den Gott: Gott, warum beschäftigt mich diese Vorstellung so unentrinnbar? Warum geht mir dieser Gedanke unablässig nach? Warum mache ich mir solche Sorgen um diese Rechnung oder diese Prüfung? Machen Sie das zum Gegenstand Ihres Gebets, statt zu versuchen, es auszuschalten und sich in irgendeine spirituelle oder theologische Scheinwelt zu versetzen. Das ist mit dem integrierten, inkarnierenden Gebet gemeint.

Der heilige Paulus spricht vom unablässigen Gebet. Dabei denkt er nicht daran, daß wir unsere Zeit ausschließlich damit zubringen, in hohen spirituellen Sphären zu schweben oder immer nur an Gott zu denken. Gebet bedeutet, alles, was man vor Augen hat, in seiner Ganzheit wahrzunehmen. Das ist eine durch und durch weltliche, biblische, hebräische Form des Gebets. Es bedeutet, auf das Leben genau so, wie es auf uns zukommt, ganzheitlich einzugehen.

Statt daß unser Gebet ein ichbezogener Monolog bleibt, wird es dann zu einem gott-bezogenen Dialog. Laufen Ihre Verdrängungsmechanismen, Ihre Ängste, Ihre Schuldgefühle, Ihre Sorgen, Ihre Erfolgsgefühle auf Hochtouren? Oder ist Jesus Ihr spontaner Bezugspunkt in allen Fragen, so daß er nachhaltig Ihr Leben prägt? Dann haben Sie ihn als Herrn anerkannt. Dabei geht es nicht darum, ob man schöne Worte machen kann, sondern ob man einen zuverlässigen Bezugspunkt außerhalb seiner selbst hat.

GOTT IST HINTER UNS HER

Wir scheuen uns, das zu sagen, aber in der Liebe Gottes für den Mann und die Frau gibt es ein echt sexuelles Moment, und umgekehrt ist das genauso der Fall. Das sexuelle Element in Gott besteht im leidenschaftlichen Begehren nach dem anderen. Aus diesem Grund hat Gott auch in uns die Leidenschaft eingesenkt: Wir sollten eine Ahnung davon bekommen, was in Gott vorgeht.

Die Wahrheit jenseits aller Logik lautet, daß Gott unablässig als Verführer hinter uns her ist. Er ist hinter unserem Leib und hinter unserer Seele her. Das versucht die Heilige Schrift an vielen Stellen zu sagen. So sehr verlangt Gott nach uns. Und bevor wir nicht spüren, wie sehr jemand nach uns verlangt, wie er uns sucht, wie er sich nach uns sehnt; ehe uns nicht jemand seine Geliebten genannt hat, wissen wir wahrscheinlich gar nicht, wie sehr er uns mag.

Unser Wissen, wie sehr Gott uns mag, gibt es längst. Aber werden wir jemals jene Stelle in unserem Herzen freilegen, in der unsere höchste Sehnsucht und unser tiefstes Begehren zu Hause sind, wo sich Gott als leidenschaftlicher Gott bemerkbar macht? In vieler Hinsicht war die westliche Kirche unseren Körpern, unseren Gefühlen, unseren Empfindungen gegenüber negativ eingestellt. Wir hatten Angst davor, diese leidenschaftliche Seite Gottes zu entdecken und uns auf sie einzulassen.

Gott findet unablässig neue Wege, um uns an sich zu ziehen, in unser Inneres zu gelangen und mit uns auf innige Weisen eins zu werden, die uns erschrecken und zugleich höchste Wonne bereiten. Wir wissen, daß wir eigentlich dafür erschaffen sind. Bevor wir das nicht richtig erfahren und zulassen, existieren wir noch gar nicht richtig. Oder man könnte auch sagen, und das ist noch trauriger: existieren wir umsonst, Gott ist hinter uns her.

LIEBT EURE FEINDE

Die Angst ist die größte Sperre für die Entfaltung eines großen Glaubens und großherziger Menschen. Wollen wir in das Geheimnis des Verzeihens eindringen, so müssen wir zuerst unsere Ängste voll ins Auge fassen. Vor dem meisten, was wir nicht verzeihen können, haben wir Angst.

Als ich in der Kirche aufwuchs, hatte ich den Eindruck, die Hauptsperre sei der Zweifel. Aus diesem Grund richtete sich unser ganzer Unterricht darauf, dem Kopf gescheite Argumente zu liefern, die richtigen Antworten über Gott beizubringen. Aber zeigen Sie mir, wo ein solcher verkopfter Unterricht großherzige Menschen hervorgebracht hat, von Sehnsucht glühende Propheten, Freiheit und Mut in der Kirche!

Gott spricht zu uns, heilt uns und befreit uns auf einer anderen Ebene, nämlich auf der Ebene unserer Ängste. Bevor Sie es Gott nicht erlauben, Ihre Ängste anzusprechen, werden Sie selbst sie nie richtig erkennen und vermutlich in Ihnen eingesperrt bleiben.

Je mehr wir im Glauben wachsen, desto mehr legen wir das Bedürfnis ab, andere ausgrenzen zu müssen (ihn, sie als unseren Feind). Nach und nach erreichen wir einen Stand, auf dem wir es riskieren können, den Möchtegern-Feind zu uns hereinzulassen. Dann fängt der Weg der Weisheit an. Schließlich kommen wir so weit, daß wir uns imstande fühlen, dem größten Gebot Jesu Folge zu leisten, seiner radikalsten Lehre: Liebe deine Feinde.

Wir haben die Gebote Jesu noch längst nicht verinnerlicht. Doch was in der Schrift gesagt wird, richtet sich immer zugleich an unser Innen und an unser Außen. Wenn wir es noch nicht gelernt haben, unsere Feinde da draußen zu lieben, kommt das wohl daher, daß wir noch nicht zuerst den Feind in unserem Inneren zu lieben gelernt haben. Solange wir aber dem Feind in unserem Inneren noch nicht verziehen haben, werden wir es auch nicht fertigbringen, den „Feinden“ in unserer äußeren Welt zu verzeihen und sie zu lieben.

ICH BIN MIT DIR

Mose sagte zu Gott: „Wer bin ich, daß ich zum Pharao gehen und die Israeliten aus Ägypten herausführen könnte?" (Ex 3,11). Gott gibt ihm zur Antwort: „Ich bin mit dir." Das ist alles. Ganz einfach: Ich bin mit dir. Er wollte Mose nicht sagen, wie das konkret aussehen sollte. Er gab ihm keinen Zeitplan, keine genauen Anweisungen. Er sagte einfach: „Ich bin mit dir" (Ex 3,12).

Was Mose stark macht, ist der Umstand, daß Gott bei ihm ist. Das ist alles! Bei jeder religiösen Erfahrung in der Bibel, also wenn jemand Gott begegnet, sagt Gott einfach: Ich bin mit dir. Ich mache es. Vertrau mir. Die genaueren Anweisungen erfährst du unterwegs. Dieses Wort hört man erst ganz, wenn man bereits die ersten Schritte getan hat.

Das Urmodell dieses Wanderns im Glauben ist der Zug der Hebräer durch die Wüste. Bei seinem vierten Versuch, seine Aufgabe loszuwerden, sagte Mose Jahwe ins Gesicht: „Aber bitte, Herr, ich bin keiner, der gut reden kann. Schick doch einen andern!" (Ex 4,10.13). Aber Jahwe läßt nicht locker und sagt: Mein Befehl bleibt, wie er ist. „Geh also! Ich bin mit deinem Mund und weise dich an, was du reden sollst" (Ex 4,12).

HALT EIN LEERES BLATT BEREIT

Wenn man im Christentum die Leere sucht, dann deshalb, um erfüllt zu werden, also, um bereit und offen zu sein. Man erschafft sozusagen den leeren Schoß Mariens, damit Christus darin empfangen werden kann.

Ich muß zugeben, das christliche Gebet zielt nicht darauf ab, irgendeine Form von transzendentaler Bewußtseinsleere zu erlangen. Unser Ziel besteht darin, von unserem privaten Ego, unserem abgehobenen Ich loszukommen, damit wir Christus für seine Absichten zur Verfügung stehen. Wenn Gott dann in irgendeiner Weise auf mich zukommen will, stehe ich ihm nicht im Weg. Wenn wir leer zu werden versuchen, dann deshalb, um die Fülle zu finden. Aber von dieser Fülle wissen wir nicht einmal, daß wir auf sie warten; wir wissen nicht, wie wir sie beschreiben sollen, oder wann wir sagen könnten, daß sie uns zuteil geworden ist. Und wenn sie uns geschenkt wird, können wir sie nicht festhalten, denn sonst wird sie zum Götzen.

Meistens, wenn ich schreibe, sitze ich an der Schreibmaschine. Ich sitze einfach davor. Ich sitze manchmal ich weiß nicht wie lange da, und wenn die Worte dann kommen, bin ich bereit, sie aufzuschreiben. Für den Fall, daß mir etwas kommt, habe ich ein leeres Blatt vor mir. Ich versuche, so oft wie möglich in meinem Leben ein leeres Blatt bei mir zu haben. Man muß jeden Tag neu damit anfangen, ein solches leeres Blatt bereitzuhalten. Schieb also immer wieder deine eigenen Termine, Verletzungen, Bedürfnisse und Ängste auf die Seite, damit du für Gott ein leeres Blatt bereithältst, auf das er schreiben kann, wenn er dir einige Worte auf die Seele schreiben will.

UNSER TÄGLICHES BROT

Als Mose zu Gott betet: Herr, gib diesem Volk zu essen, erwidert Jahwe: „Ich will euch Brot vom Himmel regnen lassen. Das Volk soll hinausgehen, um seinen täglichen Bedarf zu sammeln" (Ex 16,4).

Die grundlegende Botschaft der Wüste besteht darin, man soll sich ganz und gar auf Gott verlassen und lernen, Minute um Minute auf die Vorsehung zu vertrauen. Manche wollen das Manna auf Vorrat anlegen, um gleich für morgen etwas zu haben. Sie wollen für die Zukunft vorausplanen, denn man kann ja nie wissen. Mose sagt: „Niemand darf bis zum Morgen etwas übriglassen. Doch sie hörten nicht auf Mose, sondern einige ließen etwas bis zum Morgen übrig. Aber es wurde wurmig und stank" (Ex 16,20).

Aus diesem Grund haben wir von Kindheit an gebetet: „Unser tägliches Brot gib uns heute." Wie merkwürdig diese Bitte im Mund von Menschen klingt, die Sparkonten angelegt und Versicherungen abgeschlossen und Garantiebelege auf drei Jahre sogar für ihren Toaster aufbewahren!

DIE SICHERHEIT DES UNGESICHERTEN

Stellen Sie sich vor, Sie gehen durch einen abgedunkelten Raum. Dann tasten Sie mit den Händen voraus, weil Sie fürchten, Sie könnten an ein Möbel stoßen oder über einen Teppich stolpern. Sie gehen dann ganz langsam. Das entspricht genau dem, was wir nach Gottes Anweisung auf unserer Wanderung im Glauben tun sollen.

Uns fällt das nicht leicht, denn wir hätten gern den Weg, der vor uns liegt, gut ausgeleuchtet. Wir möchten wissen, wohin, wie und warum wir gehen. Doch der Glaube stellt die Sicherheit des Ungesicherten dar. Unser Vertrauen gründet sich auf Gott, und nicht auf unsere eigene Gewitztheit. Im Glauben kommt es nicht auf großes Können, Planen oder Persönlichkeit, Status und Geld an.

Die Wüste ist der Ort, an dem uns alle falschen Namen Gottes weggenommen werden. Die Vorratslager sind dort immer leer. Das ist die Zeit, in der wir lernen sollen, Minute für Minute völlig von Gott abhängig zu sein.

Was geschieht in der Wüste? Wir erfahren ständig einen neuen Namen Gottes, wie das auch die Hebräer getan haben. Gott zeigt immer wieder ein neues Gesicht.

VON ALLEM ENTBLÖSST

Als die Hebräer in die Wüste zogen, hatten sie das Gefühl, ein ganzes, ein starkes Volk zu sein; man hätte sich vorstellen können, daß sie die Erfahrung ihres gemeinsamen Marsches durch die Wüste sogar noch mehr zusammengeschweißt und ihr Gefühl, stark zu sein, vertieft hätte. Aber weit gefehlt! Sie fühlten sich zersplittert und zermürbt; sie stellten fest, daß sie untereinander vielfach zerstritten waren. Sie waren ganz und gar nicht das Volk, als das sie sich gedacht hatten.

Wenn uns alle unsere Götzen weggenommen werden, alle unsere Sicherheiten und Abwehrmechanismen, entdecken wir, wer wir wirklich sind. Wir sind so klein, so arm, so leer – und zuweilen sogar so häßlich. Aber Gott befreit uns von unserer Beschämung, und wir dürfen arm und demütig vor sein Angesicht treten. Dann entdecken wir, wer wir sind und wer Gott für uns ist.

Die Wüste war der Ort, wo Israel die Erfahrung machte, wie voller Sünde es war, und daß es schwach und unfähig für irgend etwas Gutes war. Unsere Versuchung besteht darin, die Zeit abzukürzen und Gott unseren Zeitplan aufzudrängen. Wir möchten aus unserer unangenehmen Lage herauskommen und sie hinter uns bringen. Aber die Wanderung des Glaubens kann man nicht beschleunigen. Wir müssen uns auf ihre Zeiten und Phasen einstimmen. Man kann auch keinen Kuchen schneller backen, indem man die Hitze des Backofens verdoppelt, oder langsamer, indem man sie zurückstellt. In beiden Fällen mißrät er.

DIE LIEBE FORDERT DEN GELIEBTEN HERAUS

Die Menschen wollen eigentlich gar keinen liebenden Gott, denn ein Liebhaber bedeutet immer, daß man gefordert wird. Das liegt in der Natur der Liebe, und die Menschen mögen das nicht. Wir kneifen lieber davor und löschen sie aus. So wollten die Leute auch Jesus aus dem Weg schaffen, den Bruder der Schöpfung. Jesus brauchte gar kein großer Prophet zu sein, um die Handschrift an der Wand zu sehen und zu erkennen, daß sie sein Wort nicht annehmen würden. Die Leute wollten keine Beziehung; sie wollten eine Religion.

Ist das uns selbst so fremd? Bei uns heute ist es das gleiche. Für die Kirche während der letzten zweitausend Jahre war es das gleiche. Wir Menschen meiden echte Liebesbeziehungen; was wir wollen, ist eine Religion mit allem Drum und Dran, denn die ist viel bequemer. Eine Liebesbeziehung stellt ständig Ansprüche und Forderungen an uns. Sie bietet auch eine Art Freude, die uns schnell unangenehm wird; sie ist zu nah, zu aufwendig, sie nimmt zu viel Raum ein. Was sollten wir mit einer solchen Freiheit anfangen? Es ist einfacher, schlicht in die Kirche zu gehen.

JESUS RETTET

In der Apostelgeschichte (3,1–6) lesen wir: „Petrus und Johannes gingen um die neunte Stunde zum Gebet in den Tempel hinauf. Da wurde ein Mann herbeigetragen, der von Geburt an gelähmt war. Man setzte ihn täglich an das Tor des Tempels (...); dort sollte er (...) um Almosen betteln. Als er nun Petrus und Johannes in den Tempel gehen sah, bat er sie um ein Almosen. Petrus und Johannes blickten ihn an, und Petrus sagte: Sieh uns an! Da wandte er sich ihnen zu und erwartete, etwas von ihnen zu bekommen. Petrus aber sagte: Silber und Gold besitze ich nicht. Doch was ich habe, gebe ich dir: Im Namen Jesu Christi, des Nazoräers, geh umher!"

Die Gelähmten dieser Welt kommen immer noch zum Leib Christi und schauen uns voller Erwartung an, so wie sie auf Petrus und Johannes geschaut haben, in der Hoffnung, von uns etwas zu bekommen. Was sagt die Kirche zu ihnen sehr oft und auf vielfältige Weise? „Gold und Silber haben wir jede Menge. Komm, werde bei uns Gemeindemitglied. Wir haben einen Pastoralausschuß. Wir feiern Messen mit modernen Bands und Liedern. Wir sind sehr fortschrittlich. Wir haben eine vielseitige Caritas und auch einen Sozialfonds."

Aber niemand bringt den Mut auf, zu sagen: „Darf ich dir von Jesus erzählen? Komm, ich bete mit dir, Christus wird dir beibringen, warum das Verzeihen so wichtig ist. Du wirst bei ihm lernen, welchen Sinn die Kirche hat und was die Heilige Schrift uns sagen will. Komm, folge Jesus nach!"

Schämen wir uns über Jesus? Teilen wir ihn mit anderen? Das klingt naiv, altmodisch, fromm und ein bißchen arg evangelisch, wenn man so von Jesus redet. Wir haben die Kirche. Wir haben die Sakramente, wir haben Priester und Bischöfe!

Aber nur Jesus rettet. Die Apostel sprechen kühn und mit Feuer. Auch Jesus hat das getan! Im Namen Jesu ist mir alle Macht gegeben! Immer, wenn jemand von mir weggeht, verkündet er voll Freude den Namen Jesu Christi. Was ist passiert, daß so viele gar nicht mehr stolz auf Jesus sind?

DIE GLÄUBIGE HALTUNG

Wenn wir nicht glauben können, daß Christus hier und heute zu uns spricht, wie können wir dann glauben, daß er jemals gesprochen hat? Das ist die Grundvoraussetzung unseres Handelns: daß Christus hier und heute in unserem Leben am Werk ist und zu uns spricht.

Eine gläubige Haltung zu haben bedeutet, überall und immer zu hören, daß Christus zu einem spricht, in den konkreten und alltäglichen Umständen unseres Lebens. Dann werden Religion und Leben *eins*, und wir sind nie weit weg von Gott. Daher werden Menschen des Glaubens niemals alt und niemals müde. Sie sind nicht auf Zeichen und Wunder, Erscheinungen und Visionen angewiesen. Gott ist ganz still durchgebrochen und offenbart sich als der Anwesende in der Gegenwart von allem.

RINGEN UM DEN GLAUBEN

Gott schenkt uns keine Antworten, sondern Sinn. Zum Leben gehört unvermeidlich das Ringen und Leiden. In jeder ehelichen Vereinigung, in jeder Liebesbeziehung hat es seinen Platz, genau wie das Leiden Ijobs zu seiner Beziehung zu Gott gehörte.

Das Buch Ijob ist eine Auseinandersetzung zwischen dem institutionalisierten, ehrenwerten und entpersönlichten Glauben, verkörpert durch Ijobs Freunde, die kommen und ihm vernünftige intellektuelle Antworten bescheren, und dem charismatischen, zäh ringenden, mühsam erkämpften Glauben des Ijob. Ijob sucht und strampelt sich ab und erhält seine Antwort nur im Gewittersturm. Und diese Antwort ist immer von sehr paradoxer Art: unzusammenhängend, widersprüchlich, aber durch und durch wahr.

Die gleiche Antwort erwartet uns. Auch wir werden die Antwort aus dem Gewittersturm erfahren, eine Antwort, die man nicht immer in Worte für seine Kinder oder seinen Ehegatten oder seine Frau umsetzen kann. Aber die Antwort wird einem bekannt vorkommen. Es handelt sich dabei um eine Überzeugung, die tief und alldurchdringend ist. Niemand kann sie einem geben, niemand kann sie einem ausreden. Sie ist ein Geschenk Gottes. Man kann sie auch niemandem beweisen. Aber das will man dann auch gar nicht mehr. Glauben Sie mir, was ich jetzt sage: die tiefsten Gründe des Glaubens fühlen sich immer noch verwirrend an. Aber Sie lassen sich dann von Ihrer Verwirrung nicht mehr verwirren.

DIE WERDEN, DIE WIR IN WIRKLICHKEIT SIND

Gott nimmt das menschliche Leben ernst. Wir sind in diese Welt gekommen, um zu entdecken, daß wir geliebter Sohn, geliebte Tochter, Bruder, Schwester, Mutter und Vater sind. Das ist nicht nur eine Einsicht zu Beginn seines Lebens, sondern daran lernt man sein Leben lang. Das Ende steckt schon im Anfang.

Bei unserer Taufe, unserer Aufnahme in die neue Familie Gottes, wird bereits alles auf einmal ins Bild gebracht und gefeiert. Wir brauchen unser ganzes weiteres Leben dazu, um das zu begreifen, zu erleiden und in der Praxis zu verwirklichen. Die Wirklichkeit geht dem Wort voraus und schenkt dem Wort seine Autorität. Die Wirklichkeit muß zuerst gelebt und darf erst dann ausgesprochen werden. Beim christlichen Leben handelt es sich also darum, das zu werden, was wir in Wirklichkeit schon sind.

GOTTES LIEBE VERDIENEN

Der größte Glaubensakt besteht darin, daran zu glauben, daß Gott dich liebt, auch wenn du nackt, arm und voller Sünden bist. Aber wir Menschen meinen immer, wir müßten uns Gottes Liebe verdienen. Wir mühen uns dafür ab, und wenn wir für Gott gute Werke vollbringen, meinen wir, dafür würden wir dann zur Belohnung Gottes Segen und Liebe bekommen. Das ist die Jesus-und-ich-Religion. Sie führt dazu, daß man vor lauter Selbstvervollkommnung und Sich-Mühe-Geben nur noch um sich selbst kreist.

Die Christen haben allzuoft die Phrasen in den Mund genommen: „Ich muß meine Seele retten" und: „Die Priester müssen Seelen retten." Das hat nichts mit dem Neuen Testament zu tun. Die Meinung, man könne seine Seele retten, ist reine Häresie. Der Name „Jesus" bedeutet: „Jahwe rettet". Solange Sie eifrig damit beschäftigt sind, Ihre Seele zu retten, stehen Sie Gott im Weg, der Ihre Seele retten will.

FÜR VOLLKOMMEN GEHALTEN

Während meiner Noviziatszeit verrichteten wir alle möglichen guten Taten für Gott. Wir mühten uns um unser Heil und gehorchten den Gesetzen. Ich war der vollkommene Novize. (Sie können meinen Novizenmeister fragen.) Ich machte genau dann die Verbeugung, wenn eine Verbeugung vorgeschrieben war. Ich kam nie zu spät zum Chorgebet. Ich kam nie zu spät zu einer Mahlzeit. Und wo ich doch einmal zu spät kam, kniete ich zur Genugtuung auf der Stelle hin, wie es in unseren Bräuchen vorgesehen war.

Als ich eines Tages im Chor kniete, überkam mich die Einsicht, ich sei mit all dem auf dem besten Weg, nicht Gott zu erkennen und zu lieben, sondern mich selbst zu lieben. Mich erfüllte recht große Zufriedenheit mit mir als perfektem Novizen. Ich wußte, daß ich auf dem besten Weg war, ein musterhafter Franziskaner zu werden. Man brauchte gar nicht Gott zu kennen, um recht gut damit leben zu können, ein musterhafter Ordensmann zu sein. Das bescherte mir ein Gefühl des Dazugehörens, des Ganzseins, der Reife, der Rechtschaffenheit.

Dieser Tag, dieser Augenblick erklären besser als alles andere, weshalb ich heute hier bin: Gott ließ mich deutlich erkennen, daß er mich genau so liebte, wie ich war. Ich brauchte nichts zu erreichen. An diesem Tag wurde ich freigesetzt. Von Kopf bis Fuß flogen Ketten von mir weg. Ich wußte mit einemmal, daß ich mich nicht für meine Menschlichkeiten zu entschuldigen brauchte, daß ich mich nicht für den zu entschuldigen brauchte, der ich war, und daß ich meinem Novizenmeister und meinen Mitnovizen nicht zu beweisen brauchte, daß ich etwas taugte. Ich war ein Kind Gottes. Und ich konnte vergnügt meines Weges gehen. Ich konnte mich auf den Weg machen, mein Herz zu Gott erheben und genau wissen, daß ich gelegentlich stolpern würde. Aber irgendwie war das jetzt alles völlig unbedeutend. Gott liebte mich, und nur das zählte. Das war meine Geisttaufe.

DAS „DIES-SEIN" DER DINGE

Ich glaube aus ganzem Herzen, daß mit der Schöpfung auch schon die Erlösung gegeben ist. Das ist solide Schöpfungstheologie, das ist echt franziskanische Theologie. Schon beim Akt deiner Erschaffung hat dich Gott bei deinem Namen gerufen. Dein „Du-sein" ist dir ins innerste Wesen geschrieben. Der franziskanische Philosoph Duns Scotus nannte dies das „Dies-Sein der Dinge" („haecceitas" im Lateinischen). Er sagte, Gott habe nur Individuen erschaffen, nicht Gattungen und Arten. Gott hat dich als *dich* erschaffen, in deinem unverwechselbaren „Dies-Sein".

Beim geistlichen Leben geht es darum, der zu werden, der du in Wirklichkeit bist. Du mußt keine Caterina von Siena oder irgendeine andere Heilige werden, sondern du mußt du selbst werden. Das klingt ziemlich leicht, aber man braucht viel Anstrengung, Mut und Glauben, um der zu sein, der man wirklich ist.

In gewisser Hinsicht ist die Arbeit mit religiösen Menschen am schwierigsten. Sie stecken so voller Werturteile, daß sie die Wirklichkeit gar nicht richtig zulassen können. Vielleicht hat Jesus deshalb gesagt, wir sollten nicht richten. Wir müssen noch viel von der Schöpfungsspiritualität, von der Spiritualität der amerikanischen Ureinwohner und von der franziskanischen Spiritualität lernen, bis wir es fertigbringen, die Schöpfung, die Natur, die Erde wirklich zu uns sprechen zu lassen. Wir religiöse Menschen gehen an alles mit unseren vorgefaßten Meinungen heran und haben Bibelzitate und Dogmen parat – nur, um ja niemals die Wirklichkeit unverfälscht auf uns zukommen und den gegenwärtigen Augenblick auf uns wirken zu lassen. Aus irgendeinem Grund ist es leichter, bestimmte Meinungen zu vertreten, als einfach völlig offen und wach für die gegenwärtige Wirklichkeit zu sein.

WORAUF MAN DAS LEBEN BAUEN KANN

Im Lauf der neun Jahre des Aufbaus unserer Gemeinschaft von New Jerusalem sind wir zu der Überzeugung gekommen, daß man nur auf das Leben selbst bauen kann. Alles andere ist Sand. Man kann nicht auf Angst, Schuldgefühle oder Zwang und nicht einmal auf Idealismus bauen. Man kann nicht auf Bibelzitate, Kirchengebote oder päpstliche Erlasse bauen, solange sie einen nicht in unmittelbare Berührung mit dem Leben bringen.

Man kann nicht auf den Tod bauen. Unversöhnlichkeit, verdrängte Verletzungen, verleugnete Gefühle, unbewußte Wut erweisen sich irgendwann als ungeeignet, um darauf eine Gemeinschaft zu bauen. Zeitweise mag es so aussehen, als böten sie kurzfristig ein konzentriertes Maß an Energie, aber es stellt sich heraus, daß es sich dabei um negative Energie handelt, die für wirkliches Leben unbrauchbar ist. „Die Weisheit hat ihr Haus gebaut" (Spr 9,1). Und die Weisheit weiß, daß man ein Gebäude nur aufrichten kann, wenn man als Grundlage das Leben selbst wählt.

Dieses Weiterwandern in immer intensiveres Leben hinein macht das Wesen einer Glaubensgemeinschaft aus.

„ICH LIEBE DICH“

Der schreiende Widerspruch an der Kreuzigungsszene besteht darin: Dem, welcher alles war, wurde alles weggenommen. Er, welcher der König der Könige und der Herr der Herren war, wurde mit Dornen gekrönt. Alles Menschsein, mit dem er sich verbrüdert hatte, wurde ihm genommen, und er mußte völlig allein seinen Weg gehen. Jesus, der Bruder aller Geschöpfe, wurde an das Holz des Kreuzes genagelt. Die Nägel fixierten seine Arme in einer weit ausgebreiteten Haltung. Er ist das ewige Zeichen Gottes an die Menschen, und diese von den Nägeln festgehaltene Haltung birgt die Aussage, daß er zu seinen Lebzeiten die drei gefährlichsten Worte gesprochen hat, die es gibt: „Ich liebe dich.“

Wenn Sie zu jemandem sagen: „Ich liebe dich“, liefern Sie sich seiner Macht aus. Sie schenken dem andern die Macht, Sie zu vernichten oder Ihnen Leben zu schenken. Jesus hat diese Worte zu seinen Geschöpfen gesagt, und wir haben ihn beim Wort genommen.

Was am Leib Jesu geschehen ist, ist das, was sich Menschen unablässig gegenseitig auch antun: Wir hassen, was wir lieben sollten. Aber Gott sagt darauf mit den Worten von „Jesus Christ Superstar“: „Haß mich! Schlag mich! Triff mich! Nagle mich an den Baum!“ Ich liebe dich trotzdem! Das ist Gottes großer Akt der Versöhnung, nicht nur der Versöhnung mit einzelnen Menschen, sondern mit allen Institutionen und der ganzen Schöpfung. Welch ungeheure Hoffnung!

DAS GEBET DES HERRN

Dank seiner Beziehung, in die er vom Heiligen Geist eingeführt wurde, hat Jesus eine ungemeine Freiheit gewonnen. Er weiß sich als Sohn eines Vaters, der ihn liebt. Beachten Sie, wie sein Gebet ganz auf Gott ausgerichtet ist:

„Vater unser im Himmel,
geheiligt werde dein Name,
dein Reich komme,
dein Wille geschehe,
wie im Himmel so auf Erden."

All das sagt er in der Form von Befehlen, nicht von Bitten! Auch wir sagen mit der Autorität von Söhnen und Töchtern zu Gott: Tu das!

„Unser tägliches Brot gib uns heute."

Gib uns jeden Tag das Manna, das du unseren Vätern in der Wüste gegeben hast, so viel, daß es gerade für den jeweiligen Tag reicht und wir dir den morgigen Tag anheimstellen.

„Vergib uns unsere Schuld, wie auch wir vergeben unsern Schuldigern" (Mt 6,9–13).

Warum sollte Gott uns irgend etwas geben, wenn wir nicht bereit sind, etwas dafür zu tun? Unser Wunsch danach ist nicht besonders stark, wenn wir nicht das Unsere dazutun, damit er sich erfüllt. Wir beten: „Gott, mach das!", aber auch: „Gott, ich mache dabei mit!" Gott wirkt schöpferisch und lädt uns zum Mitwirken ein. Welches Vertrauen, welch unendliche Geduld!

DIE ZEIT IST DA!

Die Erlösung geschieht *jetzt*. Wir neigen dazu, in der Zeit nach hinten oder vorne zu schauen, aber das Evangelium sagt, entweder sollten wir uns im gegenwärtigen Zeitpunkt von Jesus erlösen lassen, oder wir würden gar nicht erlöst. Man nennt das die allzeit verfügbare Gnade des gegenwärtigen Augenblicks.

Tatsächlich ist das das allererste Wort in der Verkündigung Jesu: „Die Zeit ist jetzt. Das Reich Gottes ist da. Dreht euch um. Glaubt der Frohen Nachricht!" (Vgl. Mk 1,15). In diesen vier Sätzen finden wir die ganze Lehre Jesu zusammengefaßt. Darin steckt nichts Esoterisches oder Pseudo-Mystisches, sondern nur die Wahrheit, daß der gegenwärtige Augenblick von unendlicher Bedeutung und Tiefe ist. Laß dich einfach los, und laß dich in ihn hineinfallen. Er ist wie ein Netz, das dich immer auffängt. Du suchst, was du schon hast. Du hast von innen an die Tür geklopft.

VATER UND SOHN

Wer ist dieser Christus? Zunächst einmal war er ganz offenkundig ein Mensch. Er war ein Mensch, der den Weg des Glaubens ging und der, wie Lukas sagt, zunahm an Weisheit und Gnade (vgl. Lk 2,40.52). Er war ein Mensch, der in die Wüste ging, um dort nach dem Willen seines Vaters zu fragen; um sein Gehör dafür schärfen zu können, was ihm der Vater sagen wollte; um sich selbst und dem Wort seines Vaters voll entsprechen zu können. Warum nannte Jesus Gott seinen *Vater*? Meiner Meinung nach lautet die Antwort auf die Frage, weshalb er ihn Vater und nicht Mutter nannte (obwohl er oft weibliche Bilder und Vergleiche gebraucht): das war das schwerer und notwendiger auszusprechende Wort. Denn wahrscheinlich sind sehr viel mehr Menschen durch das Männliche als durch das Weibliche verwundet worden.

Im Lukasevangelium beginnt Jesus jedesmal, wenn er betet (ausdrücklich fünfmal), mit der Anrede „Abba", „Papa". Das drückt die wunderbare Beziehung aus, in der Jesus mit seinem Vater aufwächst. Er empfindet sich in einer Atmosphäre des Vertrauens als geliebter Sohn. Dreimal ruft er gegen Ende des Evangeliums, am Ölberg, und zweimal am Kreuz „Papa!" Lukas will uns also zeigen, daß der Heilige Geist Jesus das beigebracht hat, diese Beziehung eines liebenden Sohnes zu seinem Vater. Jesus versucht, um jeden Preis zu seinem Vater zu halten, zu seiner Beziehung zu ihm.

Sooft er sich in die Wüste oder Einsamkeit zurückzieht, kehrt er daraus in die Stadt zurück und kann mit neuer Kraft das Wort verkünden. Worin besteht dieses Wort? Daß der Vater absoluten Anspruch auf unsere Treue, unsere Liebe und unser Leben hat, und daß Gottes Liebe bedingungslos und für immer gilt.

DAS BROTBRECHEN

Im Johannesevangelium fehlt ein Bericht über das Letzte Abendmahl, wie ihn die anderen Evangelien enthalten. Hier wird kein Brot herumgereicht und nicht gemeinsam aus einem Kelch getrunken. Statt dessen finden wir dort die Geschichte von Jesus, der sich hinkniet und seinen Jüngern die Füße wäscht. Vielleicht dachte sich Johannes, nach siebzig Jahren seien die anderen Evangelien ja bereits allgemein bekannt. Er wollte eine Theologie der Eucharistie beisteuern, die deutlich machen sollte, was mit dem Brotbrechen eigentlich gemeint sei.

Petrus mit seinem Protest: „Niemals sollst du mir die Füße waschen!" (Joh 13,8) stellt uns alle dar. Aber Jesus antwortet darauf: „Wenn ich dich nicht wasche, hast du keinen Anteil an mir."

Manchmal halten wir es für etwas Heroisches, wenn wir es nicht zulassen, daß Gott uns liebt. Alles, was mit Liebe zu tun hat, wollen wir selbst in die Hand nehmen. Erst als Petrus nachgibt und es zuläßt, daß Jesus ihn bedient, versteht er, was Jesus meint. Er muß es zulassen, daß sich Jesus als sein Diener vor ihm in den Staub kniet. Johannes will damit sagen, daß Jesus das bei jedem von uns tun will. Im Johannesevangelium ist die Eucharistie kein Ritual und keine Liturgie, sondern ein schmerzvoller Dienst.

APRIL

DER PREIS DER WAHRHEIT

Jeder, der versucht, in dieser Welt nach den Regeln des Reiches Gottes zu leben, lernt unvermeidlich das Kreuz kennen. Es trifft ihn in Form von Mißverständnissen, Schwierigkeiten, Entbehrungen, Anfeindungen und Verfolgung. Das Kreuz auf sich zu nehmen heißt, der Finsternis und Überheblichkeit Jerusalems ins Angesicht zu widerstehen, wenn es versucht, sich an die Stelle der Stadt Gottes zu setzen.

Wenn wir das Kreuz auf uns nehmen, bezahlen wir den Preis der Wahrheit und Liebe – ohne jede Garantie, daß sich das „auszahlen" wird. Wie Jesus in seinem Leben, werden auch wir vom Kreuz in den vollkommenen Glauben hineingeführt. Wenn man die Liebe bis zu ihrer letzten logischen Konsequenz leben will, muß man an das Gute und an ein Leben weit über sich selbst hinaus glauben. Das Kreuz lehrt uns, daß kein Leben für immer dauert und daß ein Preis dafür bezahlt werden muß, wenn man diese Illusion Lügen strafen will. Das Kreuz ist die lebendig gewordene und persönlich eingesetzte Liebe. Letzten Endes gibt es kein anderes Wort für Liebe als „Opfer" und „Kreuz"; dabei geht es immer darum, „sein Leben für seine Freunde hinzugeben" (Joh 15,13). Das Kreuz bedeutet, daß man *die Wahrheit verwirklicht*.

Die Kirchen der nördlichen Hemisphäre leben in einer Überflußgesellschaft und werden nicht verfolgt; sie haben das Leben unter dem Kreuz aufgegeben und sind damit beschäftigt, ihr Überleben zu sichern und dem Glück nachzulaufen. Dagegen sind die Christen auf der südlichen Halbkugel zu einer ganz anderen Art von Freude und Überleben geführt worden, die sich auf das Kreuz und auf Jesus stützt. Dadurch hat ihr Leben die Kraft, unsere Kirchen in Unruhe zu bringen, zu verändern, zu retten und zu heiligen – und zwar gerade durch das Kreuz und wegen des Kreuzes! Wir werden gezwungen, zuzugeben, daß wir „Fremde und Gäste auf Erden sind" (Hebr 11,13), wenn dieselben Menschen wie wir die Freiheit haben, die Belohnungen und Annehmlichkeiten dieser Welt zu verschmähen, weil sie auf eine weit größere Vision setzen – auf das Kommen des Reiches Gottes.

Ja, das Kreuz ist unsere Rettung. Es macht uns heilig. Es löst unsere Verstrickungen und macht uns frei für Gott und die größeren Zusammenhänge. Kreuz, „du bist des Himmels Schlüssel, du schließest auf das Leben, das uns durch dich gegeben" (Lied 182 im „Gotteslob"), denn du löst uns aus unseren Verpflichtungen der Hölle gegenüber. Das Kreuz „erkauft" uns die Wahrheit, die in dieser Welt immer teuer zu stehen kommt. Durch das Kreuz hat Jesus den Preis bezahlt. Das hat er nicht deshalb getan, damit wir uns die Kosten sparen könnten, sondern damit wir sehen, daß die Wahrheit und Liebe ihren Preis kostet: nämlich alles.

LIEBE DAS BÖSE ZU TODE

Jesus ist unser Garant, daß Gott sein Versprechen hält. Was er am eigenen Leib erfahren hat, ist das Grundmuster dafür, was im gesamten Kosmos stattfinden muß. Wir durchleben in unserer Lebenszeit am eigenen Leib, was Jesus im Lauf seiner dreiunddreißig Jahre leibhaftig durchgemacht hat.

Ein Christ sein heißt: ein Optimist sein, denn wir wissen, was am dritten Tag geschehen ist. Wir wissen, daß der Todessprung Jesu in den Glauben hinein nicht umsonst war. Er hat nicht vergeblich vertraut, sondern der Vater hat ihn auferweckt. Er hatte so viel Vertrauen, daß er der Finsternis und der Leere furchtlos ins Angesicht schauen, daß er auf die Auferstehung am dritten Tag warten konnte. Sein Vertrauen war so groß, daß er nicht versuchen mußte, seine Auferstehung selbst in die Hand zu nehmen. Er konnte auf die Auferstehung warten, die Gott ihm schenkte. Die Heilige Schrift und die frühe Kirche sagten selten, Jesus sei von den Toten „auferstanden“. Sie sagten lieber: „Gott hat ihn auferweckt!“

Der Karfreitag bricht unvermeidlich in jedem Leben irgendwann an. Genauso der Karsamstag. In diesen Augenblicken völliger Sinnlosigkeit und Finsternis möchten wir am liebsten sagen, alles sei nicht wahr. Aber der Ostersonntag kommt. Er kommt so sicher wie das Morgenlicht. Dann geht es nicht mehr darum, an eine Unsterblichkeit der Seele zu glauben, die mir irgendein Theologe beweisen müßte. Nein, das habe ich dann selbst erfahren, und ich weiß, daß das immer wieder so abläuft: vom Karfreitag durch den Karsamstag in den Ostersonntag. Das Pascha-Mysterium, der Tod, der von der Liebe umarmt wird, führt nicht in den Tod, sondern ins Leben. Die Sinnlosigkeit, die man in die Arme schließt und verzeiht, führt nicht in die Sinnleere, sondern in die Freiheit.

Worin besteht also die Taktik Jesu, um das Böse zu besiegen? Es anzugreifen? Nein! Liebe es zu Tode! Alles, was man Gott schenkt, erhält man umgewandelt von ihm zurück. Das ist der ewige dritte Tag, den wir immerzu erwarten.

DER AUFERSTANDENE CHRISTUS

Jesus ist jetzt auf neue Weise unter uns, als der auferstandene Christus, der überall ist, für den es keine Grenzen von Raum und Zeit mehr gibt. Am Karfreitag haben wir gesehen, wie die ganze Menschheit mit Gott umgeht: Wir töten, was wir lieben sollten. Wir haben Angst vor dem Geschenk, das uns frei machen würde. Am Ostersonntag feiern wir, daß Jesus in eine Welt zurückkommt, die ihn hinausgeworfen hatte.

Wenn man Sie schon einmal irgendwo hinausgeekelt hat, wissen Sie, wie unwahrscheinlich es ist, daß Sie wieder mitten unter die zurückkommen, die gesagt haben: Wir wollen dich nicht. Aber das ist das ewige Geheimnis, das wir feiern: Gott kommt hartnäckig immer wieder in eine Welt zurück, die aus irgendeinem unglaublichen Grund Gott nicht haben will. Es ist fast nicht zu fassen, daß das wahr sein soll. Dennoch findet Jesus in seiner Demut Mittel und Wege, immer wieder zu kommen. Jesus weiß, daß es uns beim ersten Mal nicht gepaßt hat, was er uns zu sagen hatte. Wir waren für so viel Freiheit oder derart viel Wahrheit einfach noch nicht reif. Die Menschheit kann so viel Wirklichkeit oder so viel Liebe in einem Augenblick der Geschichte einfach nicht ertragen.

So mußte sich Gott, als er wiederkam, verkleiden. Unter diesen Umständen mußte er heimlich, als Umstürzler, versteckt wiederkommen – als auferstandener Christus. Jetzt kann er überall sein, ohne daß wir ihn verhaften können. Wir können ihn nicht genau genug lokalisieren. Er kann in jedem Moment auf ganz neue und überraschende Weise irgendwo auftauchen. Auf diesen auferstandenen Christus ist die Welt nie vorbereitet; nie wartet sie auf ihn und, das Traurigste von allem, nie will sie ihn überhaupt. Das ist der Christus, der in seine Kirche Energie steckt, der Christus, der unserer Kontrolle für immer entzogen ist.

DER SINN DER AUFERSTEHUNG

Jesus hat uns etwas Wichtiges über die Auferstehung gesagt, als er nicht lange vor seiner Auferstehung seinen Freund Lazarus aus dem Tod zurückrief. Johannes erzählt die Geschichte so, daß Jesus vor das Grab tritt. Das Grab stellt das Totsein, die Kälte, die Hartherzigkeit in jedem von uns dar. Jesus steht als der mächtige Krieger, der Sieger, der Eroberer vor diesem Totsein. Jesus sagt zu den Umstehenden, sie sollten den Stein wegnehmen, und dann verlangt er von ihnen ein weiteres Zeichen des Glaubens. Glaubt ihr, daß ich das kann? Macht ihr mit, wenn ich es tue? Kommt aus eurer Reserve! Nehmt den Stein weg! Und Jesus sagte: „Löst ihm die Binden, und laßt ihn weggehen!" (Joh 11,44).

Achten Sie darauf, was Johannes wohl der Gemeinde sagen will. Obwohl Jesus uns ins Leben ruft, will er sagen, braucht er uns, den Leib Christi. Er braucht die Gemeinschaft, um Lazarus von seinen Binden zu lösen.

Wir haben jetzt Anteil an der Kraft der Auferstehung. Und der ewige Christus sagt jetzt zur ewigen Kirche: Löst der leidenden Welt die Binden! Laßt sie frei umhergehen!

Das ist der Sinn der Kirche. Das ist unsere Berufung, unsere Bürde, unsere Aufgabe in der Menschheitsgeschichte. Der auferstandene Christus lädt uns ein, mit ihm zusammen den schmalen Pfad der Befreiung zu betreten.

DER AUFERSTANDENE JESUS: DER ZUKUNFTSSCHOCK GOTTES

Außer der Auferweckung Jesu „gibt es nichts Neues unter der Sonne" (Koh 1,9). Alles ist ewige Wiederkehr, zyklische Geschichte; alles trägt in sich den Keim seiner eigenen Vernichtung. Alle großen Augenblicke der Geschichte sind wie nichts im Vergleich mit dem Augenblick der Auferstehung Christi: Alles andere birgt keine Hoffnung, bleibt sinnlos und treibt dem Tod entgegen. Wie der heilige Paulus schrieb: „Ist aber Christus nicht auferweckt worden, dann ist unsere Verkündigung leer und euer Glaube sinnlos" (1 Kor 15,14).

Im auferweckten Jesus deckt Gott auf, wie die Wirklichkeit in ihrem Endzustand aussehen wird. Gott untersagt es uns, alles „halt so hinzunehmen, wie es ist"; wir sollen vielmehr alles unter dem Gesichtspunkt sehen, „was Gottes Liebe noch daraus machen kann". Glauben bedeutet, Grenzen überschreiten und übersteigen. Weil es Jesus gibt, dürfen wir realistischerweise mit Leidenschaft das Mögliche erstreben.

Der auferweckte Jesus offenbart den wahren Sinn dieser Welt: daß sie zum wiedergefundenen Paradies wird. Die Auferstehung ist der Himmel, hier und jetzt. Der auferweckte Christus hat ihn geschaffen. Er ist nicht an irgendeinen früheren Ort hin auferstanden, sondern er beschreibt in sich selbst die Sehnsüchte jedes Menschenherzens – die intensive Lebensgemeinschaft zwischen Mensch und Gott (vgl. Offb 21,1–7).

Wir sollten nicht von Leben nach dem Tod oder von Unsterblichkeit sprechen, sondern von Auferstehung, von neuer Schöpfung!

DER AUFERWECKTE JESUS: GOTTES GEHEIMPLAN

Man kann Jesus nicht „sehen", bevor man nicht an ihn geglaubt hat (siehe Joh 20,16.28). Wenn man akzeptiert, daß es eine Auferweckung gegeben hat, führt das nicht unvermeidlich zum Glauben. Aber wenn man das Geschenk des Glaubens erhält, macht man unvermeidlich auch die Erfahrung der Auferweckung. „Und niemand nimmt euch eure Freude" (Joh 16,22).

Die Liebe selbst können wir nicht sehen, aber wir können sehen, was mit denen geschieht, die die Liebe am eigenen Leib erlebt haben. Wir können die Kraft und die Güte derjenigen sehen, die sich von Jesus lieben lassen. Wir wissen, daß dann in uns eine unversiegbare Quelle des Lebens zu sprudeln anfängt. Wir wissen: wenn wir den Mut haben, mit „enthülltem Angesicht" andere anzuschauen, spiegeln sie „die Herrlichkeit des Herrn wider und werden so in sein eigenes Bild verwandelt, von Herrlichkeit zu Herrlichkeit, durch den Geist des Herrn ... Der Herr aber ist der Geist, und wo der Geist des Herrn wirkt, da ist Freiheit" (2 Kor 3,18.17).

DER SIEG, DEN DIE AUFERSTEHUNG BRINGT

Jesus hat die gesamte Schöpfung, sogar mit ihrer Schwäche und Unvollkommenheit, voll angenommen. Darin besteht seine freiwillige Selbsthingabe. Er ist aus freien Stücken der Bruder der Menschheit geworden, und mit seiner Ganzhingabe an Gott lädt er alle seine Brüder und Schwestern ein, sich in diese gleiche Beziehung zu Gott zu begeben. So verkündet und feiert Jesus die allumfassende Mutterschaft und Vaterschaft Gottes. Als Gott Jesus vom Tod auferweckt, bestätigt er diese Beziehung. Jesus wird unser Versprechen, unsere Garantie, unser Sieg!

Bei seiner Auferweckung geht Jesus aus seiner leibhaftigen Individualität in eine allumfassende Gegenwart über. So ist Materie zu Geist geworden, zu Geist, der ungebunden, grenzenlos, teilbar und mittelbar ist. „Wie mich der Vater gesandt hat, so sende ich euch. Nachdem er das gesagt hatte, hauchte er sie an und sprach zu ihnen: Empfangt den Heiligen Geist!" (Joh 20,21–22).

Aus dem Sieg, den Jesus errungen hat, wird auf diese Weise Kraft (der Geist), durch die Jesus allüberall wirken kann. Wir öffnen uns für diese Liebesmacht, indem wir glauben. Er ist gestorben, wir sind auferstanden!

Wir können uns nicht selbst befreien. Wir können nur durch die Liebe eines anderen freigesetzt werden. Auch Jesus wird nur durch die Liebe des Ganz Anderen freigesetzt! Es ist zum Staunen, daß diese Auslieferung seiner selbst im Glauben das Ich oder die Individualität nicht zerstört, sondern sie im Gegenteil hervorbringt und neu erschafft. Denn die höchste Form des Selbstbesitzes besteht in der Fähigkeit, sich herzugeben.

DAS VERSPRECHEN JESU

Jesus hat uns versprochen, daß, wenn wir die Eucharistie feiern, er bei uns anwesend sein werde. Das ist von der Zeit des Neuen Testaments an der unerschütterliche Glaube der katholischen Kirche gewesen. Die Eucharistie hat von allem Anfang an im Mittelpunkt unserer Kirche gestanden, und das zu Recht. Sie hat uns die Kraft der Gemeinschaft geschenkt, die Kraft, uns selbst als ein einziges weltumspannendes Volk zu verstehen, das alle Nationen und Rassen überschreitet. Sie hat uns die Kraft zum Heilen und Versöhnen geschenkt. Immer wenn wir die Eucharistie feiern, gewinnt die Kirche neu ihre Gestalt als Volk, als große Familie um unseren Familientisch, den Altar.

Jesus schenkt sich uns in der Eucharistie selbst, um uns daran zu erinnern: Wir werden, was wir essen. Wir sind sein Leib, wir sind sein Fleisch für das Leben der Welt. Wenn wir von diesem Mahl essen, sind wir mit Christen rund um die Welt vereint, die genau zur gleichen Stunde in vielen verschiedenen Sprachen und Ländern diese gleiche Eucharistie feiern. Jemand hat gesagt, wenn wir die Eucharistie wirklich verstehen würden, wie könnte da jemals wieder Krieg sein? Wie könnten wir da in die Welt hinausziehen und Menschen umbringen, die dieses gleiche Brot gegessen und aus diesem gleichen Kelch getrunken haben?

Die Eucharistie bringt zum Ausdruck, daß die gesamte Menschheit ein einziges Fleisch ist, ein einziges Volk; wer dieses Fleisch haßt, der haßt das Fleisch Christi selbst. Die Eucharistie ist das Geschenk, das uns zu einem heiligen und allumfassenden Volk macht.

DAS LEBEN AUF DER ANDEREN SEITE DES TODES

Das ewige Leben, das Leben, das die Jungfrau-Mutter in die Welt bringt, ist das Leben, das es auf der anderen Seite des Todes gibt. Es wartet auf diejenigen, die dem Tod, den Dämonen, der Finsternis unerschrocken entgegentreten können und doch nicht sterben. Man kann diese Reise nicht ohne Mutter antreten.

Alles, was immer wir in den Augen Jesu finden, muß zuerst in den Augen Marias geleuchtet haben. Den Kindern teilt sich machtvoll die Sicht des Lebens mit, die ihre Mutter hat. Maria muß der geistliche Ratgeber Jesu gewesen sein, der Mensch, der ihm seine Sicht vermittelt und ihn das Glauben gelehrt hat. Was er vor Augen hatte, muß in gewisser Weise zuerst sie vor Augen gehabt haben. Und in beider Augen ist das, was beide von Gott glauben.

Maria hält uns an den beiden Enden unseres Lebens nackt in Händen: die Madonna bringt uns ins Leben, die Pietà übergibt uns dem Tod. Sie erweitert unser Empfindungsvermögen, damit wir den Schmerz, menschliche Wesen zu sein, voll miterleiden können. Sie birgt die Freude in sich so tief, daß ihr der Tod nichts anhaben kann. Jesus lernt, indem er auf Maria achtet.

Die Mutter des Schmerzensmannes lehrt uns, dem Leben zu vertrauen, dem Platz dazwischen zu vertrauen, ja zu sagen, und auf der anderen Seite dem Tod zu vertrauen. Aber das Leben, dem zu vertrauen sie uns auffordert, ist kein Leben, das leicht zu haben wäre. Das ist kein Leben, das sich in einem kurzen Augenblick abspielt. Es ist das Leben auf der anderen Seite des Todes, und daher ist es ein unzerstörbares Leben.

Die Mutter unterweist uns durch die Art, wie sie zu Füßen des Kreuzes steht. Sie sagt kein einziges Wort; sie hat einfach ein unerschütterliches Vertrauen und läßt Raum und hält Schweigen. Sie ist gegenwärtig.

IM GEIST SEINEN WEG GEHEN

Wenn Sie vom Leben überhaupt nichts mehr erwarten, sind Sie in jeder praktischen Hinsicht ein Atheist. Wenn Sie überhaupt nicht mehr offen dafür sind, irgend etwas Neues zu tun und alte Dinge auf neue Weise zu sehen und zu spüren, können Sie Ihr Leben gleich an den Nagel hängen. In Wirklichkeit ist ein unerschöpflicher Vorrat an Geist da, der Sie anstecken möchte. Ohne diesen Geist würden Sie keinen Augenblick länger leben.

Die Erfahrung des Geistes ist ein unverdientes, nicht selbst erarbeitetes Ereignis, eine neue Ganzheit, die größer ist als die Summe aller Teile. Dieser Geist holt uns wider unseren eigenen Willen aus uns selbst heraus und reißt uns weit über uns hinaus. Er ist radikale Gnade. Seinen Weg im Geist zu gehen heißt: sich von Gott am Wickel nehmen und in eine Welt mit unendlich weiterem Sinn versetzen zu lassen.

GEBETSWOCHE IN DER OSTERZEIT (1): HILF UNS LIEBEN

Gott, du Liebe, deine Art zu lieben ist großartig. Und wie du uns befreit hast! Wir stehen staunend vor allem, was du uns geschenkt hast. Mach uns die Augen auf, du Heiliger. Hilf uns zur Freude über alles, was du uns schenkst – auch dann, wenn wir gerade vor allem das im Blick haben, was du uns nicht schenkst. Hilf uns, Herr, nie an deinen Gaben zu zweifeln und herumzunörgeln, auch wenn wir spüren, was uns alles fehlt. Wir loben dich und danken dir für alles, was du uns durch Jesus versprochen hast; wir danken dir für Jesus als das Zeichen deiner Liebe. Wir danken dir, und wir loben dich dafür, daß du dein Leben, deinen Geist mit uns teilst.

Wir bieten dir unser Leben an. Wir bieten dir unseren Leib, unser Herz an. Segne unser Volk. Mach uns heil. Laß uns zu Abbildern Jesu werden. Vater, wirke an uns, was du an ihm gewirkt hast. Mach uns zu deinen Söhnen, heiß uns deine Töchter. Erneuere unsere Kirche in der Liebe und im Verzeihen. Um all das bitten wir dich, Herr. Wir vertrauen uns ganz deiner Liebe an, so wie es Jesus getan hat. Und wir beten, wie Jesus gebetet hat. Amen.

GEBETSWOCHE IN DER OSTERZEIT (2): HILF UNS UNSER MANN- UND FRAUSEIN LIEBEN

Gott unsere Mutter, Gott unser Vater, wir danken dir für das Leben. Wir beten zu dir: Hilf uns, daß unser Leben ein wirkliches Abenteuer wird. Mach uns offen für neue Seiten in uns selbst, hilf uns neue Dimensionen unseres eigenen Mann- und Frauseins zu entdecken und zu lieben.

Führe uns und bring uns bei, was es heißt, Vater, Bruder, Sohn zu sein, Mutter, Tochter, Schwester. Bring uns bei, was es heißt, Mann oder Frau zu sein. Mutter, wir sind ganz am Anfang und müssen noch viel lernen, aber wir vertrauen darauf, daß du bei uns bist und dich um uns kümmerst. Vater, wir wissen, daß du uns als Mann oder Frau erschaffen hast und daß in diesen beiden Formen des Menschseins ungeheure Energie steckt. Hilf uns, unsere eigene Energie freizusetzen und uns voll Vertrauen auf sie einzulassen.

GEBETSWOCHE IN DER OSTERZEIT (3): MACH UNS WIRKLICH KATHOLISCH

Gott, mach uns zu wirklich katholischen Menschen. Hilf uns, die Fleischwerdung wahr werden zu lassen. Nimm uns alle Angst vor dem Leben und vor dieser Erde. Hilf uns bei unserem Einsatz für Gerechtigkeit. Stärke unseren Glauben an den Frieden. Nimm uns alle Angst vor dem Kreuz und auch vor der Auferstehung. Schöpfer der Welt, hilf uns, ohne Angst diese Welt zu genießen, ihr Dasein zu feiern und sie zu bewahren.

Jesus, bring uns bei, wie wir Liturgie feiern und wie wir in Fülle leben können. Gott, bring uns bei, wie wir daran mitwirken können, daß deine Welt noch schöner und besser wird. Du hast dich ja für die Schönheit und Güte entschieden, als du dich entschlossen hast, uns im Fleisch zu erschaffen.

Wir danken dir für diese Welt. Und wir danken dir für unsere heilige katholische Kirche.

Ewiger Gott, mach die Katholiken zu wirklichen Katholiken. Mach uns ganz, Herr, erneuere unsere Kirche in dieser unserer Zeit. Laß uns zu einem ganzen und heiligen Volk werden. Herr, heile uns von allen Wunden, die uns die heilige Mutter Kirche zugefügt hat. Lehre uns, unserer Mutter zu verzeihen. Versöhne uns mit unserer Tradition, mit unserer Vergangenheit. Dann können wir in unsere Zukunft aufbrechen. Dann können wir unseren Weg mit dir gehen, du Gott, der du uns liebst.

Um alle diese Gnadengaben bitten wir dich. Wir laden dich in unsere Welt ein. Wir laden dich ein, in das Leben eines jeden von uns zu kommen, im Namen Jesu, des Heiligen. Amen.

GEBETSWOCHE IN DER OSTERZEIT (4): HILF UNS, UNS SELBST ZU VERZEIHEN

Lamm Gottes, wir bitten dich: hilf uns, unsere Abwehrhaltung aufzugeben. Mach uns fähig für ein wirklich waffenfreies Leben. Jesus, schenk uns die Fähigkeit, uns in deiner Liebe vollkommen sicher zu fühlen und die Unsicherheit dieser Welt zu ertragen. Herr, hilf uns, alles loszulassen.

Heile uns von der Verlogenheit. Heile uns vom Zweifeln. Heile uns von der Finsternis. Heile uns von der Unwahrhaftigkeit, die uns im Griff hält. Herr, nimm unsere Mängel an, die wir selbst nicht annehmen wollen. Heile unsere Wunde. Verzeih uns, Herr, diese schlimme Schwäche, nicht verzeihen zu können. Hilf uns, uns selbst zu verzeihen. Keiner, keine von uns ist das geworden, was er, was sie eigentlich gern geworden wäre. Wir hatten uns vorgestellt, unser Leben würde ganz anders verlaufen. Wir können nicht besser urteilen als du. Schenk uns die Freiheit, bereitwillig das zu verzeihen, was du selbst bereitwillig verzeihst. Hilf uns, nicht an dem festzuhalten, was du großzügig übergehst.

GEBETSWOCHE IN DER OSTERZEIT (5): WIR MÖCHTEN EINE FAMILIE SEIN

Gott Mutter, Gott Vater, leite uns an, auf deiner Erde eine einzige große Familie zu werden. Leite uns an, wie wir einander so lieben können, wie du uns geliebt hast. Hilf uns, unser Leben hinzugeben, damit die Kirche erneuert wird. Herr, wir möchten doch dich lieben, und wir möchten auch einander lieben. Wir möchten voneinander dein Leben empfangen. Wir möchten das große Abenteuer antreten, das uns bevorsteht. Wir möchten in das einbezogen sein, was du verwirklichen willst.

Aber Herr, wir verstehen erst so wenig. Wir wissen nur: alles, was wir tun können, ist, immer wieder zu versuchen, die Liebe zu verwirklichen und im Glauben unseren Weg zu gehen. Wir bitten dich um diese Gnade und dieses Geschenk für alle, die diese Worte hören. Und wir legen unser Leben, unsere Familien und unsere Kirche dir in die Hände. Wir legen die Geschichte in deine Hände zurück. Sei gepriesen, Herr, Gott aller Zeiten, heute abend und immerdar. Amen.

GEBETSWOCHE IN DER OSTERZEIT (6): FRANZISKUS, BRING UNS BEI, WIE WIR ARM SEIN KÖNNEN

Gott, du Schöpfer der Welt, schenk uns offene Ohren. Laß uns fruchtbares Erdreich sein, solches Erdreich wie das im Gleichnis von der fruchtbaren Saat. Laß Leben in uns fahren, damit wir die Worte des Lebens begreifen, die du zu uns sprichst. Wir danken dir dafür, daß du uns liebst und daß du uns in diesem Augenblick unseres Lebens führst.

Hilf uns heute, frisch und neu die Ohren aufzumachen. Schenk uns die Gnade, dich heute mit neuen Ohren zu hören. Steh uns bei, damit wir ganz das werden, wozu du uns machen willst, um deinetwillen, damit dein Reich kommt.

Heiliger Franziskus, bring uns bei, wie wir arm sein können. Wir wissen nicht, wie das geht – wir sind reiche Amerikaner. Wir haben alles gehabt. Wir wissen nicht, wie man ohne all das leben kann. Wir wissen nicht, wie man es fertigbringen kann, so sein ganzes Vertrauen auf Gott zu setzen, wie du das getan hast. Wir wissen nicht, wie wir es aushalten sollen, daß die Leute uns verspotten. Wir möchten beliebt und bekannt sein.

Franziskus, du hast die Niedrigkeit gewählt. Zeig uns, wie auch wir ganz klein werden können. Erneuere unsere Kirche. Erneuere die Franziskaner. Erneuere unsere Welt in der Liebe Jesu. Gib uns Herzen, die von der Liebe zu Jesus lodern. Dann machen wir die Augen auf und sehen nur noch ihn. Um all diese Gaben bitten wir zusammen mit Franziskus und im Namen Jesu. Amen.

WARUM KATHOLISCH SEIN?

Die Gnade kommt am besten im Raum der Freiheit zum Zug. Als freie Menschen hören wir auf Jesus und sagen: „Herr, was willst du von mir?“ und: „Wohin willst du mich führen?“ Das gehört zum Wesen jedes Dialogs und jeder Beziehung, bei der wir hinhören und gerufen werden.

Wir sollten nicht fragen: „Warum soll ich katholisch sein?“, sondern eher: „Was hat der Katholizismus Gutes? Wie können wir ihn in diesem speziellen Augenblick der Geschichte gut verwirklichen?“

Ein Katholik zu sein ist nicht das gleiche wie „gerettet“ zu sein. Was uns rettet, ist die Liebe. Allerdings, eine Ausbildung, wenn sie gut ist, hilft uns, die richtigen Fragen zu stellen. Die Gesellschaft bringt uns praktische und hilfreiche Dinge bei. Christus jedoch setzt uns frei für die Liebe, für das Leben und für die Gestaltung der Geschichte. Die Kirche ist ein Mittel dazu, kein Ziel in sich.

Die Kirche ist nicht notwendiger als Christus. Die frühen Franziskaner waren sogar der Auffassung, nicht einmal Christus sei notwendig gewesen, sondern ein Geschenk Gottes. Aber aus irgendeinem Grund meint man immer, Geschenke seien weniger wichtig als Notwendigkeiten. Wie seltsam!

Der Katholizismus bietet die Gaben der Weisheit und der Verbundenheit in Zeit und Raum. Das ist alles – aber das ist eine ganze Menge.

DIE KATHOLISCHE SICHT DER WELT (1): ALLES IST SAKRAMENT

Die Katholiken haben eine sakramentale Sicht der Welt. Für uns ist alle materielle Wirklichkeit das Medium einer spirituellen Wirklichkeit. Jegliche spirituelle Wirklichkeit, jegliche Gnade wird uns durch diese Welt vermittelt, durch die Geschichte, durch konkrete Gegenstände, Dinge, Augenblicke, Ereignisse, Personen.

Es ist tief im Bewußtsein des Katholiken verankert, daß Gnade immer vermittelt wird. Die Gnade kommt immer durch unsere menschliche, unsere sinnliche Erfahrung zu uns. Selbst die Sündhaftigkeit wurde zum Medium der Gnade Gottes. Aus diesem Grund werden so viele Katholiken oder Ex-Katholiken Künstler, Romanschriftsteller, Filmproduzenten und Dichter. Sowohl C. G. Jung als auch Andrew Greeley sagen, sie könnten bestätigen, daß Katholiken über ein spezifisches Wahrnehmungsvermögen verfügen.

Unsere Sicht der Welt unterscheidet sich ziemlich von der Weltsicht der Protestanten. Wer als Katholik aufgewachsen ist, ist sich dieses großen Unterschieds vielleicht gar nicht bewußt, weil seine Sichtweise für ihn immer selbstverständlich war. Meine große Sorge ist, daß wir womöglich dieses katholische Wahrnehmungsvermögen gar nicht mehr an die jüngere Generation weitergeben.

DIE KATHOLISCHE SICHT DER WELT (2): GANZHEITLICHE MENSCHEN

Im Katholizismus gibt es eine Art Ganzheitlichkeit, eine Art mystischer Sehnsucht, alles miteinander in Beziehung zu setzen und das Gespür, daß alles bereits innerlich verbunden ist. So nimmt es nicht wunder, daß der Katholizismus im Lauf seiner ganzen Geschichte immer zur Mystik geneigt hat. Mystiker besitzen ein tiefes Gespür dafür, daß alles innerlich eins ist. Sie teilen das Leben nicht in getrennte Kategorien auf, denn sie wissen zutiefst, daß Gott im Mittelpunkt ist und alles auf den Mittelpunkt bezogen ist. Ihr Radius ist sehr groß, und in ihrem Gesichtskreis hat alles seinen Platz darin.

Die Mystiker sind das Wertvollste an der katholischen Tradition. Sie sind Menschen von ungemeiner Weite. Sie können ausnahmslos alles integrieren: den Glauben, die Vernunft, die Politik, die Wissenschaft und alle humanen Werte. Ich hoffe, jeder, jede von Ihnen begegnet wenigstens einmal im Leben einem großen katholischen Lehrmeister. Solche Menschen sind faszinierend; sie können alles miteinander in Beziehung setzen und alles in den Dienst des Evangeliums und Christi stellen.

Schauen Sie sich Thomas Merton an, Dorothy Day, Graham Greene, Teilhard de Chardin, Flannery O'Connor, Kardinal Newman, Thomas Morus. Unsere Kirche bringt diese Art Menschen hervor. Sie sind die Frucht der Ganzheitlichkeit der katholischen Tradition. Wenn katholische Schulen keine solchen Menschen mehr hervorbringen, müssen wir uns die Frage stellen, warum wir mehr auf Propaganda, Gesetz und Ordnung setzen und unsere Jugend auf den Berufsalltag vorbereiten, statt sie zur Weisheit zu erziehen.

DIE KATHOLISCHE SICHT DER WELT (3): IM PROZESS

An den Wänden unserer katholischen Kirchen haben wir vierzehn Kreuzwegstationen. Das ist gute Prozeßtheologie. Sie handelt von Bewegung, Stufen und Phasen: Erst muß sich dies ereignen, dann mußt du jenes durchmachen; du mußt den Weg auf allen seinen Stufen und in jeder Beziehung durchlaufen. Der Weg selbst wird dich führen.

Elisabeth Kübler-Ross war nicht die erste, die die einzelnen Phasen der Trauer und des Sterbens entdeckt hat. Schon der Kreuzweg hat sie auf seine Art dargestellt, und der hing in jeder katholischen Kirche. Die Franziskaner waren es, die damit angefangen haben. Wir haben gesagt: auch in deinem Leben gibt es die Erfahrung des Verurteiltwerdens, die Erfahrung des Bloßgestelltwerdens, die Erfahrung, verraten zu werden. Und eine Zeit wird kommen, wo du nur noch seinen Willen tun kannst, und nicht mehr deinen eigenen. Wenn du das versuchst, wirst du mindestens dreimal fallen. Vielleicht sehr viel öfter. Aber Gott schickt dir Menschen wie Simon von Zyrene, Veronika, Maria und die weinenden Töchter von Jerusalem über den Weg. Gott schickt dir Freunde, die dir beistehen.

Das ist Prozeßtheologie. Das ist nicht die statistische Theologie, mit der unglücklicherweise manche von uns aufgewachsen sind. Das ist nicht dieses einfältige Spiel: mit Todsünde bist du draußen, nach der Beichte wieder drinnen. Diese Knopfdruck-Theologie ist alles andere als der gesunde, reiche Katholizismus.

DIE KATHOLISCHE SICHT DER WELT (4): GEMEINSCHAFT

Jesus hat das Bild vom Reich gebraucht; Paulus das Bild vom Leib Christi; Johannes das Bild vom Weinstock und den Reben. Mit allen diesen Bildern soll die mystische Einheit ausgedrückt werden, die Wirklichkeit, daß wir zunächst einmal alle eins sind und erst danach getrennt worden sind.

Ich kann mir kaum vorstellen, daß die meisten von uns so denken können. Ich möchte aber davon ausgehen. Ich versuche, mich durch Christus bekehren zu lassen, aber ich bin und bleibe ein Individualist. Ich wünschte, ich wäre das nicht. Der damit verbundene übertriebene Sinn für das private Ich führt unweigerlich immer wieder zum Wettbewerb: was du hast, wird zur Infragestellung dessen, was ich habe.

Wissen Sie, als was die Griechen eine Privatperson bezeichneten? Sie bezeichneten jemanden, der keinen Sinn für das Gemeingut hatte, als „Idioten". Der ursprüngliche Sinn von „Idiot" ist: jemand, der nur an sich selbst denkt und keinen Sinn für den Stadtstaat hat.

Paulus hat gesagt, jedem werde „die Offenbarung des Geistes geschenkt, damit sie anderen nützt" (1 Kor 12,7). Wir können nicht allen Ernstes behaupten, Katholiken oder Menschen des Geistes zu sein, wenn wir nicht von Herzen darauf bedacht sind, das Gemeingut an die erste Stelle zu setzen.

DIE KATHOLISCHE SICHT DER WELT (5): TRADITION

Man sagt, die römische Kirche denke in der Geschichte nur in Einheiten von Jahrhunderten. Da soll zum Beispiel ein Kardinal geäußert haben, wir sollten bereits heute an die Problematik der Kindertaufe ums Jahr 2020 denken. Bis dahin werden die Menschen so reif sein, daß sie die Erwachsenentaufe für das Richtige halten. Aber im Augenblick sind sie darauf noch nicht eingestellt. So denken heißt: in großen Zusammenhängen denken. Die katholische Kirche denkt grundsätzlich in solchen Dimensionen, mag das im Einzelfall gut oder schlecht sein. Uns gibt es schon recht lange. Das bewahrt uns gelegentlich vor kulturellen Kurzzeitmoden. Aber damit tun wir uns auch schwerer, voll in der Gegenwart zu leben.

Ich wünsche jedem von ihnen, daß er in Schule oder Universität eine Ordensschwester oder einen guten Priester oder einen klugen katholischen Laien kennengelernt hat, der über einen gesunden Sinn für Zeit, Geschichte und Tradition und Zukunft verfügt hat. Das ist Tradition im besten Sinn. Das ist großer Katholizismus. Unglücklicherweise haben recht viele Leute, die sich für Traditionalisten halten, einen äußerst kleinkarierten Begriff von Tradition. Die meisten Konservativen und Ewig-Gestrigen hängen hauptsächlich den Mythen ihrer eigenen Kindheit nach; die große Tradition kennen und suchen sie gar nicht. Die große Tradition zwingt uns alle, Liberale wie Konservative, etwas Größeres und Anderes zu wollen als das, was uns persönlich lieb und teuer ist.

DIE KATHOLISCHE SICHT DER WELT (6): OPTIMISMUS

Katholiken haben (ganz gegen die verbreitete Meinung!) eine eher optimistische Einstellung zur menschlichen Natur. Kürzlich war ich mit einigen Mitgliedern einer anderen christlichen Tradition zusammen, aus der calvinistischen, reformierten Richtung. Ein Mann sagte: „Das Herz des Menschen ist durch und durch verdorben." Darin steckt durchaus ein Stück Wahrheit, aber wir Katholiken würden nie so ansetzen.

Die katholische Sicht der Welt setzt an beim Wort: „Gott sah, daß es gut war" (Gen 1,10). Die Erbsünde kommt dann später. Am Anfang steht der ursprüngliche Segen. Den haben wir also zuallererst einmal geerbt. Dann setzt das realistische Denken ein. Viele unserer protestantischen Brüder und Schwestern fangen mit dem nüchternen Realismus an. Und dann besteht von Anfang an die Neigung, uns gegen diese dunkle, realistische Seite mittels Gesetz und Erlösungstheorien abzusichern.

So setzen Katholiken nicht an. Wir sehen einen guten Sinn im Fasching, im Wein und im Tanzen und Singen. Wir sagen: All das ist in Ordnung. Gott liebt uns. Freu dich deines Lebens, aber sei auch bereit, zu bereuen, wenn du etwas falsch gemacht hast. Zeuge: die Mittelmeer-Kulturen, im Gegensatz zu den angelsächsischen Kulturen. Erstere sind stärker – im Guten wie im Schlechten – vom katholischen Ethos geprägt. Ich will das nicht idealisieren, aber Katholiken haben tatsächlich einen anderen Ausgangspunkt.

Auf der Negativseite leiden katholische Gegenden oft massiv unter sozialer Ungerechtigkeit in Form von Materialismus, Rassismus, Sexismus und Militarismus. Die Mächtigen genießen ihr Leben, und die Armen leiden. Das liegt daran, daß wir nicht realistisch genug sehen, wie viel „Schlechtes" im Herzen des Menschen steckt. – Der Optimismus ist sowohl unsere Gabe als auch unsere größte Sünde.

VERZWEIFLUNG UND HOFFNUNG

Zwischen Auferstehen und Sterben besteht eine enge innere Beziehung. Ich vermute, die Verzweiflung ist eine Form von Leiden und Sterben. Dabei geht es nicht in erster Linie um den Verlust eines bestimmten Menschen, sondern um den Verlust von Idealen, Visionen und Zukunftsplänen. Für Menschen, die ihre Zukunft oder ihre Hoffnungen an bestimmte Sterne hängen, ist es bitter und vernichtend, wenn diese Sterne untergehen.

Gewöhnlich geht es ganz langsam, daß wir erkennen, wie sich unsere Träume nicht erfüllen und daß wir im Grunde unfähig sind und von der „Sünde der Welt" (Joh 1,29) im Griff gehalten werden. Dann sehen wir uns gezwungen, unsere Idealvorstellungen fahren zu lassen: Idealvorstellungen, die wir uns in unserer Jugend aufgebaut hatten, Idealvorstellungen, die unsere Idealvorstellung von uns selbst bestärkt und beflügelt haben. Das Zusammenbrechen unserer Idealbilder erfahren wir als Sterben unseres Geistes, als Verlust an Hoffnungsvermögen, als Finsternis, die fast unerträglich ist. Viele, wenn nicht die meisten, bleiben bei ihren alten Worthülsen, die auch in ihren eigenen Augen zu bloßen Klischees verkommen sind, und werden darüber verdrossen und sarkastisch.

Spirituelles Wachstum besteht darin, daß man bereitwillig seine Idealvorstellungen gegen die wirklichen Bilder eintauscht. Das ist eine endlose Bekehrung, eine Selbstentblößung, mit der man nie an ein Ende kommt. Man muß dabei alle Vorstellungen von sich selbst, von anderen und von Gott, die man selbst entworfen hatte und die nur im Dienst des eigenen Ich gestanden hatten, fahren lassen. Wer lieber die Idealvorstellungen verehrt, statt sich auf die Wirklichkeit einzulassen, bleibt in seinem spirituellen Wachstum schlicht und einfach stehen. Von da her gesehen, bekommt das Erste Gebot eine ganz neue Kraft und Wichtigkeit:

„Du sollst dir kein Gottesbild machen und keine Darstellung von irgend etwas am Himmel droben, auf der Erde unten oder im Wasser unter der Erde. Du sollst dich nicht vor anderen Göttern niederwerfen und dich nicht verpflichten, ihnen zu dienen" (Ex 20,4–5).

Es scheint, viele Menschen, und zumal religiöse Menschen, halten sich lieber an bestimmte Gottesbilder als an die Wirklichkeit, hinter der sowohl die Verzweiflung lauert, als auch Gott wartet.

Solange wir uns nicht auf diese Verzweiflung einlassen, merken wir nicht, daß unsere Hoffnung lediglich eine Hoffnung auf uns selbst gewesen ist, auf unsere Erfolge, auf unsere Fähigkeit, alles in den Griff zu kriegen, auf unsere eigene Vorstellung, wie die Vollkommenheit und Ganzheit aussehen sollten. Bevor wir uns nicht auf diese Verzweiflung eingelassen haben, entdecken wir nie die wirkliche Hoffnung, die jenseits aller menschlichen Möglichkeiten und Errungenschaften auftaucht. Zuerst müssen wir es zulassen, daß unsere Idealvorstellungen zusammenbrechen und zerfallen, ehe wir jenseits von dem, was wie Tod aussah, das wirkliche Leben entdecken.

GEGEN DIE POLITIK DER ABSCHRECKUNG

Wir Katholiken sind zum prophetischen Charisma nicht hingeführt oder ermutigt worden. Diese Gabe haben wir uns nur auf dem Gebiet der privaten Moral bewahrt, aber ansonsten haben wir sie verlorengehen lassen. Wir sind es gewohnt, Lehrer, Seelsorger, Gemeindeleiter und sogar Apostel und Heiler auszubilden, aber mit dem Charisma des Prophetismus (Eph 4,11), das in der Rangliste ganz oben steht, ist uns immer noch nicht recht wohl; es ist uns fremd geworden, und wir meinen, Kirchen, die ein solides System entwickelt haben, brauchten es gar nicht mehr.

Glücklicherweise entdecken wir wieder den alten und biblischen Sinn dessen, was in der Bibel von Johannes dem Täufer „die Sünde der Welt" genannt wird (Joh 1,29) und was wir heute als „soziale" und „strukturelle Sünde" bezeichnen. Papst Johannes Paul II. spricht davon in seiner scharfen Enzyklika „Sollicitudo Rei Socialis". Seine kritische Analyse sowohl des westlichen Kapitalismus als auch des totalitären Kommunismus ist ein Beispiel für mutige und prophetische Führerschaft, die wir auch seitens unserer amerikanischen Bischöfe brauchen, um dem Mythos von der nuklearen Abschreckung und Überlegenheit die Stirn zu bieten.

Völker und Nationalstaaten haben ein Recht auf Sicherheit und Stabilität. Ein gesundes Maß davon ist für das psychologische, wirtschaftliche und menschliche Wachstum notwendig. Aber das ist etwas ganz anderes als jenes alles überragende und verdrängende Bedürfnis, das nun alle anderen menschlichen Sorgen in den Schatten zu stellen scheint. Ist es allen Ernstes vertretbar, daß wir meinen, erst einmal müsse sich das amerikanische Volk absolut sicher und überlegen fühlen können, und erst dann könnten wir uns wieder um Nahrung, Wohnungen, Erziehung, Fürsorge, Ökologie, Medizin, Tier- und Pflanzenwelt, Weisheit, Familie und Heiligkeit kümmern?

Spirituell gesehen, ist das destruktiv für jeden einzelnen,

und es ist genauso destruktiv für uns alle zusammen. Der Katholizismus muß unbedingt seine Fähigkeit zur Gesamtschau wieder beleben, über die er im Mittelalter verfügt hat; er muß unbedingt wieder seinen Auftrag darin sehen, den Nationen (Mt 28,19) das Evangelium zu verkündigen; er muß unbedingt wieder als korporatives Gewissen wirken, und nicht bloß als Seelentröster einzelner Menschen. Wenn nicht, werden wir unvermeidlich weiterhin an moralischer Glaubwürdigkeit und Führungskraft verlieren.

DER ANGRIFF JESU AUF DEN TEMPEL

Überall, wo Pyramiden stehen, müssen bestimmte Menschen Opfer bringen. Hunderttausende von Sklaven mußten für die Grabdenkmäler der ägyptischen Pharaonen schuften, zahllose Menschen mußten ihre Herzen den aztekischen Göttern opfern. Immer müssen bestimmte Menschen ihr Leben dafür opfern, daß andere etwas „Besonderes" sein können. Jesus hat alles Elitäre aufheben und abschaffen wollen; überall, wo es immer noch idealisiert und abgestützt wird, ist die destruktive und finstere Seite der Macht im Spiel. Jesus hat an den innersten Nerv dieses ganzen Systems gerührt, als er verkündete, aufrichtige menschliche Beziehungen seien viel wichtiger als irgendwelche Formen religiöser Würde und Wichtigkeit. Er hat keine Pyramiden gebaut, sondern Jüngerkreise gegründet. Was ihm die Hohenpriester nicht verzeihen konnten, selbst am Kreuz noch nicht, war seine Ankündigung, dem heiligen Tempel blühe unausweichlich die Zerstörung. „Kein Stein wird auf dem andern bleiben, alles wird niedergerissen" (Mk 13,2).

Er wußte, daß der Tempel mit seinen verschiedenen Höfen für die Würdigen und weniger Würdigen nicht der Ort war, an dem Gott sich vornehmlich aufhielt. Nein, aus dem Tempel war ein Zentrum der Wirtschaftsverwaltung geworden, mit einem großen Opferkasten, in den die Witwe ihre kleine Münze gerade noch hineinwerfen durfte (Mk 12,42). Jesus beging die unverzeihliche Sünde, „die Tische der Geldwechsler und die Stände der Taubenhändler" umzuwerfen (Mt 21,12). Mit seiner Attacke gegen den Tempel griff er den wichtigsten Turm des Judentums an, und er erklärte die Religion ein für allemal zu einem demokratischen Unternehmen.

Aber seit dem ersten Hohenpriester Aaron haben wir Priester seither immer wieder goldene Kälber und goldene Tempel angefertigt. Hat man Priester und kirchliches Personal, und tut das der Religion gut, dann meint man, das gefalle auch Gott. „Das stimmt ganz und gar nicht!" sagte Jesus.

GOTTES GRUNDBAUSTEIN

Gottes Grundbaustein für seine Selbstmitteilung ist nicht der „gerettete" Einzelne oder der gut ausgebildete Gläubige – und erst recht nicht der Karrieremensch in einer kirchlichen Laufbahn. Gott setzt dort an, wo er Menschen auf den Weg schickt und Bindungen eingehen heißt in Familien, Stämmen, Nationen, Völkern und Kirchen, die versuchen, sich im Sinn seiner Liebe einzusetzen.

Gott setzt taktisch beim Leib Christi, bei der spirituellen Familie an. Sie ist Medium und Botschaft in einem. Sie ist Anfang und Ziel dessen, was er mit uns vorhat: „Alle sollen eins sein ... damit die Welt glaubt, daß du mich gesandt hast... Sie sollen eins sein, wie wir eins sind, ich in ihnen und du in mir" (Joh 17,21–22).

Solange Christus nicht ein Ereignis zwischen Menschen ist, bleibt das Evangelium weitgehend bloße Theorie. Solange er nicht persönlich durch Treue und Verzeihen und einigende Bande vermittelt wird, bezeifle ich, ob er überhaupt vermittelt wird.

WEISHEIT VOM HEILIGEN BONAVENTURA

Wenn man betet und dabei weiß, daß man betet, ist das nicht unbedingt die beste oder einzig mögliche Form des Betens. Um zu beten, braucht man nicht zu wissen, daß man betet! Hätte uns sonst der Apostel Paulus sagen können, wir sollten ohne Unterlaß beten? Paulus war nicht so naiv, unser alltägliches Beanspruchtwerden zu verkennen. Er verfügte ganz einfach über eine reife Spiritualität. Er war ein „kontemplativer Charismatiker": Bei ihm fielen Leben und Religion zusammen, er sah alles als eine Ganzheit.

Der heilige Bonaventura kam von der franziskanischen Erfahrung der Inkarnation her und sah die „Spuren" und „Fußabdrücke" Gottes überall. Der „Wanderweg des Geistes zu Gott" bestand darin, sehen zu lernen, daß alles Seiende eins sei; auf den in allen Dingen verborgenen Gott zu lauschen und seine Spuren zu lesen, die überall offensichtlich zutage liegen. Das führte ihn zu einem Leben der Dankbarkeit und Ehrfurcht und schlichten Freude – zu einer franziskanischen Spiritualität. So verknüpfte Bonaventura wie die meisten großen Heiligen eine höchst kontemplative Persönlichkeit mit einem äußerst aktiven und fruchtbaren Einsatz in weltlichen und praktischen Bereichen.

BETEN LERNEN

Das Beten besteht nicht darin, Gott so weit zu bringen, daß man von ihm etwas Bestimmtes erhält, oder darin, Gott etwas aufzuschwätzen. Gott gibt sich bereits ganz an uns her. Im Gebet lernen vielmehr *wir*, wie wir ihn empfangen können; wir lernen das Warten, das Hinhören, das Beschenktsein. Es ist nicht so, daß wir beten und Gott antwortet; unser Beten ist bereits Gottes Antwort. Ihre Sehnsucht nach dem Gebet ist Gott in Ihrem Herzen. Ihr Wunsch, mit Gott ins Gespräch zu kommen, ist bereits die Antwort Gottes. Es ist ein Zeichen des Wirkens der Gnade, wenn wir uns nach der Gnade sehnen.

Wenn Sie gar nicht diesen Wunsch zum Beten verspüren und gar nicht auf Gott hören wollen, dann ist vielleicht Ihr Offensein für den Geist verschüttet.

Wenn Ihnen gar nichts mehr an Gott liegt und Sie sich nicht mehr um ihn kümmern – was können Sie da tun? Sie können dann nur noch eines: darum bitten, daß Ihnen dieser Wunsch wieder eingegeben werde: „Herr, schenk mir die Sehnsucht nach dem Beten. Gib mir die Sehnsucht ein, mit dir vereint zu sein." Beten Sie um die Sehnsucht nach der Sehnsucht.

Das Gebet hat keinen Marktwert. Das Gebet zahlt sich nicht unmittelbar aus. Wenn Sie beten, stellt sich nicht unmittelbar eine Rückmeldung oder ein Erfolg ein. Wirkliches Beten in diesem Sinn ist vermutlich das Mutigste und Sperrigste, das der einzelne in der ihn umgebenden Kultur überhaupt tun kann.

PATRIARCHAT UND MACHT

Offensichtlich vertreten christliche Machtmenschen die Auffassung, das Glück sei nicht unbedingt notwendig. Unerläßlich und notwendig sei es dagegen, daß man die Welt sauber einteile in solche, die Macht haben, und solche, die keine Macht haben. Damit ist für eine anständige Ordnung gesorgt, zumindest für diejenigen oben dran, und Ordnung ist wichtiger als Glück. Der Fachausdruck für diese krankhafte Sicht der Wirklichkeit lautet „Patriarchat", und das heißt wörtlich: „Herrschaft der Väter". Davon sind alle großen Beziehungssysteme in der westlichen Welt geprägt.

In der Weltsicht des Patriarchats sind 1. alle Beziehungen ins Schema von Über- und Unterordnung zu fassen, und 2. wird dem alles beherrschenden Bedürfnis nach Ordnung und Kontrolle mittels der Ausübung von unterdrückender Macht entsprochen. Nun klingt das gar nicht so übel, solange sich der bestehende Zustand zu den eigenen Gunsten auswirkt. Aber dieses Prinzip war der Grund dafür, daß zahllose Generationen von Menschen ihrer Würde und damit auch jeglicher Spiritualität beraubt worden sind. Ganze Rassen, Nationen, Berufszweige; die Frauen, sexuelle Minderheiten, Behinderte, Schwache und Alte – alle, die die Mächtigen kulturell ausschalten und als „nicht zählend" an den Rand drükken können.

Dabei ist es so, daß nicht nur die Reichen und Mächtigen ihre eigene Finsternis in solche Gruppen hineinprojizieren; nein, diese Gruppen akzeptieren normalerweise diese Finsternis als ihren spezifischen Wert. Das Schlimmste an diesem patriarchalischen System ist, daß sowohl der Unterdrükker als auch die Unterdrückten zu keinerlei echtem spirituellem Wachstum mehr fähig sind. Die Mächtigen, die ihren Schatten verdrängen, blähen sich hoffnungslos auf. Die Machtlosen, die deren Schatten in sich aufnehmen, verlieren jede Puste. Beide verlieren dadurch. Daher ist das Patriarchat so schlimm.

MAI

DIE KIRCHE SAGT UNS, WER WIR SIND

Lange wurde die Formulierung gebraucht: „Außerhalb der Kirche kein Heil." Sie enthält einen Schuß Wahrheit und einen Schuß Häresie. Ich interpretiere sie in etwa so: Außerhalb erlösender Beziehungen, die uns die Wahrheit erschließen, die uns herausfordern, die uns die heilsamen Erfahrungen schenken, einen Vater, eine Mutter und Brüder und Schwestern zu haben, wissen wir nicht, wer wir sind. Wie viele Menschen leben in diesem Zustand der Versklavung! Sie wissen weder, wer sie sind, noch was sie im Tiefsten wollen.

Hat man mit Individualisten und ihren Problemen zu tun, so kann man ihnen nicht wirklich helfen. Man betet mit ihnen, versichert ihnen, daß Gott sie liebe, daß Gott ihnen verzeihe – und dann fallen sie alsbald wieder in irgendwelche unselige Verstrickungen zurück, in ein System kranker und krankmachender Beziehungen, dem die meisten Menschen verfallen sind. Sie sind alle an irgend etwas gekettet, was sie niederzieht und blockiert; und weil das schon über Jahre so ist, kommt es ihnen schon ganz natürlich vor, und sie haben sich damit abgefunden.

Wenn man solche Brüder und Schwestern aus ihrer Lüge über sich selbst befreien will, gibt es oft nur eine einzige Möglichkeit: man muß sie in ein neues Beziehungsnetz einbringen, das ihnen endlich die Wahrheit erschließen kann.

Um dieses Netz wahrhaftiger Beziehungen, die für die Wahrheit frei machen, geht es im Grunde genommen bei dem, was wir „Kirche" nennen. In der Praxis kann das schlicht und einfach dort stattfinden, „wo sich zwei oder drei im Namen" der Wahrheit „zusammenfinden", oder wo seelisch verwundete Menschen sich in einer Selbsthilfegruppe der „Anonymen Alkoholiker" treffen – in jedem Fall ist dort das ewige Geheimnis der Kirche und Christi am Werk.

DER VATER DES VERLORENEN SOHNES

Der *Vater*, den Jesus in seinem bekannten Gleichnis beschreibt, trägt eher die Züge dessen, was die meisten Kulturen als *Mutter* kennen. Im 15. Kapitel des Lukasevangeliums, wo die Geschichte vom Verlorenen Sohn erzählt wird, stellt Jesus am anschaulichsten den Charakter jenes Vaters dar, den er Gott nannte. Dieser Vater ist in jeder Hinsicht das Gegenteil eines männlichen Patriarchen, und ganz ausdrücklich distanziert er sich von seinem älteren Sohn, der darauf besteht, sich nach Würdigkeit und Verdienst zu richten. Er hat seinem jüngeren Sohn nicht nur die Freiheit gelassen, sich gegen seinen Willen zu entscheiden, sondern er hat ihm sogar dabei geholfen, indem er ihm Geld dazu gegeben hat!

Nachdem der Sohn seine schlimmen Fehler gemacht hat, will der Vater immer noch nicht sein Recht in Anspruch nehmen, die Ordnung wiederherzustellen oder ihm eine Strafe aufzuerlegen, obwohl ihm der reumütig heimgekommene Sohn anbietet, in Zukunft sein Knecht zu sein. Sowohl sein Weggehen als auch seine Heimkehr werden so dargestellt, als handle es sich dabei um die notwendigen, wenn auch schmerzlichen Schritte in die Freiheit des Erwachsenwerdens hinein. In jeder nur erdenklichen Hinsicht ermöglicht der Vater eine Beziehung von gleich zu gleich, bei der beide Seiten gleich verwundbar sind.

PATRIARCHAT UND MÄNNLICHKEIT

Patriarchat und Männlichkeit sind nicht das gleiche. Das Patriarchat ist eine angeschlagene und unfertige Männlichkeit. Wenn wir glauben, daß wir als Abbild Gottes erschaffen sind – „Gott schuf also den Menschen als sein Abbild; als Mann und Frau schuf er sie" (Gen 1,27) –, dann ist das, was im besten Sinn männlich ist, erst die eine Hälfte Gottes. Die andere Hälfte Gottes ist das Weibliche. Jeder, der Ihnen nur die eine Hälfte dieser Wirklichkeit vermittelt, erschließt Ihnen auch nur die Hälfte des Geheimnisses Gottes. Das Ziel unserer Lebenswanderung besteht für uns alle darin, auch die gegengeschlechtliche Seite zu finden.

Das Patriarchat ist Ausdruck unreifer Männlichkeit. Es wird von Männern verkörpert, die nicht wissen, wer sie wirklich sind. Und so übertreiben sie es. Sooft Sie jemandem begegnen, der es übertreibt, wissen Sie, daß er noch nicht seine Mitte gefunden hat.

DAS GESCHENK DES LEBENS

Auf dieser Erde lebt alles um den Preis, daß etwas anderes stirbt. Das ist in der Tierwelt so, das ist in der Welt des Chemischen so, in der ganzen Welt des Physischen. Jesus kommt in diese Welt und sagt: Ich, euer Gott, bin jetzt mitten unter euch, und ich werde sterben, damit ihr leben könnt. Wir haben die Berufung, wie er zu sein. Auch wir sollen sterben und Brot werden, das gebrochen wird, um damit die Welt zu ernähren und ihr das Leben zu ermöglichen.

Wenn wir zur Anerkenntnis kommen, daß uns niemand irgend etwas schuldet, sondern daß alles im Leben ein Geschenk ist, dann bewegen wir uns in Richtung Freiheit. Und das Wunderbare daran ist, daß wir in dieser Freiheit unseres Lebens erst richtig froh werden können. Wir brauchen keinen Beweis und keine Bestätigung mehr dafür, daß unser Leben seine Daseinsberechtigung hat. Wir können uns endlich zurücklehnen und uns darüber freuen, daß Gott da ist, und auch, daß es uns gibt. Und dann können wir uns auch über andere Menschen freuen, denn wir brauchen sie nicht mehr bloß dazu, unsere eigenen sog. Bedürfnisse zu befriedigen.

Wir sind berufen, auf diesem wunderbaren Schauplatz des Sterbens und Lebens zu leben. Das ist das Geheimnis des Glaubens, das wir im Herzen jeder Eucharistiefeier laut verkünden. Wenn ich mich ins Sterben gebe, wenn ich sage: Willkommen, Bruder Tod, wenn ich mich ausliefere, dann schenkt mir Gott mein Leben in neuer Form zurück. Ich glaube das dann nicht mehr nur deshalb, weil Jesus es gesagt hat, sondern weil ich aus genügend langer Erfahrung weiß, daß der Prozeß tatsächlich immer wieder so verläuft. Für mich ist dieses Erfahrungsmuster dann ganz eindeutig. Ich kann dann glauben, daß das Sterben und Auferstehen Jesu die Grundstruktur ist, die allem zugrunde liegt. Ich glaube dann, daß dies das grundlegende Mysterium dieser Welt ist, ja des gesamten Kosmos, aller Natur, des Wassers, der Pflanzen, der Tiere und auch meines menschlichen Fleisches.

WIE JESUS SEIN

Solange wir meinen, wir allein müßten die Welt retten, neigen wir zu überheblichen Methoden, allgemeiner Ungeduld und raschen Lösungen. Statt dessen sollten wir uns um die Geduld und den Frieden Gottes bemühen. Ein Mensch, der aus Gott lebt, ist damit zufrieden, sein Leben dafür einzusetzen, ein wenn auch noch so kleines Stück Einheit zustande zu bringen. Worum immer Sie sich mühen, überlassen Sie es Gott, die Einheit zu stiften. Ich glaube, das tut Gott ständig auf Erden. Ich kenne eine Schwester, die ihre vornehmliche Berufung darin sieht, allen Leuten, denen sie begegnet, ein „gütiges Lächeln" zu schenken. Welche Infragestellung aller Uneinheit!

Wenn Jesus wirklich in unserer Mitte auferstanden sein soll, dann müssen wir, jeder einzelne für sich und wir als Gruppe gemeinsam, uns einer Liebe und einem Geheimnis übereignen, die größer sind als unsere Herzen. Wir müssen ganz demütig zugeben, daß wir in Wirklichkeit nicht viel wissen. Wir haben wenig richtige Antworten, so scheint mir, und noch weniger plausible Schlüsse. Uns bleibt nur eines übrig: so zu sein wie Jesus, nämlich gegenwärtig und inkarniert. Letzten Endes gibt es in meinen Augen nur die eine Frohe Botschaft: Jesus den Fleischgewordenen, Jesus den Gekreuzigten, Jesus den Auferweckten. Diese seine Anwesenheit und diese Solidarität im Leiden und in der Ekstase ist Gottes Geschenk an die Welt.

In der Kirche sein heißt: im Rhythmus mitschwingen wollen und, wo immer man kann, kleine Stücke Einheit schaffen.

WIR SIND ZUR SOLIDARITÄT BERUFEN

Der Begriff „Dritte Welt“ wurde in den fünfziger Jahren bei den Vereinten Nationen geprägt. Ich entsinne mich, daß ich mir damals vorgestellt habe: tiefer kann man also nicht sinken als bis in die „Dritte Welt“. Die Länder der „Dritten Welt“ sind diejenigen mit besonders niedrigen Möglichkeiten und besonders niedrigem Entwicklungsstand. Aber in Wirklichkeit gibt es noch Länder der „Vierten Welt“ mit etlichen Möglichkeiten und keinerlei Entwicklung. Und Länder der „Fünften Welt“ mit keinerlei Möglichkeiten und keinerlei Entwicklung, wie zum Beispiel Nepal. Ich war selbst in Nepal und habe dort für Jesuiten Exerzitien gegeben. Sie sagten zu mir: Willkommen in einem Land der Fünften Welt. Und ich erwiderte: Was? Gibt es das überhaupt?

Uns trennen davon solche Welten, daß es uns nur äußerst schwer in den Kopf will, zwei Menschen, die auf ein und demselben Planeten leben, könnten in so total verschiedenen Verhältnissen leben. Das Evangelium verlangt von uns offensichtlich nicht, wir sollten bloß mildtätig oder altruistisch sein und die großen weißen Väter und großen weißen Mütter spielen. Ich bin der Überzeugung, es beruft uns zu etwas viel Schwererem als zu Altruismus und Großzügigkeit (obwohl das in vielen Fällen angebracht sein mag). Angesichts der Liebe Gottes, in der alles eins ist, sind Sie und ich zur Solidarität eingeladen.

Unsere Berufung besteht darin, mit den Geringsten wirklich solidarisch zu sein. Lassen Sie sich von der Gnade bei dieser Berufung führen. Die Kirchen der „Ersten Welt“ werden sich erst dann bekehren, wenn sie die „Zweiten“, „Dritten“, „Vierten“ und „Fünften“ Teile des Leibes Christi bei sich aufnehmen.

DAS GEBET ALS ORT

Das Gebet ist ein psychologischer Ort, ein spiritueller Ort, ein Ort, an dem wir aus uns selbst heraustreten können, ein Ort, den Gott geschaffen hat und bewohnt. Wie immer unsere Übungen auch beschaffen sein mögen, die uns helfen, zu diesem Ort zurückzukehren, an dem uns die Wirklichkeit erreichen kann (wobei das im letzten Sinn Wirkliche Gott ist) – alle diese Übungen jedenfalls würde ich als Gebet bezeichnen. Damit eröffnet sich uns ein weites Feld an Möglichkeiten und Formen.

All das ist Gebet, was uns dazu anleitet, von unserem eigenen Ich loszukommen, von unseren eigenen Zwängen und Süchten, von unserem eigenen Ich, von unserem eigenen „Ort". Infolge der Ich-Zentriertheit der menschlichen Person sitzen wir nur allzusehr an unseren eigenen „Orten" fest. Im Gebet lockt uns der Geist über unsere eigene Sicherheits- und Bequemlichkeitszone hinaus. Kein Wunder also, daß wir vor dem Gebet kneifen: Es hätte zur Folge, daß wir unseren „Ort" wechseln.

UNSER BILD VON UNS SELBST

Wenn Menschen an etwas zu sehr hängen, dann vor allem an ihrem Bild von sich selbst, sei es nun positiv oder negativ. Wir brauchen ein Bild von uns selbst. Grundsätzlich ist daran nichts auszusetzen. Das spirituelle Problem allerdings besteht darin, daß wir zu sehr daran hängen! Es beeinträchtigt fast alles, was wir uns zu tun und zu sagen trauen und mit wem wir uns abgeben und mit wem nicht. „Ich bin eine gebildete, gutbürgerliche, intelligente Frau; ich bin ein umgänglicher, nur teilweise verantwortlicher, salopp gekleideter Mann." Solche Klassifizierungen bestimmen das Leben der meisten Menschen. Und die meisten unter uns müssen sagen: Habe ich die Freiheit, in dieser Hinsicht ziemlich anders zu sein?

Spirituelle Leitung besteht ein gut Stück weit daraus, den Menschen zu helfen, sich von ihren falschen Bildern ihrer selbst zu lösen. Überraschenderweise hängen wir an negativen, selbstzerstörerischen Bildern von uns selbst genauso wie an positiven und schmeichelhaften.

Um es dem Großen Liebhaber zu ermöglichen, an uns heranzukommen, müssen wir über unser Bild von uns selbst hinauskommen. Es begrenzt zu sehr das, worauf wir achten, was wir verkennen, welche Gott-liebenden wir mögen und welchen wir aus dem Weg gehen. Ein festgefahrenes Bild von uns selbst schränkt die Möglichkeiten der Liebe ganz stark ein, und damit auch die Möglichkeit des Großen Liebhabers, an uns heranzukommen.

WOZU DAS ENNEAGRAMM?

Ihr müßt eure alte Lebensart aufgeben; ihr müßt euer altes Ich ablegen, das verdorben ist, weil es irreführenden Wünschen nachgegeben hat. Euer Geist bedarf der Erneuerung durch eine spirituelle Umwandlung, damit ihr euch ein neues Ich zulegt, das im Sinne Gottes gestaltet ist, in der Güte und Heiligkeit der Wahrheit" (eigene Übers. Eph 4,22 ff).

Die ältesten Wurzeln des Enneagramms liegen wahrscheinlich bei den Sufis, den charismatischen Moslems. Bei ihnen gab es eine Tradition der spirituellen Führung, die darauf abzielte, den Menschen zur Begegnung mit dem Allein Heiligen zu helfen. Im Lauf der Zeit verbesserten sie ihre Methode, denn sie entdeckten bei den Menschen bestimmte Grundstrukturen, die sie an der Begegnung mit Gott hinderten und sie immer nur um sich selbst kreisen ließen. Die menschliche Natur hat sich inzwischen nicht sehr verändert: Wir kreisen immer noch um uns selbst statt um den Ganz Anderen.

Das gilt in besonderem Maß für unsere eigene, äußerst egozentrische Kultur. Wir schaffen es mühelos, immer nur wie der Hamster im Rad in unserem eigenen Kopf und unseren Gefühlen herumzurasen. Für viele heutige westliche Menschen wird Gott zur bloßen Projektion ihres eigenen Bildes: Gott wird für uns so, wie wir ihn gern haben möchten, brauchen oder mögen. Wir begegnen nicht wirklich dem Anderen, dem Nicht-Ich, dem Gegenüber. Das Enneagramm hilft uns, unser falsches Ich beiseite zu schieben, indem wir neun Hauptsünden beim Namen nennen.

Bei den Sufis wollte der spirituelle Führer den Menschen helfen, ihre inneren Sperren zu erkennen. Sie machten neun „Weisen der Aufmerksamkeit" aus, neun festgelegte Zugangswege zur Wirklichkeit und Sicht des Lebens. In derselben Absicht sprachen die Christen im Mittelalter davon, man müsse „seine Leidenschaften überwinden": auch ihnen ging es darum, die Wirklichkeit, so wie sie ist, statt wie wir sie gern hätten, lesen und aufnehmen zu können.

DEINE FEINDE SIND DEINE BESTEN FREUNDE

Im spirituellen Leben sind deine Feinde deine besten Freunde. Aus diesem Grund hat Jesus sein verwegenstes Gebot ausgesprochen: Man solle seine Feinde lieben. Erst wenn man den Feind zur Tür hereinkommen läßt; wenn man das Nicht-Ich in seine Welt eintreten läßt, bekommt man seine eigene Sünde, seine eigene dunkle Seite wirklich zu Gesicht.

Menschen, die dich niedermachen, Menschen, denen du aus dem Weg gehst, haben dir etwas Wichtiges zu sagen. Wir verurteilen und verabscheuen unsere eigenen Fehler in den anderen. Ich sage nicht, du müßtest hinausgehen und der dickste Freund deines Feindes werden, aber du solltest deine Antennen ausfahren: Deine Feinde haben etwas Ernstzunehmendes in dir im Visier. Du brauchst sie, um darauf aufmerksam zu werden.

GOTT BENÜTZT UNSERE SÜNDE

Es ist recht demütigend, wenn einem aufgeht, daß Gott die eigene Sünde benützt, um sie für seine Zwecke zu verwenden. Wir sind unvollkommen, wir stecken voller Zwänge! Und doch hat uns Gott nicht anders erschaffen wollen! Das ist demütigend, aber gleichzeitig so befreiend! Deine Sünden und deine Gaben sind zwei Kehrseiten einer einzigen Medaille. Anscheinend ist die eine nicht ohne die andere zu haben.

Damit du deine Gabe entfalten kannst, mußt du ihre dunkle Kehrseite ins Auge fassen, also deine Sünde, zu der du mit Vorliebe neigst. Willst du deine Sünde besser verstehen, so mußt du sehen, daß sie in gewisser Hinsicht eine Gabe ist, nur daß sie fehlgeleitet ist. Gott ist so demütig und fähig, daß er beides zu unserer Befreiung einsetzen kann. Wir sind es, die es zum Problem machen, daß wir mit beiden Seiten leben müssen.

JESUS IST DER HERR

Dann führte er sie hinaus in die Nähe von Betanien. Dort erhob er seine Hände und segnete sie. Und während er sie segnete, verließ er sie und wurde zum Himmel emporgehoben; sie aber fielen vor ihm nieder. Dann kehrten sie in großer Freude nach Jerusalem zurück. Und sie waren immer im Tempel und priesen Gott" (Lk 24,50–53).

Manche von uns haben eine zwölfjährige theologische Ausbildung hinter sich und haben dabei noch nie gehört, daß ausdrücklich verkündet worden wäre: „Jesus Christus ist der Herr." Wir wissen nicht einmal, was das eigentlich bedeuten soll. Und doch bestand das erste Glaubensbekenntnis der frühen Kirche darin, Jesus sei der Herr. Das kommt im mythischen Bild von Jesus, „der auf den Wolken des Himmels steht", zum Ausdruck. Man könnte Himmelfahrt als das Fest des „Herr-Seins" Christi bezeichnen.

Wir erfahren Gottes Macht und Gottes Herr-Sein erst, wenn wir Gott an die erste Stelle setzen. Ich nenne dies das radikale „Zuerst" Gottes. Gott ist per Definition nicht Ihr Gott, solange er nicht den allerersten Platz in Ihrem Leben einnimmt. Niemand anders darf diesen ersten Platz in Ihrem Leben für sich in Anspruch nehmen, auch nicht Ihr Mann, Ihre Frau, Ihre Kinder, Ihr Beruf. Glücklicherweise hat Gott ungeheuer viel Geduld und versteht sich aufs Warten!

Wohin schweift Ihr Herz gewöhnlich spontan, sobald es frei ist? Da, wohin es geht, ist im Augenblick Ihr Gott. Ihre ehrlichsten Offenbarungen darüber, wer Ihre wahren Götter sind, bestehen wahrscheinlich darin, was Sie mit Ihrer Zeit und Ihrem Geld anfangen. Der Gott, der in Wirklichkeit Gott ist, wartet derweil wie ein geduldiger, aber eifersüchtiger Kranker auf Sie. Gott mit seinem Herr-Sein drängt sich Ihnen nicht auf; nein, er lockt und verführt Sie, und das mit unendlicher Geduld.

DER BAUM DER HEILIGEN CATERINA

Die heilige Caterina von Siena zeichnet in ihren „Dialogen“ das geistliche Leben als einen großen Baum. Der Stamm des Baums ist die Liebe. Für den Christen gibt es auf dieser Erde kein anderes Ziel, als in der Liebe zu wachsen – denn Spiritualität handelt immer von der Liebe. Der Kern des Baumstamms, sagt Caterina weiter, also das Mark des Baums, das lebendig sein muß, wenn die anderen Teile leben sollen, sei die *Geduld*. Man kann keine Tugend üben, ohne nicht vorher die Geduld mit sich selbst gelernt zu haben. Die Wurzel des Baumes ist die *Selbsterkenntnis*. Wer sich nicht selbst erkennt, kann in der Liebe nicht weiterwachsen. Die Äste, die sich in die Luft hinausrecken, sind das *Unterscheidungsvermögen*, also das Gespür dafür, wie man richtig hinhört, wie man die Stimmen richtig abwägt und wie man richtig erfaßt, was nun eigentlich wirklich vorgeht.

Mit anderen Worten, sagt Caterina, ohne Selbsterkenntnis, Geduld und Unterscheidungsvermögen gibt es keine echte Liebe.

Vor allem im letzten Jahrzehnt haben wir die Entdeckung gemacht, daß ungeheuer viel von dem, was wir Liebe nennen, lediglich Abhängigkeit ist. Und sollten Sie Zweifel darüber haben, ob wir ein Volk mit Unterscheidungsvermögen sind, so schauen Sie sich nur die Meinungsumfragen bezüglich des Golfkriegs an. Einen Tag vor Beginn dieses Kriegs waren achtzig Prozent des amerikanischen Volkes dagegen. Einen Tag nach Kriegsbeginn, als offensichtlich alle glaubten, wir würden ihn schnell gewinnen, waren achtzig Prozent dafür.

Wenn echte Fragen anstehen, stellt sich heraus, daß die Leute keinerlei Unterscheidungsvermögen haben, wenig Selbsterkenntnis und so gut wie keine Geduld. Die meisten Leute passen sich flugs dem an, was gerade die Meinung der Masse ist. Damit geht uns jedesmal eine Gelegenheit zur Liebe verloren. Wir brauchen den Baum der heiligen Caterina.

SAUERTEIG UND SALZ

Ich hoffe, wir werden den Mut haben, damit aufzuhören, die Egos der Leute zu belohnen und zu bestätigen und das dann Moral, Seelsorge und Kirche zu nennen. Ich hoffe, wir werden unsere Erwartungen an Führerschaft und Institution drosseln und folglich weniger das Bedürfnis haben, dagegen aufzubegehren oder unnötig stark davon abhängig zu sein. Letzten Endes gilt, was der Dichter Rilke gesagt hat: „Da ist kein Platz auf Erden, der nicht deiner wartet. Du mußt dein Leben ändern."

Die Kirche kann das nicht zustande bringen. Sie kann nur verkünden, daß das möglich ist, und das Leben als Auferstandener wie Sauerteig und Salz anbieten. Ich frage mich immer wieder, warum eine so großartige Macht und ein solches Vorrecht nicht genügen. Das ist mehr, als ich mir jemals erträumt hätte oder erträumen könnte! Viele regen sich über die Kirche auf, weil sie zu viel von ihr erwartet haben.

Mehr als alles erhoffe ich mir, daß wir zu einem Volk werden, das in Gottes Erbarmen eingetreten ist und es anderen gestattet, ebenfalls darin einzutreten. Früher sah ich Gottes Erbarmen mehr als geduldige, wohlwollende Toleranz, als eine Form des Verzeihens. Heute ist es für mich eher zum verständnisvollen, liebevollen Gewährenlassen geworden, zu einem bereitwilligen „Brechen der Regeln" durch den Einen, der sie aufgestellt hat, zu einem Zwinkern und Lächeln, einem festen und frohen Bei-der-Hand-Nehmen – während wir an unseren Sünden kleben und voller Sehnsucht und Unglauben auf Gott starren.

GOTTES FINGERABDRÜCKE

Würde die Geschichte der Schöpfung zeitlich ein Kalenderjahr umfassen, so würden darin die Menschenwesen erst in den letzten drei Minuten des 31. Dezembers auftauchen. Das heißt, die gesamte jüdisch-christliche Tradition erschiene in der letzten Tausendstelsekunde dieses 31. Dezembers. Glauben Sie allen Ernstes, Gott habe bis zu dieser letzten Tausendstelsekunde gewartet, ehe er uns sagte, wer er sei? Was für ein absurder Gedanke wäre das! Nicht erst mit der Bibel fängt die Offenbarung an!

Hören wir auf das, was Menschen erfahren haben, hören wir auf die Geschichte, hören wir auf die Natur und Schöpfung! Schauen wir auf all das, und sagen wir mit dem heiligen Bonaventura: Das sind die Fußspuren und Fingerabdrücke Gottes. So steht es auch im Römerbrief 1,20: „Seit Erschaffung der Welt wird seine unsichtbare Wirklichkeit an den Werken der Schöpfung mit der Vernunft wahrgenommen, seine ewige Macht und Gottheit."

Das beste, was wir tun können, ist, die Dinge so anzuschauen, wie sie sind, und in allen ihren Lebensphasen: in ihrem Todeskampf genauso wie in ihrer höchsten Ekstase. Das ist unser bester Lehrmeister. Die Schöpfung selbst ist die vorzüglichste Offenbarung Gottes und der Wahrheit...

Unsere Tradition hat es immer verstanden, alles Gute zu integrieren. Herein damit! Wenn es nicht hereinpaßt, ist das nicht Christus für uns. Christus ist ja der Ganze, der alles in sich einschließt. Wo immer es sich um wirkliche Wahrheit handelt, stammt sie von Gott. Das ist katholisches Denken in seiner besten Form. „Katholisch" (vom Griechischen „kath' holon") bedeutet: „dem Ganzen gemäß". Doch fürchte ich, wir haben sehr viel mehr Provinzialismus als Katholizismus. Aber der Katholizismus stimmt nicht, solange er nicht das Judentum und die islamische Tradition, die ebenfalls von Abraham stammt, mit umfaßt. Das Enneagramm kommt aus dem Islam. Im kosmischen Christus ist Raum für alle.

DIE VORSEHUNG GOTTES

Wir wissen, daß Gott bei denen, die ihn lieben, alles zum Guten führt, bei denen, die nach seinem ewigen Plan berufen sind" (Röm 8,28). Der heilige Paulus sagt, Gott fange alles menschliche Wachstum an und wirke daran mit. Jeden Augenblick versucht Gott, Ihre Freiheit auszuweiten, können Sie sich das vorstellen? Gott versucht, sie in Ihrer Situation spontaner, lebendiger, klarer, wahrhaftiger werden zu lassen. Gott benützt sogar Ihre Fehler und Ihre Sünde, um dieses Ziel zu erreichen. Rein gar nichts ist umsonst. Ich glaube, daß das zutiefst wahr ist. Wenn darin nicht die Vorsehung Gottes besteht – was ist dann überhaupt „von der Vorsehung gefügt"?

Gott mit seiner Vorsehung sorgt sich darum, daß wir ganz und frei werden, in einem größeren Maß, als wir das erst sind. Wir können nur eines tun: Unsere Sehnsucht wachhalten und uns nicht selbst im Weg stehen, damit wir mit Gott zusammenarbeiten können. Das ist eine Spiritualität des Mit-Erschaffens. „Ist (ein solcher) Gott für uns, wer ist dann gegen uns?" (Röm 8,31).

DIE MEISTEN SIND ZUR EHE BERUFEN

Die meisten Menschen sind schlichtweg zur Ehe berufen. Die meisten haben die Berufung, auf Langzeit in einer festen Beziehung zu leben und die Tiefen und Höhen eines bestimmten anderen Menschen zu teilen. Wenn wir Christen glauben, daß Gott Beziehung sei, ein dreifaltiger Gott, dann liegt jeglicher Wirklichkeit die Liebe zugrunde: das Geben und Empfangen.

Im Geist zu leben heißt: im Strom der Beziehung zu leben, mit allem, was das einschließt. Das schließt das Pascha-Mysterium ein, das Mysterium des Todeskampfes und der Ekstase, Licht und Finsternis. Ein Lebensgefährte ist ein Spiegel, der Ihnen Ihre Schönheit in ihrem vollen Ausmaß zeigt, aber auch Ihre Sünde.

DIE LIEBE IST DIE GRUNDLAGE

In der Religion entdecken wir recht schnell und gründlich, wer wir sind. Das ist die kontemplative Reise: Man wandert dabei zur Mitte zurück, um herauszubringen, wer man in Gott ist. Der glaubende Mesch ist jemand, der weiß, daß wir alle von Gott ausgegangen sind und auch wieder alle zu Gott zurückkehren werden. Und die Grundlage von allem ist die Liebe. Nicht glauben heißt: daran zweifeln, daß man von Gott stammt.

Die Heiligen wissen ganz deutlich, daß die Liebe nicht etwas ist, das man sich erarbeiten könnte, indem man sich dazu hochdient oder sie in einem Kurs erwirbt. Sie bricht hie und da auf, wird immer wieder einmal plötzlich offenbar. Vielleicht passiert das, wenn man einen Sonnenuntergang betrachtet oder einem geliebten Menschen ins Gesicht schaut; vielleicht geschieht es, wenn einem jäh eine verblüffende Einsicht kommt oder man gewahr wird, daß in allen Dingen zutiefst eine letzte Gerechtigkeit und Wahrheit waltet. Aber wenn man die Liebe entdeckt, möchte man jemandem dafür danken. Denn man weiß dann ganz deutlich, daß man sie nicht selbst hervorgebracht hat. Man weiß: ich habe sie nicht verwirklicht, sondern ich darf jetzt daran teilnehmen. Die Liebe ist das, was allem zugrunde liegt und es begründet. Oder, wie Dante gesagt hat, die Liebe ist die Energie, „die die Sonne, den Mond und alle andern Gestirne bewegt".

Der heilige Vinzenz von Paul bedankte sich immer wieder bei den Armen, daß er ihnen helfen dürfe. Das ist, als hätte er gesagt: „Danke für das, was ihr mich sehen laßt. Ihr seid das Fenster, durch das ich die Wirklichkeit sehen kann."

Ich habe nicht geliebt, Sie haben nicht geliebt. Die Liebe *gibt* es einfach, und eines Tages sehen wir sie plötzlich zwischen uns stehen.

ZWISCHEN ZWEI EBENEN

C. G. Jung hat gesagt: „Wenn Sie den Schmerz loswerden, ehe Sie seine Fragen beantwortet haben, geht Ihnen mit dem Schmerz auch ein Stück Ihrer selbst verloren." Wir Christen meinen das gleiche, wenn wir vom Kreuz sprechen. Der Schmerz ist der Durchgangsweg. Wir müssen unseren Zwängen offen ins Auge schauen oder lügen. Jeder von uns hat ein falsches Bild von Gott, eines der neun falschen Bilder des Enneagramms.

Für mich bedeutet glauben, die falschen Bilder loszulassen. Dann fühlt man sich wie nichts. Der Glaube ist so selten – und die Religion so verbreitet –, weil niemand zwischen der ersten und der zweiten Ebene leben möchte. Der Glaube liegt genau dazwischen, und man ist sich dabei nicht sicher, ob man es bis zur zweiten Ebene schafft. Man hat das eine losgelassen und das andere noch nicht richtig erfaßt. Die meisten von uns halten sich deshalb lieber an die Sicherheit der ersten Ebene.

Doch der Glaube findet in den Zwischen-Bereichen statt, in den Unterbrechungen, auf den Schwellen, dort, wo ich den Raum verlasse, in dem ich alles fest im Griff hatte, in dem ich über mein klares Selbstverständnis verfügte, in dem mein Ich klar umschrieben war, in dem ich das gute Gefühl hatte, richtig zu liegen und überlegen zu sein.

Wir geraten alle in die Falle der Versuchung, uns selbst rechtfertigen zu wollen. Wenn man jedoch seine Rechtfertigung aus dem Glauben sucht, bedeutet das, daß man sich entscheidet, damit aufzuhören, sich selbst am eigenen Schopf aus dem Sumpf zu ziehen und sich immer wieder zu rechtfertigen. Ist Ihnen klar, welch ungeheure Kapitulation das bedeutet? Nur Gott kann Sie auf diesen schmalen Weg führen. Oft geschieht das, wenn man einen großen persönlichen Verlust erlitten hat oder schwer gedemütigt worden ist. Wir müssen auf die Fragen hören, die der Schmerz uns stellt. Dann können wir durch den Schmerz hindurch zur Wahrheit vorstoßen.

FINDE DIE GROSSE LIEBE

Wenn Sie darauf vertrauen können, wie Gerald May sagt, daß „ein Teil von Ihnen schon immer ja zu Gott gesagt hat", dann können Sie auch auf Ihre Seele vertrauen, selbst wenn Sie in eine Menge Sackgassen gelaufen sind. Sogar diese Sackgassen werden Auswege eröffnen. Darin besteht die Vorsehung Gottes. Vertrauen Sie darauf, daß sogar Ihre Sackgassen, Ihre Fehler, Ihre Sünden verfehlte Versuche waren, die Liebe zu finden. Verachten Sie sich nicht selbst, sondern seien Sie mit sich selbst einfach ehrlich! Selbst Ihre sexuellen Ausfälle, Ihre Drogenprobleme, Ihr Alkoholismus – auch all das waren verfehlte Versuche, die große Liebe zu finden. Ihr innerstes Herz sagt: Ich weiß, daß die Grundlage von allem die Liebe ist.

Sie wissen das bereits! Es ist in Ihre Seele eingeschrieben! Von da kommen Sie her! Das können Sie nie ganz vergessen! Die Religion erinnert uns an das, was wir vergessen hatten und was unsere Seele dennoch längst weiß.

Wenn wir Gott sehen werden, wird das gar keine ganz neue Entdeckung sein. Da wird Ihnen nur mit einemmal ganz klar das aufgehen, was längst in Ihrem Herzen und in Ihrer Seele mit Gott vereint gewesen war. Alle Kontemplation, alles wirkliche Beten ist der Versuch, an diesen Ort zurückzukehren. Ich erhoffe mir von der Vereinbarung des Enneagramms, daß es vielen Menschen helfen wird, sich auf diese Reise zum großen Mitleiden zu machen: auf die Reise zu ihrem eigenen wahren Ich und zu allen anderen acht – und achthundert – Arten von Schwestern und Brüdern, die das Enneagramm beschreibt.

KOMM, GEIST!

Wir haben lange gewartet auf das, was morgen kommen wird. Neun Tage, fünfzig Tage, fünfzig Jahre, fünfhundert Jahre haben wir gewartet. Das ist der Tag, auf den wir immerzu warten und auf den wir doch nie richtig vorbereitet sind, der Tag des großen Ausströmens, der Tag, der alle anderen zusammenschließt. Das ist der Tag, an dem wir endlich reden können und verstanden werden, der Tag, an dem wir zusammenhängend stammeln können, ohne daß uns die Leute auslachen, der Tag, an dem es klare Sache ist, Gott zu lieben, ohne sich entschuldigen oder fürchten zu müssen, der Tag, an dem uns aufgeht, daß alle Beteiligten sehr verschieden voneinander sind und trotzdem alle Freude aneinander haben. Das ist Pfingsten, der Tag der großen Zusammenfassung und der großen Aussendung.

Wir haben immer schon auf diesen Geist gewartet – und dabei irgendwie vergessen, daß uns genau dieser Geist schon vor langer Zeit geschenkt worden ist; ja, er hat schon, wie es in den ersten Zeilen der Bibel heißt, über dem Urchaos geschwebt. Wir warten auf einen, der längst gekommen ist. Wir warten auf ein Wasser, das uns schon frisch und sprudelnd eingeschenkt worden ist. Wir warten auf eine kühle Brise in einer Wüste, die wir selbst eingerichtet haben. Wir warten auf ein Feuer, das schon immer in unseren Herzen gebrannt hat. Wir warten auf das Leben, das längst in uns steckt. – Wir warten, sagen wir, und trotzdem haben wir die Tür verriegelt – aus lauter Angst. Wir haben Angst vor dieser Seite Gottes, die wir nicht in den Griff bekommen oder erklären oder verdienen können; sie ist verführerisch und läßt sich nicht in Gebote fassen, läßt sich nicht abmessen oder verschreiben. Seien wir ehrlich. Wir mögen diese Seite Gottes nicht, die sich als Taube, Wasser und unsichtbarer Wind offenbart. Von dieser Seite Gottes, die „weht, wo sie will", und die unsere theologischen Systeme weder voraussagen noch verhindern können, fühlen wir uns bedroht. Wir hocken wie die

Jünger im Obergemach hinter verschlossenen Türen beieinander und sagen trotzdem, wir warteten und bereiteten uns auf seinen Heiligen Geist vor.

Glücklicherweise hat sich Gott an unsere kleinkarierte und feige Art gewöhnt. Gott weiß, daß wir uns lieber mit billigen Gewißheiten statt mit der Freiheit des Evangeliums zufriedengeben. Und Gott ist fest entschlossen, unseren Widerstand zu durchbrechen. Irgendwann überwindet er unsere Barrieren und flößt uns so viel Frieden ein, daß wir Mut genug bekommen, „die Wunden in seinen Händen und an seiner Seite" voll anzuschauen. Dann stehen wir vor dem wirklichen Jesus – vor den Wunden und allem anderen – und begrüßen unser wahres Ich vielleicht zum ersten Mal. Beide sind fast dasselbe. Und wieder sagt er: „Der Friede sei mit euch."

PFINGSTEN

Nach der Himmelfahrt, wie sie Lukas beschreibt, erfahren die Apostel, wie die Gegenwart und Kraft Jesu sie verlassen hat. Sie kehren in das Obergemach zurück, in dem sie seine Liebe kennengelernt hatten, und vielleicht fühlen sie sich ihm dort näher.

Maria ist mitten unter ihnen. Sie beten. Sie haben Angst, die Türen sind verschlossen. In diesem Augenblick wissen sie nicht, ob sie nicht einer Täuschung zum Opfer gefallen sind. Sie müssen gedacht haben: Vielleicht haben wir es uns so sehr gewünscht, daß es ein Produkt unserer Wunschvorstellung gewesen ist. Vielleicht ist alles nur unserer eigenen Phantasie entsprungen. Petrus, bist du sicher, daß es Jesus war, den du auf dem Weg gesehen hast? Diesen Frauen kann man sowieso nicht glauben, die sind zu emotional. Wie sollen wir sicher wissen können, daß sie wirklich Jesus erlebt haben?

Vielleicht hat ihnen in dieser Situation Maria erzählt, wie sie Jesus erlebt hatte. Immer wieder hatte sie ja in ihrem Herzen bewegt, was aus ihm werden sollte und welchen Sinn sein Leben hatte. Zweifellos haben sie während dieser Tage nach Ostern immer wieder über ihn geredet. Aber das war alles wirr und konfus. Von Überzeugung oder Kraft konnte zu diesem Zeitpunkt noch keine Rede sein.

Aber sie beten miteinander und halten als Gemeinschaft zusammen. Sie bleiben im Glauben versammelt und warten auf den Herrn. Sie horchen auf ihn, leiden mit ihm, wissen, daß niemand, der auf Gott vertraute, jemals enttäuscht worden ist.

Und sie werden tatsächlich nicht enttäuscht. Die Kraft kommt. Aus keinerlei eigener Anstrengung und Leistung werden sie zu Menschen des Glaubens und der Überzeugung, zu Menschen, die laut bekennen: „Jesus ist der Herr!" Das ist die Trennlinie, dieser Pfingsttag. An diesem Tag werden sie alle endlich geläutert. Sie werden so frei, daß sie an die Kraft Gottes glauben können. Sie empfangen die Gabe des Geistes. Nicht Gott ändert sich; sie ändern sich, dank dieser Gabe des Geistes.

Der Geist ist immer eine unverdiente Gunst. Immer ist er es, der anfängt, ist sie es, Gottes weiblich-mütterliche Kraft. Gott gibt sich zu erfahren als Intimität, als Wärme, als Feuer, als Liebesmacht – überraschend, überrumpelt, in ungeheurer Freiheit und Spontaneität.

Aus diesem Grund war der Kirche nie ganz wohl mit dem charismatischen Element. Sie hatte immer ihre Schwierigkeiten mit denen, die allzuviel vom Geist reden, denn solche Leute lassen sich nicht leicht organisieren. Der Geist weht, wo er will, wie der Wind: Er kommt, und du weißt nicht, woher, er geht, und du weißt nicht, wohin (vgl. Joh 3,8).

HEILIGE KÜHE UND HEISSE KARTOFFELN

Gott kommt auf uns zu, um uns unsere Sünde zu vergeben, aber wir scheinen uns vor allem für unsere Schuld zu interessieren, was ein kleiner Unterschied ist. Sünde ist nicht einfach etwas, was wir tun. Zunächst einmal ist Sünde eine Zustandsweise. Es ist eine Unvollständigkeit, in die wir hineingeboren werden.

Ich denke, daß traurigerweise die meisten Menschen gar nicht von ihrer Sünde befreit werden möchten. Wir haben uns an sie gewöhnt, ja wir haben uns geradezu mit ihr angefreundet. Sie dämpft unsere Unsicherheiten. Wir wissen gar nicht, wie wir ohne sie leben sollten. Wir haben schon so lange mit unseren Ängsten gelebt, daß wir gar nicht wissen, wie wir ohne sie auskommen sollten. Wir haben uns so schön an unsere Sündhaftigkeit gewöhnt.

Da gehört zum Beispiel zu unserer Ehe schon seit zwanzig Jahren eine eingefleischte Unversöhnlichkeit. Wie sollten wir das ändern können? Oder wir fahren ganz gern gelegentlich aus der Haut. Dieser Zorn treibt uns tagtäglich an, unser Zorn auf Vater oder Mutter, unser Zorn auf das System, unser Zorn auf unsere Arbeit. Wir haben von unserem Zorn gelebt, wir zehren von unserem Zorn. Die meisten von uns wollen von ihrer persönlichen Sünde gar nicht loskommen. Die Finsternis, die uns umhüllt, ist uns ganz angenehm geworden. Unser Leben ist voller heiliger Kühe und heißer Kartoffeln, voller Bereiche, in denen wir uns die Sünde gönnen. Niemand soll daran rühren.

Aus diesem Grund ist es so schwierig, an die Sünde heranzukommen: Wir haben es so weit gebracht, daß wir an ihr hängen. Die größte Bedrohung für uns wäre jemand, der mitten in unsere Schlechtigkeit eindringen und sie uns stehlen würde.

DER GEDANKE, IN DEN GOTT VERLOREN IST

Wir sind Gottes Gebet. Ja, wir sind Gottes Gedanke. Und Gott ist hoffnungslos darin verloren, an uns zu denken. Das einzige, was wir tun können, ist, nackt und selbstvergessen zu warten und dafür bereit zu sein, daß er uns liebt. Unsere größte Versuchung besteht darin, uns mit Rollen, Kontrollen, Erfolgen und befriedigenden Erklärungen zuzudecken. Unser Geist ist imstande, sich auf tausenderlei Weise gegen seine Ängste und seine Leere abzuschirmen. Aber Beten heißt, in die Welt eines Liebhabers einzutreten, wo es keiner Bestätigung oder Verleugnung bedarf, nicht des Richters und nicht des Rechtfertigens. Das Beten besteht darin, ganz überraschend das vollkommene Gutsein aufzudecken, nachdem wir so vieles schlecht gemacht haben. Nirgendwo anders können wir besser mit Hören oder Leben anfangen. Das Gebet ist die einzige Grundlage, auf der wir uns selbst trauen können.

Liebe Freunde, werdet still und hört auf, an euch selbst zu denken! Verlauft euch nicht! Jemand denkt *dich* und niemand anderen jeden Augenblick schöpferisch neu. Es gibt für dich nur eine vorteilhafte Wahl: zu lieben und dich Gott anzuvertrauen.

DIE GNADE ERKENNEN

Als Ijob kurz davor steht, daß er sein Leben verliert, bleiben ihm noch zwei Möglichkeiten, sich zu äußern. Entweder er kann Gott verfluchen – und das tut er auch einen Augenblick – und zum Himmel schreien: Warum läßt du mich nicht wenigstens einundfünfzig Jahre leben? Oder er kann sich völlig der Liebe und Gnade ausliefern und sagen: Warum hast du ausgerechnet mir fünfzig lange, erfüllte Jahre geschenkt? Wie habe ich all das verdient? Wenn wir die letztere Haltung wählen, haben wir uns für die Gnade entschieden.

„Nackt kam ich hervor aus dem Schoß meiner Mutter, nackt kehre ich dahin zurück" (Ijob 1,21). Brüder und Schwestern, was habe ich, das mir nicht geschenkt worden wäre? Alles ist Gnade. Alles ist Geschenk. Wer hat mir diese Hand gegeben? Wer spielt mit diesen Fingern? Wer hat dieses Auge erschaffen, das ich nicht erklären oder begreifen kann? Ich kann nicht einmal selbst mein Haar wachsen lassen. Alles wird mir geschenkt. Von Anfang bis Ende ist alles Gnade, ist alles geschenkt. Es gibt nichts, auf das wir Anspruch hätten.

Wir haben auf nichts ein Recht. Es gibt nichts, das wir unbedingt haben müßten. Wenn Sie Ihren Freund, Ihren Geliebten, Ihr Kostbarstes im Leben verlieren, können Sie Gott fluchen und sagen: Warum hat er mir diesen Menschen weggenommen? Warum ist sie von mir gegangen? Oder Sie können sagen: Warum wurde sie mir überhaupt geschenkt? Sie können sagen: Warum ist diese Liebe vorbei? Oder Sie können sagen: Warum habe ausgerechnet ich auch nur einen Augenblick lang diese Liebe verdient? Warum habe ich überhaupt eine einzige Sekunde dieses Lebens verdient? Gott ist der Schöpfer, ich bin sein Geschöpf. Gott hat mich aus nichts erschaffen. Vor einigen Jahren hat es mich überhaupt noch nicht gegeben. „Der Herr hat gegeben, der Herr hat genommen; gelobt sei der Name des Herrn" (Ijob 1,21).

JESUS, UNSER FREUND

Beziehungen kann man nicht als Ziel in sich selbst suchen. Tut man das dennoch, so erstickt und zerstört einen das. Eine gute Beziehung ist die Nebenwirkung einer Wanderung, auf der Menschen mit dem gleichen Ziel unterwegs sind; sie ergibt sich unter denen, die das gleiche Brot essen und aus dem gleichen Becher trinken.

Im Englischen lautet das Wort, mit dem man die von Jesus Berufenen bezeichnet, „companions". Das heißt, wörtlich aus dem Lateinischen übersetzt: „solche, die gemeinsam (com) das Brot (panem) essen". Jesus beruft uns, auf der Wanderung zum Vater mit ihm gemeinsam das Brot zu essen. Er sagt: Geht mit mir. Trau meiner Liebe. Trau meiner Hoffnung. Ich geh' dann auch mit dir. Er wandert mit uns. Er ist unser Gefährte. Er ist unser Bruder und zugleich unser Liebhaber. Er ißt gemeinsam mit uns das Brot.

Die Christen scheuen vor dem Glauben daran zurück, wie tief, wirklich und mächtig diese Beziehung zwischen „companions" Jesu ist, also zwischen denen, die gemeinsam auf dem gleichen Weg sind und die gleiche Wegzehr haben.

FREI SEIN, UM LEBENDIG ZU FÜHLEN

Unser Leidensvermögen ist unerläßlich, damit wir das Böse fühlen können. Wenn wir das Böse nicht fühlen würden, stünden wir antiseptisch und bar jeglichen Gefühls unmittelbar daneben. Das Böse kann man nicht begreifen, indem man darüber nachdenkt. Die Sünde eines Großteils unserer Welt besteht darin, daß wir uns aus dem Schmerz zahlloser Menschen heraushalten; wir kaufen uns frei vom Schmerz des Menschseins.

Jesus machte sich nicht unempfindlich für den Schmerz; er hielt sich nicht aus dem Leiden heraus. Das Leiden ist also ein notwendiger Schmerz, damit wir das Böse *kennenlernen*, beim Namen nennen und ihm offen widerstehen können. Bliebe uns das Leiden erspart, so würden wir wie Traumtänzer durch diese Welt schweben und nie richtig mitbekommen, was eigentlich los ist.

Brüder und Schwestern, das Schlimme ist nicht, daß Gott so leidenschaftlich stark empfindet; nein, das Schlimme ist, daß seine Geschöpfe so stumpfsinnig sind. Wenn es in Ihrem Leben nichts gibt, worüber Sie weinen könnten, nichts, worüber Sie sich beklagen könnten, nichts, weswegen Sie geradezu aufschreien könnten, stimmt irgend etwas mit Ihrem Spüren und Fühlen nicht. Wir alle müssen spüren und wissen, daß das Menschsein mit Schmerzen verbunden ist. Im Freiraum, in den uns Gott führt, werden wir fähig, die volle Bandbreite aller Gefühle wahrzunehmen, vom höchsten Jubel und der unbändigsten Freude bis zum abgrundtiefen Trauern und Sterben und Leiden. Das nennt man das Pascha-Mysterium.

Der ganz und gar freie Mensch ist derjenige, der ausnahmslos alles fühlen kann und vor gar nichts Angst hat.

THOMAS MERTON

Der 1968 verstorbene Trappist Thomas Merton fasziniert immer noch viele, vor allem junge Menschen. Ich glaube, ein Stück weit kommt das daher, daß er einen hochgebildeten Weltmenschen verkörpert, der wußte, was er aufgab und der den Preis kannte. Er rannte nicht davon, aber er warf trotzdem den ganzen Krempel hin, weil er hinter einer letzten Wahrheit her war.

Wenn Sie seine Schriften gelesen haben, wissen Sie, daß er mit seinem äußerst feinen Gespür immer noch auf der Höhe unserer Zeit ist. Ja, viele seiner Schriften waren gute zwanzig Jahre seiner Zeit voraus. Schon in den frühen sechziger Jahren brachte er die Problematik der Atomwaffen mit einer Klarsichtigkeit zur Sprache, zu der viele erst in den frühen achtziger Jahren gekommen sind. Er sagte Dinge, die unsere Bischöfe erst vor kurzem in ihrem Hirtenbrief über „Die Herausforderung zum Frieden" formuliert haben. Merton war frei genug vom System, um es verstehen und konstruktiv kritisieren zu können. Er hatte so viel Abstand davon, daß er klarsichtig dazu ja sagen konnte; er wußte, wo die eigentlichen Fragen saßen, und hatte oft auch richtige Antworten darauf. Dieser letzte Satz ist eine einfache Definition dessen, was ein Prophet ist.

EINE DEMÜTIGENDE ERFAHRUNG

Bei einem Besuch in armen Ländern, wo die Menschen nichts haben und denen vom Morgen bis zum Abend alles schiefgeht (wenn Sie schon dort waren, wissen Sie, daß ich nicht übertreibe), fällt einem bald auf, daß diese Menschen viel glücklicher wirken als wir! Wenn wir sie so sehen, würden wir am liebsten sagen, sie dürften gar nicht so glücklich sein, weil sie doch keinen Grund zum Glücklichsein haben. Sie haben doch offensichtlich gar kein richtiges Programm für ihr Leben, sondern wursteln sich nur endlos durch.

Ich erinnere mich an einen Besuch in einem Heim für die Mittellosen und Sterbenden auf Jamaika. Die Menschen lagen in Lumpen auf dem Boden, es stank fürchterlich, sie hatten Hunger und waren von Geschwüren bedeckt. Ich dachte mir: Wie kann ein Mensch überhaupt so leben?

Von meiner Welt aus gesehen war das wie die Hölle. Und doch kam ich als Priester, um mit den Menschen zu reden und zu beten. Ich blieb hier und dort stehen und sagte: „Hallo, wie geht es Ihnen?" Die Antwort war immer: „Danke, ganz gut."

Am liebsten hätte ich erwidert: „Was, ganz gut? Ihnen geht es nicht gut. Ihnen geht es miserabel! Wie können Sie da sagen: Mir geht es ganz gut?"

Oder ich fragte immer wieder: „Kann ich irgend etwas für Sie tun?" Eine Frau gab zur Antwort: „O Pater, beten Sie nur einen Psalm mit mir, nur einen Psalm." Und da war der große Schriftgelehrte nicht in der Lage, auswendig einen Psalm parat zu haben. Diese schlichte Frau beschämte mich bodenlos. Da stehe ich, der bekannte Priester, und ich kann nicht einmal einen Psalm auswendig. Sie sieht es mir an und fängt an, den Psalm 23 zu singen: „Pater, singen Sie einfach mit. Sie kommen schon hinein!"

Darin steckt eine eindringliche Botschaft an unsere Wohlstandsgesellschaft. Mir wurde klar, daß ich einer „der Ersten im Reich Gottes" begegnet war.

MISSIONIERUNG IN DER GEGENRICHTUNG

Der Katholizismus der einfachen Leute ist alles andere als eine Schmalspur-Ausgabe des Katholischseins. Im Gegenteil: darin steckt am meisten Pfeffer. Immer wieder müssen Priester feststellen, daß uns die Leute beschämen. Wir studieren jahrelang den Glauben oder die Theologie, und dann stehen wir an einem Krankenhausbett und merken, daß wir dem Glauben dieses Menschen nicht das Wasser reichen können. Da stehen wir, spenden Sakramente, verkünden das Wort, kommen herein und gehen hinaus in einem Aufzug, als wären wir die absoluten Experten für Religion. Und dann begegnen wir plötzlich Heiligen, die keine Ahnung davon haben, daß sie Heilige sind. Das ist ein Beispiel für „Missionierung in der Gegenrichtung".

Jeder, der einige Zeit in der Seelsorge tätig war, entdeckt, daß die Leute, die wir eigentlich retten wollten, in Wirklichkeit uns retten. Das ist eine wunderbare Entdeckung für uns, die aus dem Seminar herausmarschiert sind mit der hochherzigen Vorstellung, wir müßten Seelen betreuen und retten. Aber so hat Gott die Kirche eingerichtet: Wir retten uns alle gegenseitig, ohne es recht zu merken. Vielleicht ist das damit gemeint, wenn wir sagen, daß Christus uns rettet. Auf jeden Fall rettet ganz sicher keiner von uns sich selbst.

ZUSAMMENSTEHEN

Das Evangelium kommt uns an manchen Stellen und in manchen Fällen ziemlich rätselhaft vor. Ich glaube, ein Grund dafür ist, daß wir versucht haben, das Evangelium als einzelne zu leben. Das Evangelium war als Lebensprogramm für die Kirche, für das Volk Gottes gedacht, also für eine Struktur, die vorsieht, daß man neue Fragen stellen kann...

Ich glaube nicht, daß wir das Kreuz allein tragen können. Zu den wirklichen Fragen bezüglich der Solidarität mit den Armen stößt man erst dann vor, wenn man weiß, daß man nicht nackt und allein dasteht, sondern sich auf einen Rückhalt verlassen kann. Ich bin nicht bloß ein einzelner dummer, törichter Mensch; nein, da gibt es eine Glaubensgruppe, die mir den Rücken stärkt, konsequent zu sein. Das ist der eigentliche Sinn dessen, was wir mit dem „Leib Christi" meinen; und das sollte auch der eigentliche Sinn jeder Pfarrgemeinde sein.

Unsere Pfarreien sind viel zu groß und anonym geworden, und wir sind von aktiven Mitgestaltern zu Teilnehmern verkommen. Viel zu viele Leute schauen heute nur noch gelegentlich einmal in einen Gottesdienst hinein, und das ist dann alles. Ich setze meine Hoffnung darauf, daß weiterhin viele kleine Gebets- und Glaubensgruppen entstehen und in Kontakt mit ihren Pfarreien bleiben. Die „Basisgemeinde" und die offizielle Pfarrei brauchen einander gegenseitig. Die Pfarrei braucht für ihre Glaubwürdigkeit die kleine, überzeugte Gruppe. Dort finden diejenigen eine Anlaufstelle und werden ermutigt, die tiefere Fragen stellen, weiterkommen, beten lernen, Dienste übernehmen, ihr Wissen vertiefen, sich für die Armen engagieren und ihr Leben einsetzen wollen. Umgekehrt brauchen die kleinen Gruppen die Pfarrei, um nicht zur Sekte zu degenerieren und engstirnig zu werden oder sich in persönlichen Vorlieben oder kurzfristig gängigen Trends zu verlieren. Beide müssen einander gegenseitig regulieren, ausgleichen und herausfordern.

DAS RISIKO, DAS GOTT EINGEHT

Das Verzeihen kann man dann am tiefsten erfahren, wenn Menschen ganz zu ihrer eigenen Finsternis stehen und es *konkret* einem anderen Menschen erlauben, ihnen Freiheit und Heilung anzubieten. Himmlische Transaktionen müssen unbedingt in greifbare menschliche Erfahrungen umgesetzt werden. Um das geht es bei den Sakramenten.

Wissen Sie, wie man Verzeihung wirklich annimmt? Wenn Sie nicht fähig sind, sich von einem anderen konkreten Menschen etwas verzeihen zu lassen, bezweifle ich ernsthaft, ob Sie in der Lage sind, die Verzeihung Gottes anzunehmen.

Gnade, die nicht vermittelt wird, ist ein Phantasiegespinst. Gnade wird immer durch Menschen und Ereignisse vermittelt. Welches Risiko geht Gott dabei ein! Und Gott verlangt, daß auch umgekehrt wir etwas riskieren. Wenn wir im andern Christus sehen, kann er für uns zum Ansatzpunkt werden, um das Evangelium glaubhaft, unmittelbar und geschichtlich greifbar werden zu lassen.

MÄRTYRER

Die meisten Märtyrer wurden nicht einfach aus religiösen Gründen umgebracht. Im Lauf der gesamten Geschichte des Christentums hat es immer viele Überschneidungen zwischen Kirche und Staat, Politik und Gebet gegeben. Das gilt für die englischen Märtyrer der Reformationszeit, für die japanischen Märtyrer und auch schon für die frühen römischen Märtyrer.

Wir vergessen diese Wahrheit allzu leicht. Da sagen jetzt zum Beispiel viele Leute angesichts der Märtyrer der armen Kirche von El Salvador: „Ich weiß nicht, ob das wirklich Märtyrer für Christus waren. Die haben sich mit dem Staat angelegt." Aber so ist das immer gewesen.

Gerade weil echte Religion so ganzheitlich ist, stellt sie für das System eine Bedrohung dar. Das System kann freie Menschen nicht ertragen, die sich nicht vor den Götzen des Systems beugen, wie immer diese beschaffen sein mögen.

Die Märtyrer haben sich immer sperrig verhalten und ihren eigenen Kopf durchgesetzt. Sie haben den Weg zur allergrößten Freiheit gefunden, zur einzig wirklichen Freiheit: zur Freiheit *von* ihrem eigenen Ich und zur Freiheit *für* die große Wahrheit.

WIR BRAUCHEN IMMER NOCH DIE HEILIGEN

Die Heiligen sind unsere Helden und Heldinnen. Schon die Hoffnung, ihnen ähnlich zu werden, lohnt das Katholischsein. Es ist ungemein hilfreich, auf den Schultern dieser Riesen zu stehen, dieser freien, armen und liebeerfüllten Menschen.

Der Katholizismus in seiner besten Form möchte uns die Freiheit eines Heiligen schenken. Er kann uns auf die Spur eines Weges der Weisheit führen, in einer allumfassenden Tradition, die Abraham, Sara, die Propheten, Jesus, Maria und die Heiligen aus zweitausend Jahren einschließt.

Heilige sind wie jeder von uns Sünder, denen verziehen worden ist. Nur haben Heilige diese Vergebung voll ausgekostet, statt sich von der Sünde entmutigen zu lassen. Man muß ehrlich zugeben, daß viele von ihnen unwissend, zwiespältig, gebrochen und neurotisch waren. Das gibt mir Hoffnung.

Ich bin in meinem Katholischsein sehr viel mehr durch das Leben von Biographien der Heiligen inspiriert, motiviert und angespornt worden, als durch die Lektüre irgendeines theologischen Werkes. Die Heiligen waren die Helden und Heldinnen, die meine Ideale als junger Mensch geprägt haben. Deshalb müssen wir immer wieder die Lebensbeschreibungen der Heiligen lesen, und ich denke, auch unsere jungen Leute sollten das tun. Jede mir bekannte Kultur prägt ihre nachfolgende Generation mittels Epen und Mythen über Helden aus früherer Zeit.

RETTE NICHT DEINE SEELE

Wir haben das Christentum prostituiert, indem wir unseren Leuten beigebracht haben, sie sollten „ihre Seelen retten". Diese Einstellung hat nur allzuoft das Ego „spirituell" bestärkt; und das ist recht gefährlich und irreführend. Wir haben das als den Weg zur Heiligkeit bezeichnet, aber oft war es lediglich eine verkleidete und verkannte Selbstsucht.

Es sind zwei sehr unterschiedliche Dinge, seine Seele zu retten oder sich in Gott zu verlieben. Weil wir den Leuten beigebracht haben, ihre Seelen zu retten, sind sie in eine spirituelle Konsumentenhaltung verfallen: sie haben Sakramente gehamstert, verdienstliche Werke, asketische Übungen. All das hat lediglich ihr falsches Ich bekräftigt. Und jetzt müssen wir damit leben, daß so viele aufgeblähte christliche Egos durch die Welt laufen, die sich selbst ängstlich bewahren und selbstgefällig und auf die falsche Weise konservativ sind. Auf ihrem Arbeitsplan taucht das Stichwort „Bekehrung" nicht auf. Jeder Prediger oder Lehrer weiß, wovon ich rede.

Ein ungesunder Konservativismus ist zum Exodus, zum Risiko, zur Leidenschaft völlig unfähig, und deshalb auch wahrscheinlich unfähig für den lebendigen Gott.

EIN BILD FÜR GOTT

Als ich bei der Friedensbewegung in Deutschland mitmachte, zeigte mir einmal ein evangelischer Freund ein Zisterzienserkloster aus dem 13. Jahrhundert. Wir betraten die alte Kirche. An einer Wand hing ein Bild, das etwas Wahres über Gott und die Kirche gut zum Ausdruck brachte.

Zunächst einmal zeigt das Bild Gott Vater im traditionellen Stil, als alten, bärtigen Mann. Aber in diesem Fall hält er die Sphäre der Macht, die goldene Kugel, die früher die Könige trugen. Jedoch sah es aus, als gleite sie ihm gerade aus der Hand. Das brachte mich auf den Gedanken, dieser Maler und ich müßten auf der gleichen Wellenlänge sein. Wie kann man allen Ernstes glauben, Gott habe alles fest im Griff? Es geschieht so vieles, das mir sagt, dies sei nicht wahr. Oder Jesus hat es noch deutlicher gesagt: der Fürst dieser Welt hat alles im Griff. So oft ist die Lüge am Drücker, die Welt, das Fleisch und der Teufel. Kaum einmal setzt sich Gott durch. Gott ist ein verwundeter Liebhaber; *wir* haben die Zügel in die Hand genommen. Das ist das große Risiko, das Gott eingegangen ist, als er sich entschloß, nicht auf Macht, sondern auf die Liebe zu setzen.

In seiner anderen Hand hält der Vater ein Schwert. Ich vermute, das soll etwas Bedrohliches darstellen – den Gott, der fordert, erwartet und wünscht, daß die Wirklichkeit so sei, wie er sie sich vorgestellt hat. Das ist also das Schwert der unerbittlichen Forderung. Direkt dem Vater gegenüber steht Jesus. Er ist nackt und blutet. Er hält seine Hand an seine Seitenwunde und schaut direkt zum Vater hinüber. Ihre Blicke treffen sich genau. Dieser Blick ist von ungeheurer Intensität; es ist ein Blick des Verstehens, des wechselseitigen Gebens und Empfangens. Darin liegt große Kraft. Und Jesus hält das Schwert auf, das der Vater gezückt hat.

Der Vater stellt die Seite Gottes dar, die von seinen Söhnen und Töchtern wünscht, daß sie ganz das werden, wofür sie bestimmt sind; das ist also die erwartungsvoll fordernde

Seite Gottes. Alle Eltern kennen diese Einstellung bezüglich ihrer Kinder: Weil sie von ihnen einiges erwarten, ist es nicht immer so leicht, nur lieb und nett zu ihnen zu sein. Wenn ich ihnen dies und jenes nicht beibringe, sagen sie sich, bauen sie später Mist im Leben und bringen es zu nichts; wenn sie etwas lernen sollen, muß ich ihnen einfach gelegentlich einen Tritt in den Hintern geben. Das bezeichnen wir als den strengen Gott des Alten Testaments. Aber die Bezeichnung ist nicht ganz richtig. Es ist die Seite der Liebe, die voller Erwartung ist, die Seite, die ein bißchen drängt. Es ist die hartnäckige Liebe. Das ist ein notwendiger Teil der Liebe. Ich nenne es die männliche Seite der Liebe und die männliche Seite Gottes.

Jesus stellt für mich die Seite Gottes dar, die verwundet ist, die Seite, die verliert, die Seite, die scheitert, die Seite Gottes, die nicht ans Ziel kommt, die Seite Gottes, die gebrochen wird und die wir in jeder Eucharistie feiern. Es ist die Seite Gottes, die das Risiko der Liebe eingegangen ist, und deshalb das Risiko, in die Leiden der Welt verstrickt zu werden: das Lamm Gottes.

So gibt es also zwischen dem Vater und dem Sohn die vollkommen horizontale Verbindungslinie dieses Schwerts. Trotzdem ist der Blick zwischen Vater und Sohn ein Blick der Liebe; sie schauen einander ganz durchdringend an. Das ist ein ausdrucksstarkes Bild: sie akzeptieren einander mit ihren unterschiedlichen Standpunkten vollkommen – der Sohn, die schwache Seite Gottes, wenn ich so reden darf, und der Vater, die starke Seite Gottes. Vielleicht stellt der Vater die Ohnmacht der Macht und der Sohn die Macht der Ohnmacht dar; Jesus jedenfalls entspricht genau diesem Bild. Sie ergänzen einander gegenseitig.

Damit ist das Bild nicht erschöpft: auf dem Schwert, das zwischen beiden steht, sitzt die Taube, die den Heiligen Geist verkörpert. In dieser Beziehung, wenn und weil in ihr jede Seite die andere vollkommen akzeptiert, findet eine ungeheure Explosion statt und wird eine gewaltige Kraft freigesetzt, die wir den Heiligen Geist nennen, die Beziehung zwischen Stärke und Verletzlichkeit. Wir haben also die Stärke. Wir haben das Leiden. Wir haben das Wasser, wir haben den Atem, die Luft, den Wind. Aus dieser schöpferischen Liebe und Spannung zwischen Vater und Sohn wird die Kirche geboren.

Aber auch damit ist das Bild noch nicht ganz beschrieben. Auf dem Bild tut sich ein weiter Raum auf, und auf der andern Seite dieses Raums steht die Frau. Offensichtlich ist das Maria, aber es ist auch die Kirche, die vor Gott Frau ist. Die Kirche ist diejenige, die unablässig empfängt und glaubt und schwanger wird; und wie Maria sagt sie: Mir geschehe nach deinem Wort. Ich vertraue diesem Wort.

Maria steht in einem weiten und wunderschönen Kleid da, und sie schaut hinüber zu diesem Gefängnis der Dreifaltigkeit. Auf ihrem Gesicht ruht das reife Lächeln einer Mona Lisa und drückt tiefe Zufriedenheit und Freude aus. Sie liebt, was sie sieht, und sie versteht es. Sie läßt es einfach geschehen, sie versucht nicht, es zu erklären. Sie ist imstande, mit dem Geheimnis und Paradox zu leben. Mit ihrer linken Hand rafft sie eine ihrer Gewandfalten. Hinter diesem Gewand drängen sich Äbte, Kardinäle und Bischöfe. Sie tragen alle ihre Tiaren, Krummstäbe und Mitren und versuchen, über den Arm Marias herauszuschauen. Ihre Gesichter sehen aus, als begriffen sie nicht recht, was hier eigentlich los ist.

Maria rafft ihr Gewand, mit ihrer anderen Hand scheint sie auf sie hinzuweisen und zu sagen: Jungs, ich glaube nicht, daß ihr schon reif dafür seid, zu verstehen, um was es hier geht. Wahrscheinlich tüftelt ihr noch einmal tausend Jahre daran herum, zu erklären: „Das bedeutet dies“ und „der Sinn von dem ist der“, statt euch einfach in den Abgrund fallen zu lassen, in dem es nicht darum geht, möglichst viel Sinn zu ergründen, und wo man nicht jede Menge Antworten bekommt, sondern wo es nur das Geheimnis gibt, die Wanderung und einen leidenschaftlich verliebten Gott.

Oft gibt Gott nicht viele Antworten, sondern sagt uns nur immer wieder, wer wir eigentlich sind, Gott lädt uns unablässig an den Ort ein, wo die Liebe lebendig ist und wo Gott nichts als Liebe ist.

ARBEIT UND GEBET

Entsprechend unserer Veranlagung neigt jeder von uns entweder mehr zum Tun oder zum bloßen Da-Sein. Es kann sein, daß dies auch den Ausschlag dafür gibt, zu welcher Art von Religion wir uns hingezogen fühlen. Manche Leute möchten sich sofort in eine Art Über-Passivität versetzen, die wir gewöhnlich als „Quietismus“ bezeichnet haben: „Gott wird's schon recht machen“, sagen solche Leute. Die anderen nehmen ihre eigene harte Anstrengung und ihren beruflichen Einsatz viel zu ernst. Der Ausgleich sieht anders aus: „Bete, als hänge alles von Gott ab, und gib dir gleichzeitig Mühe, als hänge alles von dir ab.“ Dieser Ausspruch wird mindestens fünfundzwanzig Heiligen zugeschrieben. Ich weiß nicht, von wem er ursprünglich stammt, aber jedenfalls wundert es mich nicht, daß er mit so vielen heiligen Menschen in Verbindung gebracht wird. Allerdings ist dieser Satz vielleicht noch wahrer, wenn man ihn umkehrt: „Bete, als hänge alles von dir ab, und gib dir Mühe, als hänge alles von Gott ab!“

Sie müssen gegen jede Sprache mißtrauisch sein, die zu sehr das Schwergewicht auf eine der beiden Seiten legt. Sie können nicht bloß endlos abwarten, sondern Sie müssen schließlich auch selbst etwas tun. Und während Sie etwas tun, öffnet Gott Türen oder versperrt sie, geschehen Dinge oder geschehen nicht. Sie müssen bereit sein, ins Gebet zurückzukehren. Wenn sie statt dessen anfangen, ohne vorher alles im Gebet Gott in die Hände gelegt zu haben, wird Ihr Tun zu sehr von Ihrem Ich, von Manipulation und blindem Eifer erfüllt sein.

In einem ausgeglichenen Leben bedarf es sowohl der Kontemplation als auch der Aktion. Ich weiß nicht, was zuerst kommt; jedes stellt den Schritt eines einzigen wesentlichen Tanzes dar.

MENSCHLICHE SEXUALITÄT

Viele Männer haben kein Vertrauen zur weiblichen Liebe und viele Frauen kein Vertrauen zur männlichen Liebe. Wenn das so ist, führt das auf äußerst subtile, sichere und nachhaltige Weise zur Zerstörung eines Volkes. Das einzige Zeichen der Erlösung davon ist die verletzliche, vertrauensvolle Liebe Jesu: Dieses Zeichen kann man wie eine weiße Flagge in einem kalten Krieg hissen. Der Widerstreit und das Mißtrauen zwischen den Geschlechtern heute tragen alle schrecklichen Zeichen eines totalen Kriegs.

Unsere Sexualität ist unser symbolisches Ich. Damit darf man nicht leichtfertig umgehen – man muß es sich zu Bewußtsein bringen. Es muß einen sicheren und zuverlässigen Ort geben, wo es ans Licht treten darf. Gibt es diesen Ort nicht, so bleibt unser symbolisches Ich in der Welt der Schuld, der Unterdrückung und des Unbewußten, von wo aus es uns dann indirekt, aber unvermeidlich steuert.

Eines der hoffnungsvollsten Zeichen in familiären kirchlichen Gemeinschaften ist, daß diese Dinge darin einen Raum des Vertrauens vorfinden, in dem sie offen ausgetragen werden können. Hier werden Emotionen zugelassen; man braucht sich ihrer nicht zu schämen. Natürlich, Sie werden sich verlieben! Das ist der Sinn des Lebens.

In einer geistlichen Gemeinschaft kann das auf schöpferische Weise passieren, „im Geist und in der Wahrheit“, und durchaus mit nicht weniger Schmerz. Ich bin der festen Überzeugung, wenn es heute so viel verirrte sexuelle Süchte gibt, liegt das nicht daran, daß die Leute zu viel Sehnsucht oder zu große Leidenschaft verspüren, sondern im Gegenteil: daß sie zu wenig davon haben. Wir müssen einen Ort finden, an dem wir das volle Spektrum und die ganze Größe unseres menschlichen Gefühlslebens erfahren können, den Todeskampf und die Ekstase. Und wir müssen es fertigbringen, unsere Sexualität auf gesunde Weise einzuordnen. Wie sonst sollten all die Kriege jemals aufhören?

GANZ AUGE UND GANZ OHR WERDEN

War es Überdruß oder Sehnsucht, was ich da verspürte? Ich war mir nicht sicher, welches Gefühl mich beherrschte, als ich in die über sechswöchige Fastenzeit in eine Einsiedelei in Big Sur in Kalifornien abreiste. Ich wußte nur eines: es war wieder einmal höchste Zeit, mich zu verdrükken und „die Pforten meiner Wahrnehmung zu reinigen“. Als ich dann in der Osternacht mit einem weißen Vollbart nach Albuquerque zurückkam, wußte ich, daß das ein bißchen schrecklich, aber trotzdem äußerst erstrebenswert gewesen war. Ja ich war geradezu ganz neu dem Leben begegnet.

Nach einiger Zeit in der Einsamkeit hatte ich das Gefühl, meine Augen hätten den Umfang meiner Schultern und meine Ohren die Größe meines Kopfes. Da hat dann Gott eine viel größere Chance, etwas rüberzubringen. Die reich erfüllten täglichen Eucharistiefeiern und die Schriftmeditation schenkten mir eine ganz neue Begegnung mit Jesus als dem Abbild des von Gott Geliebten. Daraus habe ich sehr viel für meine Seele gelernt. Das knackige Brot und der sinnliche Wein beim festlichen Mittagsmahl weckten in mir urtümliche Erinnerungen an erstes Essen, liebevolle Küsse und die ganz tief im Innern sich vollziehende Kommunion, nach der wir uns alle sehnen. Alle anderen Wege mögen gut und hilfreich und aufbauend sein, aber der Weg Jesu ist ganz eindeutig mein Weg, und ich glaube fest, daß er der Weg zur Befreiung für unsere ganze Welt ist.

JUNI

FRANZISKANISCHE ARMUT

Die franziskanische Spiritualität ist nie etwas bloß Abstraktes gewesen. Sie gründet nicht in der Theologie, sondern in den ganz konkreten Anweisungen Jesu an seine Jünger. Das Franziskanertum wird nicht so leicht zu einer Ideologie und kann sich nur schwer hinter jenen konfessionellen Fassaden verstecken, auf die wir nur allzugern unsere selbstgemachte Metaphysik projizieren. Das Leben, das Franziskus im Evangelium gefunden hat, war schlicht und einfach ein Lebensstil. Es war die in Raum und Zeit fortgesetzte Inkarnation. Es war das Ernstnehmen des Geistes Gottes in der Gegenwart. Und es ging darum, mehr Jesus zu *sein* als Jesus bloß anzubeten. Das Franziskanertum in seiner besten Form hat nichts mit Worten und nicht einmal etwas mit Ethik zu tun. Es ist Fleisch – nacktes Fleisch. Es kann und will seine Begrenztheiten gar nicht leugnen, will seine Wunden gar nicht verdecken. Franziskus hat das „Armut" genannt.

Diese ungetrübte Sicht des Evangeliums hat zur Zeit des Franziskus Tausende zu einer neuen Freiheit in der Kirche und in der Seelsorge berufen ...

Franziskus wollte nicht in erster Linie, daß seine Brüder über die Erlösung *predigten* (obwohl sie auch das taten), sondern er wollte, daß sie ein Stück Erlösung *vorlebten*. Er wollte, daß sie das Leben Jesu in der Welt leibhaftig darstellten und sich dafür voller Vertrauen auf all die Unsicherheit einließen, die das mit sich brachte. Heute würden wir als Landstreicher oder Asoziale verhaftet; aber Franziskus nahm Jesus beim Wort, wenn der zum Beispiel zu seinen Jüngern sagte: „Eßt und trinkt, was man euch anbietet; denn wer arbeitet, hat ein Recht auf seinen Lohn" (Lk 10,7). Als Franziskus zum erstenmal die Rede Jesu hörte, in der er seinen Nachfolgern sagt, sie sollten „nichts auf ihren Weg mitnehmen", ging er voller Freude von der Messe weg, prägte sich die Stelle gut ein und sagte: „Das ist das, was ich will. Danach sehne ich mich. Das möchte ich von ganzem Herzen tun."

DAS BROT JESU

Das zentrale Symbol des Katholizismus ist die Eucharistie. Unablässig teilt die Kirche das Brot Jesu aus und sagt: „Das ist das, was ihr selbst seid. Was ihr da eßt, werdet ihr selbst. Ihr seid mehr eins als viele. Ihr seid eins, aber ihr seid auch gebrochen.“ Das ist das Geheimnis, das der Katholizismus unablässig feiert und zu verstehen versucht.

Ich glaube nicht, daß man Katholik wird, um in mystische, metaphysische oder transzendentale Höhen zu entschweben oder zu irgendeiner Art von Nirwana zu gelangen. Darin mag das buddhistische oder hinduistische Heiligkeitsideal bestehen; manche heutige Sekten und Gruppen mögen darauf aussein, und es kommt mir vor, sie tun, als wollten sie alle Leute zum Flug mit einem Ufo einladen. Mit katholischem Christentum hat das nichts zu tun.

Der Katholizismus in seiner besten Form versteht das Christentum nicht als Unternehmen, Sie zum Himmel hochzuheben, sondern Sie mit beiden Füßen fest auf den Boden zu stellen und mit der Wirklichkeit hautnah in Berührung zu bringen. Das echte katholische Christentum zeigt uns, wie wir uns in die Gesellschaft und in die Geschichte einbringen, uns verbindlich für das Allgemeinwohl einsetzen, uns die Hände am Dreck und Fleisch dieser Welt schmutzig machen. Wir *essen den Leib* Christi; wir denken nicht bloß über seine Ideen nach. Wir nehmen elementare, archetypische, transformierende Energie in uns auf.

ALLEIN BETEN – IN GEMEINSCHAFT BETEN

Ein Ehemann, der für seine Frau keine Zeit übrig hat, um ihr einfach seine Liebe und Sorge zu zeigen, macht ihr und sich etwas vor, wenn er sagt, seine ganze Arbeit tue er ja nur aus Liebe zu ihr, oder was immer dergleichen. Das gleiche gilt auch für Ehefrauen. Die Liebe zwischen Menschen bedarf der Momente, wo sie um ihrer selbst willen erlebt und zum Ausdruck gebracht wird.

Man kann ziemlich leicht sagen, daß man Christus in seinem Bruder oder in seiner Schwester sehe; und daß Christus im Bruder und in der Schwester anwesend ist, stimmt ja auch. Aber achten Sie darauf, ob das, was Sie sagen, wirklich stimmt! Fragen Sie sich nüchtern, ob Sie wirklich wissen, wie Christus aussieht, oder wie das zugeht, daß Sie ihn in Ihrem Bruder sehen können? Sie müssen nämlich zuerst einmal die Stimme des Herrn selbst kennen, ehe Sie fähig werden, ihn aus Ihrem Bruder oder Ihrer Schwester heraus wiederzuerkennen und zu hören.

Ohne das private Gebet jedes einzelnen gibt es kein wirkliches Gebet der Gemeinschaft und ist das Gemeinschaftsleben kaum möglich. Wir können es eine Zeitlang fortsetzen, aber dann wird es zur hohlen Fassade. Wenn Sie also *nur* bei der Gebetszusammenkunft beten, wette ich, daß Sie überhaupt nicht beten. Wenn Sie erst wieder am Sonntag an Gott denken, denken Sie nicht oft genug an ihn. Wäre es denkbar, daß Sie Ihre Frau derart vernachlässigen? Daß Sie sich sechs Tage der Woche überhaupt nicht um sie kümmern und dann regelmäßig einmal in der Woche zu ihr sagen: „Ich liebe dich?" Das ist keine echte Beziehung. Menschen, die einander lieben, teilen ihr ganzes Leben miteinander. Wenn Sie Gott lieben, teilen Sie Ihr ganzes Leben mit Gott.

Das private Gebet stellt sozusagen den Säuretest dafür dar, ob Sie überhaupt beten. Wer im privaten Gebet treu ist, der findet für das Gebet regelmäßig Zeit. Er lernt Gott als jemanden kennen, der als persönliches Du überall bei ihm ist.

DIE MACHT DES WORTES

In der Geschichte von Don Quixote ist ein ständiger Konflikt zu beobachten zwischen dem, was man gewöhnlich die „Realität" nennt, und dem, was Don Quixote als Realität bezeichnet. Andere nennen seine Sicht der Wirklichkeit „Idealismus". Er reitet um jeden Preis in die Wirklichkeit hinaus, wie er sie sieht, und er weigert sich, die traurige Sicht der Wirklichkeit zu übernehmen, die alle andern haben. Die Menschen mit den Spiegeln stellen sich vor ihn hin und versuchen, ihn gewaltsam dazu zu zwingen, dem ins Auge zu schauen, was sie als Wirklichkeit bezeichnen.

Gelegentlich können wir beobachten, daß Menschen von dem, was sie „Wirklichkeit" nennen, eher geblendet als erleuchtet werden. Am anschaulichsten wird das in Don Quixotes Beziehung zur Hure Aldonza dargestellt. Sie ist ganz offensichtlich eine Hure, aber er weigert sich, das zu glauben. Er sagt: „Nein, du bist nicht Aldonza, du bist Dulcinea!" Zunächst erwidert sie sein Ansinnen mit Hohn und Verachtung. „Wie dumm Ihr seid! Ich bin eine Hure! Ich bin böse!" Aber er nennt sie weiterhin Dulcinea. „Nein, Ihr seid wunderschön! Ihr seid so gut!" Und schließlich wird sie *von der Macht seiner Art des Sehens* überwältigt; sie beginnt zu glauben, was er sagt, und schließlich wird sie die, als welche er sie bezeichnet.

So ist es auch mit dem Wort Gottes. Das Wort Gottes bezeichnet uns als Söhne und Töchter Gottes, und aller Augenschein spricht dagegen. Aber eines Tages dringt das in uns ein, und wenn wir dann in den Spiegel schauen, zerspringt das, was wir für die Wirklichkeit gehalten hatten, in tausend Stücke.

DAS WASSER DES LEBENS

Die Menschheit muß immer wieder dieses Versprechen Gottes entgegennehmen: „Seht, ich mache aus euch eine neue Schöpfung. Ich werde in eurer Mitte und in eurem Volk das Neue Jerusalem erschaffen. Aber ihr müßt es zulassen, daß ich euch liebe und die Tränen von euren Augen wische" (frei nach Offb 21,4–5). Aber welchen Widerstand leisten wir dagegen! Wir laufen durch die Gegend, schlagen uns an die Brust und fühlen uns als Sünder, als habe Gott oder ein Mensch irgend etwas davon! In Wirklichkeit sperren wir uns damit dagegen, daß Gott wirklich gnädig mit uns verfahren kann.

Das Kapitel 22 des Buchs der Offenbarung (die Schlußsätze der Bibel) bringt Gottes Wunsch, uns sein Erbarmen zu schenken, beredt zur Sprache: „Und der Engel sagte zu mir: Diese Worte sind zuverlässig und wahr. Siehe, ich komme bald! Ich bin das Alpha und das Omega, der Erste und der Letzte. Wer durstig ist, der komme. Wer will, empfange umsonst das Wasser des Lebens" (Offb 22,6.12.13.17).

Gott schenkt uns umsonst das Wasser des Lebens! Aber wir Menschen möchten immer alles kaufen, verdienen oder bezahlen. Die Schlußworte der Bibel jedoch lauten: „Wer durstig ist, der komme. Wer will, empfange umsonst das Wasser des Lebens ... Komm, Herr Jesus!" (Offb 22,17.20).

EINE KLEINE KIRCHE

Ich hoffe sehr, daß die katholische Kirche in zwanzig Jahren wesentlich kleiner ist als heute – und froh darüber ist. Ich vermute, das ist die einzige Möglichkeit, wieder so zu werden, daß wir redlich und wirksam als Ausrufer des Reiches Gottes auftreten können: mit kleineren Zahlen, kleineren Pfarreien und Gemeinden, kleineren Bankkonten, kleineren Programmen, mit weniger Klerus, mit geringerem offiziellem Status, mit bescheideneren Möglichkeiten und nüchterneren Aussichten – sozusagen als eine Art „Verschwörung im Senfkorn-Format".

Inzwischen nehme ich das Wort Jesu ernster und buchstäblicher als früher, daß er dort anwesend sei, „wo zwei oder drei in seinem Namen versammelt sind". Zweihundert oder dreihundert stellen natürlich wesentlich mehr dar, aber sie bedeuten immer weniger – füreinander und für die Welt.

Ich hoffe, daß wir, wenn wir kleiner sind, wahrhaftiger sind, mehr Ecken und Kanten und mehr Ausstrahlung haben, über mehr Energie für die Reise nach innen verfügen, über mehr prophetischen Geist, mehr Intuition aus der rechten Gehirnhälfte; daß wir mehr Sinn für die Anbetung haben, mehr echte Sicherheit, und den Herzen der Menschen mehr spirituelle und politische Hoffnung vermitteln können – kurz: daß wir dann gerade die Größe und Stärke haben, „daß alle Vögel des Himmels kommen und in den Zweigen unseres Baumes nisten können" (vgl. Mt 13,32). Aber wir sollten wirklich nur so groß sein, daß wir gar nicht auf die Idee kommen können, zu beanspruchen, wir seien der einzige Baum.

Wenn wir uns weiterhin alle Mühe geben, uns als die Gruppe zu profilieren, die unsere Kultur als Ganzes zu evangelisieren vermag; wenn wir uns weiterhin alle Mühe geben, jenen ungeschützten Platz des Evangeliums einzunehmen, der irgendwo zwischen liberal und konservativ und klar von beidem abgesetzt liegt; wenn wir uns weiterhin alle Mühe geben, eine Art Brücke zu sein, auf der die Menschen gehen können, dann bin ich voller Hoffnung, daß diese älteste Institution in der westlichen Zivilisation ihre Befriedigung und Sicherheit darin findet, die Rolle der „unmoralischen" Minderheitenvertretung Gottes zu spielen. Man braucht zweitausend Jahre, um in diese Form hineinzuwachsen! Aber grundsätzlich ist unsere Identität so sicher, daß wir die kluge, situationsgerechte Unterscheidung höher als das starre Gesetz stellen können, die wirkliche Seelsorge höher als irgendein vorgegebenes Programm, und daß wir uns auf die Ganzheit und den Rhythmus verlassen können, die in der Gemeinschaft mit ihrer Weisheit stecken. Bis zum Jahr 2000 sollten wir endlich erwachsen genug sein, um eine solide Ehe mit Jesus in all seinen Aspekten und all seinen Leiden eingehen zu können. Wir sollten in aller Freiheit auch den Mut zum Fehlermachen haben, denn von unserer Mitte her sind wir ja felsenfest sicher.

HOCHZEIT UNTER DEM GEHEIMNIS

Die orthodoxe Kirche sieht in ihrer Hochzeitsliturgie eine wunderschöne Zeremonie vor. Zunächst einmal wird der zivile Teil der Trauung in aller Öffentlichkeit gehalten, vielleicht auf dem Vorplatz der Kirche. Dann besteht die Möglichkeit, sich für eine weitere, sakramentale Zeremonie zu entscheiden. Diese weitere Zeremonie muß man ganz ausdrücklich wünschen. – Möchten Sie in die Kirche einziehen, sich vor den Altar stellen und diese Ehe, die bereits als gültige Ehe geschlossen ist, von der Weisheit, von der Herrlichkeit und vom Sinn des Kreuzes Christi krönen lassen?

Ich weiß nicht, ob wir jemals die Eheschließung mit dem Eintreten in dieses tiefe Geheimnis des Kreuzes, des Sterbens und der Auferstehung Jesu Christi in Verbindung gebracht haben. Aber ich denke, wenn man die Ehe ausdrücklich oder unausgesprochen von diesem Geheimnis löst, wird sie auf lange Sicht zu etwas Destruktivem.

Bei so vielen Ehen werden zwei Menschen aneinander gebunden, die unglaublich falsche Erwartungen aneinander haben und dann häufig früher oder später das Gefühl haben, sie seien hereingelegt oder verletzt worden. In manchen Fällen hat der eine Partner ohne den andern gar kein eigenes Selbstwertgefühl. Andere Paare liegen in einem ständigen Konkurrenzkampf miteinander, und der eine versucht immer auf Kosten des anderen seine Selbstbestätigung zu erringen.

Bei der sakramentalen Ehe schließt man nicht einfach die Ehe, sondern man stellt die Ehe ausdrücklich „unter das Geheimnis" des Kreuzes und der Auferstehung. Es ist ungemein inspirierend, einem der seltenen Paare zu begegnen, die einander sakramental lieben. Ich wünschte, wir würden auch wie anderswo und vor allem wie in den orthodoxen Kirchen den juristischen und den sakramentalen Teil der Eheschließung voneinander trennen.

EGOISMUS ZU ZWEIT

Maria Magdalena wollte Jesus festhalten, also diese Beziehung, die so außergewöhnlich vollkommen und gut war. Er mußte zu ihr sagen: „Maria, halte mich nicht fest. Ich muß zu meinem Vater und zu deinem Vater gehen" (vgl. Joh 20,17). Und aus dieser Beziehung mußt du lernen, daß diese Art Liebe und Freiheit, diese Art Kommunikation nicht nur hier, sondern vielleicht an vielen Orten möglich ist.

Viele Menschen haben ihre Identität voll und ganz in ihren Kindern oder in einander gefunden. Aber man kann sich nicht endlos lange gegenseitig in die Augen schauen und hoffen, darin die Ewigkeit zu finden. Am besten hält man sich an der Hand und schaut mit beiden Augen in eine gemeinsame Richtung, auf eine gemeinsame Vision. Schauen Sie miteinander auf etwas, woran Sie glauben und was Sie miteinander teilen. Das führt Sie aus sich über Ihre Zweisamkeit hinaus zu etwas Neuem und Riskantem hin, zu etwas, das von Ihnen verlangt, Ihre Liebe einzusetzen und – wenn ich so sagen darf – Ihre Ehe zu wagen, um zu entdecken, ein wie viel größeres Maß an Leben und Ehe Ihnen Gott noch dazugeben möchte. Jede Liebe macht uns offen für das, was wir lieben. Jede erfüllte Sehnsucht hilft uns, nach noch mehr auszuschauen, das wir ersehnen können.

DER TEPPICH DER NAVAJOS

Die Navajos weben in jeden Teppich in einer Ecke einen Webfehler ein. Es ist höchst interessant, daß sie das als die Stelle betrachten, „wo der Geist in den Teppich hineingeht und aus ihm herausgeht". Das Muster ist vollkommen, aber immer gibt es eine Stelle, die ganz eindeutig wie ein Fehler aussieht. Das entspricht ganz genau der semitischen, der orientalischen Art, sich die Vollkommenheit vorzustellen – der übrigens Jesus ziemlich nahegestanden hat.

Vollkommen sein heißt nicht unbedingt, jede Unvollkommenheit ausgemerzt zu haben. Wir mit unserem westlichen Denken in den Kategorien von Entweder-Oder und mit unserem Bedürfnis, alles voll im Griff zu haben, stellen uns das allerdings so vor. In Wirklichkeit besteht die Vollkommenheit darin, fähig zu sein, die Unvollkommenheit mit einzubeziehen! Wer wirklich leben will, kommt darum nicht herum: Entweder bezieht man die Unvollkommenheit in sein Leben mit ein – oder man leugnet sie. Sie ist die Stelle, an der der Geist entweder in unser Leben einzieht oder es verläßt.

EIN GEWEBE DER GNADE

Während meiner Fastenzeit in der Einsiedelei von Big Sur entdeckte ich, daß ich noch einmal herausfinden mußte, was das eigentlich ist, das mich trägt. Wer ist, der mir einen Namen gibt und mich liebt, und wer bin ich, dieser Mensch, wenn er von allen seinen öffentlichen Worten entblößt ist? Die Kamaldulensermönche waren so entgegenkommend, mir eine Einsiedelei anzubieten, in der ich geschützt im Alleinsein leben und je nach dem an der täglichen Messe und dem Mittagessen der Kommunität teilnehmen konnte. So versuchte ich, jeden Tag ein gesundes Gleichgewicht zwischen Geist, Seele, Herz und Leib zu finden.

Täglich wanderte ich zwei Stunden durch die kalifornischen Berge und machte gymnastische Übungen, fastete ein wenig und beschränkte mich auf vegetarische Kost. Ich muß sagen, daß ich mich auf eine Weise geschmeidig, straff und leibhaftig fühlte, die dem Geist alle Ehre gegeben haben muß. Ich versuchte, immer anspruchsvollere Literatur zu lesen, um meinen Geist herauszufordern und meine Perspektiven zu weiten, vor allem auf den Gebieten der Theologie, der Philosophie und der Geschichte. Die „Arbeit an meiner Seele“ schloß das Feld der Poesie mit ein, der Symbole, der Träume, des kontemplativen Stillsitzens und ausführliche Lektüre von Werken religiöser Psychologie und Mythologie.

Wenn man im Einklang mit unserem Körper und der natürlichen Welt lebt, wenn man Zeit für Seele, Geist und Heiligen Geist hat, kann man kaum mehr daran glauben, daß die Welt ein reiner Zufall ist. Alles, was uns umgibt und worin wir leben, kommt einem dann nicht mehr kurzfristig geplant oder zufällig vor, sondern man ahnt, daß anscheinend ein Gewebe der Gnade alles zu einer einzigen großen Lebensgemeinschaft und Gleichzeitigkeit vereint. Mir kam diese Zeit vor, als seien es siebenundvierzig Tage voller gütiger „Fügungen“! Mir bestärkte das meinen Glauben an die Vorsehung, den ich schon immer gehabt habe.

FREIHEIT UND INKARNATION

Darum spricht Christus bei seinem Eintritt in die Welt: Schlacht- und Speiseopfer hast du nicht gefordert, doch einen Leib hast du mir geschaffen; an Brand- und Sündopfern hast du keinen Gefallen. Da sagte ich: Ja, ich komme – so steht es über mich in der Schriftrolle –, um deinen Willen, Gott, zu tun" (Hebr 10,5–7).

Unser Schöpfer ist bei aller Geduld fest entschlossen, Materie und Geist zusammenzubringen, und es sieht ganz so aus, als sei das eine ohne das andere unvollständig. Der Herr allen Lebens scheint sich danach zu sehnen, daß Leib und Seele eine Einheit eingehen, aber dies in voller Freiheit tun. Es sieht sogar so aus, als wolle er so lange darauf warten, bis seine Geschöpfe von sich aus diese Einheit wollen und wählen.

Offensichtlich liebt Gott die Freiheit genauso wie die Inkarnation. Daran reiben sich Zeit und Geschichte, und das ist für uns der Anlaß zu immer neuem Stöhnen. Die Söhne und Töchter eines Gottes, der immer darauf wartet, erscheinen zu können, haben Angst vor der Freiheit und trauen der Inkarnation nicht. Es war einer notwendig, der eindeutig sagte: „Ja, ich komme, um deinen Willen, Gott, zu tun", einer, der Gottes Vorgehen traute, statt gleich Gottes Resultat sehen zu wollen. Er ist Gottes vollkommen inkarnierter Sohn. Er ist Jesus. Er hat Gottes Vorgehensweise getraut – „einen Leib hast du mir geschaffen". Und so war Jesus wie kein anderer, der sich auf den Weg machte, voll und ganz für das Resultat offen, zu dem ihn Gott führen wollte.

Zwischen dem Vorgehen und dem Resultat besteht ein tiefer innerer Zusammenhang, und genauso zwischen der Inkarnation und der Erlösung und zwischen Jesus und denen, die der Geist des gleichen Vaters formt. Wahrscheinlich tun wir uns deshalb so schwer damit, die Menschwerdung Jesu ganz und gar zu glauben, weil wir es noch nicht richtig erkannt und zugegeben haben, daß uns erst in sehr beschränktem Maß die Menschwerdung gelungen ist.

GNADEN DES FLEISCHES

Erst jetzt, nach zweitausend Jahren Offenbarung des Geheimnisses Christi, wagen wir das zu glauben, was Satan bei der Kreuzigung Jesu aufgegangen ist. Der Böse weiß, daß unsere beste Angriffsfläche dort liegt, wo wir am meisten der Scham unterliegen, wo wir am schwächsten und wirklich „charakterlos“ sind: in unserer Leiblichkeit. Satan weiß, daß wir dort zuallererst Gott erwarten und nach ihm ausschauen würden. Und Gott weiß, daß ihn dort nur Sünder finden werden, die Vergebung erlangt haben, oder ernsthaft geistlich Suchende.

So hat der Böse eine schwache Stelle in der Mauer gefunden und jedem von uns „einen Stachel ins Fleisch gestoßen, einen Boten Satans“ (2 Kor 12,7). Unglücklicherweise war das wirksam! Die christliche Tradition ist weithin auf negative und nutzlose Weise in Schuldgefühlen und ängstlichen Sorgen um den Leib befangen, während sie sich in weit geringerem Maß den wirklich wichtigen Themen der Gerechtigkeit, dem Leben nach dem Evangelium und der Gnade Gottes widmet. Das hat zu Starrheit und Unterdrückung geführt, und vieles davon hat man fälschlicherweise als „Heiligkeit“ bezeichnet. Daß es zu dieser Reaktion gekommen ist, stellt den größten Erfolg des Bösen über die Freiheit des Evangeliums dar. Dadurch ist die positive Kraft der menschlichen Liebesfähigkeit ganz schrecklich abgebremst worden.

Aber dennoch wird Christus die Früchte seines Wirkens ernten. Gerade durch das schwache Fleisch hindurch, an der Stelle also, von der man es am letzten vermutet hätte, werden Gesundheit und Wachstum ihren Ausgang nehmen.

UNSERE LIEBE FRAU VON GUADALUPE

Da die Geschichte von Guadalupe recht vielschichtig ist und viele Sichtweisen zuläßt, möchte ich hier nur eine der vielen Deutungen des Phänomens wiedergeben, daß über vierhundert Jahre lang so viele Menschen durch diese Geschichte bekehrt und geheilt worden sind. Ein mexikanischer Theologe hat mir gesagt, die Geschichte von Guadalupe sei ein Symbol für die typische mexikanische Familie.

Juan Diego ist ein Archetyp dafür, wie sich der Mexikaner vorkommt: klein, unbedeutend, unwert, Opfer einer Eroberung. Juan Zummaraga, der Erzbischof, stellt den klassischen Vater dar: ein Macho, kalt, ungläubig, abgetrennt vom wirklichen Familienleben. Und Unsere Liebe Frau von Guadalupe ist das ewig Weibliche, die madrecita, das Herz, die Hoffnung und Kraft, die in jedem neuen Leben steckt. Im Zusammenwirken dieser drei sieht jeder Mexikaner, wie sich immer wieder das gleiche Muster abspielt – aber jetzt mit einem heilenden, siegreichen Ausgang. Die Mutter glaubt an den Niedrigen und Kleinen; sie spornt ihn zu Größerem an und läßt ihn dank einer Liebe in einer Gestalt, die er verstehen kann, spüren, daß er etwas Besonderes ist und daß er geliebt wird. Sie schenkt ihm die Kraft, immer und immer wieder vor den fernen Vater hinzutreten. Schließlich wird auf seiner Brust sogar das in ihm wohnende, transzendente Weibliche sichtbar – und der ungläubige Vater fällt schließlich vor dem Sohn auf die Knie. Damit ist der Traum der Familie endlich erfüllt.

Hier wird keine Logik geboten, hier werden keine theologischen Spitzfindigkeiten erörtert. Nein, es regnet einfach Dezemberrosen, und die Menschen fangen sie auf. Gott wußte schon immer, was feministische Theologen jetzt erst äußern: Zuweilen muß Gott ein weibliches Gesicht tragen. Vielleicht kann tatsächlich nur „die Frau" die Kriege beilegen und den Argwohn und die Statussymbole überwinden, die die Kinder Gottes untereinander spalten.

MENSCHENFISCHEN IST EINE ANSTRENGENDE ARBEIT

Mit der Berufung der ersten Jünger fängt Gott damit an, seine neue Familie zusammenzurufen: „Als Jesus am See von Galiläa entlangging, sah er zwei Brüder, Simon, genannt Petrus, und seinen Bruder Andreas; sie warfen gerade ihr Netz in den See, denn sie waren Fischer. Da sagte er zu ihnen: Kommt her, folgt mir nach! Ich werde euch zu Menschenfischern machen" (Mt 4,18–19).

Brüder und Schwestern, ihr wißt nicht, wie anstrengend, entmutigend und enttäuschend es ist, ein „Menschenfischer" zu sein! Manchmal habe ich das Gefühl, es wäre viel gescheiter, wenn ich ein normaler Fischer wäre. Dann könnte ich als Ergebnis meiner Arbeit immerhin einige Fische vorweisen. Ich könnte sie in die Höhe heben und sagen: Schaut, heute habe ich diese drei Fische gefangen. Ein Menschenfischer dagegen kann gar nichts Greifbares vorweisen. Man weiß nicht, wann die Fische wachsen, man weiß nicht, ob man sie jemals zu sehen bekommt, man weiß nicht, ob und wann der Glaube auf sie überspringt, man weiß nicht, wann sie ihr Leben lassen müssen. Deshalb verstehe ich recht gut, daß Paulus gesagt hat, wir Apostel seien das Schlußlicht der Parade, der letzte Dreck, der Abschaum der Welt (1 Kor 4,9–13).

Von allen Praktiken in dieser Welt werden wir ausgelacht. Sie fragen uns: Könnt ihr uns irgend etwas vorweisen, was ihr zustande bringt? Wir fischen herum. Wir gehen mit unserem Versuch hausieren, Herzen zu betören und sie zum Lieben zu berufen. Was wir fangen, kann man fast gar nicht messen, und bei Feierabend haben wir nie das Gefühl, erfolgreich ein Stück Arbeit abgeschlossen zu haben.

LEBE IN DIESEM AUGENBLICK

Gestatte es Gott in seiner Liebe und Gnade, dich jetzt in diesem Augenblick leben zu lassen. Auf der Stelle. Dieser Augenblick ist der vollkommenste Augenblick, der sich denken läßt. Du kannst darin Gottes Ruf und die Ansprüche der Welt ganz klar und deutlich erkennen.

Antworte einfach auf den Anspruch, der sich dir unmittelbar jetzt stellt, heute und morgen. Wir sind berufen, dem Leiden, der Bitte, der vollen Freude zu entsprechen, die in jeden Augenblick der Erfüllung hineingepackt sind.

Ich denke, viele Eltern werden dadurch zu guten und heiligen Menschen, daß sie von ihren Kindern buchstäblich zur Liebe herausgefordert werden. Die Zeiten, in denen Kinder Ansprüche an einen stellen, kann man nicht mit einem Stundenplan festlegen. Sie saugen buchstäblich auf Leben und Tod an einem und zwingen einen zu einem „Jetzt", das man von sich aus nie gewählt oder erkannt hätte als Ort der Gegenwart Christi.

KOMMT ZUSAMMEN, INDEM IHR ZUSAMMENKOMMT

Ich kenne nur eine Möglichkeit, Leute zusammenzubringen: indem man anfängt, sie zusammenzubringen. Wenn sie anfangen, sich aufeinander einzulassen, fangen sie damit an, einander kennenzulernen. Sie fangen an, gegenseitig Gefühle für- und Abneigungen gegeneinander zu entwickeln. Sie fangen an, verletzt zu werden. Sie sagen: Bruder, warum verletzt dich gerade das? Was verletzt dich denn so? Welchem Bedürfnis entsprechen wir denn nicht? Wovor hast du Angst? Gut, reden wir doch darüber. Lauf nicht davor davon. Solange du dich nicht auf bestimmte Verbindlichkeiten eingelassen hast, solange du nicht weißt, was Treue ist, weißt du auch noch keinen Ausweg. Aus dem Grund gibt es das Versprechen ehelicher Treue, und muß es das geben. Wer von euch wäre in seinem zweiten Ehejahr nicht manchmal am liebsten davongelaufen? Gott gibt euch das Pfand, das Versprechen, daß er euch darin hält.

Genauso ist es in der Kirche: wir haben unser Leben füreinander hingegeben. Ich habe nicht mehr die Freiheit, meinen Brüdern und Schwestern gegenüber mein Liebesversprechen rückgängig zu machen. Ich muß das Einssein höher als den Zweifel stellen, solange ich noch positive Früchte des Geistes sehe (Gal 5,22). Wo du Einssein siehst, traue ihm.

Wahrscheinlich erwarten Sie jetzt, daß ich den Satz auch umkehre: Wo du Uneinigkeit siehst, mißtraue ihr. Nein. Wo du Uneinigkeit siehst, setz dein Leben dafür ein, daß Einssein möglich wird. Worin sonst würde das Kreuz bestehen? Was sonst könnte die zerbrochene Welt erlösen?

DIE ROMANZE

Unter Romanze stellen wir uns gewöhnlich jenes aufregende und gefühlsbeladene – gelegentlich dramatische, gelegentlich schwärmerische – Ereignis vor, das sich zwischen einem Mann und einer Frau abspielt. Und natürlich sagen wir, das komme nur einmal in jedem Leben vor, ausgenommen bei den glücklichen Leuten, die ihr Leben lang immer neue Affären anzetteln. Für die meisten von uns jedenfalls gibt es das nur einmal im Leben richtig, und wenn es vorbei ist, ist es vorbei, und wir wissen dann alle, daß das nicht das wirkliche Leben gewesen ist. Aber das ist ein falscher Begriff von Romanze.

Mir scheint, bei einer Romanze geht es darum, daß man ein Risiko und ein Abenteuer antritt, daß man sich dem Wagnis und dem Gewinnen aussetzt, und zwar immer dann, wenn man anfängt, etwas zu suchen, was größer ist als man selbst.

Das Wort „Romanze" ist zur Zeit der Ritter der höfischen Liebe im zwölften Jahrhundert entstanden. Es bezeichnete die reine Liebe zu einer Frau, die niemals ihre volle Erfüllung suchte. Es bezog sich auf Männer, die ihre Ideale und ihre Beharrlichkeit auf die Probe stellen wollten.

Die Romanze hat nicht unbedingt etwas mit dem schwärmerischen Gefühl zwischen Mann und Frau zu tun. Eine Romanze erleben bedeutet: jenen Sinn für das Abenteuer und Wagnis und den Totaleinsatz entwickeln, der in unserem Leben aufwacht, wenn wir ein großes Ziel entdecken, das das Leben und das Sterben lohnt. Die „Große Romanze" mit dem Leben selbst stellt wahrscheinlich alle kleineren „Romanzen" in den Schatten und verleiht ihnen den Rang von bloßen kurzen Episoden.

DEM EINSSEIN VERTRAUEN

Ich vertraue denen, die dank der Gnade Gottes in ihrer Beziehung zu einem tiefen persönlichen Einssein gefunden haben. Ich vertraue dem Einssein (und gestehe recht viel menschliche Schwäche und Sünde dabei zu). Aus diesem Grund sind das Verzeihen und die Versöhnung die vorrangigsten Werkzeuge für den Aufbau einer echten Gemeinschaft. Ich denke, nur Menschen, die in echtem Einssein miteinander leben, verfügen voll und ganz über die Macht des Lebens und der Liebe. Nur ihnen kann man zutrauen, daß sie eine Frohe Botschaft bringen. Denn durch ihr Miteinander haben sie unverkennbar gezeigt, daß sie fähig sind zu Hingabe, Opfer, Verzeihen, Großherzigkeit – und Mitleid.

Solche Brüder und Schwestern würde ich bis an die vorderste Front mitnehmen. Ich weiß, daß sie nicht Reißaus nehmen, wenn es kritisch wird. Ich weiß, daß sie nicht bloße Theoretiker sind. Solche Brüder und Schwestern sind fähig, Glieder am Leib zu werden – nicht bloß Rollen und Funktionen und Titel und Gaben und Gewohnheiten darzustellen, sondern Glieder zu werden. Aus diesem Grund sagen wir: zuerst einmal muß man im Leib der Gemeinschaft zum Bruder oder zur Schwester werden, ehe man darüber reden kann, wie man im Leib zum Vater oder zur Mutter wird.

Bei Menschen, die ein Stück Einssein verwirklichen, sehe ich die Möglichkeit, daß die Menschheit heil werden könnte. Und deshalb kann ich realistischerweise darauf hoffen, daß bei ihnen ein kleines Stück Reich Gottes anbricht. Jesus verleiht denjenigen, die in seinem Namen versammelt sind und die er von da aus aussendet, große Autorität. In seinen Jünger-Unterweisungen sagt er ihnen mit Worten, die unseren Ohren streng und merkwürdig vorkommen, beim Betreten eines Hauses sollten sie den Friedensgruß sprechen. Und wenn das Haus seiner wert sei, werde sich ihr Friede darin niederlassen. Aber wenn es seiner nicht wert sei, werde ihr Friede zu ihnen zurückkehren. Wenn dich irgend jemand nicht gastlich aufnimmt und wenn er das nicht hören will, was du ihm zu sagen hast, dann verlaß das Haus und schüttle seinen Staub von deinen Füßen (vgl. Mt 10,12–14). Die neue Familie Gottes braucht sich für ihr Dasein nicht zu entschuldigen. Gott hat in ihr das Einssein gestiftet, einen tiefen Glauben, Hoffnung und Liebe.

Die größte Waffe der Welt gegen diese Einheit der neuen Familie Gottes ist ihre eigene Uneinigkeit, sind die hin und her gerissenen Herzen der Weltmenschen, die von Sünde, Selbstverachtung und verschleierten Eigeninteressen angekränkelt sind. Wenn wir uns diesem Uneins-Sein leichtfertig überlassen, wenn wir uns von ihrer Abneigung und ihrem Selbsthaß anstecken lassen, verlieren wir unsere besondere Gabe.

Wir müssen der Welt, die so unfähig für die Liebe ist, offen entgegentreten und ihr anbieten, unseren Frieden zu teilen und sich unserem Bruder- und Schwester-Sein anzuschließen. Aber wir können in keiner Phase unserer Auseinandersetzung mit ihr unser Einssein verleugnen oder meinen, es rechtfertigen zu müssen, nur weil die andern dafür noch kein Verständnis haben und es noch nicht mit uns teilen. Unser Einssein ist Gottes Liebe, und das ist alles, was wir im Grunde haben. Das ist alles, was wir der versklavten Welt bieten können. Das ist ein Leben, zu dem wir andere einladen können. Das ist die Quelle, aus der unser eigenes Leben unablässig sprudelt.

GASTFREUNDSCHAFT

Wer sein Leben mit jemand anderem teilt, lebt aus einer bestimmten Grundhaltung heraus: er ist des anderen gewärtig, so daß auch der andere seiner gewärtig sein, also bei ihm dasein kann. Das ist eine besondere Qualität des Daseins und des Lebens. Wer grundsätzlich bereit ist, sein Leben mit anderen zu teilen, hält in seinem Inneren ein Stück Platz frei, in das andere Zuflucht nehmen können, und umgekehrt sucht auch er Geborgenheit im inneren Raum eines anderen. Er wird berührbar und läßt sich von anderen rühren, er wird belastbar und läßt sich von anderen belasten.

Bei einem christlichen Heim stehen die Türen offen, und das gleiche ist in jeder Art von christlicher Gemeinschaft der Fall: die Türen sind nie verschlossen, sie lassen sich nach außen und nach innen jederzeit öffnen. Da zieht Leben hinein und quillt Leben heraus.

Ich könnte den Kern der Botschaft Jesu auf die Formel bringen: er hat die Menschen zu einer allumfassenden Tischgemeinschaft berufen. Schauen Sie sich an, welche Typen er zum Festmahl einlädt und mit was für Leuten er zu Tisch liegt. Sie werden unschwer einsehen, daß er bei einem solchen Verhalten umgebracht werden mußte!

Sagen Sie zu den Leuten nicht, sie sollten in unsere Kirche kommen oder sich die guten Predigten unseres Pfarrers anhören. Laden Sie sie statt dessen zum Essen ein. Das ist echter und natürlicher. Reden Sie mit ihnen über den Gartenzaun. Wir hoffen, unser Leben selbst ist eine frohe Botschaft. Wenn unsere Nachbarn sehen, wie gut wir uns verstehen und was für erfreuliche Botschaften wir haben, sagen sie vielleicht: Zu euch möchten wir auch einmal kommen und mit euch feiern und Gottesdienst halten!

AUTORITÄT UND UNTERWERFUNG

Soll die Familie ein Ort sein, an dem Menschen in ihren besten Fähigkeiten gefordert und ermutigt werden, dann muß es in ihr eine echte Autorität geben. Echte Autorität besteht nicht einfach darin, daß man den Mann als Haupt der Familie anerkennt, sondern, wie der heilige Paulus sagt, sie besteht darin, daß der Mann sein Leben für seine Frau hingibt (Kol 3,19 und Eph 5,28–33) und die Frau sich ihrem Mann unterwirft (Kol 3,18, und einziger kurzer Vers!). Das ist an beide Seiten der gleiche Anspruch und bezeichnet keinerlei Hierarchie.

Für die meisten hat der Begriff „sich unterwerfen" einen recht negativen Klang; deshalb verstehen wir ihn vielleicht am besten als „unterstützen". Das lateinische Wort „submittere", von dem das englische „submit" („unterwerfen") abgeleitet ist, bedeutet wörtlich übersetzt „darunter schicken", „darunter stellen". Das „darunter stehen" hängt im Englischen ganz eng mit dem „Ver-stehen" („under-stand") zusammen. „Sich unterwerfen" hat also eigentlich mit „verstehen" zu tun. Wenn wir die Mitglieder einer Gemeinschaft bitten, sich einer Autorität zu „unterwerfen", meinen wir also: stellt euch unter die Autorität, habt Verständnis für sie, tragt sie mit als Darunter-stehende, seid so frei, ja zu sagen, ehe ihr gleich nein sagt. Das Ja-Sagen ist Ausdruck der Freiheit, Zurechtweisung und Belehrung annehmen zu können und sich von jemand anders führen und lieben zu lassen. Wer das nicht kann, ist nicht frei. Das gilt auch für Mann und Frau in der Ehe.

Wenn man der Genesis und dem Alten Testament glauben darf, ist das Volk Gottes immer ein hartherziges und aufmüpfiges Volk gewesen. Aber ich bin der festen Überzeugung, Autorität bedeute genau genommen, der „Autor" einer anderen Person zu sein. Allerdings kann man das nicht von oben herab kommandieren, daß jemand eine reife Persönlichkeit wird; das muß man in Liebe wecken. Wer ein gesundes Verhältnis zur Autorität hat, der überträgt einem anderen Menschen die Vollmacht, sein „Autor" zu sein, ihn hervorzurufen, ihn zu fordern und zu fördern und ihm immer mehr Wahrheit zuzumuten.

Wer in eine solche Beziehung eintritt, der muß sich in irgendeiner Weise verbindlich daran halten. Behält er sich die Freiheit vor, nach Belieben mitzumachen oder sich zu verweigern, je nachdem, ob ihm etwas paßt oder nicht, so kann er nicht wirklich wachsen.

Wer sind die wenigen Menschen, denen wir uns wirklich vorbehaltlos anvertrauen können? Das müssen Menschen sein, die ihr Leben für uns aufs Spiel gesetzt haben.

Das ist der bleibende Wert von Gelübden, Versprechen, Bindungen auf Treu und Glauben und dauerhaften Beziehungen. Diese Art Weisheit ist immer gültig.

GRUNDLEGUNG DER AUTORITÄT IN DER GEMEINSCHAFT

Die Frohe Botschaft, die Jesus seinen Brüdern und Schwestern gebracht hat, besteht darin, daß er ihnen einen neuen Lebensstil, eine neue Art des Miteinanders zeigt. Ich glaube, die Autorität in der Kirche ergibt sich aus einem Leben, das man miteinander teilt und lebt. Daraus ergeben sich dann ganz natürlich Antworten, Rollen und Funktionen. Aus der Erfahrung, daß uns der auferstandene Jesus befreit und Anteil an seinem Sieg schenkt, ergibt sich die Lehre der Kirche.

Unglücklicherweise versuchen wir in der Kirche, den Leuten eine Moral nahezubringen, die nichts mit der Erfahrung zu tun hat, daß uns der auferstandene Jesus in die Freiheit entläßt. Darum gibt es keine wirkliche Erneuerung der Kirche, wenn sie nicht darin besteht, daß wir wieder eine echte Gemeinschaft werden, zuverlässige Beziehungen knüpfen und ein lebendiges Familienleben erfahren. Nicht gute Gedanken ergeben eine neue Lebensart, sondern eine neue Lebensart führt zu einem neuen Denken. Erzieher und Kirchenobere scheinen sich mit dieser Einsicht sehr schwer zu tun.

SCHWEIGEN IST NOTWENDIG

Wir können uns kaum mehr richtig über einfache Dinge freuen, weil wir uns, geradeheraus gesagt, überfressen haben. Auf Sie und mich stürmt unendlich viel ein. Ehe wir vernünftig über Spiritualität sprechen können, müssen wir uns erst einmal energisch dafür entscheiden, das Maß der Reize, denen wir uns pausenlos aussetzen, drastisch zurückzuschrauben. Wir schmecken, erleiden, genießen, spüren all die Eindrücke, die uns bestürmen, gar nicht mehr richtig.

Die Menschen im Westen sind ganz versessen auf das Sammeln von Erfahrungen. Hatte Descartes gesagt: „Ich denke, folglich bin ich", so heißt es bei uns eher: „Ich erfahre etwas, folglich bin ich." Aber ich bin mir ziemlich sicher, daß Erfahrungen die Menschen nicht wirklich ändern; erst das tatsächliche *Wahrnehmen* einer Erfahrung bewirkt eine Veränderung. Wenn ich an all die überwältigenden Erfahrungen denke, die ich schon in meinem Leben gemacht habe, so haben mich eigentlich nur diejenigen unter ihnen ein wenig verändert, die ich noch länger bewußt habe auf mich wirken lassen. Dazu braucht man Zeit und Platz. Fassen Sie Zeit und Platz zusammen, und Sie haben eine neue Definition für das, was man „Schweigen" nennt.

„Schweigen" bedeutet also, daß man sich Zeit und einen Platz nimmt und sich darin bewußt aufhält. Dann kann man all die Bilder, die man aufgenommen hat, bewußt wahrnehmen und verarbeiten. Ich glaube, das geschieht genau genommen ziemlich selten. Ich glaube auch nicht, daß wir sensible Menschen sind, die das Gebot der jeweiligen Stunde wahrnehmen. Im Gegenteil, wir sind ziemliche Dickköpfe und versuchen ständig, die Welt nach unserem eigensinnigen Bedarf umzumodeln. Statt daß der Heilige Geist bei uns Vorrang hat, macht sich unser Eigenwille breit.

Nur das Schweigen bietet genügend Raum dafür, daß sich der Geist bemerkbar machen und unseren Starrsinn einigermaßen auflösen kann.

FÜNF KOSTBARE GABEN (1): DER APOSTEL

Der heilige Paulus zählt fünf kostbare Gaben auf. Ich stelle sie mir gern als die fünf Elemente einer Umzäunung vor. Sind alle fünf dieser Gaben vorhanden, so kann das Rodeo in der Mitte stattfinden.

Das Wachsen des Volkes Gottes bedarf des Schutzes. Darum braucht man zunächst einmal Apostel. Ein Apostel ist einer, der gesandt ist. Paulus stellt sich das so vor, daß ein Apostel der ist, der über die Gesamtschau verfügt und weiß, wie alle die verschiedenen Gaben symphonisch zusammenspielen müssen. Apostel kennen den auferstandenen Herrn. Von da her ist Maria Magdalena die erste Apostolin; sie wird von Jesus gesandt, um die andern zwölf zu überzeugen. So kann man sie mit Recht als die „Apostolin der Apostel" bezeichnen.

Apostel sind in Gott verwurzelt und zutiefst der gesamten Tradition verbunden. Der Apostel spricht für das Ganze. Apostel müssen durchaus auch Rechenschaft ablegen; sie unterstehen einer Autorität. So können Apostel merkwürdigerweise von ihrer Gemeinde fortgeschickt werden und zeitweise als Einzelkämpfer durch die Welt ziehen; weil sie selbst einer Autorität gehorchen, können sie ausziehen und andere Menschen aufrufen, sich einer Autorität zu unterwerfen.

Heutzutage gibt es eine Unmenge umherschweifender Evangelisten und Propheten, die überhaupt niemandem Rechenschaft schuldig sind. Sie sind von nirgendwo her ausgesandt. Ihr eigenes Ich entscheidet alles für sich allein. Keine Gemeinde schickt sie aus; sie ziehen einfach so los. Ein richtiger Apostel dagegen wird immer ausgesandt. Apostel ziehen in aller Freiheit aus, denn sie sind nicht selbst die Mitte, sondern ihre Mitte ist das Evangelium.

FÜNF KOSTBARE GABEN (2): DER PROPHET

Der Prophet ist jemand, der mit einer derartigen Unmittelbarkeit, Autorität und Einsicht spricht, daß man oft glaubt, er kenne Gottes Absichten für die Zukunft. Der Prophet spricht aus einer besonderen, nicht von der Institution getragenen Autorität heraus und steht gewöhnlich in einer gesunden Spannung zum Apostel. Sollte der Apostel eher auf die Institution pochen, so neigt der Prophet eher zum Bilderstürmer. Diese gesunde Spannung zwischen den Priestern und den Propheten beobachten wir durchgängig durch die gesamte biblische Tradition. Es kommt wesentlich darauf an und gelingt allerdings äußerst selten, daß sie ihre jeweilige Gabe schätzen und miteinander im Dialog sind. Sie brauchen einander, heute vielleicht mehr denn je.

Man könnte den Propheten mit dem Hofnarren vergleichen, der die Narrenfreiheit besitzt, den König zur Rechtschaffenheit zu mahnen und auf dem rechten Kurs zu halten. Der Prophet steht für die Leidenschaft, die Gerechtigkeit, er ist der „Geradeheraus-Sager" der Wahrheit Gottes.

FÜNF KOSTBARE GABEN (3): DER EVANGELIST

Ich vermute, wenn die Rede auf den „Evangelisten" kommt, denken viele von uns immer noch unwillkürlich sofort an einen Protestanten. Aber der Begriff ist biblisch. Ein Evangelist ist einer, der „gute Nachricht" bringt. Der Evangelist hat das besondere Charisma, Jesus und das Reich Gottes zu eröffnen, herbeizurufen, auf mitreißende Weise anzukündigen. Der Evangelist ist der Mann, der die Tür aufmacht. Schaut man in die Geschichte, so waren die Katholiken mit diesem Charisma nicht sehr begabt, da die meisten von ihnen schon als Kinder getauft worden sind.

Wir müssen bessere Evangelisten sein. Unser Papst und unsere Bischöfe sagen, daß wir das heutzutage dringend nötig haben. Ich habe den Eindruck, daß ich derzeit eher in der Rolle eines Lehrers stecke, aber eine Zeitlang wurde ich als eine Art katholischer Evangelist bezeichnet. Ich erinnere mich noch gut: als ich zum erstenmal hörte, daß man mich so bezeichne, kam mir das recht merkwürdig vor. In der katholischen Kirche sind Evangelisten gar nicht vorgesehen. Oft sind wir von der falschen Voraussetzung ausgegangen, daß die Leute ja schon alle Kirchenmitglieder waren, und folglich auch schon ihr Bekehrungserlebnis hinter sich hätten und ihr Leben nach dem Evangelium Jesu ausrichteten.

FÜNF KOSTBARE GABEN (4): DER SEELSORGER

Die vierte Gabe ist die Gabe der Seelsorge. Was versteht der heilige Paulus unter dem Seelsorger und Hirten? Das ist nicht das gleiche wie der Gemeindeleiter oder Verwalter, denn das ist wiederum ein anderes Charisma (vgl. 1 Kor 12,18). Unsere heutigen Seelsorger sehen sich gezwungen, als Manager großer Unternehmen zu fungieren, und haben oft gar keine Zeit mehr für die Seelsorge.

Ich bin der Ansicht, was in der Kirche heute am meisten verkümmert ist, ist die pastorale Weisheit, die pastorale Autorität, das pastorale Wissen, die Fähigkeit, Menschen geistlich zu führen. Unsere Priester haben gar nicht die Zeit gehabt, sich als geistliche Führer und pastorale Ratgeber ausbilden zu lassen. Aber vor allem dies meint der heilige Paulus, wenn er von Seelsorgern spricht.

Ein Seelsorger ist jemand, der die Menschen seelisch ernährt und richtig leitet. Sollte ich ein Wort mit „Seelsorger" assoziieren, so würde ich wahrscheinlich spontan auf „Wachstum" tippen. Ein Seelsorger ist einer, der es versteht, den Menschen zum Weiterwachsen zu verhelfen. Ein Seelsorger muß etwas von mitmenschlichen Beziehungen verstehen, von Familie, von Kommunikation – kurz, er muß wissen, was die Leute in Schwung hält und wie man es anstellen muß, daß sie im gemeinsamen Takt schwingen.

FÜNF KOSTBARE GABEN (5): DER LEHRER

Die fünfte Gabe, die wir allerdings ganz verdreht haben, ist das Lehren. Die Weltpriester stehen in diesem Punkt besser da als wir Ordenspriester. Wir haben viele unserer Leute zu Lehrern ausgebildet. Aber oft heißt das, daß sie weltliche Dinge wie Chemie oder Mathematik lehren, was nicht schlecht oder unnötig ist, aber an sich nichts mit dem biblischen Charisma des Lehrens zu tun hat. Und ich kenne viele Ordenspriester, die nie im Seelsorgsdienst gewesen sind. So hat man also den Dienst der weltlichen Erziehung ganz gewaltig mit dem Dienst des christlichen Lehrens verwechselt, bei dem es um Katechese geht, um religiöse Erwachsenenbildung, Theologie und Homiletik.

Das Lehren, wie es anscheinend der heilige Paulus sieht, besteht genaugenommen im Charisma des guten und organischen Denkens, das den Leib Christi in Verbindung mit seinem eigenen Geist hält. Unser Glaube ist nicht ein unvernünftiges oder schrulliges Fürwahrhalten, das Zeitmoden und vergehenden Kulturen unterworfen wäre. Nein, unser Glaube steht in einer großen Tradition, auf die wir hören müssen, und er fußt auf Schriften, die wir genau verstehen lernen müssen. Ohne gute theologische Lehrer verkommt unser Glaube zu etwas Beiläufigem oder zu einem Rezept dafür, wie man sich wohl fühlen kann.

GESPALTENE KIRCHE

Eine Menge Behauptungen der institutionellen Religion kann ich nicht ernst nehmen. Gelegentlich unterstellt die römische Kirche allzu schnell, sie spreche direkt im Namen Gottes, und verkennt dabei, daß das, was sie sagt, auch von anderen gesagt wird und daß es ein gut Stück weit kulturell bedingt ist. Das ist gefährlich. Ich glaube, wir treten in ein Zeitalter ein, in dem die unterschiedlichen Konfessionen überholt sind. Ich weiß, daß meine Mutter Kirche katholisch ist. Ich bin dankbar für den reichen Schatz meiner katholischen Kirche. Aber die Tradition ist eine Startbahn, eine Abschußrampe, die klar in eine bestimmte Richtung zeigt. Der Katholizismus war für mich nie ein Gefängnis, sondern immer ein Haus „mit vielen Wohnungen" (vgl. Joh 14,2), von dem Jesus sagt, das sei das Haus seines Vaters.

Gerade wegen der Tradition fühle ich mich ganz natürlich in Kommunion mit vielen Nicht-Katholiken, die ihren Lebensstil nach den gleichen Werten des Evangeliums zu gestalten versuchen wie ich, die sich an das Doppelgebot der Liebe halten und die gleichen Fragen ans Leben haben wie ich. Die historischen Probleme, die in Europa zu unserer Trennung geführt haben, empfinden wir, offen gesagt, als Blödsinn. Warum müssen wir das Gepäck der Konfessionsstreitigkeiten von damals, über dem wir uns gespalten haben, immer noch weiterschleppen?

Wenn ich schon mit anderen Christen nicht vertrauensvoll zusammenarbeiten kann – wie soll dann jemals Hoffnung auf eine ökumenische Verständigung mit Juden, Moslems, Buddhisten, Hinduisten aufkommen? Was für eine Hoffnung kann dann unsere Welt überhaupt noch haben? Wie unsinnig unsere Spaltungen sind, zeigt sich doch erst recht, wenn wir die historischen Bedingtheiten, die kulturelle Blindheit, die Selbstsucht auf beiden Seiten sehen, wo immer man um Schismen und Reformen gestritten hat. Warum sollten wir das immer noch verteidigen? Ich habe auch so genügend Gepäck zu schleppen.

Oft fühle ich mich in dieser Kirche wie ein Jongleur, der versucht, mit vielen Wahrheiten auf einmal zu spielen. Die großen Fragen, um die es bei der Reformation ging, kann ich nicht zu den entscheidenden Fragen meines Lebens machen. Zumal nicht, wenn ich sehe, daß so viele dieser Fragen nur von bequem lebenden, weißen männlichen Klerikern (auf beiden Seiten) gestellt wurden und sich letztlich immer wieder um Macht und Rechthaben drehten! Wenn wir uns schon unbedingt spalten müssen, warum zerstreiten wir uns dann nicht lieber beim Wettbewerb darum, wer es besser fertigbringt, sich der Witwen und Waisen anzunehmen?

WIEDERENTDECKTER ROSENKRANZ

Unlängst habe ich den Rosenkranz wiederentdeckt, eine Gebetsweise, die ich lange Jahre nicht mehr geübt hatte. Auf der gegenwärtigen Stufe meines Lebens finde ich sie äußerst hilfreich. Wenn ich den Rosenkranz bete, muß ich mich beim Beten nicht übermäßig anstrengen. Ich lasse einfach die einzelnen Perlen durch meine Finger gleiten und sage dabei immer wieder die Gebetsformel vor mich hin, und aus irgendeinem Grund läßt das meine galoppierenden Gedanken zur Ruhe kommen. Ich kann dadurch in der Mitte verweilen, in der Gegenwart, statt in der Vergangenheit oder Zukunft.

Angefangen hat das bei mir am Fest Unserer Lieben Frau von Guadalupe. Da wurde mir mit einemmal die Person Marias sehr gegenwärtig und sehr wirklich; ich spürte, daß sie meine Führerin und Mitreisende als liebender, freundschaftlicher Mensch war.

Mir ist ganz klar, daß mir persönlich der Rosenkranz als die Gebetsform geschenkt worden ist, die mir hilft, beiseite zu treten und den Weg freizumachen.

Beim Rosenkranzbeten bin ich zum Hören fähig; ich kann mich Gott überlassen und ihm vertrauen, kann eine Art Werkzeug werden, wie Franziskus gesagt hätte, eine Art Kanal, durch den Gott schicken kann, was er will. Ich denke, darum geht es im Grunde bei all unserem Beten: nicht darum, Gott irgend etwas zu beweisen, nicht darum, Gott für etwas Bestimmtes herumzukriegen, sondern ganz einfach darum, frisch und neu auf ihn hören zu können und für ihn offen zu sein.

Es gibt nur eine Möglichkeit, für die Wahrheit ganz offen zu sein: wir selbst dürfen ihr nicht länger im Weg stehen. Unsere Gefühle, Bedürfnisse, Zwänge, Reaktionen und was es sonst dergleichen gibt, dürfen ihr nicht den Zugang zu uns blockieren. Gott braucht ja nichts. Gott will nichts von uns haben, wenn wir beten. Wenn wir beten, dann geht es darum, Gott besser kennenzulernen.

PILGERREISEN

Wir warten immer darauf, daß bald alles besser wird. Wir Menschen drängen immer in die Zukunft, denn in der Gegenwart machen wir nicht die Erfahrung der Ganzheit. Und doch ist der jeweils gegenwärtige Augenblick der vollkommenste, den es gibt. Wenn wir die Gegenwart nicht voll erfassen, leben wir immer mit der Illusion – und das ist wirklich eine Illusion –, der nächste Augenblick werde viel besser sein: Alles werde schöner, wenn ich noch um diese Ecke gehe, wenn ich diese Kirche besuche, wenn ich nach Jerusalem komme, wenn ich erst im Hotel bin, und was auch immer. Alles, was wir tun, tun wir dann, um etwas anderes zu erreichen; alles wird uns nur zum Mittel, um irgendein nebulöses Ziel zu erreichen.

Diese Einstellung ist grundsätzlich falsch. Solange wir immer noch meinen, das Glück warte gleich um die nächste Ecke auf uns, haben wir noch nicht begriffen, was das Glück eigentlich ist. Das Glück wartet auf uns immer im gegenwärtigen Augenblick, und sonst nirgends. Alles, was wir brauchen, ist hier und jetzt da; das gesamte Mysterium Christi ist anwesend. Es ist zwar ganz verborgen, aber dennoch vollständig offenbar.

Pilgerreisen sind zwar für unsern Geist ganz gut, aber wenn Sie Jesus nicht in Ihrer Heimatstadt finden können, werden Sie ihn höchstwahrscheinlich auch nicht in Jerusalem finden. Und wenn Sie nicht schon vorher eine Beziehung zu Maria gehabt haben, werden Sie sie wahrscheinlich auch nicht in Lourdes finden. Wir gehen auf Pilgerreise, um wieder heimgehen und dann genau wissen zu können, daß wir nie mehr auf Pilgerreise zu gehen brauchen. Unsere Pilgerfahrt hat ihren Zweck erfüllt, wenn wir fähig sind, in unserem ganz normalen Alltagsleben für Gott offen zu sein.

WIR SIND PILGER, NICHT TOURISTEN (GEDANKEN IN LOURDES)

Wir müssen darum beten, daß sich unser Glaube vertieft. Beten Sie darum, alles ätzende Kritisieren und alles Verurteilen abzulegen. Wenn Sie auf Pilgerreise in einem fremden Land sind, treffen Sie zahllose Menschen, die sich anders verhalten und anders reden als Sie; wenn Sie dann alles genau unter die Lupe nehmen, wird Ihnen vieles zum Anstoß. Sie verlieren dann jene kindliche Offenheit, zu der uns das Evangelium ermahnt.

Wenn wir uns einen heiligen Ort wie Lourdes genau ansehen und uns über all die Dinge wundern, was wir da beobachten, können wir sie zu uns sprechen lassen. Wahrscheinlich ist das nicht unser Land. Wahrscheinlich würden wir vieles anderes machen und sagen. Aber dennoch: das ist ein heiliger Ort. Er hat schon hundert Jahre lang Tausende von gottesfürchtigen Menschen aus der ganzen Welt angezogen. Hören Sie einfach hin, und warten Sie in aller Offenheit.

ZUM GLAUBEN BRAUCHT MAN GLAUBEN (GEDANKEN IN LOURDES)

Der Glaube wird nie etwas anderes als Glaube sein, und er wird nie leicht sein. Ich bin sicher, viele Menschen kommen nach Lourdes oder an andere heilige Stätten, weil sie meinen, dort sei Gott derart eindeutig gegenwärtig, daß die Anstrengung des Glaubens überflüssig werde. Aber das wird nie der Fall sein. Wenn Sie das Leben von Bernadette gelesen haben, wissen Sie, daß dieses Mädchen, dem die Gottesmutter erschienen war, ein unglaublich mühsames Glaubensleben hat führen müssen. Und Maria hatte zu ihr unter anderem gesagt: „Bernadette, hier auf Erden wirst du nie glücklich sein. Aber ich verspreche dir ewiges Glück im Himmel."

Wir sehen äußerlich entsetzlich verkrüppelte Menschen, die im Rollstuhl zum Heiligtum, zur Grotte gefahren werden. Es tut uns ungemein leid um sie, und wir sind so dankbar, gesunde Körper zu haben, mit denen wir uns selbständig durch die Welt bewegen können.

Unweigerlich stellt sich uns die Frage: Warum werden sie denn nicht geheilt, wenn die Krankensegnung stattgefunden hat und sie ins Wasser getaucht worden sind? Und wenn sich schon Ihnen und mir diese Frage stellt: was meinen Sie, wie schmerzlich erst alle diese Kranken diese Frage bewegt! Können Sie diese Freude verstehen, die doch mit Enttäuschung vermengt sein muß, die wir dennoch auf so vielen Gesichtern dieser Kranken sehen?

Das Wunder von Lourdes ist ein Wunder des Glaubens, ein Wunder, das man nicht immer gleich sehen kann. Die Leute werden nicht immer gleich geheilt. Und doch müssen wir glauben, daß sich hier etwas zutiefst Lebenspendendes ereignet, das wir Gottes Wirken verdanken. Gott erschafft auf Erden Leben. Halten Sie sich einfach an diesen Gedanken. Dieses Leben erschafft er auf tausendfältige Weise, aber vor allem in den Herzen der Menschen.

Wenn wir Menschen sehen, die an diesen heiligen Ort kommen, wo so viel gebetet und geglaubt wird; und wenn wir dann beobachten, daß sie dadurch tiefer in das Geheimnis eindringen, leichter ja sagen, lächeln, vertrauen können – dann ist das das Wunder des Glaubens. Aber immer noch bleibt das Glaube. Für manche unter Ihnen besteht der Glaubensakt darin, mit der Frage umzugehen, warum diese Menschen nicht geheilt werden. Gelegentlich bedrückt uns diese Frage sogar mehr als die Betroffenen selbst.

DER GEHORSAME MENSCH (GEDANKEN IN LOURDES)

Die eigentliche Heilung, die Gott in uns wirkt, selbst an einer Stätte wie Lourdes, besteht darin, daß wir ihm besser gehorchen und folglich auch besser auf ihn hören können. Gehorchen bedeutet Hinhören. Scheuen Sie nicht davor zurück, schweigsam und allein zu sein, genauer auf das zu achten, was Sie sagen und wie Sie es sagen, und ein geistliches Tagebuch zu führen. Achten Sie auf Ihre inneren Urteile und Ihre beißende Kritik. Versuchen Sie, sich ein kindlich einfaches Herz zu bewahren.

Das Wunder der Kindheit besteht darin, daß Kinder neue Dinge und wunderschöne Dinge sehen und sie ganz in sich aufnehmen. Gott will, daß Sie soviel wie nur irgend möglich in sich aufnehmen, und zwar so aufnehmen, daß Sie auch noch in einem Jahr davon zehren können, und nicht nur für einen flüchtigen Augenblick. Das hat dann eine anhaltend heilende Wirkung auf Sie, denn in wenigen Tagen wird diese gegenwärtige Reise nur noch Erinnerung sein.

Und Lourdes ist schon jetzt weithin etwas, an das wir uns erinnern. Die meisten werden wahrscheinlich ihrer Lebtag nie mehr hierher kommen. Worauf es ankommt, ist, daß wir es so erfahren haben, daß es uns für den Rest unseres Lebens etwas zu sagen hat, obwohl wir wieder weit fort sind. Wir sind auf einer inneren Reise unterwegs. Die äußere Reise ist nur ein Sinnbild dafür.

JULI

SIE BRAUCHEN IMMER NOCH HALT

Nach zwanzig Jahren Lebensberatung, Seelsorge und unbeholfenen Versuchen, anderen Menschen zu helfen, komme ich zu einem überraschenden, aber zwingenden Schluß: Meistens ist unsere Hilfe so etwas wie der Versuch, unter allen Umständen für jemanden eine Kabine Erster Klasse auf der „Titanic" zu buchen. Das sieht für kurze Zeit gut aus, aber das Schiff sinkt sowieso bald. Wie's in den Menschen innen drin aussieht, entdecken wir kaum, und dann wundern wir uns, wenn sie trotz aller äußeren Vorkehrungen ertrinken, klagen oder sich auf Rettungsboote flüchten. Die meisten Leute, denen ich Halt zu geben versucht habe, brauchen immer noch Halt. Für ihre äußeren Umstände wurde einiges getan, aber ihr Kern blieb davon unberührt.

Was ist der Kern? Und wie rühren wir an ihn? Was heißt das, einem Menschen wirklich wesentlich zu helfen? Wenn wir die Antwort auf diese Fragen finden können, kommen wir dem nahe, was die Weltreligionen unter echter Seelsorge verstehen. Das ist etwas ganz anderes als jegliche sonstige Form der Hilfe. Allerdings gibt es davon viele Imitationen und Fehlformen. Doch um was es Jesus, Buddha, Konfuzius und den Heiligen und Propheten geht, ist die *absolute Hilfe*, und die allein trägt zu Recht den Namen „Hilfe" – also die radikale Hilfe, die keiner von uns dem anderen geben kann. Wir können nur auf sie hinweisen und versprechen, daß es sie grundsätzlich gibt. Das ist die erste und eigentliche Aufgabe jeder echten Religion; alles andere ist im Vergleich dazu sekundär.

Nennen Sie es Gnade, Erleuchtung, Gipfelerfahrung, Geisttaufe, Offenbarung, Bewußtsein, Wachstum oder Hingabe – worauf es ankommt, ist, daß der Mensch eine bestimmte Schwelle überschreitet. Vorher erfährt er keine Hilfe im wirklichen, anhaltenden Sinn.

AUF DER SCHWELLE DES HEILIGTUMS

Heil" hat mit „Heilung" zu tun. Das mich erlösende Heil ist keine Sache des Gefühls oder der Reaktion eines anderen Menschen auf mich. Es ist keine Theorie, an die ich glauben müßte, keine Theologie, die es zu verkünden gilt, und es bedarf keiner Gruppe, die mir meine Identität schenkt. Ein heiler Mensch verfügt über eine innere Klarsicht, die es ihm ein für allemal ermöglicht, vorgetäuschte Autorität und Schein-Hingabe zu durchschauen. Solches Heilwerden kann man sich nicht selbst im Verlauf einer Reflexion auf sich selbst erwerben, und auch nicht mittels neuer Einsichten oder neu errungener Ich-Stärke. Es ist eine Gabe, die uns *geschenkt* wird, wenn unser eigener Wille seine ständigen Vorbehalte abgelegt hat und wir auf jener Schwelle stehen, von der aus wir alles mit neuen Augen sehen können. Auch Leiden, Versagen, Verkanntwerden oder ein Verlust können uns bis zu dieser Schwelle führen. Stehen wir auf der Schwelle, so stehen wir vor heiligen Zeichen. Wer für uns ein wahrer Helfer ist, der tritt dann zur Seite und ermutigt auch uns, von uns selbst abzusehen, um diese Zeichen zu erkennen. Dann geleitet uns die *Gnade* ins Innere des Heiligtums.

SEIN LEBEN LANG DIE LIEBE LEBEN

Bis zu Ihrem letzten Atemzug will Gott Ihnen immer noch ein größeres Maß an Bekehrung und an Leben schenken. Das meint der Evangelist Johannes, wenn er Jesus sagen läßt, sein Geist werde bei uns sein, „weil ich lebe und weil auch ihr leben werdet" (Joh 14,19).

Warum verspüren wir den Ruf zu dieser Art Sorge umeinander, dieser Art Liebe? Das ist keine bloße Taktik oder Strategie Gottes, um uns für den Himmel reif zu machen. Nein, ganz einfach, weil das Gottes Wesen ist: Gott gießt sein Leben in unsere Herzen ein und beruft uns, so wie er zu sein.

Nur das macht wirklich Sinn: Wenn Sie wissen, daß Ihre Eltern Liebe sind, können Sie nichts anderes als auch wieder Liebe werden. Es ist ganz logisch und natürlich, daß Ihnen dann vor allem anderen *Liebe* in den Knochen steckt. Genau besehen, ergibt nichts anderes einen rechten Sinn.

Gott ist zutiefst Her-geben. Gott enthält sich nicht vor; Gott ist jemand, der sich hergibt. Das meinen wir, wenn wir sagen, Gott sei Liebe. Aber seine Liebe ist anders als die unsrige. Wir warten mit unserer Liebe, bis wir da draußen etwas Liebenswertes entdecken. Erscheint es uns gut und anziehend genug, dann öffnen wir uns in Liebe dafür. Gott dagegen gibt sich bedingungslos. Er verausgabt sich hemmungslos. Diese Art Liebe ist uns nur schwer begreiflich, denn wir sind nicht fähig, auch so zu sein.

ARMUT ALS SÜNDE

In der Heiligen Schrift werden vier verschiedene Arten von Armut beschrieben. Die erste Art Armut ist die Armut als Sünde und Leere. Das ist die Armut von Menschen, die innerlich tot sind. Offensichtlich ist das nicht die Armut, die in der Heiligen Schrift als Ideal empfohlen wird. Und doch spielt auch sie im Verlauf der Heilsgeschichte ihre wichtige Rolle. Sünde und Gnade stehen in einem Wechselverhältnis zueinander. Man könnte so sagen: was Erlösung, Gnade und Freiheit ist, verstehen wir erst richtig, wenn wir auch das Gegenteil davon kennen. Aus diesem Grund sind die großen Heiligen unvermeidlich alles bekehrte Sünder.

Wenn Sie so weit kommen, daß Sie an Ihrer eigenen Hartherzigkeit, Ihrer eigenen Leere und Selbstsucht samt allen andern Begleiterscheinungen schwer zu beißen und zu verdauen haben, öffnen Sie sich schließlich für die Gnade. Das spielt sich im Leben eines jeden von uns nach diesem Muster ab. Deshalb war es eine so große Gnade, als ich in meinem Jahr in der Einsiedelei schließlich – und das als Mann und als Deutscher! – über meine Sünden weinen und schreckliche Traurigkeit über meine eigene Dummheit und Blödheit empfinden konnte.

Ich glaube, jeder von uns muß sich auf diese Weise irgendwann im Spiegel schonungslos als armen Teufel anschauen. Deshalb folgen oft auf unsere größten Sünden auch unsere größten Augenblicke der Gnade. Jahrelang laufen wir mit hartem Herzen und engem Geist durch die Gegend. Dann kommt der Augenblick, wo wir ganz tief verletzt werden und das als Gnade erfahren. Wir brechen zusammen und schaffen den Durchbruch.

ARMUT ALS MITTELLOSIGKEIT

Eine zweite Art der Armut, die die Heilige Schrift beschreibt, ist die Mittellosigkeit und die Beraubung der Menschenwürde. Auch das preist Jesus nicht als Ideal an. Wenn wir vom Ideal der Armut sprechen, meinen wir nicht das unterdrückte Menschenwesen auf dieser Erde, dem der Zugang zu allen kulturellen, sozialen, emotionalen und familiären Werten immer verschlossen geblieben ist.

Man muß zugeben, daß diese Menschen von beiden Welten das Miserabelste haben. In den USA handelt es sich um Menschen, die entwurzelt sind aus ihrer Familie, ihrer Kultur, ihrer religiösen Überlieferung. Obwohl sie materiell arm sind, orientieren sie sich praktisch an den Werten der Mittel- oder Oberklasse, die ihnen durch Fernsehen und Werbung vermittelt werden. Sie möchten auch all das haben, was Sie und ich wollen. Das Problem ist, daß das für sie unerreichbar ist. Diese Armut der Entwurzelten, die den Menschen seiner Würde beraubt, wird in der Bibel als Auswirkung der Ungerechtigkeit, der Sünde und Unterdrückung beschrieben.

Tatsächlich brauchen wir die Weisheit Gottes, wenn wir uns wirksam um manche Subkulturen der Überflußländer kümmern wollen. Doch weithin, denke ich, werden sich viele dieser Brüder und Schwestern selbst helfen müssen, denn das ist die einzige Möglichkeit, wie ihnen jemals ihre eigene innere Stärke zu Bewußtsein kommen kann und wie sie entdecken können, daß Gott in ihnen selbst gegenwärtig ist und lebt. Das heißt nicht, wir sollten uns nicht um sie kümmern. Das Beste, was wir tun können, ist vielleicht, bei ihnen zu sein und sie nicht zu erniedrigen; ihnen nicht noch irgendwelche zusätzlichen Signale zu denen hinzu geben, die sie ohnehin schon zur Genüge von der Gesellschaft empfangen haben. Unsere Art, ihnen den Glauben zu verkünden, besteht vielleicht darin, daß wir an sie glauben, ihnen diskret helfen und ihnen zumindest jede weitere Demütigung ersparen. Darin besteht unsere Armut: daß wir nicht mehr tun können.

ARMUT ALS EINFACHHEIT

Der dritte Aspekt der Armut, den die Bibel beschreibt, ist die Einfachheit. Menschen, die in diesem Sinn arm sind, legen nicht in erster Linie auf materiellen Besitz Wert, sondern auf bestimmte bewußt gewählte Werte. Und weil ihr Leben sich so eindeutig auf bestimmte Werte konzentriert, finden sie auf dieser Ebene so viel Befriedigung und Lebensinhalt, daß sie normalerweise keine Ersatzbefriedigung brauchen, indem sie ihre Nachmittage in Einkaufszentren verbringen, jede Menge überflüssige Dinge kaufen oder ihre Langeweile mit Zerstreuungen vertreiben müssen.

Ich war unlängst in einem kalifornischen Einkaufszentrum. Beim Durchgehen entdeckte ich keinen einzigen Laden, der irgend etwas wirklich *Lebensnotwendiges* verkauft hätte. Alle Leute, die ich da sah, liefen im Einkaufsfieber hin und her, um all das zu kaufen, was niemand braucht. Aber vielleicht kamen sie sich dabei wichtig und gut vor, „weil das die Wirtschaft fördert". Es ist ganz bestimmt das Gegenteil von Armut im Sinn eines einfachen und klar geordneten Lebens.

Wer einfach lebt, der braucht und wünscht sich nur wenige Dinge, denn sein Leben ist auf ein anderes Wertniveau konzentriert. Das muß nicht immer ausdrücklich religiös geprägt sein; vielleicht ist einem solchen Menschen die Musik wichtig, die Kunst, die Natur oder sogar der Einsatz für ein Ideal.

Die heilige Teresa von Ávila war einmal zu einem Festessen geladen und langte mit sichtlichem Appetit zu. Daraufhin sprach sie jemand an: Ob es sich schicke, daß sie als Ordensfrau so genießerisch speise. Sie brachte ihre Einstellung auf den Punkt mit dem Spruch: „Wenn Rebhuhn, dann Rebhuhn, wenn Fasten, dann Fasten." Wenn Sie also ein schönes Kleid sehen, brauchen Sie nicht im Namen der Einfachheit die Nase darüber zu rümpfen. Nein, das Kleid *ist* schön, es *sieht* gut aus, und es würde Ihnen wahrscheinlich gut stehen. Aber Sie *brauchen* es nicht. Das ist der Unterschied. Ein einfacher Mensch kennt und macht diesen Unterschied.

DIE ARMUT DES MENSCHSEINS

Als vierte Form der Armut wird in der Bibel die Armut des Menschseins beschrieben. Für die Heilige Schrift ist das die ideale Armut. Der Grund, weshalb Jesus Mensch wurde, aber nie sündigte, ist der, daß er nie diese Art Armut verleugnete und von sich wies. Er verkannte nie die grundsätzlichen Grenzen des Menschseins, er lief nie dagegen Sturm, er wetterte nie dagegen. Er begnügte sich damit, sich zu entäußern und den Menschen gleich zu werden (vgl. Phil 2,7).

Es ist eine besondere Gabe, wenn man seine eigene Beschränktheit heiter anerkennen und annehmen kann. Vielleicht läßt sich damit am besten definieren, worin christliche Reife besteht. Für eine Überflußgesellschaft ist es sehr schwer, eine begrenzte Welt anzunehmen. Aus diesem Grund sagte Jesus, ein Reicher könne nur schwer ins Reich Gottes gelangen (Mt 19,23; Mk 10,23; Lk 18,24).

Ich habe mit vielen eindrucksvoll überzeugenden Priestern zu tun, die ehemalige Alkoholiker sind. Inzwischen kann ich jedem fast an der Nasenspitze ablesen, ob er dazu gehört. Solche Menschen sind von allem Anfang an grundsätzlich bescheiden; sie lassen irgendwie spüren, daß sie sehr verwundbar sind; sie nehmen sich selbst und die andern mit einer gewissen Leichtigkeit. Sie leben nicht mehr nur mit dem Kopf. Sie mußten sich an einem bestimmten Punkt in ihrem Leben schonungslos ihrer Ohnmacht und Armut stellen. Eines Tages mußten sie aufwachen und sagen: Ich bin Alkoholiker. Unter ihnen sind die überzeugendsten Priester, die ich kenne.

Im Lateinischen sind die Wörter für Demut (humilitas) und Mensch (homo) vom Wort für Erde (humus) abgeleitet. Und am Aschermittwoch werden wir daran erinnert, daß der Mensch vom Staub der Erde stammt. Ein demütiger Mensch ist einer, der das anerkennt.

Gegen Ende seines Lebens wurde C. G. Jung von einem

Studenten, der gerade den Klassiker „The Pilgrim's Progress" von John Bunyan gelesen hatte, gefragt, wie sein „Aufstieg" als „Pilger" ausgesehen habe. Jung gab zur Antwort: „Ich mußte zehntausend Leitern hinabsteigen, um am Ende meines Lebens endlich dem kleinen Brocken Erde, der ich selbst bin, freundschaftlich die Hand reichen zu können." Das ist jene „Armut im Geist", die Jesus erwählt und „selig" genannt hat (vgl. Mt 5,3). Das ist sein erster Spruch in seiner Bergpredigt und seine letzte Tat am Kreuz.

GLÜCKLICHE SCHULD

Wir gelangen nicht durch unser Denken zu einer neuen Lebensweise; wir gelangen vielmehr durch eine bestimmte Lebenspraxis zu einer neuen Denkungsart. Die vielen Zickzackkurven unserer Sünden wecken schließlich in uns die Sehnsucht nach einem tieferen Leben aus unserer innersten Mitte heraus.

Es kann durchaus sein, daß uns gerade ein skrupelloser Ehrgeiz in jenes Scheitern und jene Leere führt, die zum Punkt der Umkehr wird. Ist Ehrgeiz deshalb etwas Gutes oder etwas Böses? Müssen wir vielleicht zuerst sündigen, um überhaupt erleben zu können, was Erlösung ist? Nennen Sie mich meinetwegen einen „Sündenmystiker" – aber jedenfalls erlebe ich bei meiner gesamten Seelsorge immer wieder genau das: die Finsternis erschließt uns das Licht.

Das heißt nicht, daß wir bewußt auf das Sündigen aus sein sollten. Erst wenn es passiert ist, sehen wir, wie es sich abgespielt hat. Juliana von Norwich hat das so gesagt: „Im allgemeinen fallen wir zunächst, und erst später erkennen wir das – und beides dank der Gnade Gottes." Wie konnten wir das je vergessen? Diese Wahrheit ist vergraben worden in dieser selten gefeierten, aber absolut zentral wichtigen Osternachtfeier, in der der Diakon von der „felix culpa" singt, der „glücklichen Schuld", die notwendig war, um einen so großartigen Erlöser auf den Plan zu rufen, wie wir ihn in Jesus Christus gefunden haben. Wie alle großen Geheimnisse des Glaubens ist auch dieses verborgen und enthüllt sich nur denen, die wachen und horchen.

DAZWISCHENSTEHEN

Dank der Gnade Gottes hat die katholische Kirche in den letzten zwanzig Jahren mehr Märtyrer als in den ersten zwei Jahrhunderten der Kirchengeschichte hervorgebracht. Wohin ich auf diese Erde auch immer komme, finde ich dort die katholischen Missionare, die zwischen links und rechts stehen, zwischen Kommunismus und Kapitalismus, und die einfach versuchen, Jesus und seinem Evangelium treu zu sein. Unvermeidlich vergießen sie ihr Blut, denn sowohl die Rechten wie die Linken hassen sie, weil sie beim Spiel keiner der beiden Seiten mitmachen. Sie bauen Brücken, aber man kann nicht nur von der Flußmitte her eine Brücke bauen. Man muß auf einer Seite anfangen. Für Christen ist diese Seite die Seite der Armen und Ohnmächtigen. Das gefällt keiner Partei – nicht einmal den Liberalen.

In dieser Lage sind wir heute. Ich möchte sie als die entblößte Lage des Evangeliums bezeichnen. Darin hat man weder die Sympathie der Liberalen noch der Konservativen, sondern hält einfach dem Evangelium die Treue. Das verlangt von unserem Geist und Herzen mehr, als was irgend jemand von uns aufbringen kann.

IN DER ZWEISAMKEIT MIT GOTT NICHT ABSEITS IN EINER ECKE BLEIBEN

Wenn zwei Menschen eine Beziehung eingehen, die ein wirkliches Hin und Her von Geben und Nehmen ist, entsteht daraus eine Wirklichkeit, die sich sozusagen ein gut Stück weit von den beiden Betreffenden ablöst und verselbständigt. Sie können über diese Beziehung miteinander reden. Sie können andere Menschen in ihre Beziehung eintreten lassen, sie können andere Menschen mit ihrer Beziehung beschenken. Genau das sollten eine Mutter und ein Vater ihrem Kind vermitteln. Kinder, die dieses Geschenk mitbekommen, sind die gesündesten und selbstsichersten Kinder.

Jungen Menschen, die vorhaben, den Bund fürs Leben zu schließen, sage ich immer: aber bitte, behaltet eure Zweisamkeit nicht nur für euch selbst. Schenkt sie der Gemeinschaft. Bezieht andere Menschen in euren gemeinsamen Raum mit ein; schenkt ihnen Anteil an der Art, wie ihr miteinander umgeht, an eurer Lebensfreude, an euren Erfahrungen. Pflegt nicht bloß eure Zweisamkeit in einer Ecke abseits.

Man kann nicht in der Zweisamkeit mit Gott abseits in einer Ecke bleiben. In der Zweisamkeit von Schöpfergott und Erlöser ist genügend Platz, daß das gesamte Weltall hineinpaßt, und auch wir, die Kirche, passen hinein. Die Kirche entsteht aus dem Schenken und Empfangen zwischen dem Vater und dem Sohn. Das gehört zum Urbekenntnis der Kirche: der Geist geht vom Vater und vom Sohn aus. Der Geist hat seinen Ursprung in diesem lebenschenkenden Akt.

IDENTITÄT IN CHRISTUS

Können Sie unter Ihre Oberfläche tauchen, dorthin, wo Sie objektiv Sie selbst sind? Das ist es, wozu uns unsere Taufe hinführen wollte: zu unserer Identität in Christus. Wir sind berufen, an diesen Ort unserer eigenen Identität in Christus zurückzukehren – dorthin, wo wir wirklich wir selbst sind – ganz gleich, ob wir irgend etwas in unserem Leben richtig gemacht haben. Wir hören davon in der Geschichte vom guten Schächer am Kreuz. Er hatte seiner Lebtag alles falsch gemacht. Aber in dem Augenblick, als er Christus begegnete, war er imstande, sich zu ihm zu stellen, sich mit ihm zu identifizieren, ihm zu vertrauen. Und Jesus sagte zu ihm: „Weil du dich auf diesen Standpunkt stellst, bist du schon so gut wie im Paradies. Ja, *heute noch* wirst du mit mir im Paradies sein!" (vgl. Lk 23,43). Wie sehr stellt das alle unsere Vorstellungen von Heiligkeit in Frage!

DAS WRACK DER GEFÜHLE

Im Gebet geht es nicht darum, Erfolge zu erzielen, sondern Gott zu dienen. Wir versuchen, uns auf den Strom des Lebens einzustellen und warten darauf, daß er alle unsere Zerstreuungen und unser überflüssiges Gepäck mit sich fortspült. Wenn Sie nicht immer wieder auf die Schiffe aufspringen, die während des Gebets Ihren Geist durchsegeln, wenn Sie sich nicht dauernd mit den Wracks identifizieren, die den Strom heruntertrudeln, kommen bald keine mehr.

Versuchen Sie es! Tun Sie das eine Weile nicht mehr. Das Wrack kommt dann ein zweites Mal und sagt: „Vielleicht hast du mich beim erstenmal übersehen. Da bin ich wieder. Ich halte dir den Menschen vor Augen, über den du dich immer ärgerst. Ich möchte, daß dein Ärger wieder hochkommt, damit du damit heute vormittag vollends deine Zeit vergeudest." Aber schauen Sie es diesmal nur kurz an und sagen Sie: „Danke, kein Bedarf. Schwimm ruhig weiter!"

Kämpfen Sie ja nicht dagegen an. Das ist ganz wichtig. Man hat uns immer wieder gesagt, wir müßten gegen unsere Zerstreuungen ankämpfen. Aber die Zerstreuung an sich gibt es gar nicht: es gibt nur Inhalte an sich. Schauen Sie sie an, und achten Sie darauf, daß Sie am Ufer stehenbleiben, dem Gefühl seinen Namen geben, es spüren und dann aber vorbeiziehen lassen können.

Wahrscheinlich kommt es noch ein drittes Mal wieder, vielleicht sogar ein viertes oder fünftes Mal, wenn Sie diesem Gefühl jahrelang nachgegeben haben. Aber nach einiger Zeit werden Sie merken, daß es nicht mehr im Strom Ihres Bewußtseins vorbeigeschwommen kommt. Das Gefühl sagt sich sozusagen: „Mit dem kann ich ja doch nichts anfangen! Bei der ist ja doch nichts drin! Er, sie nimmt mich nicht mehr ernst." Und dann gelangen Sie an jenen heiligen Ort jenseits aller Gefühle, jenseits aller Meinungen, jenseits der vergänglichen Welt: an den Ort, wo alles eins ist.

DIE VIER STUFEN IM LEBEN DES MANNES

In Indien kennt man für das Leben eines Mannes vier Stufen. Auf der ersten Stufe ist er Schüler. Darauf lernt er und macht seine Lebenserfahrungen. Auf der zweiten Stufe wird er zum Haushälter; er heiratet, zieht Kinder auf und lernt es, seine Frau zu lieben und ihr treu zu bleiben.

Aus irgendeinem seltsamen Grund meinen wir westliche Menschen, das sei es dann im wesentlichen gewesen, und damit komme man ans Ende seines Lebens. Die Leute verbringen dann den Rest ihrer Jahre damit, das Haus zu reparieren und darauf zu warten, daß ihre Kinder, und später dann ihre Enkel, heimkommen und sie besuchen. Doch in Indien folgt darauf noch eine dritte Stufe, die des Suchers oder Waldbewohners. Das ist der Mann, der, nachdem er eine Familie aufgezogen hat, diese nimmt und mit ihr über den engen Zirkel des Familiären hinaus zu ferneren Ufern aufbricht.

Die Fragen der meisten Amerikaner kreisen um Themen wie: Wer verhilft mir nächste Woche zu einem neuen Job? Wer sorgt nächsten Monat für das Haushaltsgeld? So weit geht unsere Sicht, ein so begrenztes Bewußtsein zu haben. Wir haben uns vom Rest der Welt abgenabelt und haben zu nichts eine Beziehung, außer zu dem, was nächste Woche los sein wird. Das ist hedonistisch, ungeschichtlich, spirituell blind, und es versperrt uns allen den Zugang zur vierten Stufe: zum weisen Mann, der sein inneres Leben mit seinem äußeren Leben in Einklang bringt, seine kleine Familie mit der großen Weltfamilie. Mahatma Gandhi hat diesen Lebensweg des Mannes in sich verkörpert. Der Weise, der Mann, der tiefe Einsicht gewonnen hat, denkt global, aber lebt und handelt vor Ort.

REIFE SIEBZIGJÄHRIGE

Ich hoffe, Sie sind schon einem Mann begegnet, der zu den reifen Siebzigern gehört. Ich habe ein paar solcher Männer kennengelernt, allerdings viel zu wenige. Es ist eine Schande, daß wir von den Siebzigjährigen gewöhnlich ganz selbstverständlich annehmen, sie seien etwas wunderlich und festgefahren in ihren Ansichten. Das gerade Gegenteil davon sollte der Fall sein.

Wenn Sie einem reifen Siebzigjährigen begegnet sind, spüren Sie: das ist eine echte Persönlichkeit. Er ist das wahre Abbild des Großvaters oder weisen Mannes, der am Rand der Familie sitzen und Sicherheit und Zuversicht ausstrahlen kann. Er macht andere nicht mit Beschränktheit und Starrsinn nieder, mit festgefahrenen politischen Meinungen oder einer kleinkarierten Weltanschauung. Im Gegenteil: er vermittelt uns eine Sicht der Welt, bei der wir uns sowohl sicher als auch im Abenteuer fühlen.

Weil die meisten Väter keinen solchen Großvater in der Nähe haben, tragen sie die ganze Last des Lebens allein. Sie enden schließlich damit, daß sie wahrscheinlich die gleichen starrsinnigen Großväter werden und auf der Suche nach ein wenig Sonnenschein in mildere Gefilde auswandern.

Wir müssen diesen dauernden Kreislauf durchbrechen. Wir müssen uns etwas anderes einfallen lassen. Noch keine Zivilisation hat spirituell überlebt, wenn die Ältere es nicht als ihre zentrale Aufgabe erkannt haben, an die Jüngeren echte Weisheit weiterzugeben.

MÄNNLICHE ENERGIE

Etwas zutiefst Männliches ist die Liebe zur Wahrheit. Johannes der Täufer zum Beispiel lebte aus einer solchen Liebe. Man liebt die Wahrheit ganz unabhängig davon, welchen Preis sie kostet, und auch ganz unabhängig davon, wie vielen Leuten man damit nicht paßt. Man steht zu seinen Grundsätzen auch dann, wenn man nicht befördert oder belohnt wird, wenn man keinen Beifall und keine Streicheleinheiten bekommt, und auch dann noch, wenn man zum einsamen Rufer in der Wüste wird. Johannes verkündet seine Wahrheit lauthals in der Wüste, und zwar aus keinem anderen Grund als dem, weil in der zivilisierten Gesellschaft kein Mensch auf ihn hört. Ziemlich ähnlich haben sich viele Leute während des Golfkriegs gefühlt.

Wenn wir nicht viele Leute in unserem Land haben, die geradeheraus die Wahrheit sagen, dann läßt sich das meiner Ansicht nach zum Teil daraus erklären, daß es uns an männlicher Energie fehlt, an Mangel an Entschiedenheit, ganz klar seine Bestimmung zu erkennen und konsequent in die Tat umzusetzen, den Preis dafür zu zahlen und alles auf eine Karte zu setzen. Sehr viel mehr Frauen als Männer haben diese Energie, vor allem in der Kirche.

HANDELN CONTRA WIRKLICHKEIT

Die meisten Menschen, die ich bisher kennengelernt haben, handeln nicht wirklich aus sich heraus, sondern sie reagieren nur auf Vorgegebenes. Sie verbringen ihr gesamtes Leben damit, auf Umstände zu reagieren, und sie betrachten sich immerzu als Opfer der äußeren Umstände. Selten trifft man jemanden, der wirklich frei wählt und sagt: Ich möchte, daß mein Leben so und so verläuft, und diesen Zehn-Jahres-Plan für unsere Familie nehmen wir uns vor.

Daher war es für mich ungeheuer inspirierend, als einige unserer jungen Familien in der Kommunität von New Jerusalem genau das taten: Sie beschlossen, das Niveau ihres Konsums auf der Höhe ihres Gehalts oder ihrer wie auch immer beschaffenen Einkünfte von 1975 einzufrieren. Sie waren der Überzeugung, was sie jetzt hätten, genüge voll und ganz für ein harmonisches Leben, und was noch dazukäme, würde das nur beeinträchtigen. Sie wollten die Schraube ihres Konsums nicht mehr höherdrehen; sie wollten lieber nach Möglichkeiten suchen, im Spenden großzügiger zu sein und alles darüber hinaus herzugeben. Das sind also Menschen, die ihrem Leben bewußt eine Richtung und einen Zweck gegeben haben. Sie leben echte Werte des Evangeliums; sie reagieren nicht nur, sondern handeln selbsttätig, treffen gezielt ihre Wahl, beschließen frei etwas.

MENSCHEN, DIE EINE MITTE HABEN

Das Schönste an Menschen, die eine Mitte haben und sich an etwas hingeben, ist, daß sie sich selbst als eingebunden in größere geschichtliche Zusammenhänge empfinden, als Teil eines größeren Ich. In diesem Sinn sind Menschen mit einer Mitte zutiefst konservativ, denn sie wissen, daß sie auf den Schultern ihrer Vorfahren stehen und daß sich wiederum die nächste Generation auf ihre Schultern stellen wird. Und doch sind sie in scheinbarem Widerspruch dazu offen und reformfreudig, denn sie müssen keine privaten Ziele verfolgen oder Eigeninteressen wahren.

Menschen, die es gelernt haben, aus ihrer inneren Mitte heraus zu leben, wissen, welche Grenzen es wert sind, verteidigt zu werden, und welche nicht. Beides ergibt sich aus einem grundlegenden Gehorsam. Wenn Sie einen Lackmustest dafür wollen, wer nun wirklich aus seiner Mitte heraus lebt, dann ist es der: Sehen Sie zu, ob der Betreffende immer frei auf die jeweilige Wirklichkeit eingeht und angemessen dem entspricht, was ihm begegnet.

DIE KIRCHE IN AMERIKA

Die vorherrschende Gabe der katholischen Kirche in Amerika besteht darin, daß sie aufrichtig nach echter spiritueller Autorität sucht. Das mag seltsam erscheinen für ein Volk, das sich selbst gern als freidenkerisch sieht, als unabhängig und zutiefst demokratisch. Aber vermutlich ist gerade das der Grund für unsere verzweifelte Suche nach spiritueller Autorität. Gerade unser Individualismus hat in uns das tiefe Bedürfnis nach jemandem geweckt, dem wir vertrauen können. Unsere ichbezogenen Lebensweisen verweisen uns auf eine Mitte zurück, die die Mitte schlechthin sein muß. Dadurch, daß wir frei von Königen und Diktatoren sind, haben wir auch die Freiheit, uns nach einem Herrn umzusehen, der es wert ist, daß man sich ihm anvertraut.

Wir sagen es vielleicht heute anders, als man es in der bisherigen Tradition ausgedrückt hat, aber wir würden uns keinen Deut um alle diese Mitren und Tiaren scheren, wenn wir nicht zutiefst von der Sehnsucht nach einer echten spirituellen Autorität umgetrieben wären, die uns spürbar auf gemeinsame Wertvorstellungen, Tugenden und Inhalte hin vereinen könnte. Offensichtlich und zu eindeutig ist das eine Sehnsucht nach Gott. Wir verteidigen leidenschaftlich unsere Unabhängigkeit, und wir haben ein gesundes Mißtrauen gegen jegliche Autorität um ihrer selbst willen. Das versetzt unsere amerikanische Kirche in die Lage, der Gesamtkirche dabei zu helfen, echte spirituelle Autorität zu entdecken und ihr zu vertrauen. Diese Autorität gründet sich auf die ihr innewohnende Wahrheit und auf die Radikalität des Evangeliums, statt blind auf Recht, Macht, Philosophie und elterliche Autorität zu pochen, im Stil von: „Das ist so, weil ich es so gesagt habe!"

Die spirituelle Autorität, nach der die Kirche in Amerika sucht, ist eine Autorität ganz pragmatischer Art: man soll sehen, daß sie ihren Zweck erreicht. Einer Autorität, die von sich behauptet, sie spreche im Namen Gottes, aber keine spirituellen Wirkungen vorweisen kann, können wir nicht trauen. Die Frage ist also: Hat diese Autorität tatsächlich heilende Wirkung? Vergibt sie, versöhnt sie? Setzt sie instand, stellt sie wieder her? Erneuert, belebt, erweckt sie? Integriert und bekräftigt sie die tiefsten, kostbarsten Ahnungen der Menschen? Hilft sie ehelichen Beziehungen zu neuem Leben, versöhnt sie Länder miteinander, schenkt sie den Menschen echte Hoffnung und spürbare Freude? Ist das eine Autorität, die zur Selbstkritik fähig ist und der es wichtiger ist, die Werte des Reiches Gottes zu verwirklichen, als sich selbst zu bestätigen und zu erhalten? Wenn nicht, sehe ich keinerlei Grund, warum ich ihr trauen oder ihr mein einziges Leben, das ich habe, ausliefern sollte.

Tatsächlich hat uns Jesus beigebracht, wir könnten die wahren und die falschen Propheten anhand eines einzigen und einfachen Kriteriums voneinander unterscheiden: anhand ihrer Früchte. Der amerikanische Katholik ist zu unabhängig, zu aufrichtig und hat einen zu gesunden Menschenverstand, als daß er sich vor einer ernannten oder erworbenen Autorität beugen würde, die nicht auch eine *echte* Autorität wäre.

Was ist echte Autorität? Der Führende (und ich bin der festen Überzeugung, daß Führer gerechtfertigt und notwendig sind!) und die Mitglieder schulden einander gegenseitig die Heiligkeit. Das ist die Autorität im Leib Christi in ihrer Vollform.

DIE AUTORITÄT NEU ENTDECKEN

Ich glaube, die katholische Kirche in Amerika hat die Gabe und die Fähigkeit, den intuitiven katholischen Respekt vor der Autorität mit neuem, erlösendem Sinn zu erfüllen. Dazu muß sie aber die Grundlage und die Kraft dieser Autorität neu entdecken. Weder die Heilige Schrift noch die Geschichte der Gründung und Erneuerung von Ordensgemeinschaften bieten uns einen Hinweis darauf, daß Gott an den mit Autorität begabten Führungspersönlichkeiten vorbei oder gegen sie arbeitet. Tatsächlich weist die neuere Geschichte des Ordenslebens keinerlei Beispiel dafür auf, daß Ordensgemeinschaften durch Generalkapitel, Abstimmungen, Gruppen, Diskussionen, Grundsatzerklärungen oder ähnliches dergleichen gegründet oder wiedergegründet worden wären; nein, immer haben nur Einzelpersönlichkeiten so etwas zustande gebracht, Menschen, die mit ihrer Vision oder ihrer Berufung zugleich über eine angeborene Autorität verfügten. Eine solche angeborene Gabe nennen wir „Charisma". Ich schlage vor, wir schärfen und schulen unser Gespür für das Charisma der Führerschaft.

WÄCHSERNE FLÜGEL

Unser Schatten ist gewissermaßen die Kehrseite unserer Begabung. Wenn Merkur für unsere besondere vorteilhafte Gabe steht, dann müßte ich vermutlich sagen, daß Ikarus für unseren Schatten steht. Sie werden sich erinnern: Ikarus ist der andere Sohn in der Mythologie, der Flügel trägt, aber er mutet sich selbst zu viel zu und fliegt zu nahe an die Sonne heran, und es erweist sich, daß seine Flügel von Wachs zusammengehalten werden, das schmilzt, so daß er abstürzt. Sein Stolz, seine Unfähigkeit zum Gehorsam, seine falsche Selbstsicherheit werden offenkundig, als er ins Meer stürzt.

In unserem Fall ist Ikarus die katholische Kirche in Amerika, die mehr amerikanisch als katholisch ist, mehr individualistisch als gemeinschaftlich, mehr antiautoritär als autoritär, mehr der Psychologie als dem radikalen Evangelium verpflichtet, mehr auf Freiheit zur Auswahl bedacht als auf die wirkliche, disziplinierte Freiheit der Kinder Gottes. Das Wachs an solchen Flügeln wird unweigerlich schmelzen, denn es stammt nicht aus dem Evangelium. Unsere Neigungen zum Schattenhaften sind sehr schwierig zu beschreiben, und es ist auch nicht leicht, sie nicht unverzüglich zu rechtfertigen. Ich bitte Sie: beten Sie um die Gnade und Gabe des inneren Abstands von sich selbst. Nur so können wir alle auf einen Standpunkt kommen, von dem aus wir in Weisheit so weit schauen können, daß sich uns von dort aus die Zukunft unserer Kirche erschließen kann.

DAS ERWACHEN DES FUNDAMENTALISMUS

Wer das Gefühl hat, weit fort vom Vater zu sein, der hat vielleicht das Gefühl, er könne dem Vater nicht trauen, weil der sehr streng und hinter ihm her sei, um ihn zu schnappen. Wo aber Menschen glauben, grundsätzlich in der Ungnade des Vaters zu stehen, geraten sie in das, worin die Kirche schon so oft geraten ist, und zwar in jedweder Konfession, nämlich in das System von Verdienst oder Versagen. Sie müssen unter Beweis stellen, daß ihnen Gott nichts vorwerfen kann.

In der katholischen Kirche hat das die Form des Legalismus angenommen. Im Protestantismus, zumindest im heutigen, nimmt das die Form des Fundamentalismus an. Der Fundamentalismus erschafft ein System von Worten oder Gesetzen, von denen er behauptet, sie seien unabänderlich, und folglich weiß man immer, woran man ist. Das ist heutzutage sehr beliebt. Und natürlich steht der Fundamentalist immer auf der richtigen Seite.

Ich würde sagen, Menschen, die sich zum Fundamentalismus hingezogen fühlen, haben nicht genügend männliche Energie; ihnen fehlt die Verbindung mit dem Vater. Wer mit dem Vater vereint ist, der braucht keine kleinlichen Gewißheiten, um ja das Gefühl zu haben, zu den Auserwählten zur Rechten des Vaters zu gehören. Nein, der kann sich entspannt Gott überlassen, ja er kann sich sogar so frei fühlen, auch Fehler machen zu dürfen. Er spürt, daß auf ihn das Wort des Vaters zutrifft: „Das ist mein geliebter Sohn, an dem ich mein Wohlgefallen habe."

VATERTAGSKARTEN

Als ich in Peru Priesterexerzitien gab, erzählte mir eine Schwester, die im Hauptgefängnis in Lima arbeitete, eine Geschichte, die ich nie mehr vergessen habe. Sie sagte, kurz vor dem Muttertag hätten die Häftlinge dringend um Muttertagskarten gebeten. Sie organisierte also mühsam einen ganzen Stapel Muttertagskarten, damit jeder seiner Mama schreiben konnte. Als der Vatertag nicht mehr weit war, wollte sie rechtzeitig vorsorgen. Sie stellte sich im Gefängnis einen ganzen Karton Vatertagskarten bereit, um diese an die Gefangenen ausgeben zu können, sobald sie anfingen, darum zu bitten. Dieser Karton stehe immer noch in ihrem Büro, erzählte sie mir, denn kein einziger Häftling habe nach einer Vatertagskarte gefragt. Sie blieb auf diesen Karten sitzen.

Meiner Bekannten traten beim Erzählen Tränen in die Augen, denn sie verstand den ungeheuer schmerzlichen Grund dafür. Ihr ging auf, daß von diesen Männern so viele im Gefängnis waren, weil ihnen nie jemand gesagt hatte, wer sie seien; nie hatte eine Mann an sie geglaubt. So hatten sie eine gewalttätige und falsche Art Männlichkeit entwickelt, jene destruktive Männlichkeit, die sich ergibt, wenn das Mannsein eines Menschen von anderen Männern nicht anerkannt wird.

Ich frage mich, ob die Gefängnisse und Haftanstalten auf der ganzen Welt nicht viel leerer wären, wenn die jungen Burschen echte Mentoren, Führer und Väter hätten, die sie segnen und ins Mannsein einführen würden.

GRÖSSE HAT IHREN PREIS

Ira Progoff sagt, er könne historisch und kulturell nachweisen, daß nur diejenigen Menschen eine gewisse Größe erreicht haben, die bereit waren, mit einem guten Maß an Streß zu leben. Nun haben wir allerdings in den letzten Jahren Streß eher als ein Übel bezeichnet, das es möglichst zu meiden gelte. Es gibt eigene Seminare zur Streßbewältigung, und wir alle wissen, daß Streß über einen bestimmten Punkt hinaus nicht guttut. Aber es ist nun einmal so, daß es auch nicht guttut, wenn man gar keinen Streß hat. Unsere Kultur erlaubt es uns, daß wir uns unablässig verhätscheln. Nach einiger Zeit müssen und können wir uns von allem, was wir tun, erholen und gehen eine Zeitlang davon weg. Der Preis, den wir dafür bezahlen, könnte „Größe" heißen. Die Männlichkeit scheint diese Wahrheit instinktiv zu ahnen. Man kann es aus den Mythen der Männer ablesen, aus ihren Sportarten, ihrer Einstellung zum Kinderaufziehen. Das ist die halbe Wahrheit, obwohl sie vom zeitgenössischen liberalen Denken weithin verworfen wird.

Der Mann braucht von Natur aus einen gewissen Ansporn, etwas, wogegen er mit dem Kopf anrennen kann, um eine schöpferische Spannung aufzubauen. Progoff sagt weiter, der Grad der Kreativität eines Menschen stehe in direktem Verhältnis zum Grad des Streß in seinem Leben. Wir haben jetzt ein positives Wort für diese Erfahrung: „eustress".

BIBLISCH SEIN

Biblisch sein heißt nicht einfach: recht oft die Bibel zitieren. Das müssen wir den Fundamentalisten ins Stammbuch schreiben. Biblisch sein heißt nicht: Mose zitieren, sondern es heißt: tun, was Mose getan hat. Biblisch sein heißt: tun, was Abraham getan hat und nicht, die Geschichte von Abraham nacherzählen. Es heißt tun, was Jesus getan hat; nicht einfach, Jesus zu zitieren. Christen müssen in Kontakt mit dem gleichen Gott sein, mit dem Jesus in Kontakt war und mit der gleichen Weisheitsüberlieferung, aus der Jesus seine Einsichten bezogen hat. Wir müssen die gleiche Einheit stiften, die Jesus gestiftet hat, und das gleiche Leben wecken, das er geweckt hat. Das bedeutet, wirklich biblisch zu sein.

Ich sehe nicht, daß Mose die Bibel zitiert. Ich sehe auch bei Jesus, daß er viel öfter auf die Wirklichkeit eingeht als die Bibel zitiert. Genau aus dem Grund sagten die Leute: „Er lehrt nicht wie die Schriftgelehrten" (Mk 1,22). Er lehrte „mit Vollmacht eine ganz neue Lehre" (Mk 1,27) ... Er berief sich auf die der Wahrheit innewohnende Autorität.

Die Bibel ist das zweitausendjährige Zeugnis einer „Geschichte aus dem Hören", das uns hilft, uns selbst in die Zukunft führen zu lassen. Sie offenbart uns das Grundmuster, das alles zusammenhält, und gibt ihm einen Namen; sie zeigt uns den Rhythmus der Jahreszeiten des Glaubens. Jesus las in der Wirklichkeit, hörte auf seinen Vater, faßte die Tradition zusammen und sprach dann seine Worte der Wahrheit. Wenn wir nun wirklich katholisch sein wollen, so scheint mir, müssen auch wir uns darum bemühen. Wir müssen biblisch sein, indem wir die Weisheit aller Zeiten zusammenfassen. Ich versuche nicht, die Autorität dieses Buches anzutasten, sondern ich möchte ihre Grundlage aufzeigen. Sein Bezugspunkt liegt außerhalb von ihm selbst.

IN NAZARET

Die Geschichten aus dem Evangelium leuchten ganz neu und wunderbar auf, wenn wir hier genau an der Stelle stehen und miteinander feiern, an der Maria gelebt und ihr Jawort zu Gott gesprochen hat. Im Umkreis von dreihundert Metern von hier aus haben sich Maria und Josef zu dem Glaubensleben durchgerungen, an dem wir jetzt immer noch teilhaben. Wenn Sie heutzutage durch diese recht unscheinbare Hügellandschaft fahren, durch diese ganz alltäglichen Dörfer mit ihren Menschen, werden Sie sich bestimmt fragen: Warum sollen Maria und Josef oder sonst jemand geglaubt haben, sie seien etwas Besonderes?

Unser Lebtag haben wir dieses Land hier idealisiert. Und vielleicht besteht eine der großen Gnaden einer Reise ins Heilige Land darin, zu entdecken, daß es nicht nur recht gewöhnlich ist, sondern sogar bei weitem nicht so schön wie viele andere Gegenden der Welt. In unseren Augen wird es erst durch das schön, was sich hier abgespielt hat. Wenn Sie hier die kleinen Buben durch Nazaret laufen sehen, wenn Sie die kleinen Mädchen auf der Straße sehen, wenn Sie jungen Männern in Arbeitskleidung begegnen, dann ist das wahrscheinlich gar nicht viel anders als zur Zeit Jesu. Und doch mußten diese Frau Maria und dieser Mann Josef glauben, sie seien von Gott ganz besonders auserwählt. Und der kleine Junge Jesus aus diesem Städtchen mußte irgendwie den Mut aufbringen, daran zu glauben, er sei der Sohn Gottes.

Das Wort, das mir an dieser Stätte der Menschwerdung zugesprochen wird, an diesem Ort, wo Maria ja gesagt hat und das Wort Fleisch geworden ist, in diesem Städtchen, in dem sie unter so ganz gewöhnlichen Umständen aufgewachsen sind – dieses Wort handelt von einem außergewöhnlichen Glauben. Wenn sie zum Glauben fähig waren, dann können vielleicht auch wir in unserem eigenen gewöhnlichen Leben glauben, daß Gott irgendwie auch in uns Fleisch werden könnte.

IM LAND DES FRANZISKUS

Der heilige Franziskus sagte am Ende seines Lebens, wenn er etwas noch einmal anders machen könnte, dann dies, daß er seinen Bruder Esel, wie er seinen Körper nannte, etwas besser behandeln würde. Aber das Charakteristikum aller Heiligen ist eine Art Fanatismus, das Besessensein von einer fixen Idee. Die Heiligen wissen, daß nur *eines* wichtig ist, und darin verbeißen sie sich mit einer Art von fiebrigem Drang und Eifer. Wenn wir jetzt in Assisi sind, so hilft uns das, uns Franziskus als leibhaftigen Menschen vorzustellen. Dort auf diesen Platz ist er in den Lumpen eines Aussteigers zurückgekommen und hat sich von seinen früheren Freunden verspotten lassen. Er mußte durch diese Straßen gehen und erleben, wie ihm Türen vor der Nase zugeschlagen wurden, sogar die meisten Türen der etablierten Kirche, die dachte, er sei übergeschnappt. Sie nannten ihn einen Spinner. Und er bezeichnet sich nach einer Weile selbst als „Gottes Narren".

Nach einiger Zeit zog er aus der Stadt hinaus. Er setzte eine kleine Kirche in San Damiano wieder instand und hörte dort, wie Jesus zu ihm sprach. Er lebte eine Zeitlang außerhalb der Stadt in Rivotorto und beim Kirchlein von Portiunkula, denn die Leute hier hielten ihn für einen Nichtsnutz, der keinen Respekt vor seinem Vater hatte. Kein Mensch dachte damals daran, daß sie achthundert Jahre später ganz gut von ihm leben würden, weil Touristen aus der ganzen Welt hier Ansichtskarten und Gipsfiguren von Franz von Assisi kaufen.

LIEBE, DIE SICH SELBST ENTÄUSSERT

Gelegentlich stellt sich die Geschichte selbst auf den Kopf. Zu seinen Lebzeiten wird ein Heiliger nie verstanden. So müssen wir sehr achtgeben, wen wir als Heiligen und wen wir als Teufel bezeichnen. Am besten hören wir genau hin, denn gelegentlich kommen Heilige in einer Gestalt zu uns, die wir ganz und gar nicht erwartet hätten.

Franziskus wollte vor allem eines. Deshalb lebte er in Höhlen, trug nur eine verschlissene Kutte und machte sich nichts daraus, daß die Leute ihn für übergeschnappt hielten. Sogar in seinem Zeitalter sah er, wie wichtig es sei, arm zu sein. Er sah, daß die Kirche im Begriff war, an ihrem eigenen Reichtum zugrunde zu gehen.

Franziskus steht vor allem für die Liebe, aber für die Liebe, die sich selbst ganz leer macht, für die Liebe, die sich so sicher fühlt, daß sie ganz arm sein kann. Sie kann auf ihren guten Ruf verzichten, auf ihre Sicherheiten, auf alles Geld. Franziskus wird zu jeder Zeit als der Arme von Assisi bezeichnet werden. Er war frei genug, um bewußt arm sein zu können. Er nannte seine Gemeinschaft „Minderbrüder". Er stellte sich bewußt auf die Seite der Verlierer.

Wir Amerikaner stehen auf dieser Erde bewußt auf der Seite der Gewinner. Beten wir also für uns selbst und für unser Land um die Gabe der Armut, um die Gabe der Freiheit, arm sein zu können. Wenn uns das gar nichts sagt, sagt uns Franziskus nichts. Dann ist alles andere nur Sentimentalität, ein bißchen rührselige Sympathie für den Tierfreund und Bruder Immerfroh.

AUSSÄTZIGE UND WÖLFE

Das ist eine wunderbar frohe Botschaft, Brüder und Schwestern, daß wir zu Gott nicht durch unsere Vollkommenheit gelangen, sondern durch unsere Unvollkommenheit. Denn das ist für jeden von uns die einzige Möglichkeit dazu. Das versetzt uns in die Lage, uns kontinuierlich auf den Weg in Richtung Wahrheit zu machen, statt uns in gelegentlichen Anläufen zu Verzicht und Selbstverleugnung zu erschöpfen. Nein, wir dürfen mit immer größerer Sympathie auf das eingehen, was sich in unserem Inneren abspielt. Tief in jedem von uns lebt ein Aussätziger und ein Wolf. Diese beiden Bilder haben allgemein die Phantasie der Menschen über Franziskus angeregt. Wir haben sie immer wieder nacherzählt und in Bildern dargestellt, aber nie wirklich verinnerlicht. Wir haben uns das immer als Begebenheit da draußen vorgestellt: Franziskus, der auf der Straße den Aussätzigen trifft, Franziskus, der vor Gubbio den Wolf zähmt. Diese Geschichten haben sich historisch ereignet, aber wichtiger ist, daß sie sich in unserer eigenen Seele abspielen.

Zunächst einmal müssen wir den Aussätzigen und den Wolf in uns selbst entdecken. Wenn wir es noch nicht fertiggebracht haben, etliche Aussätzige zu küssen und etliche Wölfe zu zähmen, dann wahrscheinlich deshalb, weil wir noch nicht den Aussätzigen und dem Wolf in uns selbst wahrgenommen haben. Schau dich heute genau an und entdecke, daß du selbst der arme Aussätzige bist. Pflege und verbinde seine Wunden. Entdecke den Wolf in dir. Zähme ihn, indem du ihm gütig verzeihst.

IN PORTIUNKULA

Es gibt viele romantisch-kitschige Bilder von Franziskanern, die friedlich miteinander beten und gemeinsam die Hände zu Gott erheben. Aber an dieser Stätte hier, im Umkreis dieser kleinen Kapelle, wo ihre ersten Hütten gestanden haben, bin ich mir ziemlich sicher, daß es viele Tage gegeben hat, an denen sie voller Zweifel und Enttäuschung waren; an denen sie einander auf die Nerven gingen – gelegentlich vielleicht bis zum Haß aufeinander – und daran zweifelten, ob Gott sie wirklich zu diesem Leben berufen habe; Tage, an denen sie Zorn verspürt haben, Versuchungen zum Begehren, zur Lust, zur Leidenschaft und Angst – einfach alle Versuchungen, denen der Mensch ausgesetzt ist.

Die ersten Franziskaner waren keine anderen Menschen als wir alle. Aber irgendwie hat sie das eine Gebot, das Jesus uns gegeben hat, ganz besonders bewegt: daß wir einander lieben sollen. Wie können wir einander tiefer lieben? Die ersten Franziskaner legten ihr Leben zusammen und blieben beieinander. Sie sagten: So, und jetzt bleiben wir beieinander, bis wir wirklich eins werden. Wir gehen einfach nicht mehr auseinander, bis wir alle Schranken auf dem Weg zur Liebe miteinander durchbrochen haben.

Auf das kommt es in jeder Ehe an, bei jedem Versuch des Einsseins und jedem Versuch, als Gemeinschaft zu leben. Früher oder später entdecken wir aneinander auch die Schattenseiten, die Seiten, die wir nicht mögen. Der einzige Weg, die Liebe zu lernen, besteht darin, da *durch*zugehen. Man kann nicht darum herumgehen, indem man die Augen davor verschließt, oder darunter hindurchtauchen, indem man alles spiritualisiert; man kann es nicht durch Ableugnen aus der Welt schaffen, sondern nur, indem man Fleisch wird, es annimmt und im Annehmen überwindet.

WEIBERZEUG

Das sogenannte „Weiberzeug" steckt als verborgene Energie hinter fast allen Fragen nach Gerechtigkeit. Mag es sich um die Bewegung für Gewaltlosigkeit und Abrüstung handeln, um die Bewegung zur Bekämpfung von Obdachlosigkeit und Flüchtlingsproblemen, um die Ausbeutung der Erde und ihrer Rohstoffquellen, um sexuellen und körperlichen Mißbrauch, um den Götzendienst des Profits und der Konzerne, um die Verwerfung der Armen – mit keinem dieser Probleme werden wir aus der gegenwärtigen Sackgasse herauskommen, solange wir nicht zuerst einmal die tieferliegenden Themen von Macht, Prestige und Besitz als das entlarven, was sie sind: als ungeheure Lügen.

Die Fähigkeit der Menschheit, ihre eigenen Schattenseiten zu verkleiden, scheint unbegrenzt. Die Logik der Patriarchen ist lediglich eine Logik zugunsten des Systems und des Status quo – den man borniert „die Welt, wie sie nun einmal ist", nennt. Ich werde immer wieder nach meinen Predigten daraufhin angesprochen, und gewöhnlich von höflichen Herren in korrekten Anzügen: „Ihre Predigt war ja höchst interessant, Herr Pater, aber wissen Sie, so wie die Welt nun einmal ist..." Den Vätern des Systems ist nichts mehr zuwider als ein anderer „Vater", der die herrschenden Spielregeln in Frage stellt. Aber genau das ist unsere Aufgabe, wenn wir die ganz neuen Spielregeln dessen verkünden sollen, was Jesus „das Reich Gottes" nennt.

DIE FRAU: DIE EINE HÄLFTE VON GOTTES KUNSTWERK

Dieses ganze „Weiber-Zeug" ist nicht nur wichtig, sondern es stellt eine ganze Hälfte des Heils, eine Hälfte der Ganzheit, eine Hälfte von Gottes Kunstwerk dar. Ich glaube, dieses Geheimnis wird in der Frau im zwölften Kapitel der Apokalypse ins Bild gebracht: „Sie war schwanger und schrie vor Schmerz in ihren Geburtswehen ... sie gebar ein Kind, einen Sohn ..., und ihr Kind wurde zu Gott und zu seinem Thron entrückt. Die Frau aber floh in die Wüste, wo Gott ihr ein Zufluchtsort geschaffen hatte" (vgl. Offb 12,1–6).

Könnte die Zeit der Frau jetzt gekommen sein? Diese Zeit ist immer gekommen! Die Welt ist der Pentagons und Pyramiden müde, der Empires und Konzerne, die Gottes Kind immer nur abtreiben. Dieses „Weiber-Zeug" ist äußerst wichtig und ist schon immer wichtig gewesen, wichtiger, als alle diese weißen männlichen Priester auch nur ahnen oder es sich wünschen konnten! Mein Gott war zu klein und zu männlich. Vieles, was die Feministinnen sagen, ist zutiefst prophetisch, und die Kirche und die Welt brauchen das unbedingt. Die Zeit ist gekommen, daß die Frau ihren Zufluchtsort in der Wüste verläßt und daß die Männer sie endlich ernst nehmen und willkommen heißen.

AUGUST

ZUTIEFST VERLETZT

Wenn es eine Lehre der Kirche gibt, die ich zu schätzen gelernt habe, dann die Vorstellung von der Erbsünde. Ich habe immer weniger Zweifel daran, daß wir alle von einer Art tragischen Defekts angesteckt sind, also daß wir alle im Kern unseres Wesens zutiefst verletzt sind.

Früher habe ich wirklich nicht so gedacht. Ich bin mit der sehr optimistischen Weltsicht des Teilhard de Chardin aufgewachsen. Jetzt, nachdem ich sieben Jahre lang am Aufbau einer Kommunität mitbeteiligt bin, habe ich zu viele famose, nette, gesellige Leute hier auftauchen sehen, die sich für recht vollkommene Menschen gehalten haben. Immer wieder nach spätestens drei Monaten hat sich herausgestellt, daß sie genau wie wir alle andern auch waren. In diesen sieben Jahren habe ich keine einzige Ausnahme erlebt.

Wir sind alle zutiefst verletzte Menschen, wir sind alle angeschlagen. Kein Mensch ist ganz, und doch sehnt sich jeder unablässig nach Ganzheit und Heiligkeit. Aus diesem Grund geht der Ruf Jesu zur Heiligkeit einher mit dem Dienst des Heilens. Ja man könnte sagen, im Grunde tut Jesus überhaupt nichts anderes als: predigen und heilen. Auf die reiferen Menschen hat seine Predigt bereits die Wirkung einer Heilung und sein Heilen die Wirkung einer Predigt.

ECHTE ERHOLUNG

Es gibt zweierlei Formen des Nichtstuns. Da ist zunächst einmal die Trägheit. Sie besteht weiterhin darin, jeglicher vernünftiger Tätigkeit aus dem Weg zu gehen. Man hängt herum oder läuft ziellos durch die Gegend und sagt: „Ich muß mich erst einmal ausruhen."

Warum gereichen uns so viele Arten der Erholung, denen wir uns widmen. Überhaupt nicht wirklich zur Erholung? Sie erneuern unseren Geist gar nicht.

Vieles von dem, was die Leute als Freizeit und Muße bezeichnen, ist nichts anderes als Unterhaltung oder Zerstreuung von einem Leben, das ohnedies schon eine einzige riesige Zerstreuung darstellt. In Wirklichkeit setzen sie sich nur einer anderen Art von Reizen aus, als es diejenigen sind, die sie in ihrem Alltagsleben auf Trab halten. Wir sagen zwar: „Ich tu jetzt einmal überhaupt nichts, ich mache Ferien." Aber trotzdem sind wir unfähig, uns eine echte Erholungsphase zu gönnen, bei der wir uns spürbar regenerieren. Wir bringen es nicht fertig, tatsächlich einmal *nichts* zu tun, damit in unserem vollgestopften Dasein ein echter Freiraum entstehen könnte.

Bei wirklicher Erholung sollte es darum gehen, den Mut zu wirklichem innerem Nichtstun zu haben. Genau besehen stellen die Muße und die echte Leere ein inneres Wachsein dar, ein Hören und ein Warten. Es handelt sich dabei um eine intensive innere Tätigkeit. Paradoxerweise ist diese Art Nichtstun die anspruchsvollste, disziplinierteste Form des Tuns. Daher kommt es, daß die Kontemplativen oft die tätigsten, engagiertesten Menschen sind.

Innerlich frei werden Sie dann, wenn Sie imstande sind, schlicht und einfach dazusein und alles andere sein zu lassen. Sie mögen dann zwar ganz passiv wirken, aber in Wirklichkeit leben Sie dann aus einem ganz intensiven inneren Aktivsein heraus.

POSITIVE LEIDENSCHAFT

Wir müssen recht lange leben, bis wir wirklich liebende Menschen werden. Gott ist wie eine gute Mutter, die uns unsere Hausaufgaben selber machen läßt, statt sie uns abzunehmen. Wir müssen alles selbst lernen, indem wir immer neue Versuche machen und aus unseren Irrtümern lernen. Also müssen wir auch unsere Hausaufgaben selber machen, die Hausaufgaben des Leidens, der Sehnsucht, des Gewinnens und Verlierens, und das hundertmal und öfter.

Eine der großen Gelegenheiten zum Leiden ist der Verlust, und es ist eine der Gelegenheiten, die sozial anerkannt sind. Wenn wir einen geliebten Freund verlieren, eine Frau, einen Ehegatten, ein Kind, ein Elternteil oder vielleicht einen bestimmten Besitz oder einen Arbeitsplatz, finden wir es richtig, daß uns das weh tut. Aber wir müssen das ausweiten. Wir müssen eine Form des Leidens finden, das wir auch spüren, wenn wir all das *haben*, und nicht nur, wenn wir etwas davon verlieren.

Dieses Leiden steckt schon immer in uns.

GEBT ROM...

Gebt Rom nicht mehr Autorität, als ihm jemals zugedacht war. Jesus hat zu Petrus gesagt, er solle seine Brüder im Glauben stärken. Jesus hat gar nichts davon gesagt, er solle sie auch in der Liebe oder in der Hoffnung stärken. Die Aufgabe des Bischofs von Rom besteht darin, uns in der Tradition unseres *Glaubens* in Einheit zusammenzuhalten. In der *Liebe* werden wir durch das Beispiel zahlloser leidender Menschen in der Welt gestärkt. *Hoffnung* vermitteln uns die Propheten – prophetische Bewegungen und Kommunitäten. Wenn wir all das Rom aufhalsen, werden wir unvermeidlich enttäuscht werden.

Bin ich zunächst einmal fähig gewesen, Roms zentrale, sichtbare und wichtige Gabe anzuerkennen, nicht ohne zugleich zu sehen, daß Rom nicht alle anderen Gaben auch hat, dann muß ich nicht so wütend mit dem Vatikan sein und so enttäuscht von ihm. Ich lebe einfach mein Christenleben weiter. Ich hoffe, in Freiheit dazu ja sagen und auf Rom in angemessener Weise hören zu können. Doch habe ich auch mein ganz eigenes Gebetsleben. Ich habe mein Gewissen; ich habe meine eigenen Schriftstudien, die ich zusammen mit meiner Kommunität, mit Theologen und mit meiner Laienkommunität angestellt habe. Dem, was ich da höre, muß ich auch folgen. Ich muß meiner inneren Autorität als Ergänzung zu dieser äußeren Autorität folgen. Oder, wie Kardinal Newman gesagt hat: „Ich spreche einen Toast aus auf den Papst, aber vorher einen Toast auf das menschliche Gewissen."

Worauf ich hoffe und worum ich bete, ist, daß sich beide soweit wie möglich überschneiden. Aber wenn sie es nicht tun, muß ich ins Gebet zurückgehen und andere kluge Menschen um Rat fragen. Deshalb brauchen wir weise und auf authentische Art gehorsame Menschen wie Dorothy Day oder Erzbischof Hunthausen – damit unsere Gewissen geformt werden. Der *allererste* Grundsatz der traditionellen katholischen Moral lautet, daß man seinem eigenen Gewissen folgen müsse.

FREIHEIT CONTRA ANGST

Mit Angst kann man nie das Reich Gottes herbeiführen. Wenn es mit Angst oder Zwang herbeigeführt wird, ist es nie und nimmer das Reich Gottes. Gott hat seinen Geschöpfen Freiheit geschenkt und achtet diese auch, selbst wenn sie gegen ihn aufbegehren und ihn lästern. Echte Tugend kann nur im Raum der Freiheit verwirklicht werden, wie übrigens auch echte Sünde. Das ist Gottes großes Risiko.

Die Freiheit, fallen zu können, ist gleichzeitig die Freiheit, aufstehen zu können. Gerade dann, wenn wir versagen und wenn wir spüren, wie arm, schwach und leer wir sind, erfahren wir Gottes helfende Kraft und heilende Liebe ganz besonders. Sie mögen jetzt einwenden: Oh, was Sie da sagen, ist gefährlich. Das klingt ja geradezu, als würden Sie die Sünde rechtfertigen. Aber ich will nur versuchen, ganz konsequent realistisch zu sein. Die Erlösung besteht darin, daß die Sünde auf den Kopf gestellt und überholt wird, indem Gott unsere wahre Freiheit erweitert hat und erzieht. Die Lehre vom freien Willen und von der Gewissensfreiheit gehört zum Kern der Gnadenlehre und der christlichen Moral.

UNKRAUT UND WEIZEN

Da gingen die Knechte zu dem Gutsherrn und sagten: Herr, hast du nicht guten Samen auf deinen Acker gesät? Woher kommt dann das Unkraut? Er antwortete: Das hat ein Feind von mir getan. Da sagten die Knechte zu ihm: Sollen wir gehen und es ausreißen? Er entgegnete: Nein, sonst reißt ihr zusammen mit dem Unkraut auch den Weizen aus. Laßt beides wachsen bis zur Ernte. Wenn dann die Zeit der Ernte da ist, werde ich den Arbeitern sagen: Sammelt zuerst das Unkraut und bindet es in Bündel, um es zu verbrennen; den Weizen aber bringt in meine Scheune" (Mt 13,27–30).

Dieser Abschnitt gehört zu denjenigen, die am häufigsten übersehen worden sind und am wenigsten Einfluß hatten; aber er gehört zu denjenigen direkten Lehraussagen Jesu, die wir besonders bitter nötig haben. Er hält uns vor Augen, daß die Wirklichkeit immer sehr zweideutig ist, aber offensichtlich waren wir bislang für diese Wahrheit noch nicht reif. Das Bild vom Unkraut und vom Weizen hat so gut wie keinen Einfluß auf die Entwicklung unserer Moraltheologie, unseres Selbstverständnisses, unserer Geduld mit allen Institutionen und miteinander gehabt.

Zumindest haben wir vom „Paschamysterium" gesprochen und gesagt, das sei das zentrale Geheimnis unseres Glaubens, und unsere neue Liturgie läßt uns sprechen: „Deinen Tod, o Herr, verkünden wir, und deine Auferstehung preisen wir, bis du kommst in Herrlichkeit." Aber selbst da übersetzen wir viel zu selten die mythische Sprache in die menschlichen Grunderfahrungen, auf die sie hinweisen will. Wahrscheinlich haben wir noch gar nie bemerkt, daß das zum Beispiel heißen könnte: „Wir leben, o Herr, halb im Finstern, wir leben, o Herr, halb im Licht, bis wir zum Durchbruch in ein erlöstes Leben gelangen." Oder: „Durch Sterben und Todeskämpfe, durch Auferstehungen und Ekstasen werden wir durch dieses Leben in eine unsagbare Fülle geführt."

Auf dem Feld wachsen immer Unkraut und Weizen zugleich, und wir müssen sie auch zusammen wachsen lassen. Wieviel Zeit habe ich schon dafür aufgewendet, mein Unkraut auszurupfen! Aber es läßt sich nicht ausrupfen, so sehr kein Zweifel besteht, daß es vorhanden ist! Von daher ist auch das Sakrament der Buße nicht das Sakrament der Vernichtung der Sünde oder auch nur des Loswerdens der Sünde. Es stellt eher die *Versöhnung* mit dem verflixten Unkraut und das *Verzeihen* dieses Unkrauts dar.

GESPRÄCHE MIT GOTT

Wenn Sie für sich den richtigen Gebetsrhythmus entdekken wollen, also die Gebetsweise, die zu Ihrem eigenen Temperament paßt, so müssen Sie sorgfältig darauf achten, auf welche Weise Gott zu Ihnen spricht. Wie gelingt es Ihnen am besten, zurückzuschalten und in den Dialog einzutreten, in dem sich Ihnen etwas offenbart und Sie Antwort geben? Das ist bei jedem verschieden.

Vielleicht brauchen Sie einen heiligen Ort, eine Stelle, an der Gott schon einmal zu Ihnen gesprochen hat. Das mag draußen in der Natur sein, oder vielleicht in einem bestimmten Sessel oder vor dem Allerheiligsten. Vielleicht ist es auch in der hintersten Kirchenbank. jedenfalls ist das der Ort, an dem Sie zu Gott zurückkehren und sich sozusagen in ihm zurücklehnen können, um sein Angesicht zu suchen. Das ist die einfachste Form des Gebets: Suchen Sie einfach jeden Tag einen Augenblick lang, soweit möglich, das Angesicht Gottes. Stellen Sie sich vor, Sie haben Gott von Auge zu Auge angeschaut, und Sie haben sich und Gott die Zeit gelassen, daß auch er Ihnen in die Augen schauen konnte.

Wenn Sie mehr zum Nachdenken neigen, werden es Gedanken und Einfälle sein, was Sie innerlich zu einem Gespräch mit Gott hinführt, in dem er sich Ihnen offenbart und Sie im Glauben auf ihn eingehen. Benützen Sie ein Buch, wenn Ihnen das liegt. Aber denken Sie nicht, das Lesen des Buchs sei bereits das Gespräch mit Gott. Sie müssen das in ein Sprechen mit Gott von Ihrem Herzen aus einmünden lassen, vom Ich zum Du, mit gewöhnlichen Worten, so, wie Sie mit jedem anderen Menschen auch reden würden. Sprechen Sie aus, was Sie wirklich fühlen, und nicht das, wovon Sie meinen, Sie müßten es fühlen. Wenn Sie sich niedergeschlagen fühlen oder als Versager oder unter übermäßigem Leistungsdruck, dann sagen Sie genau das Gott. Lassen Sie es zu, daß Gott Sie in diesem Punkt heilt und Ihnen hilft, damit richtig umzugehen.

LEHRE UNS BETEN

Liebender Gott, schenk uns die Gabe des Gebets. Wir möchten betende Menschen sein, damit wir andere ins Gebet einführen können. Herr, wir möchten andere dazu inspirieren, selbst Betende, ja zum Gebet zu werden. Heiliger Geist, lehre du uns, wie wir beten sollen. Nimm uns alle Angst vor dem Beten. Schenk uns den Mut, uns selbst unverhüllt vor dich hinzustellen. Du, Herr, hast dich ja auch nicht gescheut, dich uns offen zu zeigen.

Sei du unser Lehrer, du Heiliger. Unterweise uns hier und heute. Sende uns deinen Geist. Befrei uns von unseren Ängsten. Leg deinen Arm um uns und rufe jeden von uns bei seinem Namen. Nenne uns deine Tochter, deinen Sohn. Rufe uns zu dir her. Sag uns, daß alles recht ist, denn wir haben so große Angst, und wir fühlen uns selber so schlecht. Wir sehnen uns danach, endlich von jemandem gefunden zu werden, Herr. Entdecke du uns, Herr. Wir möchten uns dir offenbaren. Und wir möchten, daß du uns in deine Arme schließt. Wir beten miteinander als deine Söhne und Töchter. Wir beten im Namen Jesu. Amen.

HILF UNS, GRENZENLOS WEITE MENSCHEN ZU SEIN

Du Schöpfer, der uns liebt, wir möchten dein Volk sein. wir möchten dein grenzenlos weites Volk sein, dein katholisches Volk. Wir möchten für alle unsere Brüder und Schwestern, die vom selben Brot essen, das wir essen dürfen, und die aus demselben Kelch trinken, aus dem wir voll Freude trinken dürfen, echte Brüder und Schwestern sein.

Heiliger Geist, zeig uns, wie das geht. Hilf uns, dem immer Größeren, das du tun willst, nicht im Weg zu stehen. Hilf uns und bring uns die Bereitschaft bei, wirklich katholisch zu sein.

Herr Jesus Christus, wir vertrauen auf dich, daß du der Herr der Geschichte und der Herr auch unseres Lebens bist. Wir beten zu dir und vertrauen darauf, daß du unser Gebet hörst und zugleich sein Urheber bist. Wir beten im Namen Jesu, dessen Leib wir sind. Amen.

DU BIST DER HERR

Herr Jesus Christus, wir grüßen dich. Wir grüßen die Liebe, die wir nicht begreifen. Wir warten auf eine Liebe, die wir noch gar nicht kennen.

Hilf uns, Herr, unter dem Kreuz stehen zu bleiben und endlich zu begreifen. Herr, laß uns aus allen Erfahrungen unseres menschlichen Daseins lernen, was der Sinn von allem ist. Wir preisen dich. Du bist der liebende Herr der Geschichte. Wenn wir deinen Namen hören, beugen wir die Knie, denn du hast uns aus Nichts erschaffen, hast uns geliebt und erlöst.

MACH UNS ZU ZEICHEN DER HOFFNUNG

Herr, du Geist Gottes, wieder kommen wir als deine Söhne zu dir, denn wir brauchen dich; wir kommen als deine Töchter zu dir, denn wir bitten dich um dein Leben. Du bist unser Gott. Du bist unser Erschaffer. Du hast aus Nichts etwas aus uns gemacht. Mach uns frei, damit wir uns nicht mehr darüber beklagen, was wir nicht haben. Gott, wir wissen doch, was du uns alles gegeben hast; wir können es gar nicht mehr übersehen. Jesus, mach uns zu Zeichen der Hoffnung für diese Welt, damit die Welt sich nicht selbst zerstört. Vater, schenk uns den festen Glauben nicht nur an irgendein neues, glückliches Leben, nicht nur an ein gütiges Schicksal in einer fernen Zukunft, sondern schenk uns Glauben an das Jetzt, das uns so leer vorkommt.

Schenk uns die Hoffnung, daß du der bist, nach dem wir uns eigentlich sehnen: die Liebe, wie wir sie verstehen. Mutter, vielleicht spielt sich hintergründig in unserem Leben etwas ganz anderes, Schöneres ab. Wir möchten endlich sehen, daß das wahr ist. Wir möchten daran glauben können. Vielleicht sind wir von Gnade umhüllt. Wir wissen nur eines: wir, die einst nichts waren, sind jetzt etwas, und du, Gott des Lebens, hast das bewirkt. Dafür sind wir dir so dankbar.

GEBET ÜBER DIE ERDE

Gott, du großer Geist, du hast von allem Anfang an über deiner Schöpfung geschwebt. Du hast dich auf ein riskantes Glücksspiel eingelassen, als du uns Menschenwesen den Auftrag gabst, diese Erde zu hegen und zu pflegen. Du hast deine Hand zurückgehalten, als wir andauernd damit weitermachten, unsere Mutter Erde zu mißbrauchen, zu überfordern und zu verschmutzen. Du hast uns weiterhin erschaffen und geliebt, obwohl wir nicht immer uns selbst und unsere Brüder und Schwestern geliebt haben, und auch nicht die vielen Tiere, mit denen wir diesen Planeten teilen sollten, die Pflanzen, das Wasser, die Luft. Geduldiger Gott, wir bitten dich um Verzeihung; vergib uns, daß wir deine vielen guten Gaben mißbraucht haben. Wir bitten dich: Schenk uns neu die Augen der Liebe für alles Lebendige, Augen der Ehrfurcht vor dem, was nicht wir geschaffen haben, Augen der Heilung für das, was wir zerstört und übersehen haben.

Wir preisen dich für die Schwester Sonne, den Bruder Mond und alle Sterne. So hat es uns der schlichte Bruder Franz beigebracht. Wir preisen dich um des Bruders Wind willen und der Schwester Luft und der wunderschönen Wolken. Wir preisen und danken dir mit der Schwester Wasser und dem Bruder Feuer. Wir preisen dich, Gott, den Liebhaber alles, was lebt, für unsere Schwester, die Mutter Erde, die uns alle unsere Nahrung hervorbringt, unsere Medizin, unsere herrlichen Blumen. Wir leben in immerwährender Dankbarkeit für die gesamte Natur, denn „sie ist ein Abbild von dir, Allerhöchster".

Wir wollen neu damit anfangen, Heiliger Geist, alle Dinge in Schönheit zu erschaffen. Sei du mit uns – in deiner ewigen Schönheit. Amen.

JESUS IST UNSERE LIEBE

Gott des Lebens, segne unsere Tage. Halte uns am Leben, halte uns in deiner Liebe. Hilf, daß wir immer Hörende bleiben. Hilf, daß wir immer weiterwachsen, Gott, du unsere Mutter. Zieh uns immer näher an dich. Gott, du unser Vater, hilf, daß unser Geschwätz nicht deinem Geist im Weg steht. Hilf, daß alles, was wir sagen, nicht zu viel wird oder zu verwirrend.

Du Heiliger, unser Glaube gründet einzig in dir und nicht in irgendwelchen Worten oder Lehren. Wir möchten nur, daß unsere Worte uns auftun für dich und für deinen Geist, der in unserer Mitte ist.

Hilf uns, keine Angst vor Jesus zu haben, dem Gefährten, den du uns für unsere Wanderung dir entgegen mitgegeben hast. Mit dem heiligen Bernhard laß uns beten: „Jesus, du bist Honig in unserem Mund. Du bist Musik in unseren Ohren. Du bist ein Freudenjauchzer in unserem Herzen."

DER ORT DEINES NAMENS

Gott gibt dir zwei Namen: deinen eigenen und den Namen Gottes. Horche aufmerksam zu dem Ort tief in deinem Innern hin, wo Gott dir Gottes eigenen Namen gegeben hat, diesen Namen, den sich Liebende gelegentlich in intimen Augenblicken offenbaren. Dort hat Gott dir gesagt, wer Gott für dich ist. Wer ist Gott für dich? Er ist anders als irgend jemand anders. Du spiegelst einen Teil Gott, den nie jemand anders spiegeln wird. Du spiegelst auf Gott einen Teil des Geheimnisses wider, das kein anderer Mensch verstehen kann.

Dort, wo Gott dir Gottes geheimsten Namen gegeben hat, hast du auch deinen eigenen Namen erhalten. Vermutlich mußt du etliche Zeit warten, mußt lange hinhören, mußt schweigen und leiden. Ja, du mußt warten und dich danach sehnen; du mußt etliche Hoffnung aufbringen. Aber schließlich entdecken wir diesen Ort, an dem wir wissen, wer wir sind, und wissen, was Gott zu uns gesagt hat.

Dieser Ort, wo die Namen ein einziger Name sind, Gottes Name und dein Name, ist der Ort der innersten Verbindlichkeit. Das ist der Ort, wo du den Heiligen Geist hören und aufnehmen kannst. Allein dieser Ort ist groß und weiträumig genug, um darin dem verwegenen Evangelium Jesu Christi Glauben schenken zu können.

Ich hoffe, jemand hat dich freigesetzt und ermächtigt, deiner eigenen Erfahrung zu trauen; hinzuhören und deinen ganz eigenen Namen zu glauben. Mit diesem Namen wirst einmalig du ausgesprochen und aufgerufen, und niemand sonst.

ANDERSWERDEN UND VERÄNDERUNG

Zwischen Veränderung und Anderswerden besteht ein großer Unterschied. Veränderung tritt ein, wenn etwas Neues anfängt... Aber wenn sich etwas verändert, muß das nicht unbedingt damit einhergehen, daß unsere Seele sich ändert. Ich fürchte, im allgemeinen ändert sie sich nicht. Wenn eine Veränderung bei uns kein persönliches Anderswerden bewirkt, sind die letzten Dinge gewöhnlich schlimmer als die ersten: Wir verlieren unsere Seelen. Darin besteht das moderne Unbehagen. Wir produzieren am Fließband Neurotiker und Narzißten, denn es gibt viel zuwenig Medizinmänner und weise Frauen und Menschen des Geistes, die uns dabei helfen können, persönlich anders zu werden.

Das Anderswerden stellt sich eher ein, wenn etwas Altes stirbt; aber es ergibt sich nicht automatisch. Üblicherweise reagieren wir auf dieses Absterben mit Bitterkeit, Wut und Mißtrauen gegen das Leben überhaupt. Das liebe Ich spielt viel lieber Opfer, oder es kapituliert zu schnell, als daß es sich auf den mühsamen, von Zweifeln übersäten Weg des Anderswerdens begibt. Wir Helfer beim Anderswerden brauchen eine schlichte Tugend: den Glauben. Er ist immer noch die seltenste Errungenschaft, denn er fühlt sich an wie *nichts*, zumindest aber wie nichts, das unser Bedürfnis nach Wissen, Festhalten, Selbst-in-die-Hand-Nehmen, Begreifen befriedigt. Der Glaube geht gegen den Strich.

Das Sich-Ändern in Zeiten der Veränderung ist die Ausnahme, aber es ist auch die Norm. Deutero-Jesaja wurde im Exil geschrieben; Franz von Assisi trat auf, als die ersten Uhren anzeigten, daß Zeit Geld sei; und die Märtyrer von El Salvador vergossen ihr Blut während der letzten Zuckungen der kolonialen und wirtschaftlichen Unterdrückung. Nichts Neues scheint sich zu ereignen, wenn das Alte stirbt. Aber das Alte stirbt nie kostenlos: Immer müssen dabei Geiseln ihr Leben lassen. Doch in diesen steckt das Potential zum Brükkenbauen für die Wiederkunft Christi.

EIN KIND DER SECHZIGER JAHRE

Ich weiß nicht, ob es von Vorteil oder von Nachteil war, in den sechziger Jahren aufzuwachsen. Damals lagen Zukunftsvisionen, Hoffnung, Optimismus und positive soziale Veränderungen in der Luft. Man konnte unschwer glauben, tatsächlich breche das Zeitalter des Wassermanns an. Seine Vorreiter schienen die Kirche des Zweiten Vatikanischen Konzils zu sein. Der Idealismus schien fraglos richtig, alles war offen, alle Aussichten großartig. Wir brauchten nur noch eines zu tun: alle Leute ordentlich auszubilden und zu bekehren. Und das war lediglich eine Frage der Zeit.

Jetzt, 1992, im fünfhundertsten Jahr der Invasion der Europäer in die beiden Amerikas, sieht alles ganz anders aus. Man kann es kaum glauben, daß die Welt ihr Gesicht im Lauf einer einzigen Generation derart verändern konnte. Die Werte, von denen wir meinten, sie seien allgemein anerkannt, werden nun rundweg geleugnet: Der Rassismus ist Mode, der Krieg ist ein Ersatz für Gottesdienst, der Materialismus ist zum wasserdichten Mythos geworden, den Armen macht man ihren Zustand zum Vorwurf, und die Religion wird weithin als völlig unwichtig erachtet.

Hatten wir unrecht, oder ist das der Preis, den man für eine falsche Unschuld zahlen muß? Gibt es so etwas wie sozialen Fortschritt? Müssen wir jeden Schritt vorwärts mit zwei Schritten rückwärts bezahlen? Sie vermuten es wahrscheinlich schon: Ich beantworte jede dieser Fragen mit einem schlichten Ja. Aber ich bin sehr froh, daß ich von den sechziger Jahren geprägt worden bin. Sie haben uns die Augen geöffnet, vor allem wenn ich jetzt die späteren Alternativen dazu sehe. Diese Alternativen drohen unsere offenen Augen mit Spott, Entmutigung, Zorn und Finsternis wieder zu verhüllen.

DER GÖTTLICHE TASCHENDIEB

Nur wenn uns eine bedingungslose Liebe trägt, können wir es wagen, das Böse völlig von uns zu weisen. Don Quixote nimmt Aldonza ihre Beschämung, indem er ihr unbeirrbar mit Ehrfurcht begegnet. Die Liebe macht die Sünde unnötig und tilgt sie.

Was, glauben Sie, geschieht, wenn Gott Ihre Sünde verzeiht? Ändert sich da Gott mit einemmal, indem er Sie völlig neu einschätzt? Beschließt da Gott, auf irgendeine ewige und unerbittliche Strafe zu verzichten? Nein! In Gott geschieht da nichts. Gott ist schon immer das vollkommene Sich-Hergeben; er gibt sich immer völlig und ganz, ja er ver-gibt sich buchstäblich, und er vergibt: vor aller Zeit, noch bevor wir mit Glauben anfangen.

Nicht Gott ändert sich; *wir* ändern uns. Bei der Erfahrung des Verzeihens geschieht also folgendes: Wenn Gott Sie fest genug in seinen Armen hält; wenn Sie für einen Augenblick an die Liebe glauben können; wenn Sie Gott tief genug in Ihre Augen schauen lassen können und dann imstande sind, es zu glauben, dann sind Sie in der Lage, sich von Gott Ihre Sünde wegnehmen zu lassen. Gott zieht sie Ihnen aus der Tasche, während er Ihren Blick auf sich gebannt hält!

DIE VERSUCHUNG ZUM ERFOLG

Ich glaube, alle, die gern Seelsorger werden möchten, müssen die gleichen drei Versuchungen bestehen, denen Jesus ausgesetzt war, ehe sie wirklich gute Seelsorger sein können. Die erste Versuchung Christi, nämlich Steine in Brot zu verwandeln (Mt 4,3), besteht im Bedürfnis, Wirkung, Erfolg, Bedeutung zu erlangen und etwas zustande zu bringen. Sie haben irgend etwas gemacht, und die Leute sagen: „Toll! Großartig gemacht! Sie haben's genau richtig getroffen. Sie sind in Ordnung." Wenn die Menge Beifall klatscht, fällt es schwer, nicht zu glauben, man habe etwas großartig gemacht, und das sei folglich Gottes Wille.

Wenn Sie sich davon allzuschnell abhängig machen, ist es gewöhnlich so, daß Sie lediglich Ihr falsches Ich und die Vordergründigkeit der Menschen bestätigen, die Ihnen sagt, was sie zu ihrer Sofortbefriedigung braucht, jedoch selten selbst weiß, was die Menschen wirklich brauchen würden. Wenn Sie sich darauf einlassen, können Sie es zum sehr beliebten und erfolgreichen Seelsorger bringen. Aus diesem Grund mußte sich Jesus zunächst dieser Versuchung stellen. Er mußte uns von dem, was wir wollen, wegbringen und auf das stoßen, was wir wirklich *brauchen*. Jesus weigert sich also, gut anzukommen, er weigert sich, den vordergründigen Bitten der Menschen zu entsprechen, und er sagt damit: Geht tiefer. Um was geht es eigentlich? Was wollt ihr im Tiefsten? Wonach hat euer Herz eigentlich Hunger? Worauf richtet sich eure tiefste Sehnsucht? „Der Mensch lebt nicht nur von Brot" (Mt 4,4).

DIE VERSUCHUNG, EIN GERECHTER ZU SEIN

Die zweite Versuchung Jesu: Der Teufel nimmt ihn mit auf die Zinne des Tempels, Symbol der Welt des Religiösen, und sagt zu ihm, er solle das Spiel des Rechtseins vor Gott spielen. „Wenn du Gottes Sohn bist, so stürz dich hinab; denn es heißt in der Schrift: Seinen Engeln befiehlt er, dich auf ihren Händen zu tragen" (Mt 4,6). Das ist das einzige Mal, daß der Teufel die Bibel zitiert. Die zweite Versuchung besteht im Bedürfnis, als Gerechter dazustehen und von sich selbst das Gefühl zu haben, gerettet zu sein, besser als alle anderen, zur moralischen Elite zu gehören, die die Partei Gottes und der Religion vertritt, und überzeugende Bibelzitate zu seinen eigenen Gunsten ins Feld führen zu können.

Durch Menschen, die voll blinder, dummer Rechtschaffenheit gewesen sind, ist mehr Schlimmes in die Welt gekommen als durch Menschen, die vorsätzlich gesündigt haben. Es gibt nichts Schlimmeres, als davon überzeugt zu sein, man habe die Wahrheit ganz für sich allein gepachtet; man sei in seiner Konfession, mit seinen Dogmen und seinem rechtschaffenen Verhalten mit Gott ganz im reinen.

Es ist nicht falsch, „rechtschaffen" zu sein. Gelegentlich, wenn alles klappt, ist das sicher ganz schön. Spirituell problematisch ist jedoch das *Bedürfnis*, rechtschaffen dazustehen. Wir sind berufen, uns an die Wahrheit zu halten und uns um den Rest nicht groß zu kümmern. Dann läßt man es bleiben, nach spirituellem Erfolg zu fragen, denn das würde immer wieder nur die Haltung des jungen Mannes widerspiegeln, der mit der Frage: „Meister, was muß *ich* tun, um das ewige Leben (für mich) zu gewinnen?" (Mk 10,17) um sich selbst kreist. Jesus gab ihm bewußt keine Antwort, weil die Frage falsch gestellt war. Auch das ist wieder „der Teufel", der die Bibel zitiert und im Grunde keine Antwort will, sondern nur eine Selbstbestätigung.

Mutter Teresa sagt gern: „Wir wurden nicht erschaffen, um Erfolg zu haben, sondern um gehorsam zu sein."

DIE VERSUCHUNG, ALLES FEST IM GRIFF ZU HABEN

Nach dem Bedürfnis nach Erfolg und dem Bedürfnis, vor sich selbst bestätigt zu werden, besteht die dritte Sucht des Menschen darin, alles fest im Griff und in seiner Gewalt haben zu wollen. So sagt der Teufel zu Jesus, er solle sich vor dem Machtprinzip dieser Welt beugen: „Das alles will ich dir geben" (Mt 4,9). Kauf dir das alles. Glaube daran. Aber Jesus weigert sich, sich vor dem Prinzip der Macht über andere zu beugen, vor diesem System von kleinen Königreichen, Konzernen und Nationalstaaten, vor diesen Sicherheitssystemen und den Idolen des Militarismus. Denn der Preis für diese Liebe zur Macht besteht darin, sich vor dem Teufel niederzuwerfen und ihn anzubeten (Mt 4,9). Das ist ein sehr hartes Urteil über „alle Reiche der Welt mit ihrer Pracht" (Mt 4,8). In ihnen allen muß unvermeidlich das Eigeninteresse vorherrschen. Aber für Menschen, die zum Reich Gottes gehören, darf das Eigeninteresse keine Rolle mehr spielen.

Ganz einfach gesagt, die dritte Versuchung besteht im Bedürfnis, alles fest im Griff zu haben, mit der Macht und dem Geld verbündet zu sein. Und so werden, genau besehen, die drei Versuchungen, vor die sich Jesus gestellt sieht, zu einer einzigen: Es ist das süchtige System, die große Lüge, die unantastbare Mythologie, was nach ihm greifen will. Ich kenne nichts, was stark genug wäre, diese Mythologie zu durchbrechen – keine Ideologie, keine liberale, keine konservative Weltanschauung –, sondern nur eines: das Evangelium Jesu, das alles auf den Kopf stellt. Man muß sein Leben auf eine völlig neue Basis stellen, auf die Basis einer wirklichen Erfahrung, mit Gott vereint zu sein.

Jesus sagt zum Teufel: „Vor dem Herrn, deinem Gott, sollst du dich niederwerfen und ihm allein dienen. Darauf ließ der Teufel von ihm ab" (Mt 4,10–11). Wenn Sie diese drei „Brocken" geschafft haben, kann Ihnen der Teufel nichts mehr anhaben.

DIE BÄDER IN LOURDES

Wenn man sich in Lourdes in eines der Bäder tauchen läßt, ist das ein Akt der Erniedrigung und des Vertrauens, ein Akt des Glaubens. Ihr Geist möchte einwenden: Wozu das? Was hat das für einen Sinn? Was soll das nützen? Es scheint, alles in unserem Leben müsse einen unmittelbaren, sichtbaren Nutzeffekt haben, sonst hat es nicht „funktioniert".

Diese Einstellung ist ein schrecklicher Feind des Glaubens, denn der Glaube spielt sich nicht im Bereich des unmittelbar praktisch Nützlichen ab. Zu glauben, das bedeutet: in die Welt des Geheimnisses einzutreten, wo tiefere Energien am Wirken sind und wo auch dann Umwandlung stattfinden kann, wenn sich äußerlich gar nichts zu ändern scheint.

Wenn wir es fertigbringen, uns im Glauben völlig Gott auszuliefern, so wie ein Kind sorglos unter den Augen seiner Mutter spielen kann, dann können wir erst richtig miteinander erfahren, was Beten eigentlich heißt. Wir müssen unsere Vorstellung, daß wir etwas machen sollten oder könnten, ganz fahren lassen und absichtslos vor Gott spielen, oder hier in diesem Heiligtum von Lourdes vor Maria. Nur das schlichte, zweckfreie Kind in uns kann das begreifen. (Tatsächlich wurde ich selbst in Lourdes von meiner siebenjährigen schweren Zuckerkrankheit geheilt, und zwar am selben Tag, an dem ich diese Betrachtung vortrug, am 2. Oktober 1980. Gott ist gut!)

UNSERE ERFAHRUNG ERNST NEHMEN

In den letzten Jahren waren wir Zeugen, wie eine Theologie der Befreiung entstanden ist. Und wir erkennen darin eine wichtige Wahrheit: Der erste Ort der Theologie ist die Art, wie Menschen Gott erfahren, denn Gott teilt bestimmten Menschen sein göttliches Selbst mit. Es ist dabei wichtig, den kulturellen Erfahrungshintergrund jedes Landes ernst zu nehmen und genau auf ihn zu hören, denn Gott hat durch den Geist und das Herz jedes einzelnen Volkes gesprochen.

Wenn wir also heute der Erfahrung unserer Brüder und Schwestern in der Dritten Welt Gehör schenken, dann, so meine ich, müssen wir auch fairerweise uns selbst die gleiche Gunst erweisen. Wir müssen unsere eigene einzigartige Erfahrung ernst nehmen und auf sie hören. Wir müssen sagen: irgendwie ist etwas Wahres daran.

Wir müssen das Gute in unserer Gesellschaft anerkennen, bevor wir das Böse abrasieren können, denn Gut und Böse sind immer die beiden Seiten ein und derselben Münze. Man kann das Böse nicht richtig erkennen, wenn man das Gute nicht richtig erkennt. Man kann das eine nicht annehmen, ohne wenigstens ein Stück weit auch das andere zuzulassen oder zumindest zu verstehen.

Worin besteht unsere spezielle Erfahrung? Wie sieht sie aus, im Guten wie im Schlechten? Ich würde als die wesentlich guten Werte unserer Gesellschaft aufzählen: den Personalismus, die Freiheit und Selbstbestimmung, den Pluralismus, die Ehrlichkeit, die demokratische Selbstkritik, die Vorliebe für Produktivität und praktischen Nutzen, solange das in einem gesunden Rahmen bleibt, und ein natürliches Empfinden für die Gleichheit aller Menschen, das nichts von Kastensystemen jeglicher Form hält.

Gott will sich dieser Werte bedienen. Wir müssen bereit sein, sie auch unsererseits einzusetzen und dabei sowohl ihre wertvollen Möglichkeiten wahrhaben, als auch die Versuchungen erkennen, die in ihnen stecken.

ALLES MUSS SCHNELL GEHEN

Wir lassen uns immer mehr einfallen, wie wir Zeit sparen können; so ist es eigentlich immer unverständlicher, daß es alle Leute so furchtbar eilig haben. Sie scheinen alle viel zuwenig Zeit für das zu haben, was sie eigentlich gern tun würden. Wir können uns gegenseitig ungeheuer schnell erreichen, denn es gibt ja das Telefon, das Auto, die Massentransportmittel, die Telegramme und die Post.

Als ich nach Albuquerque zog, bekam ich einen Anrufbeantworter, weil ich so oft abwesend war. Ich sagte, ich sei doch nicht verrückt, um mich mit so etwas abzugeben. Aber jetzt komme ich eben doch heim, und jeder, dem ich entkommen konnte, kann mich nun doch erreichen. Frühere Generationen hatten nicht die Möglichkeit, daß jeder jeden rasch erreichen konnte. Gelegentlich rede ich heute an einem einzigen Tag hintereinander in zwei verschiedenen Erdteilen. Früher wäre zwischen diesen beiden Auftritten eine wochenlange Reise nötig gewesen. Unvermeidlich fordert das seinen Tribut von unserer Psyche, von der Wirklichkeit, von unserem spirituellen Daheim. Vor allem scheinen darunter die Freundschaft und die Weisheit zu leiden.

Paradoxerweise führt materieller Überfluß zum Mangel an nichtmateriellen Gütern. Papst Johannes Paul II. hat das sehr deutlich bei seiner ersten Rede vor den Vereinten Nationen gesagt. Er äußerte: In einer Überflußkultur schwinden unvermeidlich die spirituellen Werte: das Zeithaben, das Wissen, die Weisheit, die Liebe und die Freundschaft. All das nimmt in fast mathematischem Verhältnis zur Zunahme des Materialismus ab.

ERZÄHLSTUNDE MIT DEM SCHECKBUCH

Ich kenne ein Ehepaar, das recht gut verdient, aber doch sehr einfach lebt; es verzichtet auf alle Statussymbole und jeden Aufwand und zweigt viel Geld für soziale Zwecke ab.

Jeden Monat setzt sich die Mutter mit dem Scheckbuch und ihren sechs Kindern an den Tisch. Dann stellt sie Schecks aus, und zu jedem Scheck erzählt sie ihnen die Geschichte des Menschen oder des Umstandes, für den die jeweilige Summe bestimmt ist: „So, und das ist jetzt für die und die Leute, die das viel dringender brauchen als wir." So wissen die Kinder ganz genau, wo das Geld der Familie hingeht und daß es nicht mehr auf dem Bankkonto darauf wartet, in Spielzeug investiert zu werden.

Die Eltern haben sich sehr konsequent dazu entschlossen, sich nicht immer Neues, Besseres und mehr anzuschaffen. Wenn die Eltern über eine bestimmte Anschaffung diskutieren, beziehen sie ihre Kinder mit ein, und dadurch teilen diese viel überzeugter ihre Entscheidungen. So ringen sie immer wieder miteinander um Solidarität mit anderen – was durchaus nicht ohne gelegentliche heftige Kontroversen abgeht. In dieser Hinsicht gehören die Kinder dieser Familie zu den reifsten und verantwortungsbewußtesten Kindern, die ich in der betreffenden Gemeinde kenne, und es sind doch gleichzeitig recht lebhafte und natürliche Kinder.

Ich meine, diese Erzählstunde der Mutter mit dem Scheckbuch ist die beste denkbare Form religiöser Erziehung. Hier hat der Reifen Bodenhaftung. Das ist in keiner Weise abstrakt und abgehoben. Nein, da heißt es ganz praktisch: „Jesus würde so sagen. Wenn man an ihn glaubt, ist das das Richtige. Aus Liebe entscheiden wir so."

Aus unseren Scheckbüchern kann man wahrscheinlich am eindeutigsten schwarz auf weiß ablesen, wie es um unsere religiöse Überzeugung und unsere wahren Werte bestellt ist. Im gleichen Sinn hat Jesus gesagt: „Wo dein Schatz ist, da ist auch dein Herz" (Mt 6,21).

DAS SCHWEIN MITEINANDER TEILEN

Als ich einmal in Guatemala war, machte ich eine Erfahrung, die stellvertretend für viele ähnliche Erfahrungen in Ländern der Dritten Welt stehen mag: Sobald Sie in ein Dorf kommen, hören Sie früher oder später das Quieken eines Schweins oder das Gackern eines Huhns. Es wird für Sie geschlachtet. Die Leute haben es für Sie aufgespart. Und gelegentlich erfahren Sie nachträglich: das war ihr letztes Schwein oder Huhn. So großzügig sind die Armen.

Wenn Sie sich daran gewöhnen, alles mögliche auf Vorrat anzulegen, geraten Sie in eine Haltung des Knauserns. Aber wenn Sie so gut wie keine Rücklagen haben, sind Sie aus irgendeinem Grund viel leichter bereit, etwas herzugeben oder sich einen schönen Tag damit zu machen. Das Sparen und Aufheben liegt Ihnen dann nicht. Die Leute sagen: „Das ist unser letztes Schwein. Aber der Pater ist gekommen, und das müssen wir doch feiern!" So schlachten sie das Schwein, und sie hocken dann stundenlang im betreffenden Haus herum, bis die Leute das Schwein geschlachtet und zubereitet haben. Sind Sie dann mit dem Festessen zusammen mit den ursprünglich dazu Eingeladenen fertig, so ist immer noch eine Menge übrig. Was würden wir hierzulande tun? Wir haben Tupperschüsseln und Gefriertruhen. Es wäre richtig und verantwortungsbewußt, alles aufzuheben. Denn wir haben das Gebot, keine Nahrungsmittel verkommen zu lassen. Und wir haben die technischen Möglichkeiten, sie bis zum Verzehr aufzubewahren.

Das ist ein recht gutes Beispiel dafür, wie die Technik immer gleichzeitig eine gute und eine schlechte Seite hat. Was ist bei uns infolge unserer Tiefkühltruhen und Kühlschränke verkümmert! In Guatemala müssen die Leute das Schwein oder das Huhn immer gleich mit allen anderen teilen. Die Überreste müssen gleich verzehrt werden, und so verteilt man sie unter den Nachbarn. Das ist eine völlig alltägliche Praxis, und dadurch entsteht ein ganz eigenes Bewußtsein der Zusammengehörigkeit. Es schafft Gemeinschaft und gegenseitige Abhängigkeit.

Wir in den westlichen Ländern sind darauf nicht angewiesen, denn wir können die Überreste für uns selbst aufbewahren. Dadurch bleiben wir immer öfter in unseren Häusern, in denen alles nur uns selbst gehört und vor den anderen geschützt werden muß. Unser Hang zum Knausern und zum Sorgen für uns ganz allein hat zur Folge, daß wir uns immer stärker voreinander abkapseln, voneinander unabhängig werden und miteinander im Wettbewerb liegen. Die Armen dagegen haben einen erstaunlichen Hang zur Verschwendung, und zwar deshalb, weil sie sich auf die Gruppe verlassen können und nicht in dem Maß wie wir der Versuchung ausgesetzt sind, für die Zukunft vorzusorgen. Wir mit unserem Vorurteil betrachten das als Verantwortungslosigkeit, aber in Wirklichkeit sind die Armen mit dieser Art dem Glauben, der Gemeinschaft und dem Reich Gottes viel näher als wir.

VERKÜNDE DAS EVANGELIUM

In Teilen von Zentralamerika und Asien ist die Kirche von unglaublicher Vitalität. Dort ist man vom Glauben so begeistert, daß ich während eines Besuches geradezu die Neigung verspürte, ganz dort zu bleiben. Als ich das äußerte, sagten die Leute ausnahmslos: „Nein, geh nach Amerika zurück. Amerika hat die Bekehrung dringend nötig und muß das Evangelium erst noch entdecken ..."

Im Spaß sagten sie: „Hier unten brauchen wir dich nicht. In Zentralamerika kommen wir viel besser zurecht, weil es hier nicht so viele Priester gibt. Geh du nur heim, und verkünde das Evangelium in Nordamerika!"

Wir sind die Erste Welt. Wir sind ein Volk, das in vielerlei Hinsicht unglaubliche Gnaden empfangen hat. Deswegen brauchen wir uns keine Schuldgefühle zu machen, aber unsere Kirche ist zu einer Einrichtung des Mittelstands geworden, und die darin vorherrschende Geisteshaltung muß unbedingt vom Evangelium her immer wieder in Frage gestellt werden. Unser Zentrum für Aktion und Kontemplation in New Mexico hat sich das zur Aufgabe gemacht. Solange die Mittelstands-Kirche nicht das Leben von der Seite Jesu her sieht (das heißt von der Unterseite her), wird ein Großteil der Welt so weiterleben wie bisher, nämlich praktisch als unsere Sklaven, die uns zu unserem Lebensstil und unseren Illusionen verhelfen.

DAS VOLK DER SELIGPREISUNG

„Selig, die arm sind vor Gott;
denn ihnen gehört das Himmelreich.
Selig die Trauernden;
denn sie werden getröstet werden.
Selig, die keine Gewalt anwenden;
denn sie werden das Land erben.
Selig, die hungern und dürsten nach der Gerechtigkeit;
denn sie werden satt werden.
Selig die Barmherzigen;
denn sie werden Erbarmen finden.
Selig, die ein reines Herz haben;
denn sie werden Gott schauen.
Selig, die Frieden stiften;
denn sie werden Söhne Gottes genannt werden.
Selig, die um der Gerechtigkeit willen verfolgt werden;
denn ihnen gehört das Himmelreich.
Selig seid ihr, wenn ihr um meinetwillen beschimpft und verfolgt und auf alle mögliche Weise verleumdet werdet. Freut euch und jubelt: Euer Lohn im Himmel wird groß sein. Denn so wurden schon vor euch die Propheten verfolgt" (Mt 5,3-12).

In Lourdes geschieht etwas. Und Gott möchte uns die Augen dafür öffnen und unser Herz bereiten, um es aufzunehmen. Was sagen uns diese vielen verkrüppelten und behinderten Menschen? Welches Zeugnis geben uns alle diese Krankenschwestern und Pfleger? Ein Leben, bei dem wir auf andere angewiesen sind, ein Leben, in dem man ungeniert um Hilfe rufen kann.

„Selig, die hungern und dürsten nach der Gerechtigkeit", sagt Jesus.

Die Erniedrigten und Bescheidenen sind imstande, zu sehen, was hier geschieht. Sie sind diejenigen, die bereit sind, wenn sich etwas Besonderes ereignet. Denn die Abgestumpften merken nichts. Die Übergescheiten leiden nicht. Die Wohletablierten brauchen sich nicht zu beschweren. Aber tatsächlich lehrt uns Jesus, wie wir mit Würde leiden können. Ja, er *steigert* unsere Leidensfähigkeit. Das ist die Kernaussage der acht Seligkeiten.

Was ist das für ein Gott? Es ist ein Gott, der unsere Fähigkeit steigert, den Schmerz des Menschseins zu verspüren, ein Gott, der Verunstaltungen und Tragödien zuläßt, damit wir alle in einer Schwesterschaft der Bedürftigkeit, in einer Bruderschaft der Sehnsucht zusammengeschweißt werden.

WOMIT GOTT ZU STREICH KOMMEN MUSS

Gott kümmert sich um uns, trotz unserer Dummheit. Wir sind die Art Lebewesen, die Gott liebt. Gott liebt uns nicht nur dann, wenn wir nette und richtige Dinge tun. Aber es ist eine Illusion, zu glauben, irgend jemand von uns würde etwas tun, was seine selbstsüchtigen Interessen überschreitet. Nüchtern gesehen, müssen wir sagen, daß in jeder Handlung unseres Lebens ein Stück Ichsucht steckt. Das liegt in der Natur des Menschen, und wahrscheinlich ist das auch so in Ordnung, solange man das ehrlich eingesteht.

Ich bin es zum Beispiel müde geworden, Ansprachen zu halten. Wie bei jedem Menschen, ist auch mein Talent gleichzeitig mein Fluch geworden. Aber ich würde lügen, wenn ich abstreiten würde, daß ich trotzdem immer wieder eine gewisse Befriedigung für mein Ich empfinde: Ich stehe vor Menschenmengen, und ich fühle mich dabei im Element. Das ist in Ordnung, solange ich mein Bündel unterschiedlicher Motive und meine Ichsucht erkenne und zugebe. Das ist die einzige Möglichkeit, wie Gott irgend jemanden dazu bringen kann, irgend etwas zu tun! Immer ist dabei ein Stück legitimer und unerläßlicher Ichsucht im Spiel.

Was mich ärgert, ist, wenn wir sagen: das tue ich alles nur für Jesus oder aus völlig selbstloser Liebe, oder nur für meine Frau und meine Kinder, oder für die Kirche. Ein Stück weit tun wir es immer für uns selbst, und Gott sagt in seiner großen Liebe und Bescheidenheit: „Damit muß ich zu Streich kommen. Etwas Besseres finde ich nicht!“ Das ist das Senfkorn, aus dem Gott Großes entstehen lassen kann. Dank sei Gott!

Seinen grundsätzlichen Egoismus anzuerkennen ist eine demütigende Erfahrung; aber zugleich ist diese Erfahrung auch sehr befreiend.

DIE BEFREIUNG DER MÄNNER

Unsere Befreiung als Männer sieht anders aus als die Befreiung der Frauen. Das, was unsere Schwestern bekämpfen, die Kultur des Patriarchats, hat die Frauen in ungemein vielfältiger Weise unterdrückt, während wir Männer das gar nicht bemerkt haben, denn wir waren auf der Gewinnerseite. Wir müssen uns an die Seite unserer Schwestern stellen, um allmählich zu begreifen, worum sie kämpfen. Aber gleichzeitig gibt es eine Reihe von Dingen, die sich auch die Männer erkämpfen müssen, um freiere Menschen zu werden.

Wir Männer im Westen müssen von einer ganzen Anzahl von Erwartungen befreit werden, die unsere überkommene Kultur an uns stellt und die wir auch selbst an uns stellen: daß wir alles mehr als gut hinbringen, daß wir in hartem Wettbewerb kämpfen, daß wir konzentriert um etwas kämpfen und deshalb notwendigerweise nicht zimperlich sein können und daß wir uns hart und stark als Kanonenfutter in Kriegen verheizen lassen. Diesem Erwartungsdruck werden wir von Kindheit an ausgesetzt, sowohl von den Frauen als auch von den Männern. Sowohl Männer wie Frauen profitieren davon; aber Männer wie Frauen leiden auch darunter.

Unsere Befreiung besteht darin, daß wir diese Stimmen in unserem Inneren, die uns verlogene Vorstellungen darüber einflüstern, wie Erfolge aussehen, erkennen und ihnen widersprechen. Vielleicht ist diese Befreiung sogar noch schwieriger als diejenige der Frauen. Ich denke, aus diesem Grund sind wir im Prozeß der Befreiung so weit im Rückstand. Wer „vorne dran" ist, ist viel mehr verstrickt und blokkiert, als wer zu denen unter „ferner liefen" gehört; zumindest sagt das das Evangelium.

In zahlreichen Familien hat die Frau schon weit mehr männliche Eigenschaften erworben, als die meisten von uns Männern weibliche Eigenschaften erworben haben. Viele Männer erkennen intuitiv, daß ihre Frau in vieler Hinsicht viel stärker ist als sie. In vielen Familien kann die Frau das Leben viel besser organisieren und sich um alles kümmern als ihr Mann. Daraus wird ein Grundmuster des Zusammenlebens. Die Frau verfügt über viele weibliche und männliche Qualitäten und ist auf ihre Art sehr viel mehr befreit als der Mann. Der Mann steht am Rand; er verdient das Geld, um das ganze System aufrechtzuerhalten; er verliert die Achtung seiner Kinder und seiner Frau, und oft leidet auch sein Selbstwertgefühl.

LIEBE ÄUSSERT SICH ALS SOLIDARITÄT

Einmal hatten wir einen Flüchtling in unserer Gemeinschaft, Fernando aus El Salvador, und viele von uns bekamen seine Geschichte mit. Es ist fast unglaublich, daß ein Mensch solche Qualen und Foltern überhaupt aushalten kann, wie er sie von seiner eigenen Regierung zugefügt bekommen hat – von einer Regierung, die wir aus Mitteln der USA finanziell unterstützen.

Es ist durchaus möglich, daß er schließlich von unserer Regierung wieder in sein Heimatland ausgewiesen wird. Mitglieder unserer Gemeinschaft haben gesagt, sobald sie merken würden, daß ihn die Regierung in den fast sicheren Tod zurückschicken wolle, sei es für sie keine Frage, daß sie solidarisch zu ihm stehen würden, sogar gegen die Gesetze der USA. Sie sagten, dann würden sie sich im Altarraum um ihn herumstellen: „Wenn sie ihn mitnehmen wollen, müssen sie uns auch mitnehmen!“ Sie sind sich ihrer tiefen Verbindung mit ihm bewußt; sie verstehen ihn; sie haben mit ihm Freundschaft geschlossen. Eine andere menschliche Alternative würde es gar nicht geben.

In dieser Haltung steckt keine großartige Ideologie; da geht es nicht um rechts- oder linkslastige Politik, sondern im Grunde lediglich um Mitgefühl und Solidarität mit Freunden und Opfern und um die Bereitschaft, den Preis für diese Freundschaft zu bezahlen.

DIE ENERGIE DES GROSSVATERS

Ein Mann, der von männlicher Energie erfüllt ist, besitzt ein tiefes Vertrauen in das Leben. Vertrauen ist nicht das gleiche wie Naivität; wer vertraut, urteilt ganz klar und weiß genau, was Leben und was Sterben ist. Haben Sie sich erst einmal ganz klargemacht, worin das Leben besteht und worin der Tod, sind Sie in der Lage, sowohl dem Leben wie dem Tod zu vertrauen. Menschen, die gar nicht genau den Unterschied zwischen Leben und Tod kennen, sind auch nicht zum Vertrauen auf die Wirklichkeit fähig.

Zu vertrauen bedeutet nicht, blind einen hochherzigen Entschluß zu fassen oder ohne jeden vernünftigen Grund einen Sprung im Glauben zu machen. Nein, vertrauen bedeutet anerkennen, daß jede menschliche Situation ein Gemisch aus Leben und Tod ist. Wir selbst sind ein Gemisch aus Finsternis und Licht, Leben und Tod. Alles, was wir tun, bringt ein Stück weit Leben zustande, aber zugleich steckt darin auch immer ein gutes Maß an Angst und Selbstschutz. Können wir es jedoch akzeptieren, daß es nichts ganz Vollkommenes auf der Welt gibt, dann können wir auch Frieden in dieser Welt finden. Wie hat Jesus gesagt? „Allein Gott ist gut."

Es bedarf eines ungeheuren Aufwands an Mut und einer gewaltigen Demut, eine paradoxe Welt zu akzeptieren. Ich glaube, genau das können „*Groß*väter" (und „*Groß*mütter"!) zustande bringen. Vermutlich erreicht man diese Ausgewogenheit gar nicht sehr viel früher als um sein fünfzigstes Lebensjahr.

SEPTEMBER

GANDHIS ROSE

Gandhi gibt uns einen guten Rat: „Wenn Sie den Duft des Christentums verbreiten wollen, müssen Sie es wie die Rose machen. Die Rose zieht die Menschen unwiderstehlich an, und ihr Duft bleibt an ihnen hängen. So sollte es auch mit dem Duft des Christentums sein. Er ist viel zarter als der der Rose und sollte, wenn möglich, auf noch stillere und unmerklichere Weise verbreitet werden" (Mahatma Gandhi).

Gandhis Rose ist ein wunderbares Bild. Die Rose bezieht ihre stille und unmerkliche Autorität aus ihrer Schönheit und ihrem lieblichen Duft. Sie braucht ihren Wert nicht zu beweisen und muß Sie nicht überreden, ihre Partei zu ergreifen. Sie weiß, daß sie eine Rose ist, daß sie wunderschön ist.

Es könnte sein, daß Sie diese der Rose angeborene Autorität als so stark und unwiderstehlich empfinden, daß Sie zu ihr sagen, wie es Franz von Sales getan hat: „Schrei nicht so laut!"

Würden die Christen auf die Autorität vertrauen, die ihrem Glauben innewohnt, auf das Gewicht der Wahrheit ihres Glaubens und auf die Überzeugungskraft echten Gutseins, dann würde auch die Welt zu den Christen sagen: „Wir hören euch doch – schreit nicht so laut!"

Die Mächte dieser Welt, die immer mit Terminen kämpfen, mit Produktions- und Umsatzzielen, rechnen gar nicht damit, daß die Menschen von innen her motiviert sein könnten. Solange die Menschen vor allem die Befriedigung ihrer äußeren Bedürfnisse suchen, statt nach der Wahrheit zu fragen, würde ihnen das auch gar nichts bringen.

Und wie steht es mit uns? Der Urheber des Lebens lädt uns ein, mit ihm seine Freiheit und Autorität zu teilen. Dafür braucht man länger, aber es hält auch länger an; denn Gott hat dieses Unternehmen offensichtlich als langfristiges Projekt angelegt. Gott wartet zu, denn Gott kennt das gesamte Bild. Wer über echte Autorität verfügt, kann glauben, denn er weiß, daß er es weiß. Und die Rose kann blühen und auch sterben, denn sie weiß, daß sie eine Rose ist.

DIE BOTSCHAFT DES IJOB

Ijob im Alten Testament kann für uns Christen ein sehr sprechendes Bild für den Kreuzweg abgeben, den jeder von uns beschreiten muß. Im ersten Kapitel der Ijob-Geschichte wird Ijob als redlicher Mensch vorgestellt, über den plötzlich das Böse und das Leiden hereinbrechen. Er hat dem Gesetz Gottes gehorcht, er ist treu gewesen. Satan tritt vor Gott und sagt: „Geschieht es ohne Grund, daß Ijob Gott fürchtet? Das Tun seiner Hände hast du gesegnet. Aber streck nur deine Hand gegen ihn aus, und rühr an all das, was sein ist; wahrhaftig, er wird dir ins Angesicht fluchen" (Ijob 1,9–11).

Machen wir den Versuch, sagt Jahwe. Und Jahwe nimmt Ijob alles weg. Aber Ijob sagt immer noch: „Nackt kam ich hervor aus dem Schoß meiner Mutter; nackt kehre ich dahin zurück. Der Herr hat gegeben, der Herr hat genommen; gelobt sei der Name des Herrn" (1,21).

Da tritt Satan wieder vor Jahwe und sagt: Du hast ihm nur die äußeren Dinge genommen. Die kann der Mensch verschmerzen. Wenn du ihn am eigenen Leib versehren würdest, wäre es aus mit seiner Gottesliebe. „Streck deine Hand aus, und rühr an sein Gebein und Fleisch; wahrhaftig, er wird dir ins Angesicht fluchen" (2,5).

So schickt Jahwe dem Ijob Geschwüre und Hautausschläge. Aber immer noch weigert sich Ijob, Gott zu fluchen. Doch die Lage spitzt sich zu. Jetzt wird Ijob der Versuchung ausgesetzt, sein Leben zu verfluchen. Er muß sich mit der Widersprüchlichkeit und Sinnlosigkeit des Lebens auseinandersetzen. Aber schließlich ringt er sich dennoch zur Aussage durch: „Nehmen wir das Gute von Gott an, sollen wir dann nicht auch das Böse annehmen?" (2,10).

Brüder und Schwestern, wenn ihr euch um ein harmonisches Leben bemüht, wird jeder/jede von uns landen irgendwann bei Ijob in der Aschengrube und nimmt „eine Scherbe, um sich damit zu schaben" (2,8). In dieser Lage reden dann viele auf einen ein; dafür stehen stellvertretend die Freunde

Ijobs mit ihren gutgemeinten Ratschlägen. Betet darum, daß ihr dann solche Freunde findet, auf die ihr hören könnt und die „vernünftig" bis über den Rand der Wahrheit hinaus sind.

Das Buch Ijob ist wahrscheindlich das bedeutendste moralische Wechselgespräch, das je geschrieben wrude. Die Schlußantwort Ijobs entstammt nicht logischem moralischem Denken, sondern ist ein Geschenk ureigenster persönlicher Erfahrung.

EIN VERGLEICH FÜR DIE INKARNATION

Wir brauchen Zeichen der Erlösung. Auch wir, denen es gutgeht, bekommen immer wieder Zeichen des Kreuzes zu spüren, genau wie die Armen, die Behinderten, die geistig Zurückgebliebenen. Warum? Weil wir von gleich zu gleich in ihre Welt eintreten müssen, um sie lieben zu können. Und das Überraschende daran ist, daß wir entdecken, wie frei wir dabei werden. Indem wir ihnen in die Augen schauen, erfahren wir endlich, wer wir selbst eigentlich sind.

Im Fernsehen kam ein Film mit dem Titel „Son Rise". Er handelte von einem Ehepaar mit einem autistischen Kind. Sie wollten, daß sich ihr Sohn ändere und sich auf ihren Lebensraum einlasse. So unternahmen sie alles, um ihr Kind in ihre eigene Welt hereinzuholen und wie sie, die normalen Menschen, zu werden. Aber eines Tages ging ihnen plötzlich auf, daß sie in *seine* Welt eintreten sollten.

Sich darauf einzulassen, schien völlig unsinnig und abstoßend zu sein. Die Mutter ging ganz auf die Welt ihres Kindes ein, wie das Kind sie erlebte und gestaltete. Tag für Tag saß sie bei ihm auf dem Boden; sie spielte mit ihrem Kind scheinbar völlig sinnlose, ziel-lose Spiele, winkte mit den Händen, ließ sich ganz auf seine Art ein. Nachdem sie das Jahre, unzählige Tage und Stunden lang getan hatte, redete ihr Sohn plötzlich mit ihr!

Das ist Inkarnation. So spielt sich Erlösung ab. Das ist der Preis, den Gott bezahlt hat. Gott ist auf unserem Niveau in unsere Welt eingetreten. Er hat den Schmerz, den es bedeutet, Mensch zu sein, mitfühlen wollen – bis wir mit einem Gott reden konnten, der uns verstehen würde.

Jesus ist der leidende Gott. Jesus ist der Schmerz Gottes, das Erbarmen Gottes. Er ist die Offenbarung des Herzens Gottes. Unsere eigenen Gefühle, unsere eigenen Schmerzen und unsere eigenen Freuden sind gewissermaßen eine Teilhabe an dem, was und wer Gott ist. Gott liegt bis ans Ende der Zeit in Todeskampf und köstlicher Erwartung.

DEIN WILLE GESCHEHE

Vor einigen Wochen besuchte mich eine Familie in Albuquerque. Sie hatte drei kleine Kinder, die schwer an Krupp erkrankt waren. Es klang drei Tage lang, als sei das Haus voller bellender Hunde! Ich mußte fünf volle Ladungen in die Waschmaschine stecken, denn sie hatten auf alles im Haus gespien. Ich konnte gar nicht glauben, daß das Leben so hart sein kann. Keine einzige Unterhaltung, keine Mahlzeit war möglich, ohne daß wir dabei unterbrochen wurden. Und ich hatte gemeint, wir Ordensleute hätten das härteste Leben. Aber das kann man gar nicht vergleichen! Was Eltern beim Aufziehen ihrer Kinder durchmachen, übersteigt bei weitem jegliche pure Pflichterfüllung. Und doch bringen sie das, wenn es von ihnen gefordert wird, in den meisten Fällen fertig und wachsen über sich hinaus.

Ich sehe jetzt deutlicher, weshalb Gott den Fortbestand des Menschengeschlechts mittels Elternschaft vorgesehen hat: Gott mußte für uns alle eine Möglichkeit schaffen, über uns selbst hinauszuwachsen. Wir brauchen Ansprüche seitens der Wirklichkeit, die einfach da sind, faktisch und unverrückbar wie eine Ziegelwand, und die eine angemessene Reaktion erfordern, bei der es nicht viel zu wählen und zu unterscheiden gibt. Das ist der beste Weg zum Heiligwerden. Es kommt nicht darauf an, was wir *tun*, sondern was wir uns *antun lassen*.

Die Gottsuche und die Heiligkeit bleiben zu sehr ein Kreisen um sich selbst, solange man sich nicht weit über das hinaus führen läßt, was man ursprünglich vorhatte. Heiligkeit ergibt sich aus dem, was Sie sich von den Lebensumständen und den Menschen in ihrer unmittelbaren Umgebung antun lassen. Wir bekehren uns nie selbst; immer werden wir bekehrt.

DER HEILIGE BILL

Ist Bill W. ein Heiliger? Wahrscheinlich schon, wenn man sich vor Augen hält, wie überwältigend spirituell fruchtbar seine „Zwölf Schritte der Anonymen Alkoholiker“ auf der ganzen Welt bis heute sind. Erst vor fünfzig Jahren, 1939, formulierte Bill Wilson seine Anleitung zur Heilung vom Alkoholismus. Sie war derart erfolgreich, daß sie jetzt auch von Eßsüchtigen, Spielern, Neurotikern und zwanghaft von der Sucht nach Religion, Drogen, Sex, Geld, Einkaufen, Beziehungen und Ängsten Besessenen angewendet wird. Und es ist keine Frage, daß man unter den Menschen, die diese Anleitungen mit Gewinn genützt haben, viele äußerst spirituell wache und religiös reife Menschen findet.

Während sich die Konfessionen um metaphysische Spitzfindigkeiten und intellektuelle Glaubensgebäude zanken; während sie darüber diskutieren, wer mit Gott im reinen ist und zu den Erlösten gehört; während sie damit beschäftigt waren, genau ihre sakramentalen und bibelgemäßen Spielfelder abzustecken, sind Bill Wilson und seine Schüler fünfzig Jahre lang ihren Weg gegangen und haben dabei einen schlichten Wirklichkeitssinn an den Tag gelegt, der sowohl selten als auch überzeugend ist. Ihr Ausgangspunkt ist grundehrlich, und sie gelangen an einen ebenso ehrlichen Zielpunkt, ohne lange zu argumentieren, zu beweisen, sich zu rechtfertigen oder mit leeren religiösen Worthülsen zu hantieren. Sie kommen nicht als Runde der Erlösten zusammen, sondern tragen für alle sichtbar ihr „Kainsmal“ auf der Stirn. Man braucht ihnen nicht irgendeine Erlösungstheorie oder ein Bedürfnis nach einem Gott irgendwo da draußen aufzuschwätzen.

Sie sind sich nur einer Sache ganz gewiß: daß sie gebrochene ohnmächtige Menschen sind und wie ausgedörrtes, trockenes Land inständig auf Regen warten. Gott ist für sie etwas, wonach sie sich spürbar sehnen, kein Gutenachtkuß-Himmelspapa, sondern der Grund ihres Daseins. Wenn sie von Befreiung reden, von „Loskommen", dann ist das für sie eine Erfahrung, die sie mit Leib und Seele gemacht haben, und das hat ganz und gar nichts mit liberaler oder konservativer Theologie zu tun.

Die Menschen, die das Zwölf-Schritte-Programm anwenden, haben alles Zeug dazu, den Sinn des Evangeliums in unserer Zeit neu zu Bewußtsein zu bringen, ohne daß sie das wüßten oder wollten. Schon das Wort „Christ" ist derart ausgeleiert, daß für Gott die einzige Möglichkeit, die Kirchen neu zu gründen, darin besteht, das von außen her zu tun. Aber wie sagt die Schrift? „Welcher Mensch kann Gottes Plan erkennen, oder wer begreift, was der Herr will?" (Weish 9,13).

DIE KRAFT VON UNTEN HER

Die Spiritualität, die hinter den „Zwölf Schritten" und den „Zwölf Überlieferungen" steckt, entspricht ziemlich genau dem, was man bei den Basisgemeinden in Lateinamerika beobachten kann. Dabei handelt es sich um einen Zugang der Kirche „von unten" zur Evangelisierung und zur Heilung. Vermutlich stellt er unsere einzige Hoffnung in einer leidgeprüften Welt mit fünfeinhalb Milliarden Menschen dar. Ist es noch notwendig, beweisen zu müssen, daß wir unbedingt der Buße und Sühne bedürfen und uns auf Gottes ursprüngliche Absicht mit uns Menschen besinnen müssen, wenn der Großteil dessen, was Gott an Natur, Tieren und Menschen geschaffen hat, am Rand des Massenselbstmords und der Auslöschung steht?

Die Sitzungen der „Zwölf Schritte"-Gruppen sind vermutlich die Antwort der Ersten Welt auf die Basisgemeinden der Dritten Welt. *Unser* Leiden ist psychologischer Natur; wir kranken bezüglich unserer Beziehungen und Süchte. Es ist das Leiden von Menschen, denen es äußerlich gutgeht, die jedoch innerlich unfrei und leer sind. Wir stecken in einer Sinn- und Identitätskrise, weil wir versucht haben, unseren Lebenssinn im Besitzen, im Prestige und in der Macht zu finden. Das funktioniert nicht. So fressen wir alles in uns hinein, kaufen immerzu Neues und hoffen, damit unsere leeren Seelen ausfüllen zu können.

Die „Zwölf Schritte" führen uns den Weg zurück aus unserer Suchtgesellschaft. Wie alle Schritte in Richtung Wahrheit führen auch sie nach unten.

Bill Wilson und seine Bewegung der Anonymen Alkoholiker haben uns deutlich vor Augen geführt, daß wahre innere Stärke darin besteht, Macht nicht mehr zu suchen, nicht mehr zu brauchen und nicht mehr zu mißbrauchen. Die wahre Macht liegt nicht ganz oben, sondern ganz unten. Nur wer zugibt, daß er machtlos ist, verfügt über die einzige Macht, die in der Welt oder in der Kirche etwas bewirken kann.

WIR KNABEN UND DIE FRAU

Kein Wunder, daß wir Katholiken immer das psychologische Bedürfnis hatten, Maria in die Rolle einer Göttin hinaufzuheben. Ich weiß nicht recht: war das ein unausgesprochenes Bedürfnis nach innerem Gleichgewicht, eine Verbrämung des dahintersteckenden Patriarchats, eine Liebesaffäre mit dem verkannten Weiblichen in uns oder einfach ein Werk des Heiligen Geistes? Jedenfalls ist es ein mehr als deutliches Beispiel dafür, wie letztlich doch der gesunde Instinkt stärker ist als jede Logik und Theorie. Und zwar derart, daß unsere römische patriarchalische Kirche tatsächlich bislang nur zwei Glaubenssätze als ausdrücklich unfehlbar definiert hat: die Aufnahme Marias mit Seele und Leib in den Himmel und ihre besondere Auserwählung und Bewahrung durch Gott als die „Unbefleckte Empfängnis".

Ja, wir haben sogar ihre „Krönung als Königin des Himmels und der Erde" gefeiert. Ich bin durchaus dafür, aber darüber läßt sich nichts in der Heiligen Schrift oder offiziellen Offenbarung finden. Es ist erstaunlich, wie diese Männerkirche in gewisser Hinsicht immer feministisch gewesen ist – und, ohne es zu wollen, immer wieder ihre eigenen starren Prinzipien Lügen gestraft hat. Dieser gesunde Instinkt kommt uns jetzt zugute. Ich nenne ihn das „Weiberzeug". Tut mir leid, Knaben, wir Katholiken waren darin schon immer verwickelt! Stolz und orthodox nach außen hin, aber immer Mamakinder, sooft wir einen Vorwand dafür finden konnten. Der Feminismus ist nichts Neues oder Liberales oder Gefährliches; er ist schon uralt, ganz konservativ und genauso traditionell wie Maria und die acht Seligkeiten.

GESICHTER DES GLAUBENS

Das westliche Christentum war etwas, was sich weithin im Kopf abgespielt hat, obwohl die Massen dadurch nie vom Hocker gerissen wurden. Das institutionalisierte Christentum traut dem Enthusiasmus nicht über den Weg, obwohl „Enthusiasmus" wörtlich übersetzt „in Gott sein" bedeutet. Überzeugung, Leidenschaft und Begeisterung ändern nun einmal das Leben viel nachhaltiger als jede Logik oder Theo-Logik. Wenn das, was wir am Sonntagvormittag in unseren Gemeinden und Gottesdiensten sehen, alles an Erlösung ist, was Gott zu bieten hat, dann ist es nicht weit her mit unserem Gott. Wenn diese gelangweilten, traurigen, müden Gesichter, die wir Priester sonntags vor uns haben – die Gesichter der Leute, die zu spät hereinhuschen und früher wieder gehen –, wenn diese die Vertreter der Botschaft sind, dann ist unsere Frohe Botschaft nicht besonders froh. Irgendwie sollte die Erlösung doch aus unseren Gesichtern, aus unserem Leben ablesbar sein, aus unserem Feuer, unserer Überzeugungskraft, unserem Einsatzgeist. Irgendeine Art von Pfingsten ist immer noch der beste Start, und die Pfingstkirchen mit ihrer Begeisterung werden vermutlich weiterhin viel überzeugender als der heutige Katholizismus evangelisieren, heilen, Menschen auf Christus verpflichten und Einsatzgeist wecken.

DIE TRADITION

Wir sind berufen, Gott persönlich kennenzulernen, aber wir sind auch zutiefst soziale Wesen. Wer wir selbst sind, können wir nur in der Begegnung mit anderen Menschen erfahren, im Zusammenleben in einer Familie, in einer Gemeinschaft. Könnten wir so überheblich sein, zu unterstellen, daß die Christen und Juden in all den Jahrhunderten vor uns nicht auch Christus persönlich gekannt, auf ihn gehört und seine Nachfolge angetreten hätten?

Deshalb ist die Tradition der Kirche so wichtig: Wir stehen auf den Schultern all der weisen und heiligen Menschen, die vor uns gelebt und geglaubt haben. Das ist die eigentliche Tradition. Einige Zufälle in der Geschichte hat man allzuleicht als die universale Tradition ausgegeben, aber in Wirklichkeit stellen nicht sie das große, zusammenhängende Grundmuster dar. So brauchen wir den gesamten Leib der Kirche, damit wir gegen jede kulturelle Arroganz gefeit sind und mit *allen* unseren Vorfahren im Glauben verbunden bleiben. Nicht jeder kann für sich allein ganz bei Null anfangen.

Viele moderne Gruppen – Straßenprediger, Jesuspeople usw. – haben keinerlei Sinn für den gesamten Leib, kein Bewußtsein davon, auf den Schultern der Generationen vor uns zu stehen. Sie haben ihre private Gotteserfahrung und versuchen ihren Weg zu gehen, indem sie sich nur auf diese persönliche Erfahrung und auf die Bibel stützen. Oft schmort dann eine kleine Jüngergemeinde ganz im eigenen Saft und verliert jeden Anschluß an die größere Weisheit und an jahrhundertealte Geschichten und Kulturen. Sie ist ideal dafür geeignet, in ihrer bürgerlichen Gemeinde die Sorge um Ordnung und Moral zu unterstützen, doch vergißt sie darüber den großen Zusammenhang. Wir bezeichnen das als „Zivilreligion", wo Christus zu einer Art Stammesgott wird und die Kirche zum bloßen Sprachrohr der Ordnungsorgane des Staates.

WOZU IST DIE APOKALYPTIK GUT?

Die apokalyptische Redeweise ist für freie Propheten von Belang, damit sie sich selbst und ihre Rolle in der Geschichte nicht zu wichtig nehmen. Die Apokalyptik sagt: Wenn alles gesagt und getan ist (wenn also der Prophet seine Pflicht erfüllt hat), dann vertraut den Lauf der Geschichte *Gott* an und sucht euren Frieden in der übernatürlichen Wahrheit. Steigert euch nicht so hinein, daß ihr selbst alles nur noch schwieriger macht. Der Prophet sagt eher: „Strengt euch so an, als ob alles von euch abhinge." Der Apokalyptiker dagegen sagt: „Betet und vertraut, daß alles von Gott abhängt." Beruhigt euch, wenn ihr euer Tagewerk getan habt; lehnt euch dann zurück und vertraut die Geschichte dem Allein-Heiligen an, der auf lange Sicht bestimmt den Sieg davontragen wird.

Der Apokalyptiker hat eine zweifache Botschaft, deren beide Elemente sich gegenseitig die Waage halten: (1) Alles ist ungeheuer wichtig; (2) nichts ist so furchtbar wichtig. Wie viele Menschen kennen Sie, die ihr Leben tatsächlich entlang dieses schmalen Pfads führen können? Ich jedenfalls kenne nur sehr wenige. In der Praxis scheint es eher so zu sein, daß manche berufen sind, eine sehr extreme apokalyptische Haltung mit aller dazugehörigen radikalen Infragestellung unserer Welt einzunehmen, um das Gegengewicht zu uns übrigen mit unserem übertriebenen Engagement und unserer Vergötzung der Verhältnisse, „wie sie halt nur einmal sind", herzustellen.

Die augenfälligsten und wirksamsten Zeugen dieser Einstellung in unserer Zeit waren vermutlich Dorothy Day mit ihrer „heiligen Anarchie" und Thomas Merton, der sich aus allem in eine Einsiedelei in den Hügeln von Kentucky zurückzog. Man kann an ihnen immer bemängeln, daß sie zu wenig getan haben, aber uns ist deutlich vor Augen getreten, daß nur Menschen mit einer solchen unmißverständlichen Stellungnahme zu wirklichen Propheten werden und in anderen diesen Geist wecken können.

Ohne ihr apokalyptisches „Nein“ blieben die Propheten nur hochmotivierte und idealistische Aktivisten, bei denen man annehmen müßte, ihr Antrieb stamme womöglich aus ihrer eigenen verdrängten Angst oder ihrem uneingestandenen Eigeninteresse. Apokalyptiker nehmen es bereitwillig auf sich, als Fanatiker, als Gegner von allem und jedem verschrien zu werden, damit wir anderen wieder auf das Absolute gestoßen werden. Die Art, wie wir alles relativieren und beschönigen, geht ihnen auf die Nerven und widert sie an. Sie fordern nach einer objektiven Grundlage, von der aus alles andere beurteilt werden kann, und sie lassen sich nicht von ihrem kompromißlosen Standpunkt abbringen.

Ich bin der festen Überzeugung, man muß ein echter und tief verwurzelter Kontemplativer sein, wenn man apokalyptische Unerbittlichkeit und innere Freiheit aufrechterhalten und gleichzeitig vermeiden will, zum rechthaberischen, jammernden Propheten zu werden.

PRAKTISCHES TUN IST GEFRAGT

Die Bibel handelt vor allem davon, wie Gott aktiv in den Lauf der Geschichte eingreift. Ein eindrucksvolles Bild dafür ist der Besuch Marias bei Elisabet, den Lukas in seinem ersten Kapitel schildert. Letztes Jahr hielt ich den Franziskanern in Ain Karem, der Heimatstadt Johannes' des Täufers, Exerzitien. Genau auf der anderen Seite des Tals steht die Kirche der Heimsuchung. jeden Abend ging ich nach meinem letzten Vortrag für die Brüder durch das Tal hinüber und setzte mich auf eine wunderschöne Mauer, schaute in die Gegend und versuchte mir vorzustellen, wie Maria von Nazaret herkam (was übrigens ein ganz schöner Marsch ist, der wohl einige Tage gedauert hat), dabei dieses Tal durchquerte und schließlich an diese Stelle kam und hier Elisabet traf.

Beim Nachlesen dieser Geschichte wurde mir deutlich bewußt, daß ihre Reaktion ganz anders gewesen war, als vermutlich die meinige ausgefallen wäre. Wäre mir gesagt worden, daß ich auserwählt sei, die Mutter Gottes zu werden, dann hätte ich mir wohl zunächst einmal dreißigtägige Exerzitien oder etwas Ähnliches vorgenommen. Ich hätte mir gesagt: „Jetzt muß ich mich erst einmal zurückziehen und mich darauf einstellen; ich muß meine Motive abklären und mir das theologisch richtig klarmachen." Ich hätte also erst einmal mit dem Kopf reagiert und mich ins Nachdenken zurückgezogen.

Aber lesen Sie den Abschnitt. Maria ist außer sich, sie hat nicht das Bedürfnis, sich alles in Ruhe klarzumachen. Spontan macht sie sich auf ins Bergland von Judäa, um ihrer Base beizustehen, von der sie wußte, daß auch sie schwanger war (Lk 1,36–39).

Die Bilder aus dem Leben Marias sind so einfach, daß sie auf uns wirken. Sie sind so deutlich, so einfach und mit klaren Strichen gezeichnet. Und hier also wird ganz deutlich gezeigt: Worauf es vor allem ankommt, ist die Tat, die Aktion.

Gott kann mich unterweisen, während ich mich um meine schwangere Base kümmere, während ich in die Welt, so wie sie ist, hineingehe. Ich denke, wenn wir immer spontan offen sind für den jeweiligen Anspruch, der sich unmittelbar vor unseren Augen ergibt, unterliegen wir weniger der Versuchung, um unser eigenes Ich zu kreisen. Das uns umgebende Leben holt uns aus uns selbst heraus; was wir tun müssen, ergibt sich einfach aus der jeweiligen Situation. Soweit ich sehe, werden die Menschen dadurch geläutert. Dieser Art Spiritualität kann ich trauen.

Wenn in Ihrem Leben die Tendenz fehlt, sich ganz praktisch in dieser konkreten, lebendigen Welt unter anderen Menschen tätig einzusetzen, für das Nicht-Ich, dann fragen Sie sich schleunigst, ob mit Ihrer Spiritualität etwas nicht stimmt. Allerdings: Ihr Tätigsein muß mit lebendiger Kontemplation einhergehen; Sie müssen sich innerlich von Ihrem Ich lösen und für Gott offen sein. Die Kontemplation ist die Therapie Gottes an uns; sie läutert unser Tun und unseren Einsatz.

Aktion und Kontemplation sind die beiden Pole, die das vom Glauben inspirierte Leben steuern und im Gleichgewicht halten. Mich macht es traurig, daß die Christenheit weithin genau das Mittelmaß einhält. Man findet kaum radikale Innerlichkeit und auch kaum radikalen Einsatz. Aber in der lauen Mittelmäßigkeit kann man kaum etwas lernen, und dort hat man auch kaum etwas zu geben.

SETZ ALLES FÜR DIE LIEBE AUFS SPIEL

Der Pharisäer ist jemand, der ein Zeichen haben will (Mk 8,11). Der arme Mensch dagegen glaubt, „daß sich erfüllt, was der Herr ihm sagen ließ“ (vgl. Lk 1,45). Der Pharisäer ist stolz auf seine Tugendhaftigkeit (Lk 18,9); der Arme dagegen ruft Tag und Nacht zu Gott, selbst wenn Gott ihm nicht zu helfen scheint (Lk 18,7). Der Bettler, der nicht damit aufhört, Gott auf die Nerven zu gehen, gefällt Gott besser als der Knecht, der alle seine Pflichten erfüllt und dabei voller Selbstgefälligkeit ist.

Jesus hat unsere menschliche Werteskala auf den Kopf gestellt. Er möchte lieber, daß wir mit dem uns anvertrauten Kapital risikoreiche Geschäfte eingehen (Mt 25,14–30) und dabei auf Gott vertrauen, als daß wir unsere Hoffnung auf die sichere Summe setzen, die wir aus Angst im Acker vergraben haben. Setz alles um der Liebe willen aufs Spiel, sagt Jesus, sogar dein eigenes Leben. Vertrau es mir an, und ich werde es retten. Menschen, die danach trachten, ihr eigenes Leben zu retten und alle Erfindungskraft und Mühe dafür aufwenden, bringen damit zum Ausdruck, daß sie nicht auf die Rettung durch Gott angewiesen sind. Menschen dagegen, die ihr Leben um der Frohen Botschaft willen aufs Spiel setzen, gewinnen dieses Leben. Ein in gesunder Weise religiöser Mensch ist ein Mensch, der *Gott* die Möglichkeit gibt, ihn zu retten.

Wenn das die ideale christliche Einstellung Gott gegenüber ist, dann ist im Evangelium Maria die ideale Christin. Sie verkörpert in vollkommener Weise den armen Menschen, den Gott retten kann. Sie ist sich zutiefst ihrer eigenen Leere bewußt, wenn Gott ihr fehlt (Lk 1,52). Sie sehnt sich danach, daß sich Gottes Verheißungen erfüllen (1,54f), und sie ist ganz offen dafür, daß Gott sein Werk an ihr vollbringen kann (1,45.49). Und als der Ruf an sie ergeht, stellt sie sich rückhaltlos zur Verfügung: „Mir geschehe, wie du es gesagt hast!“ (1,38).

DIE TUGEND DES GEHORSAMS

Alle Beziehungen und Ereignisse in unserem Leben als Christen lassen sich als Einübung unseres Willens ins Ja-Sagen verstehen, in das Loskommen von uns selbst. Auf was es im Letzten ankommt, ist das Einssein mit Gott und den Menschen. Das aber ist nur dann möglich, wenn unser Wille bereit ist, die Grenzen seines Ich aufzuheben. Die Tugend des Gehorsams – und ich gebrauche diesen Begriff mit Absicht – ist für die Schulung unseres Willens äußerst wichtig. Alle großen geistlichen Führer, Ordensgründer und Mystiker sprachen ausnahmslos von der „Tugend" des Gehorsams. Ich meine damit allerdings nicht den *blinden* Gehorsam. Ich meine damit nicht, daß man alle viere von sich strecken und wie eine Leiche alles mit sich machen lassen soll. Aber ich bin der Überzeugung, daß jeder Christ erst das Ja-Sagen lernen muß, ehe er es auch wagen darf, nein zu sagen.

In diesem Sinn formt uns die Kirche zu Heiligen, obwohl ihre Art und Weise ganz anders ist, als wir uns das gedacht hätten! Wir leben in einer schöpferischen Spannung mit dem Leib Christi, der uns herausfordert, anspannt, ruft, belastet und in Gewissenskonflikte zwingt. Dieses „Ausschlagen gegen den Stachel" (Apg 26,14) schärft unser Gewissen und Bewußtsein, bis uns aufgeht, daß wir nicht mehr dagegen ausschlagen müssen.

Der Gehorsam ist wichtig. Aber ich glaube auch, daß man nicht nur auf die Hierarchie hören oder einzelne Bibelworte unverrückbar befolgen muß; es gibt auch andere Weisen, auf den Geist zu hören und sich von ihm führen zu lassen. Niemand kann uns unsere eigene Hausaufgabe ganz abnehmen.

INKULTURATION

Ich glaube, weil der Katholizismus eindrucksvolle Statistiken, mächtige Institutionen und altehrwürdige Traditionen aufweisen kann, hat er gelegentlich ein fragwürdiges Machtgefühl entwickelt. Wir meinen zum Beispiel, schon wegen unserer hohen Mitgliederzahl sei unser Einfluß auf die Kultur beträchtlich. Doch zeitweise üben wir auf die Kultur überhaupt keinen Einfluß aus, sondern spiegeln sie nur wider. Und es ist ein großer Unterschied, ob man eine Kultur beeinflußt oder sie widerspiegelt. In vielen Fällen neigt die Kirche dazu, einfach die Vorurteile und Trends widerzuspiegeln, die sie vorfindet, statt sie zu beeinflussen und zu verändern.

Wir jedoch meinen, weil wir so viele sind, hätten wir großen Einfluß und prägten nachhaltig unsere Umgebung. Aber tun wir das wirklich? In welchem Maß beeinflußt die Kirche die Kultur oder die Richtung Ihrer bürgerlichen Gemeinde? Man hat mir gesagt, früher sei es so gewesen, daß die katholische Lobby und die katholischen Wählerstimmen eine Kraft waren, mit der jeder rechnen mußte. Jetzt sind wir an die Spitze gelangt und spiegeln weithin nur noch die Vorurteile bestimmter Parteipolitiker wider. Das „katholische Ghetto" war dagegen geradezu noch etwas Qualitätvolles!

DIE HEILIGE THÉRÈSE VON LISIEUX

Die heilige Thérèse von Lisieux gebrauchte gegen Ende ihres Lebens ein wunderbares Bild für die Erlösung. Es steht nicht in ihrer Autobiografie, und deshalb kennen das viele noch nicht. Sie beschreibt die Erlösung folgendermaßen: Ihr Leben lang ist sie ein kleines Mädchen. Sie ist stolz und glücklich, ein kleines Mädchen zu sein. Ihr himmlischer Vater steht ganz oben an der großen Treppe und macht ihr ständig mit Zurufen Mut: „Komm her, Thérèse! Komm! Ich möchte dich näher bei mir haben!" Sie hebt immer wieder ihre kleinen Beine – das sind alle Bemühungen aus ihrem katholischen Glauben und ihrem Ordensleben heraus, mit denen sie Gott zu gefallen versucht. So versucht sie, die Treppe bis zu Gott hinaufzusteigen.

Gott schaut Thérèse zu und sieht ihren sehnlichen Wunsch, bis zu ihm hinaufzukommen. Und plötzlich, in einem Augenblick, den wir Gnade nennen, eilt Gott die Treppe hinuter, hebt sie auf und trägt sie bis nach oben.

Im nachhinein weiß sie, daß Gott alles getan hat, von Anfang bis Ende. Aber für sie war es wichtig, selbst ihre kleinen Beine zu heben. Unser Ringen, unsere Sehnsucht, unser Ja sind wichtig und notwendig. Aber letzten Endes ist es immer die Gnade, was uns die Treppe hinaufträgt.

EIN WEIBLICHES GESICHT GOTTES

Im Jahre 1531, genau zehn Jahre, nachdem die Spanier die eingeborenen Völker Mexikos erobert hatten, ergab sich eine noch nie dagewesene „Konstellation von Zeichen", die sowohl aus dem Himmel des katholischen Spanien als auch aus den Mythologien der eingeborenen Amerikaner stammten: Es ist die Erscheinung Unserer Lieben Frau von Guadalupe. Erst nach vierhundert Jahren geht uns allmählich auf, wie tief das Mysterium der Liebe ist, das uns in dieser Begegnung zwischen „einer liebenswürdigen dunkelhäutigen Dame vom Himmel" (La Morenita) und Juan Diego, einem armen christianisierten Nahuatl-Indianer offenbart wurde.

Die unterworfenen Indianer hatten alles verloren: ihr Land, ihre Ehre, ihre Freiheit, und vor allem fast alle ihre Götter. Aber getreu dem biblischen Grundmuster besteht Gottes Art nicht darin, die verblendeten Unterdrücker einfach zu bestrafen oder zu vernichten, sondern er überrascht ihr Verständnis der Welt und stellt es auf den Kopf, indem er eine neue und bessere Wirklichkeit schafft, durch die auch sie bekehrt und umgewandelt werden könnten.

In Guadalupe spricht Gott durch die „Mutter des wahren Gottes, durch die wir leben", die die Spanier „Maria" nennen; aber sie trägt die Kleidung der Indianer, spricht ihre Sprache und bedient sich des Armen Juan Diego, um das Evangelium dem Volk „zurückzupredigen", das gemeint hatte, es besitze in vorzüglicher Weise das Evangelium. Ein klassisches Beispiel dafür, wie Gott unerwartet Partei ergreift, um in eine neue Zivilisation einzutreten – in dem Augenblick, als die Nahuatl glaubten, sie seien ganz am Ende!...

Christus nimmt immer das Gesicht und die Züge desjenigen Volkes an, das er liebt. In diesem Fall wußte Gott, daß sein Gesicht weiblich und voller Mitleid sein mußte. Es gab kein anderes Zeichen, das imstande gewesen wäre, sowohl den spanischen machismo als auch die matriarchale Religion der Indianer gleichzeitig zu bekehren.

DIE KRAFT DES KREUZES

„Das Wort vom Kreuz ist denen, die verlorengehen, Torheit; uns aber, die gerettet werden, ist es Gottes Kraft" (1 Kor 1,18).

Wenn die Christenheit die Lehre und die Kraft des Kreuzes nicht mehr als ihr wichtigstes Instrument zur Verbreitung des Glaubens einsetzt, wird sie zu einer falschen und sterilen Religion. Tritt das ein, wie es immer wieder der Fall gewesen ist, dann erneuert Jesus sein Volk, indem er es – gewöhnlich unter Sträuben – auf den „Weg des Kreuzes" zurückruft.

Das ereignet sich in unserer Zeit auf ganz dramatische Weise in den Kirchen der Armen und Unterdrückten, vor allem in Zentral- und Südamerika. Das Leben der dortigen Christen hat alle Anzeichen einer Infragestellung und Gnade für die Kirchen in Nordamerika und Europa. Dank ihres Glaubens und ihrer großartigen Fähigkeit verzeihen zu können, ruft Christus seine gesamte Kirche zur Lehre und zur Kraft seines Kreuzes zurück, um uns „das Zeugnis Gottes zu verkündigen: ... (und) nichts zu wissen außer Jesus Christus, und zwar als den Gekreuzigten" (1 Kor 2,1–2).

AUF DER SUCHE NACH NEUEN GOTTESDIENSTFORMEN

So sehr ich die Liturgie liebe – sie ist immer noch ein Abbild der pyramidenförmigen Struktur der Kirche. Bei unserer Liturgie wird der Eindruck erweckt, es gebe eine offizielle religiöse Erfahrung, die vom Ambo und Altar her ans Volk weitergegeben werde. Die Gemeinde hat kaum die Möglichkeit, ihre eigene Erfahrung sinnvoll ins Spiel zu bringen und diese eigene Erfahrung für ihr Leben fruchtbar zu machen und davon zu zehren. Einzig der Priester kann etwas aus seiner eigenen religiösen Erfahrung zum Gottesdienst beisteuern. Eine Folge dieses verengten Verständnisses von Liturgie ist, daß die Heilige Schrift nur sehr schmalspurig erfaßt wird. Sie wird lediglich aus zölibatärer, männlicher, klerikaler und zuweilen akademischer Sicht ausgelegt.

Ein Grund dafür, daß unsere Gemeinschaft von New Jerusalem so großen Zulauf hatte, war, daß wir Möglichkeiten gefunden hatten, nicht nur in von Priestern geleiteten liturgischen Feiern Gottesdienste zu halten und zu beten. Ich denke, die Kirche der Zukunft muß ebenfalls solche Möglichkeiten entdecken. Augenfällig ist die Anziehungskraft von anders gestalteten Gebetsversammlungen, wie zum Beispiel denjenigen der communidades de base, der Basisgemeinden, die in Lateinamerika angefangen haben. Darin war und ist vorgesehen, daß Laien ihre religiösen Erfahrungen miteinander teilen. Sie fragen gemeinsam: Was sagt uns Jesus aus der Heiligen Schrift und durch unsere Alltagserlebnisse? Das eröffnet die Möglichkeit, seine Glaubenserfahrungen miteinander zu teilen, und zwar in einer nicht-akademischen, nicht-männlichen, nicht-klerikalen Form. Da fühlt man sich viel mehr daheim, es ist volkstümlicher und viel lebendiger, auch wenn es viel schwerer unter Kontrolle zu halten ist. Aber letzteres sollte ja nicht unsere größte Sorge sein, oder?

SPIRITUELLE AUFBAUSPRITZEN

So viele Menschen, denen ich in Afrika begegnet bin, treten mit einer Ruhe und Selbstsicherheit und einem wachen Sinn für den gegenwärtigen Augenblick auf, der den Leuten hierzulande schon lange abhanden gekommen ist. Das ergibt überhaupt keinen Sinn. Wir haben uns doch so ernsthaft bemüht, okay zu sein, einander gegenseitig zu bestätigen und uns „positive Aufmerksamkeit" zu schenken. Die Bewegung für ein gesundes Selbstwertgefühl ist ja geradezu ein nationales Unternehmen.

Wenn bei all den Streicheleinheiten, die wir uns ständig gegenseitig verabreichen, das herauskommt, was ich in der amerikanischen Kirche sehe, dann muß ich sagen: das funktioniert überhaupt nicht. Ja es sieht geradezu aus, als brauchten diese Leute alle paar Tage wieder eine Aufbauspritze. Viele scheinen völlig unfähig, die Frohe Botschaft wirklich zu erfassen und ihr Innerstes so von ihr prägen zu lassen, daß sie fähig werden, ihr Leben Gott anzuvertrauen, sich für etwas einzusetzen oder ein gesundes Maß an Schweigen auszuhalten. Statt dessen leben wir in einer Welt ständigen Lärms, in der unser Ich sehr schwach ist und ständig Bestätigung braucht; dauernd muß uns jemand an der Hand halten und uns versichern: „Du bist gut. Gott liebt dich!"

STEINERNE HÄUSER

Manche Menschen leben ohne etwas und haben doch alles. Das beste Beispiel, das mir dafür in den Sinn kommt, habe ich in Afrika erlebt. Da war ein kleiner alter schwarzafrikanischer Mann, mit dem ich zum Abschluß einer langen Veranstaltung vorbetete. Er sprach aus tiefster Überzeugung in seinem Gebet die Bitte aus: „O Gott, hilf uns, daß wir nie in Steinhäuser ziehen." Und alle stimmten zu: „Ja, Herr. Ja, Herr." Später fragte ich die Missionare, was er damit eigentlich gemeint hätte. Ein Priester antwortete: „Sehen Sie sich diese Dörfer an. Überall strohgedeckte Hütten, die mit keiner Tür verschließbar sind. Man weiß gar nicht genau, wo die eigene Familie aufhört und die nächste Familie anfängt. Die Menschen gehen gegenseitig in ihrem Leben ein und aus und sind wie eine einzige große Familie. Da wird nicht auf privaten Besitz gepocht, es gibt keine strenge Trennung von Mein und Dein; alles gehört allen gemeinsam. Sie leben in einer ganz gemeinschaftlichen Welt.

Sobald nun in einem Dorf das erste Steinhaus errichtet ist", sagte der Missionar weiter, „dauert es nicht lange, bis es mit einer Tür und einem Schloß versehen wird. Damit werden mit einemmal Grenzen zwischen Mein und Dein gezogen. Die gesamte soziale Weltsicht und das gesamte bisherige Selbstverständnis ändern sich plötzlich grundlegend."

Wir müssen uns darüber klarwerden, daß die Welt der Steinhäuser die einzige Welt ist, die wir jemals kennengelernt haben. Für dieses Erbe haben wir einen teuren Preis gezahlt. Wir können nicht mehr in strohgedeckte Hütten zurückziehen, und ich will auch gar nicht sagen, daß wir das tun sollten. Aber wir müssen uns darüber klarwerden, was wir infolge der sogenannten technischen Fortschritte unserer hochkomplizierten Gesellschaft aufgegeben haben. Das ist einer der Gründe dafür, weshalb wir in so unglaublicher Zahl neurotische und psychotische Menschen hervorbringen.

ZUSCHAUER BEIM GEISTLICHEN LEBEN

Die westliche Zivilisation war deshalb auf dem Gebiet der Wissenschaft und der Technologie, also der äußeren Welt , so erfolgreich, weil wir in der Lage sind, alles zu objektivieren. Aber der Preis, den wir dafür bezahlt haben, ist unser Zustand der Entfremdung. Wir sind hier draußen, im Abstand von allem. Wir analysieren die Welt als einen Gegenstand, der da drüben vor uns liegt.

Man muß es ganz klar sagen: Wenn das Bewußtsein erst einmal dieser Aufspaltung in Subjekt und Objekt verfallen ist, wird das Gebet sehr schwierig, wenn nicht nahezu unmöglich. Das Gebet ist eine Erfahrung des Einsseins. Aber wir neigen immer wieder dazu, das Gebet mit bloßer innerer Aufmerksamkeit zu verwechseln, das heißt: ich analysiere meine eigenen inneren Zustände und Gefühle bezüglich Gottes. Diejenigen unter uns, die in einer religiösen Umgebung aufgewachsen sind, neigen zum Beispiel oft dazu, über alles, einschließlich unser selbst, ständig ein Werturteil abzugeben. Das ist die Schuld, die die Leute des Mittelstands mit sich herumtragen. Wir haben sie, weil wir unseren eigenen Seelen entfremdet sind. Wir stehen hier an dieser Stelle und analysieren das, was da drüben vor uns ist: Ist das gut, besser oder das beste? Ist das läßliche Sünde, oder ist es Todsünde?

Wenn Sie auf einem solchen Standpunkt stehen, von dem aus Sie ihr Ich analysieren, sind Sie in der Rolle eines Zuschauers Ihrer selbst und sind unvermeidlich von Ihrer eigenen Seele abgespalten.

EHRFURCHT VOR SICH SELBST

Sie können sich selbst nicht hergeben, ehe Sie nicht sich selbst gefunden haben. Aus diesem Grund war das Evangelium ursprünglich für Erwachsene gedacht ... Die Psyche eines Kindes ist noch unfähig, die Lehre vom Kreuz zu verstehen.

Nur Erwachsene haben die für das Evangelium erforderliche Disposition. Und wenn wir mit ungefähr dreißig Jahren immer noch nicht so weit sind, ist das ein Zeichen, daß wir noch nicht erwachsen geworden sind. Dreißig Lebensjahre sollten gewöhnlich ausreichen, um zu lernen, daß das Leben zwischen die Pole von Einswerden und Abgrenzung eingespannt ist, zwischen Lieben und Loslassen, zwischen Ja und Nein. Beides ist kostbar und notwendig. Mir scheint, Menschen, die ein gesundes Selbstwertgefühl haben und deren Ich nicht ständig bestätigt und mit Streicheleinheiten getröstet werden muß, setzen sich auch am ehesten selbst Grenzen. Sie verstehen es immer auf angemessene Weise, ihrem Leben bestimmte Schranken aufzuerlegen, bringen es also fertig, im richtigen Moment auch zu sich selbst nein zu sagen. Sie haben ein gesundes Gespür für ihre Grenzen und leben bewußt aus einer inneren Mitte heraus.

Dadurch aber gewinnt das wirkliche Ich immer klarer Gestalt: nicht, indem man ständig seiner Selbstsucht die Zügel schießen läßt, sondern indem man ihrer Unersättlichkeit klare Grenzen setzt. Dadurch bekommt das Ich scharfe Umrisse und die Mitte, die es unbedingt braucht. Der Mensch spürt dann: *du bist etwas*, denn da gibt es etwas, dem du mit einem klaren Nein entgegentreten kannst. Dieses „heilige Nein“ zu uns selbst schenkt uns paradoxerweise ein Gefühl der Ehrfurcht vor uns selbst. Das immerwährende Ja-Sagen zur eigenen Ichsucht dagegen erniedrigt in Wirklichkeit das Ich.

DER HEILIGE JOHANNES VOM KREUZ

Echte Spiritualität steht völlig quer zu unserer üblichen Lebensart, denn man kann sie nicht kaufen und verkaufen, nicht messen und nicht beweisen. Sie ist genaugenommen nichts. Wer möchte schon in dieser Welt *nichts* sein? Unsere Welt ist ganz darauf angelegt, daß wir etwas werden, alles werden, Freunde gewinnen und Einfluß ausüben.

Der heilige Johannes vom Kreuz hat das so ausgedrückt: „Um zu der Freude zu gelangen, die du noch nicht kennst, mußt du einen Weg gehen, der dir nicht gefällt. Um zu einem Wissen zu gelangen, das du noch nicht kennst, mußt du einen Weg gehen, den du nicht kennst. Um etwas zu erlangen, was du nicht hast, mußt du einen Weg gehen, auf dem du nichts hast. Um das zu werden, was du nicht bist, mußt du einen Weg gehen, auf dem du nichts bist“ (Aufstieg zum Karmelberg I,13, § 10).

Natürlich haben wir Angst vor dem Nichts-Sein. Deshalb haben wir ja auch Angst vor dem Tod. Aber das Nichts-Sein, vor dem wir uns so fürchten, ist in Wirklichkeit der Schatz, nach dem wir uns sehnen. Wir sehnen uns nach dem Ort, an dem wir nichts beweisen und nichts verteidigen müssen; wo ich bin, wer ich bin, und wo das genügt.

NIMM'S MIT HUMOR UND ERTRAG ES

Echte Heiligkeit fühlt sich nicht wie Heiligkeit an; man hat vielmehr das Gefühl, man sterbe. Man hat das Gefühl, der Verlierer zu sein. Aber dennoch – man ist in einer Mitte verankert, wenn auch alles darum herum wegbricht; man ist an einem Ort, an dem alle Dinge eins sind, und von da aus kann man alles geradezu froh und dankbar fahren lassen. Wenn man dazu lächeln kann, wenn man sich voll Vertrauen alles nehmen lassen kann, ist das ein Zeichen, daß dabei Gott am Werk ist.

Ich will damit kein stoisches, zähneknirschendes Ertragen empfehlen, sondern will sagen: Nimm's mit Humor und ertrag es. Wenn der Humor dabei fehlt, wenn die Freude dabei fehlt, ist das ein Zeichen dafür, daß hier nicht Gott am Werk ist.

Vielen von uns wurde beigebracht, wir sollten das Nein ohne das Ja, ohne die Freude auf uns nehmen. Man hat uns dazu erzogen, es einfach über uns ergehen zu lassen, auf die Zähne zu beißen und es standhaft zu ertragen. Das hat eine Menge Leute in der Kirche kaputtgemacht. Es ist nicht unbedingt gottgefällig, zu seinem Ich immer nur nein zu sagen. Wenn Gott jedoch in Ihrem Herzen aus Liebe und Freiheit ein freudiges Ja wecken kann, und wenn Sie dann imstande sind, auch überall, wo es angebracht ist, nein sagen zu können – dann ist wirklich Gott in Ihnen am Werk.

JESUS STELLT JEDE ART HERRSCHAFT AUF DEN KOPF

Das Evangelium ist immer eine Botschaft der Freiheit. Jesus sagt: „Kommt her! Ihr seid, die ihr seid, und ihr gehört mir! Und auch ihr in den Spitzenpositionen gehört mir; laßt also los, was ihr nicht braucht und was euch bloß im Weg steht!" Das hat er mit Nachdruck seinen Jüngern gepredigt, und wir finden das vor allem im „Katechismus des Markus" (Mk 8,31–10,52).

Die zwölf Apostel waren als Männer in ihrer Gesellschaft die Bevorzugten. Jesus half ihnen, ihre Vorrangstellung aufzugeben, ihr falsches Machtgefühl. Er bringt jeden Versuch einer Gruppe, die andere Gruppe zu beherrschen, zu Fall.

Jesus stellt unsere Vorstellung, es gebe eine Gruppe derer, die dazugehören, und eine Gruppe derer, die draußen sind, in Frage (Mk 9,38–40). Er sagt, keiner solle über den andern herrschen (Mk 9,33–35); die Erwachsenen sollten nicht die Kinder beherrschen (9,36–37 und 10,13–16) und die Reichen nicht die Armen (10,17–30).

In Markus 10,1–12 hebt er die Herrschaft der Männer über die Frauen auf: „Da kamen Pharisäer zu ihm und fragten: Darf ein Mann seine Frau aus der Ehe entlassen? Er antwortete ihnen: Nur weil ihr so hartherzig seid, hat euch Mose erlaubt, eine Scheidungsurkunde auszustellen und die Frau aus der Ehe zu entlassen" (vgl. Mk 10,2–5).

Das ist nicht eigentlich eine Aussage über die Unauflöslichkeit der Ehe, sondern eine Aussage über die Herrschaft der Männer über die Frauen. Ihr widerspricht Jesus. Die Scheidungsgesetze seiner Zeit waren hauptsächlich Gesetze zum Vorteil der Männer; sie gestatteten es den Männern, ihre Ehen bei Bedarf in allen Ehren aufzulösen und ihre Frauen straflos aus der Ehe zu entlassen. Jesus weigert sich, das mitzuspielen. Er sagt: „Am Anfang der Schöpfung hat Gott sie als Mann und Frau geschaffen." Mann und Frau sind für ihn Bruder und Schwester, also gleichrangig. „Und die zwei werden ein Fleisch sein." Wenn sie nicht mehr zwei, sondern eins sind, sind sie gleich, und es kann und darf nicht ein Teil über den andern herrschen. Das kommt noch einmal deutlich im Parallelismus der Schlußverse 11 und 12 dieses Abschnitts zum Ausdruck: „Er antwortete ihnen: Wer seine Frau aus der Ehe entläßt und eine andere heiratet, begeht ihr gegenüber Ehebruch. Auch eine Frau begeht Ehebruch, wenn sie ihren Mann aus der Ehe entläßt und einen anderen heiratet."

Warum haben wir das noch nie so gesehen? Unter anderem deshalb, weil wir uns nicht darüber im klaren waren, wie sehr zur Zeit Jesu die Frauen unterdrückt waren, und auch aus dem Grund, so vermute ich, weil bisher fast nur Männer die Bibel ausgelegt haben.

POSITIVE SEXUALITÄT

Auf einem Gebiet muß ich der katholischen Tradition völliges Versagen vorwerfen: in zweitausend Jahren hat sie es in keinem einzigen Jahrhundert fertiggebracht, etwas Positives über unsere Sexualität und unser emotionales und körperliches Ich zu lehren. Trotz des Hohenlieds und einiger erleuchteter Heiliger hat es nie eine allgemeine *positive* Unterweisung darin gegeben, wie wir Leib, Geist und Gefühle in harmonischen Einklang miteinander bringen können. So sind sehr viele von uns, besonders auch im Klerus, emotional gesehen, auf der Kleinkindstufe stehengeblieben. Wir reagieren und über-reagieren, wir wissen nicht, wie wir richtig mit unseren Gefühlen umgehen sollen, und unterdrücken viele davon, und deshalb bekommen viele Magengeschwüre, neigen zum Alkoholismus und verrennen sich in alle möglichen Richtungen beim Versuch, mit dem umzugehen, auf was sie nie von jemandem vorbereitet worden sind. Auf unserem Seminar stand die Logik auf dem Lehrplan und die Metaphysik. Aber wo gab es je eine Vorlesung über unsere Gefühle?

Gefühl, Intellekt und Wille: jede dieser drei Instanzen muß für Gott offen sein. Gott kann zu uns durch unsere Zuneigungen, durch unsere Gefühle und durch die Erfahrung unserer Körperhaftigkeit sprechen. Wir haben unablässig und leichtfertig die Funktionen unseres Körpers und unsere Leidenschaften als den „gefallenen“ Teil unserer Menschennatur bezeichnet. In Wirklichkeit sind jedoch unsere Gefühle nicht mehr gefallen als unser Intellekt und unser Wille! Es mag ja ganz gut sein, daß viele von uns guten Christen nicht verschlafen herumhängen; aber viele von uns – Priester wie Laien – legen sich nur mit dem Gefühl der Macht, der Sicherheit und der Überlegenheit zu Bett. Das hält uns zu Gott genauso weit auf Abstand wie zu jeglicher „Sünde des Fleisches“.

NEUE AUGEN FÜR DIE WAHRHEIT

Richtet nicht, damit ihr nicht gerichtet werdet! Denn wie ihr richtet, so werdet ihr gerichtet werden, und nach dem Maß, mit dem ihr meßt und zuteilt, wird euch zugeteilt werden. Warum siehst du den Splitter im Auge deines Bruders, aber den Balken in deinem Auge bemerkst du nicht? Wie kannst du zu deinem Bruder sagen: Laß mich den Splitter aus deinem Auge herausziehen! – und dabei steckt in deinem Auge ein Balken? Du Heuchler! Zieh zuerst den Balken aus deinem Auge, dann kannst du versuchen, den Splitter aus dem Auge deines Bruders herauszuziehen" (Mt 7,1–5).

C. G. Jung hat nach langen Jahren als Psychotherapeut geäußert, alles, was er gelernt habe, konnte er in der Aussage zusammenfassen: Die Menschheit hat die Neigung, ihre innere Welt auf die äußere Welt zu projizieren. Wenn Sie zum Beispiel bei fast allen Leuten das Gefühl haben, die hätten da draußen, Ihnen gegenüber, zwei Gesichter, dann kann es sehr wohl sein, daß in Wirklichkeit *Sie* zwei Gesichter in sich haben. Oder wenn Sie das Gefühl haben, alle Leute behandelten Sie immer nur hart und anspruchsvoll, dann wette ich fast, Sie selbst sind hart und anspruchsvoll mit sich selbst, und Sie glauben, auch Gott gehe mit Ihnen hart und anspruchsvoll um.

Wir sehen da draußen immer das, was bereits in unserem Kopf ist. Doch die heilende Tätigkeit Jesu bestand darin, uns neue Augen zu schenken, damit wir in der Wahrheit lebten und alles so sehen könnten, wie es wirklich ist. Wenn wir die Augen Christi haben, sind wir in der Lage, unser wahres Ich anzunehmen und mit ihm Geduld zu haben, statt es auf andere zu projizieren und in ihnen abzulehnen.

EIN WEG ZUM GLÜCKLICHWERDEN
(Gedanken auf dem Berg der Seligpreisungen)

Seligkeit heißt glücklich sein. Man könnte die Seligpreisungen also auch als Anweisungen für den Weg zum Glücklichwerden bezeichnen. Aber es sind keine Anleitungen für ein Glück erst im Jenseits, sondern auch recht gewagte Beschreibungen des Glücks schon in dieser Welt. Beachten Sie also, daß die Verheißungen der Seligpreisungen zum Teil in der Gegenwartsform gesprochen sind. Jesus sagt zum Beispiel: „Selig, die arm sind vor Gott; denn ihnen *gehört* das Himmelreich" (Mt 5,3). Und: „Selig, die um der Gerechtigkeit willen verfolgt werden; denn ihnen *gehört* das Himmelreich" (Mt 5,10).

Die Leute müssen damals genau hier auf diesem Hügel gesessen und erstaunt Mund und Augen aufgesperrt haben. Sie müssen gesagt haben: Uns hat man aber etwas ganz anderes beigebracht. Uns hat man gesagt, wir sollten geschickt, stark und selbstbewußt sein. Und Jesus darauf: Ja, auch ich sage euch, ihr sollt selbstbewußt sein, aber selbstbewußt von ganz tief innen heraus, aus dem Bewußtsein, wer ihr in den Augen Gottes seid. Und dann zeigte er zu diesen Bäumen hier hinauf und zu diesen Vögeln, die Sie jetzt über sich zwitschern hören, und er sagte: Seid wie sie. Sie machen sich keine Sorgen. „Sorgt euch also nicht um morgen; denn der morgige Tag wird für sich selbst sorgen" (Mt 6,34). Das klingt ganz wie die Anweisung für ein glückliches Leben, wie man sie im Lauf der Entzugstherapie gibt: „Kümmere dich immer nur um einen einzigen Tag auf einmal."

ZEIT VERGEUDEN

Schauen Sie sich einmal das Leben von Menschen genauer an, die Sie tief berührt und die einen nachhaltigen Einfluß auf Sie ausgeübt haben. Es wird sich immer um Menschen handeln, die sich nicht scheuen, sehr persönlich zu werden. Bloße Ideen ändern niemanden wirklich. Wo sich Menschen ändern sollen, braucht man Menschen. Menschen, die wirklich eine frohe Nachricht bringen, sind Menschen, die es verstehen, eine echte Beziehung anzuknüpfen und die fähig sind, Zeit zu vergeuden.

Auch mit Gott müssen wir Zeit vergeuden. Das ist die Grundlage unseres Gebetslebens. Während man auf Gott wartet und wenn man den Heiligen sucht und auf ihn hört, ist man durchaus nicht unproduktiv. Die jüdisch-christliche Tradition hat uns den Sabbat geschenkt, also ein Gespür für heilige Zeit, in der es ausschließlich darum geht, dazusein, hinzuhören, in eine ganz persönliche Beziehung zu treten und nicht an irgend etwas zu arbeiten.

Kardinal Newman hat geschrieben: „Ungemein viel Heiligkeit geht der Welt verloren, weil Menschenbrüder es versäumen, die Geheimnisse ihrer Herzen miteinander zu teilen." Und sein Wappenspruch war: „Cor ad cor loquitur – Das Herz spricht zum Herzen". Das hat kein rührselig Sentimentaler formuliert, sondern dieser große Intellektuelle Newman. Aber offensichtlich ist er ein Mensch, der alles auf einen Nenner gebracht hat. Er sprach aus der Erfahrung eines gebildeten Herzens. Er wußte darum, wie nachhaltig wirksam es ist, wenn man sein Persönlichstes mit anderen teilt. Das wirklich *Persönliche* ist gewöhnlich auch das *Allgemeingültigste*.

DIE KIRCHE UND DIE BÜRGERRECHTE

Unser Volk hat im großen ganzen keinen Sinn für soziales Bewußtsein entwickelt. Es ist erstaunlich, wenn wir uns die 1960er Jahre ansehen. Sie wissen, was für Einstellungen wir alle ziemlich leichtfertig in den frühen sechziger Jahren vertraten, zum Beispiel hinsichtlich der Beziehung der Rassen untereinander. Hie und da erhob ein Mann oder eine Frau mit offensichtlich schärferem Gewissen die Stimme. Aber das waren viel zu wenige, und es war viel zu selten.

Zu unserer ewigen Schande brachte uns im Grunde genommen erst der Lauf der Geschichte, die Entwicklung der Kultur darauf, unser Gewissen für den Umstand zu schärfen, daß es ein großes Unrecht war, bestimmten Menschengruppen die vollen Bürgerrechte zu verweigern. Zum größten Teil beherrschte der Zeitgeist unser Bewußtsein und Gewissen. Und auch die Kirche wachte dann erst allmählich auf, schnupperte den neuen Wind, hängte ihr Mäntelchen danach und sagte: Ja, dafür sind wir eigentlich auch, das stimmt, das entspricht dem Evangelium! Ebenso war es mit dem Militarismus, der Sklaverei, den Menschenrechten, dem Sexismus und der Ehrfurcht vor der Schöpfung. Auf allen diesen Gebieten sind wir bloße Trittbrettfahrer gewesen. Petrus war immer zu spät dran.

Sie kennen doch die Geschichte aus dem 20. Kapitel im Johannesevangelium: Petrus (die Kirche) und Johannes (der Liebende) laufen um die Wette zum Grab. Petrus kommt später als Johannes dort an und glaubt auch erst als letzter, daß Jesus auferstanden ist. Ich vermute, das ist immer so gewesen. Die schlichte Liebe sieht und glaubt früher als sogar die Kirche.

OKTOBER

DER ANSPRUCHSVOLLERE WEG

Wir werden nicht *von* unserem Menschsein befreit, sondern *in* unserem Menschsein. Wir werden nicht vom Fleisch befreit, so sehr das viele gern möchten, sondern wir werden im Fleisch befreit. Das ist eine Frage der Integration, der Synthese. Das ist die Art, wie die Gnade wirkt: im Fleisch, in unserem Menschsein. Versuchen Sie nicht, darüber hinauszuklettern, versuchen Sie nicht, das zu verleugnen und einen Tunnel darunter hindurch zu graben, versuchen Sie nicht, einen Umweg darum zu finden. Es stimmt, das ist der anspruchsvollere Weg. Aber auf diesem Weg, durch unser Menschsein und Fleisch, schafft der Geist Gottes Heilige.

LEBEN AUS DEM SEIN ODER AUS DEM TUN?

Die biblische Tradition einer personalistischen Weltsicht beginnt mit dem Sabbat, einem Gebot, das unserem Denken eine harte Nuß zu knacken gibt. Als Menschen einer fortschrittsgläubigen Kultur haben wir kaum eine innere Beziehung zu einer solchen Hochschätzung des „Nichtstuns". Doch der grundsätzliche Sinn des Sabbats ist in der Bibel eindeutig: „Der Sabbat ist ein Zeichen zwischen mir und euch von Generation zu Generation, damit man erkennt, daß ich, der Herr, es bin, der euch heiligt" (Ex 31,13).

Der Sabbat stellt uns in eine wahrhaftige Beziehung zu Gott; er sagt uns ganz eindeutig, wem wir unser Leben und unser Dasein verdanken. Die Sabbatruhe sagt uns ganz handgreiflich, daß das Leben aus mehr besteht als aus dem, was wir daraus machen. Unsere Zukunft wird nicht nur von dem bestimmt, was wir leisten und zustande bringen. Wir entdecken unsere Zukunft, indem wir die abgründigen Tiefen des Heute entdecken.

Dieser Gedanke entwickelte sich bei den Hebräern im Zusammenhang mit der Vorstellung von der Feldbestellung, wie sie in der Bibel erscheint. Es gab den Brauch, ein Feld jedes siebte Jahr brachliegen zu lassen (Lev 25,4) und alle fünfzig Jahre, im sogenannten Jubeljahr, alle Schulden zu streichen. Welch großartige Grundlage hätte das für eine Spiritualität der Erde abgegeben: „Das Land darf nicht endgültig verkauft werden; denn das Land gehört mir, und ihr seid nur Fremde und Halbbürger bei mir" (Lev 25,23).

Der Sabbat schafft Raum für Gott. Er stellt uns die Frage, ob wir aus dem Dasein oder aus dem Tun leben. Der Sabbat stellt die Aufforderung an das jüdische Volk dar, zuallererst einfach ihr Da-Sein zu leben: als Volk, das es versteht, hinzuhören, zu warten, zu hoffen, abhängig zu sein, zu vertrauen.

Mich kann es nur wundern, daß die Katholiken, verglichen mit ihrer Zähigkeit in anderen Dingen, diese Bestimmungen so leicht aufgeben konnten. Aber wer beklagt das schon ...

VERZEIHEN

Das Verzeihen ist der Anfang, die Mitte und das Ende eines Lebens aus dem Evangelium. Die Energie, die sich daraus ergibt, daß uns verziehen worden ist, läßt uns zunächst einmal aufblühen. Und es ist die Erfahrung, daß uns verziehen wird (wobei wir nicht einmal gemerkt hatten, daß wir das nötig hatten), was unseren schlaffen Geist erneuert. Das abgrundtiefe Verzeihen ist es auch, was schließlich die Gestalt von Gottes Vorsehung und Erbarmen annimmt.

Zacharias hat es richtig ausgedrückt, als er sagte, Gott werde „sein Volk mit der Erfahrung des Heils beschenken in der Vergebung der Sünden" (Lk 1,77). Es ist genauso wichtig, Vergebung zu schenken wie, sie zu empfangen. Auf beiden Seiten der Gleichung weiß man, daß man sich eines Lebens und einer Kraft erfreut, die nicht aus einem selbst stammen. Beides: das Verzeihen, das man (unverdient) gewährt, und das Verzeihen, das man (unverdient) empfängt, ist ausschließlich das Werk der ungeschaffenen Gnade.

Die Vergebung ist die größte Tat Gottes, um alles neu zu erschaffen; ohne sie geschieht nichts.

HOMOPHOBIE

Eine echte Spiritualität läßt sich ganz notwendigerweise auf die großen aktuellen Probleme der Welt ein, auf das, was die Gesellschaft, die Armen, die Politik angeht. Wer die großen Menschheitsfragen beiseite schiebt, die Fragen nach dem Leiden und der Gesellschaft, der schiebt damit auch die Seele beiseite. Diese Fragen enthalten den Schlüssel zum Verständnis unseres eigenen Schattens; sie können uns verstehen helfen, wovor wir Angst haben, was wir verdrängen und was wir verabscheuen. Die an den Rand Gedrängten, diejenigen mit anderer Rasse, Religion, Ideologie oder anderem Geschlecht halten gewöhnlich etwas Wichtiges für uns bereit. Aus diesem Grund finden die Leute die Homosexualität so bedrohlich. In vieler Hinsicht ist sie eines der letzten Tabus.

Im homosexuellen Menschen fallen das Bild des Männlichen und des Weiblichen in einer einzigen Person zusammen. Deshalb schrecken wir so sehr vor Homos und Lesbierinnen zurück. Sie sind ein Bild dafür, daß wir alle unser gegengeschlechtliches Bild in unser Menschsein integrieren müssen. Wir alle müssen das Weibliche und das Männliche in uns selbst auf einen Nenner bringen. Vor dieser Ganzheit haben wir so Angst, daß die Menschen, die diesen Teil unserer Lebensaufgabe verkörpern, in den meisten Kulturen abgelehnt werden, weil diese Kulturen sich auf Herrschaft und Kontrolle gründen. Interessanterweise kennen ganzheitlichere Kulturen wie diejenigen der eingeborenen Amerikaner und einiger Asiaten kein Tabu gegenüber dem Homosexuellen. Diese Kulturen tun sich damit leichter, das yin und yang des Lebens anzuerkennen.

ES IST OKAY, EIN MENSCH ZU SEIN

Nach den ersten paar Monaten in einem Gemeinschaftsleben steigen viele Leute wieder aus. Jeder von uns hat eine Leiche im Schrank, ein Stück Schuld, einen Berg Angst, irgendeinen Dämon, wie er auch aussehen mag; und wenn wir in einer Gemeinschaft leben, fühlen wir uns nach einiger Zeit so frei, das herauszulassen. Wir wagen es, nicht länger ein Blatt vor den Mund zu nehmen und geradewegs herauszuschreien: „Ich hasse mich selbst. Ich bin wütend auf Gott. Ich habe einen Zorn auf die Kirche."

Wenn das dann im Gemeinschaftsleben passiert, ist das natürlich schlimm. Aber wenn Sie ein bequemes, sauberes, problemloses Leben suchen, dann lassen Sie sich ja auf keine Gemeinschaft ein. Das große Wagnis, das wir darin eingehen müssen, ist die Anerkenntnis, daß es ganz okay ist, menschlich zu sein. Eine gesunde Gemeinschaft schenkt uns den Freiraum und schützt uns, wenn wir uns „in unsere Einzelteile auflösen".

Wir sind dazu erzogen worden, der Empfehlung der Bibel zu folgen, „vollkommen" zu werden (Mt 5,48). (Man muß diesen Abschnitt als Abschluß von Jesu Lehre über die Feindesliebe sehen, also über ein unerreichbares Ideal.) So fällt es uns ungemein schwer, uns selbst zu lieben und anzunehmen, solange wir noch unvollkommen, versaut, gebrochen, wütend oder traurig sind. Zuweilen ist es auch sehr schwer, einander gegenseitig anzunehmen.

Wissen Sie, wozu Sie meiner Meinung nach Gott beruft? Ganz einfach dazu, ein Mitglied in der Familie Gottes zu werden. Das ist alles. Das ist das Trainingslager für den Himmel. Der Himmel ist die „Familie für immer", in der Gott die Vater- und die Mutterrolle einnimmt und wir alle für- und miteinander Brüder und Schwestern sind. Gott möchte wissen, ob Sie in einer Familie leben möchten und ob Sie bereit sind, gleich damit anzufangen – und für immer dabei mitzumachen.

EINE KIRCHE, DER WIR TRAUEN KÖNNEN

Wenn unsere Kirche sich auf angemessene Weise aus der Politik heraushalten und sich in sie einmischen soll (und wissen soll, wie und wann das eine oder das andere angesagt ist), dann muß sie auch auf angemessene Weise einen Sinn für Mystik haben und immer wieder neu ihre kontemplative Mitte suchen. Das ist die einzige Kirche, der wir trauen können, die einzige Kirche, auf die es sich zu warten lohnt, die einzige Kirche, die eine von Gott geschaffene Zukunft hat.

Mehr denn je braucht unser Weltdorf eine wirklich katholische Kirche (kath' holon heißt wörtlich übersetzt: „dem Ganzen entsprechend"). Und nachdem wir alle unsere Gaben und Schwachpunkte aufgezeigt haben, müssen wir dazu sagen, daß diese katholische Kirche auch das amerikanische Charisma braucht, und zwar ebenfalls mehr denn je. Wir mögen Merkur und wir mögen Ikarus sein, aber wir sind auch John Carroll, Elizabeth Seton, Flannery O'Connor, Junipero Serra, Katherine Drexel, Peter Maurin, Dorothy Day, John Courney Murray, Kateri Tekakwitha, Raymond Hunthausen, Massie Ward und Robert Kennedy. WIr sind das amerikanische Gesicht Christi.

Das macht mich froh. Ich glaube, das macht auch Christus froh. Warum sollte es nicht auch dieser gesamten Kirche Freude und Hoffnung schenken? Ich zweifle nicht, daß es das tut.

UNEHELICHE KINDER UND WAISEN

Wenn sich zwischen zwei Wesen etwas Wahrhaftiges abspielt, entsteht daraus neues echtes Leben. Das ist so bei der natürlichen Familie. Mann und Frau begegnen einander leibhaftig und schenken einem Kind das Leben. Aber selbst wenn das Kind ihren Namen tragen mag, kann es sein, daß es im Grunde genommen unehelich und ein Waisenkind bleibt – nämlich dann, wenn es nicht geliebt wird. Genauso ist es in der Kirche: wir können Menschen zusammenbringen und sagen, weil sie mit Wasser getauft worden seien, gehörten sie jetzt zur Familie Gottes. Dennoch werden sie spirituell nicht richtig leben, wenn nicht konkret jemand für sie Familie, Pate, spiritueller Wegbegleiter, Beichtvater, Lehrer oder Meister ist.

Vielen von uns ist zu Bewußtsein gekommen, daß wir in der Kirche uneheliche Kinder und Waisenkinder sind: Wir haben weder einen Vater noch eine Mutter, die uns geistlich zur Welt gebracht haben und uns eine echte Familiengemeinschaft schenken. Daran ist niemand individuell schuld, sondern es ist eine Sünde von uns allen, daß wir eine Kirche haben, die weithin von Verwaltungsleuten und Programmen gestaltet wird.

Sie ist nicht rundweg falsch. Aber es genügt eben nicht, um den Kindern Gottes im Hauswesen des Glaubens ein echtes Familiengefühl zu schenken.

DIE SEHNSUCHT, GANZ ZU SEIN

Gott kann über die Polarität von Mann und Frau machtvoll zu uns sprechen. Wir wissen nicht, worauf das hinausläuft. Aber grundsätzlich spricht er zu uns vor allem durch das, was auf uns gegensätzlich, unbekannt und angsterregend wirkt: zur Frau durch das männliche Wesen und zum Mann durch das weibliche Wesen. Entgegen der landläufigen Meinung suchen Männer und Frauen nicht nur nach dem warmen Körper des anderen Geschlechts, sondern in ihnen lebt die Sehnsucht, ganz zu sein. Aus einer treuen Freundschaft und einer echten Partnerschaft können wir wahrscheinlich mehr lernen als aus einer bloßen sexuellen Begegnung.

EINE GENERATION DES ÜBERGANGS

Wir leben in einer Zeit des Übergangs und sind eine Generation voll hoffnungsvoller Brückenbauer. Vielleicht ist das jede Generation. Die meisten kleinen Leute auf diesem Erdboden sind sich dessen bewußt, daß sie zunächst einmal die Kinder ihrer Eltern sind und dann die Eltern ihrer Kinder. *Immer* stehen wir zwischen zwei Generationen. Wir halten uns fest an den Händen, sind dankbar dafür und wissen, daß wir schließlich irgendwann wieder loslassen müssen. Es ist das schlichte, unvollkommene Los aller Menschenwesen, nur ein Glied in der allumfassenden Kette des Daseins zu sein.

Sehen wir einmal ab von den Fortschrittsphilosophen, den Selbstverwirklichern und den Optimisten, die vertreten, alles sei machbar, so sind wir überwältigt von dem ungeheuren Ausmaß an Tod und Depression in unserer Gesellschaft. Wir hinterlassen offensichtlich nur schwache Spuren in einer viel größeren Geschichte und sind Teil eines Mysteriums, in dem letztlich einzig ein ewiger Gott die entscheidenden Fäden zieht. Auf diesen Gott zu vertrauen ist keine Ausflucht und ist keine Weigerung, selbst etwas zu tun. Nein, das Bekenntnis zu ihm ist das mutigste Engagement, das ein Menschenwesen aufbringen kann. Nach Golfkriegen um Öl, angesichts einer weltweiten Armutskatastrophe und mit Kirchen, die vor dem Evangelium davonlaufen, ist das vielleicht das einzig brauchbare Engagement, das wir noch eingehen können, und das einzige, das schließlich doch noch etwas bewirken kann. Versuchen wir es damit. Wir haben nur ein einziges Leben auf diesem Planeten. Ich begnüge mich damit, Brükken zu bauen, über die vielleicht die nächste Generation gehen wird. Ich bin froh darüber, und es hat geradezu etwas Befreiendes für mich, bloß zu einer Übergangsgeneration zu gehören.

ANGST, DER FEIND DES GLAUBENS
(Gedanken auf dem Berg der Seligpreisungen)

Der größte Feind des Glaubens ist nicht der Zweifel, sondern die Angst. Der größte Teil der Welt ist von kleinen Ängsten und von riesigen Ängsten beherrscht. Kleine Ängste halten die Leute in Schach, riesige Ängste halten ganze Nationen in Schach. Wir könnten mühelos alle Menschen auf diesem Planeten ernähren, wenn wir nur die Waffenproduktion beenden würden, aber wir leben in Angst und meinen, uns verteidigen zu müssen.

So saß der große Friedensstifter auf diesem Hügel hier und predigte der Welt. In seinen Seligpreisungen nannte er diejenigen selig, die Frieden stiften (Mt 5,9). Sie werden Söhne und Töchter Gottes heißen. Doch sogar wir, das Christenvolk, sind voller Angst und sichern uns ab, denn wir glauben nicht wirklich, was Jesus hier gesagt hat. Wir gründen nicht unser Leben auf den Seligpreisungen.

Jesus hat an dieser Stelle hier die Seligpreisungen verkündet: das war die Eröffnungsrede seiner ganzen weiteren Verkündigung. Jeder, der im Lehramt ist, weiß, wie sehr alles auf den ersten Satz ankommt. Wie fängt Jesus an? „Selig, die arm sind vor Gott.“ Wir haben von Jesus rein gar nichts begriffen, solange wir nicht erfassen, daß dieser Satz und die nachfolgende Bergpredigt die absolute Mitte seiner Botschaft sind. Und doch könnte ich recht deutlich aufzeigen, daß die Bergpredigt der am meisten vernachlässigte und unterdrückte Teil seiner Lehre war und immer noch ist, sogar in der Kirche. Die Bergpredigt ist ein Gegengift gegen die Angst, aber wir haben die Angst noch nie besonders gefährlich für den Glauben gehalten. Wir haben immer gemeint, das besonders Gefährliche sei der „Zweifel“.

DIE DAME ARMUT

Im Jahr 313 erklärte Kaiser Konstantin das Christentum zur Staatsreligion. Er versuchte damit, der römischen Zivilisation etwas Gutes zu tun. Aber heute sind wir nicht mehr so sicher, ob er uns damit wirklich etwas Gutes getan hat. Denn siebzehnhundert Jahre lang hat das Christentum weithin die Geschichte und sich selbst aus einer Vorzugsstellung heraus und nicht von unten her betrachtet.

Zeitweise haben wir uns den Armen zugewandt. Denken Sie an alle unsere Ordensgründerinnen und -gründer, an die Heiligen: Es läßt sich darunter kaum jemand finden, der oder die nicht zunächst einmal aus dem Establishment ausgezogen wäre und sich für die Armen interessiert hätte. Die Kirche hat dann diese Menschen zwar gelegentlich früher oder später nach ihrem Tod heiliggesprochen und hat immer wieder ihr Verhalten zum Ideal erhoben, aber selbst ist sie lieber gut etabliert geblieben und hat darin verharrt, die Geschichte aus einer Position der Macht und des Reichtums zu betrachten. Das muß nicht heißen, daß der Geist nicht mehr in der Kirche am Wirken gewesen wäre; jedoch hat die Kirche eine große Gabe verloren, eine große Freiheit, eine große Einsicht.

Die Liebe zur Armut ist eine der größten und nachhaltigsten Segnungen des Evangeliums. Franziskus hat das erkannt. Er hat es fertiggebracht, die Armut als seine Dame zu bezeichnen. Solange wir sie nicht auch als Dame bezeichnen und zu lieben und zu ehren vermögen, haben wir diese wichtige Wahrheit noch nicht entdeckt.

So betrachtet, hat die Armut die größere Chance, an die Wahrheit zu rühren. Eine arme Frau, ein armer Mann hat nichts, was sie/er absichern müßte. Je reicher wir aber sind, desto mehr müssen wir uns und unsere Habe absichern und desto unfreier werden für das unbefangene Hören.

Wieviel muß ich selbst absichern? Wieviel an Rolle, an Bild von mir selbst, an Ruf, Sicherheit, Bequemlichkeit, Zukunft? Daran kann ich ermessen, wie reich und wie arm ich bin.

WIR WERDEN ES NIE FERTIGBRINGEN, ARM ZU SEIN

Mittelständische Amerikaner sind, gemessen am Weltstandard, sehr reiche Leute. Dazu gehören auch die meisten Franziskaner. Wir versuchen von unserer etablierten Position aus unser Bestes zu tun, aber wir wissen, daß wir es nie fertigbringen werden, die Kirche der Armen zu werden ...

Wohin immer wir gehen, wir verstehen uns auszudrükken. Wir wissen, wie man Beziehungen knüpft, wie man in Systeme eintaucht und Systeme verläßt, wie man Formulare ausfüllt, Protokolle schreibt und Bewerbungen formuliert und was man noch sonst dergleichen können muß. So bleiben wir nie lange irgendwo Außenseiter.

Aber wir können uns nicht länger damit zufriedengeben, lediglich aus unserer wohletablierten Position heraus bloß die Kirche *für* die Armen zu sein. Uns ist nämlich aufgegangen, daß gelegentlich schon die Großzügigkeit, schon der Versuch, zu anderen Menschen gut zu sein, uns in eine paternalistische oder maternalistische Stellung versetzt hat. Wir gehen dann wieder zu uns heim und haben das wohltuende Gefühl, gute Menschen zu sein, weil wir tausend Dollars für „Brot für die Welt" aufgebracht oder ein unzureichend ausgestattetes Hilfsprogramm aus unserem Überfluß unterstützt haben. Das ist in Ordnung, aber wir dürfen nie vergessen, daß wir die Welt und alle ihre Probleme immer noch von einer Position der Macht her betrachten. Ich glaube nicht, daß das die Ausgangsbasis ist, die das Evangelium bevorzugt. Irgendwie müßten wir zu den Armen gehören und bei ihnen sein.

DIE INNENSEITE DER UNTERDRÜCKUNG DER ARMEN

Wer kein gesundes Selbstbewußtsein hat, der nimmt gern die Haltung des Opfers an. Menschen, die dieses Leid nicht von innen her kennen, haben für diese Opferhaltung kein Verständnis. Wir versehen sie mit einem Etikett und erklären oft das Opfer für den eigentlich Schuldigen.

Die Armut ist in erster Linie ein psychologischer Zustand, in den sich Menschen ergeben, wenn sie unablässig negativen inneren und äußeren Stimmen ausgesetzt waren. Gewöhnlich hören wir sie von innen, weil sie uns zunächst jemand von außen her zugeschrieben hat. Als Kinder sind wir noch so klein und verletzlich, daß wir den negativen Stimmen unserer Eltern und „Freunden" und unserer Kultur kaum Widerstand leisten können.

Wir alle haben schon Ehen kennengelernt, in denen der eine Partner den andern unablässig abkanzelt. Und es dauert gar nicht lange, bis man wirklich glaubt, was der andere einem ständig sagt: Ich tauge nicht viel, ich bin dumm, ich mache alles falsch. Ein solcher Partner wird zum Opfer. Bald ist er ziemlich wehrlos und wird unfähig, noch irgendeine günstige Gelegenheit zu erkennen, um aus seiner Rolle herauszukommen, ganz zu schweigen von der Fähigkeit, das dann auch zu tun. Er hat seinen Unterdrücker verinnerlicht.

Wir Leute dagegen, die schon als kleine Kinder viel Liebe erfahren haben, auf die man große Stücke gesetzt und denen man viele ermutigende Erfahrungen geschenkt hat, wir können das. Wir verfügen über ein gehöriges Maß an innerer Ich-Stärke. Wir wissen, daß wir Einfluß ausüben, daß wir etwas ändern, daß wir uns aus mißlichen Lagen befreien können. Aber, liebe Brüder und Schwestern, einem Großteil der Menschen dieser Welt ist diese Erfahrung versagt geblieben. Sie wissen nicht, was in ihnen steckt. Sie sind nie von jemandem mit guten Nachrichten aufgebaut worden. Oft sieht es so aus, als sei das die große Mehrheit unserer Erdbevölkerung.

WO VERSTECKT SICH DER AUSSÄTZIGE?

Warum schrecken wir vor geistig und körperlich behinderten Menschen zurück? Was geht in uns vor, wenn wir Obdachlosen gegenüberstehen? Was geht in uns vor, wenn wir die nähere Bekanntschaft von Menschen anderer ethnischer Gruppen machen, die nicht unserer Sprache und unserer Verhaltensweisen mächtig sind? Was geht in uns vor, wenn wir hören, daß Flüchtlinge in unsere Städte kommen; wenn wir einem Süchtigen gegenüberstehen, einem Nichtseßhaften, einem Penner, einem Sträfling oder sonst einem Menschen, der sich im Getriebe unseres sozialen oder wirtschaftlichen Erfolgsmechanismus verheddert hat? Woher kommt es, daß wir uns mit anderen weißen mittelständischen amerikanischen Katholiken umgeben? Warum empfinden wir alle anderen Arten von Menschen als bedrohlich?

Gott in seiner Güte bietet uns einen besonderen Segen an. Viele von uns fangen an, das zu erkennen. Ich denke, die Schwachen dieser Welt verkörpern eine Möglichkeit unser selbst, vor der wir besonders Angst haben. Daß wir sie umarmen, wie Franziskus den Aussätzigen umarmt hat, haben wir selbst nötiger als sie. Oder, wie Umberto Eco in seinem Buch „Der Name der Rose“ sagt: „Das Volk Gottes wird sich erst ändern, wenn die Ausgestoßenen wieder in seinen Leib aufgenommen worden sind.“

LEIBHAFTIGE SAKRAMENTE

Wir sind dabei, es zu lernen, wie wir unsere innere Gebrochenheit und Gewalttätigkeit annehmen und schätzen können. So ist es kein Zufall, daß unsere Kirche die Gelegenheit ergreift und zu den großen globalen Fragen bezüglich der sozialen Gerechtigkeit Stellung nimmt. Wir haben vor der Gebrochenheit nicht mehr so viel Angst wie früher. Wir erkennen, daß der Behinderte ein Sakrament ist. Er oder sie ist eine Ikone und ein Spiegelbild unserer eigenen Seele.

Die geistig zurückgebliebene Frau ist nicht nur ein Mißgeschick der Geschichte außerhalb meiner selbst, sondern jemand, den ich in mich einlassen und von dem ich mir etwas sagen lassen muß. Unsere Seele stellt die Frage: Warum hat Gott jemand wie dich erschaffen? Du kannst nicht so unterrichtet werden wie unsereiner. Welchen Wert hast du?

Wenn wir den Flüchtling vor Augen haben, kommt uns zu Bewußtsein, wie schrecklich das für uns selber wäre, nirgends daheim zu sein. Wenn wir dem Homosexuellen begegnen, sehen wir die männlichen und weiblichen Seiten unser selbst, vor denen wir so Angst haben. Das sind die Art Menschen, die wir an den Rand stoßen, vor denen wir davonlaufen und die wir mit Etiketten versehen. Wir sperren sie in Gefängnisse ein, um uns selbst zu versichern, daß sie böse und schlecht und wir gut sind.

Treten wir erst einmal die innere Reise an, so gibt es nur eine angemessene Antwort darauf: Demut. Wessen könnten wir uns rühmen? Wer sind denn wir? Wir sind doch auch bis in unseren innersten Kern Bruchstücke und Fragmente. Wir begehren tagtäglich dagegen auf, denn in uns gibt es das starke Bedürfnis, daß die Welt in einer Weise vollkommen sei, wie sie es nie sein wird. Vielleicht muß sie es auch gar nicht sein.

Ich finde darauf nur eine Wahrheit: die Wahrheit der Demut. Die Schwachen sind Ikonen unserer eigenen Seelen. Die Außenseiter sind Sakramente des immer und ewig an den Rand gedrängten Christus.

UNSER KREUZ TRAGEN

Der heilige Paulus mochte seine Leute so gern, daß er ihnen auch eine Menge zutraute. Er erschloß ihnen die wirkliche Quelle der Kraft, er brachte ihnen das richtige Sterben bei, er leitete sie an, das Kreuz zu tragen – und das nicht auf eine morbide Weise.

Wir heutigen Christen sind angewiesen worden, das Kreuz so zu tragen, daß wir unser Haupt neigen und es halt in Geduld annehmen. In Wirklichkeit, so glaube ich, hat der einzelne gar nicht die Kraft, das Kreuz zu tragen. Ich bin der Überzeugung, nur der Leib Christi kann das Kreuz tragen. Aus dem Grund ist die Bewegung der „Zwölf Schritte" so wichtig: Unsere westliche Tradition hat es versäumt, etwas vorzusehen, das uns schon die Macht der Auferstehung ahnen läßt, die vom Kreuz her auf uns zukommt.

Stellen Sie sich etwa eine Frau in einer Alkoholiker-Ehe oder eine einsame Ordensfrau in einem Konvent voller gebrochener, destruktiver Frauen vor. Wenn sie einer solchen Frau zureden, sie solle halt ihr Kreuz tragen, dann würde sie vermutlich zurückfragen: Wollen Sie eigentlich, daß ich einfach bleibe, wo ich bin, und dabei vollends kaputtgehe? Ich würde darauf sagen: Nein. Gott hat niemals gesagt, du könntest dieses Kreuz allein tragen. Suche die Liebe und das Leben einer Gemeinschaft, die dich trägt. Finde und entdecke die geistliche Familie Gottes. Biete gemeinsam dem kollektiven Bösen der Welt die Stirn. In den Zwölf-Schritte-Gruppen der „Anonymen Alkoholiker" tun wir genau das. Um in dieser Welt zu überleben, brauchen wir eine Art Netzwerk des Glaubens oder „Basisgemeinschaften" – und manchmal brauchen wir das auch, um in dieser Kirche zu überleben. Wir stehen ja nicht einem individuellen Bösen gegenüber. Wir finden uns einer Vielfalt von Faktoren ausgesetzt, dem wir mit etwas kollektiv Gutem entgegentreten müssen, mit dem Leib Christi.

DAS GESCHWÄTZ – EIN NEGATIVES SAKRAMENT?

Während der Zeit meiner sabbatlichen Einkehr im Trappistenkloster Gethsemani in Kentucky verbrachte ich viel Zeit damit, auf der Veranda der Einsiedelei zu sitzen, in der Thomas Merton gelebt hat. Ich vertiefte mich dabei zwanzig Minuten lang in einen einzigen Gedanken, und dann in den nächsten zwanzig Minuten wieder in etwas anderes. Wenn ich dann beim dritten oder vierten Gedanken war, hatte ich den ersten schon wieder ganz vergessen. Im Schweigen konnten diese Gedanken kommen und gehen, wie sie wollten, denn ich konnte sie nicht unmittelbar praktisch verwerten. Es war niemand da, den ich hätte anschreien oder mit dem ich etwas hätte ausdiskutieren können. Ich konnte keinen bösen Brief schreiben, ich konnte nicht nach dem Telefonhörer greifen und jemanden ausquetschen oder jemandem etwas Liebes sagen oder sonst irgend etwas tun. Ich mußte meine Gedanken einfach stehenlassen. Ich konnte mich nicht an sie hängen.

Hätte ich mitten in unserer Gesellschaft gelebt, dann würde ich vermutlich meine Gefühle ausgelebt haben; ich hätte mit irgend jemandem über den und den schlimmen Menschen geschwätzt, von dem man ja allgemein weiß, wie er ist. Das Geschwätz ist eine Art negatives Sakrament. Erinnern Sie sich an unsere alte Definition, was ein Sakrament ist? Wir haben immer gesagt: Sakramente sind Handlungen, die *bewirken, was sie darstellen*. Beim Geschwätz ist es ganz ähnlich. Wenn sie ganz negativ und mit böser Kritik über etwas herziehen, fangen Sie an, sich damit zu identifizieren. Sie geben ihm gewissermaßen seine Daseinsberechtigung. Sooft Sie negativ daherschwätzen, investieren Sie neue Energie in Ihre negative Art, und es wird immer schwieriger, daß Sie sich wieder davon lösen. Die abscheulichsten und unvernünftigsten Urteile habe ich von Leuten gehört, die gerade von irgendeinem geschwätzigen Treffen gekommen sind.

Meine Art, dem entgegenzutreten, ist das Schweigen. Im

Schweigen sehe ich, wie meine negativen Gefühle wie Nebelschwaden an mir vorbeiziehen. Alle diese blöden Gefühle gründen nicht wirklich in der konkreten Situation da draußen, sondern ich erschaffe mir sie zum guten Teil selbst, weil ich sie brauche. Es sind Unfreiheiten, die ich selbst erschaffen habe, um mich selbst zu definieren und zu rechtfertigen. In der Einsiedelei hatten sie plötzlich keinerlei Sinn.

AUF DEN STANDPUNKT KOMMT ES AN

Ich bin der Meinung, die Frauen, unsere Schwestern, bringen uns – Gott sei Dank! – die Kehrseite vieler Dinge zu Bewußtsein. Sie können weinen, Dinge anfassen, die Wirklichkeit von einer anderen Perspektive her erfassen als bloß vom Verstand, vom Gesetz und von der Institution her; sie können die Wirklichkeit, sie können die Heilige Schrift von einer lebendigen Beziehung her deuten. Ich habe den Eindruck, das spielt sich derzeit ab. Ich würde sagen, darum geht es bei der gesunden weiblichen Spiritualität, von der ich derzeit lese und höre.

Bis jetzt haben wir eher von einer neutralen Spiritualität her empfunden: wir haben weithin alles mit dem gelesen, was man den Verstand nennt, was man Logik, was man Wahrheit nennt. Die Frauen dagegen lesen die Heilige Schrift und die Wirklichkeit und hören die Kirche immer mit einem Hang zur Beziehung – zur aufrichtigen, wahrhaftigen Beziehung; sie bringen sich spontan darin ein, suchen ihren Platz darin. Mit unserer logischen Einstellung dagegen haben wir uns eher immer fein herausgehalten; es war weithin ein geschicktes System, um uns selbst nicht einbringen, uns selbst nicht in Gefahr bringen zu müssen – es war der weiße, männliche Mythos von Wirklichkeit.

ÜBERENTWICKELT

Die Hindus und Buddhisten sind uns westlichen Menschen weit voraus, wenn man betrachtet, welche Ideale ihre Jugendlichen haben. Sie werden angeleitet, statt des bloßen Erfolgs die Heiligkeit, die innere Freiheit und die innere Wahrheit für Ideale zu halten. Unser Hang zum äußerlichen Erfolg hat uns einen enormen Vorsprung im Sinn der wissenschaftlichen und industriellen Revolution verschafft, aber Asien und Afrika besitzen die größere Fähigkeit, die innere Welt zu beherrschen. Immer noch gilt bei diesen Menschen die Weisheit als Ideal, das sie zusammenhält.

Während meiner Reisen konnte ich vor allem in Afrika mit Freude beobachten, daß fast allgemein die Pubertäts- und Initiationsriten noch voll in Übung sind. Die jungen Leute werden von weisen Männern oder Frauen ihres Stammes gewöhnlich in etwa dreimonatigen Schulungszeiten beiseite genommen und erhalten eine Einführung in die überlieferten Weisheiten: „Das hält uns als Volk zusammen. Dafür stehen wir, das sind wir, das sind unsere Werte." Und wenn diese jungen Männer und Frauen aus dieser Zeit intensiven Gruppenlebens zurückkommen, wissen sie, wer sie sind.

In unserer Kultur dagegen suchen wir unser Lebtag nach tragenden Werten, nach dem, woran wir glauben wollen und wofür es sich zu leben lohnt. Die Jugend, die Zeit der noch offenen Wahlmöglichkeiten, dauert bei uns im Westen heute bis ins zweiunddreißigste Lebensjahr! In manchen anderen Kulturen dagegen hört die Jugend schon mit sechzehn oder siebzehn auf. Oft sieht man es den Jugendlichen dort auch an, daß sie selbstsicher und ausgeglichen sind, weil sie wissen, worauf ihr Leben gründet und welchen Sinn es hat.

Ich vermute, wir sind in Wirklichkeit perplex und gelähmt, weil wir vor zu vielen Wahlmöglichkeiten stehen. Wir sind nicht mehr die entwickelte Welt; wir sind die überentwickelte Welt.

LAZARUS UND DER REICHE PRASSER

In einer Überflußgesellschaft verlieren die Menschen nicht unbedingt den Wunsch, Gutes zu tun. Es kommt viel schlimmer: Sie verlieren den Blick für das Gute. Sie werden spirituell blind. Selbst wenn es ihnen direkt vor Augen läge, würden sie das moralische Gutsein nicht mehr als solches erkennen.

In den 1980er Jahren hat sich der Bevölkerung der USA eine schreckliche aristokratische Mentalität bemächtigt. Während meiner Ausbildung in den 1960er Jahren hätte man nie so daherreden können, wie es manche Leute heutzutage tun. Im Jet-Set des heutigen Amerika ist es durchaus üblich, bissige Bemerkungen über rassistische und ethnische Fragen fallen zu lassen und sich auf gemeine Weise über arme Leute lustig zu machen. Das kommt aus einer spirituellen Blindheit, und es ist tödlich falsch. Es bedeutet, daß die Menschen Christus nicht mehr erkennen.

In der biblischen Geschichte vom reichen Prasser hat der Reiche den Lazarus nicht vorsätzlich mißhandelt (Lk 16,19–31). Er hat ihn nicht von seiner Tür gejagt. In der Geschichte wird nicht einmal gesagt, er sei schuld an der Armut des Lazarus gewesen. In dieser schrecklichen Geschichte, die Jesus da erzählt, besteht die Bosheit des reichen Mannes einfach darin, daß er nichts merkt. Er ist nicht böswillig, er ist kein Schuft, er ist nicht unbedingt überheblich oder gemein – er ist schlichtweg blind für den Armen.

Der reiche Mann in der Geschichte nimmt den Lazarus gar nicht wahr, weil er ganz auf Prestige, Komfort und Konsum ausgerichtet ist. „Er kleidete sich in Purpur und feines Leinen und lebte Tag für Tag herrlich und in Freuden" (Lk 16,19). Niemand würde man deshalb ins Gefängnis stecken! Er hat nichts „Schlimmes" getan – und doch landet er in der Geschichte „in der Unterwelt, wo er qualvolle Schmerzen litt" (16,23). Warum?

Das liegt an der merkwürdigen Eigenart der Habgier: je

mehr man hat, desto mehr will man. Fragen Sie reiche Leute, ob sie jemals zufrieden sind. Sie reden immer davon, daß sie noch mehr brauchen. In unserem Land wird alles mit jedem Jahrzehnt hochgeschraubter und raffinierter. Unsere Restaurants, Hotels und Autos werden besser und besser, und wir gewöhnen uns daran! Es ist schwierig, einen Schritt zurück zu gehen. Das kommt nicht nur daher, daß wir immer mehr wollen, je mehr wir haben. Der eigentliche Punkt ist (paradoxerweise, aber doch nicht überraschenderweise): Je mehr wir haben, desto weniger macht uns das zufrieden. Je mehr du hast, desto mehr willst du, und desto weniger befriedigt dich das. Was für eine raffinierte und unnötige Art Folter!

UNSER WELTDORF

Auf der Zeitgeraden der Geschichte könnte man fünfundneunzig Prozent der menschlichen Geschichte als die Zeit des Stammesdaseins bezeichnen, als das Zeitalter der kleinen Horden, die in Großfamilien zusammenlebten. Erst in den letzten zehntausend Jahren, die lediglich einen Tropfen im Eimer der Zeit ausmachen, können wir von Zivilisationen sprechen, von großen Massengruppierungen, mit denen dann allmählich das anfängt, was dann viel später einmal zu den heutigen Nationen wird.

Erst während der letzten tausend Jahre kam es zu Nationalstaaten. Und zum Großteil ist unsere Christologie in diesem Zeitraum formuliert worden. Viele Elemente unserer Theologie tragen allzusehr das Gepräge einzelner Nationalstaaten und Europas, das ja nur einen kleinen Teil unseres Planeten ausmacht. Während sich die Kirche mit dem Heiligen Römischen Reich identifizierte, entwickelten wir eine Theologie und eine Deutung Christi, die sowohl die Kirche als auch das Reich in dieser Form bestätigten und legitimierten.

Das globale Weltzeitalter ist im großen ganzen ein Produkt der letzten vierzig Jahre. Angefangen hat es mit dem Zweiten Weltkrieg. Zu der Zeit war immer noch ein Großteil der Welt unter der Kontrolle der europäischen Kolonialmächte; vier Prozent der Welt beherrschten ungefähr vierzig Prozent der übrigen Welt.

Seit damals hat sich die soziale und politische Szene gewaltig verändert. Aber vielleicht ist uns noch nicht recht bewußt, daß das auch grundlegend unser Verständnis der Evangelien und der Kirche verändert. Die Achse, um die sich die Welt weiterbewegt, ist eine andere geworden. Es werden nicht mehr die gleichen Fragen wie früher gestellt, und unvermeidlich ist damit auch mit den alten Antworten kein großer Staat mehr zu machen.

Zu Beginn unseres Jahrhunderts lebten siebzig Prozent der

Katholiken in Europa und Nordamerika. Im Jahr 2000 werden siebzig Prozent in der „Dritten Welt“ und auf der südlichen Halbkugel leben.

Das nächste Konklave, das zur Papstwahl zusammentritt, wird hoffentlich mehrheitlich aus Kardinälen der „Dritten Welt“ bestehen. Es ist ziemlich wahrscheinlich, daß wir noch zu unseren Lebzeiten einen Papst erleben werden, der die Welt nicht mehr mit europäischen Augen betrachten wird. (Offensichtlich war es Gottes Wille, daß fast tausend Jahre lang der Bischof der Universalkirche immer ein Italiener war!) Das braucht nicht zu heißen, daß die europäischen Perspektiven falsch seien (oder daß mit den Italienern etwas nicht stimme!); es bedeutet nur, daß die Perspektiven eines einzigen Kontinents notwendigerweise beschränkt sind. Sie fußen auf einer Reihe von Voraussetzungen, auf einer bestimmten Anzahl von Fragen an das Evangelium. Betrachten wir die Welt jetzt mit afrikanischen, asiatischen oder lateinamerikanischen Augen, so ergeben sich für uns eine ganze Reihe etwas anders gearteter Fragen an das Evangelium. Wir werden tatsächlich zu einem einzigen Weltdorf und, hoffentlich, zu einer echt *katholischen* Kirche.

ERINNERE DICH AN ALAMO

Im sechsten und siebten Kapitel des Römerbriefs gibt sich der heilige Paulus große Mühe, die Sünde zu beschreiben. Er beschreibt sie ungefähr so: Sie ist eine Macht, sie hat ein voraussagbares Grundmuster, sie ist eine Gesetzmäßigkeit mit einer gewissen Notwendigkeit. Man könnte sie auch als eine Kultur der Blindheit beschreiben, als ein Netzwerk allgemein anerkannter Lügen. Die Sünde ist ein System, dem die Menschen in die Falle gehen: Wir erzählen alle die gleiche Lüge, und deshalb ist das keine Lüge mehr. Sünde ist da, wo das Leben erfriert und sich die Wahrheit aus Angst versteckt. Sünde ereignet sich, wo uns unser Eigeninteresse sagt, an was wir uns erinnern und was wir vergessen sollen.

Die Bibel scheint uns eine Gegen-Geschichte, sie bietet uns eine alternative Erzählung. Die Nationalgeschichte dagegen neigt immer dazu, dem jeweiligen Volk die Heldenrolle zuzuteilen. Nehmen Sie zum Beispiel die Schlacht von Alamo, wie sie in der Geschichte der USA gesehen wird [1835 eine Schlacht zur gewaltsamen Abtrennung des künftigen US-Bundesstaates Texas von Mexiko; Anm. d. Übers.]. Wir erzählen einander, daß wir dort große Helden waren. Wir haben daraus einen Mythos gemacht. Aber Sie sollten sich die Geschichte einmal aus mexikanischer Sicht erzählen lassen. Dann klingt sie völlig anders. Das gleiche tut die Bibel für uns. Sie schiebt unser selbstsüchtiges Interesse beiseite und erzählt uns von Gottes Perspektive aus der Geschichte, wie sie wirklich war, und das ist gewöhnlich die Geschichte aus der Perspektive der Opfer.

SPIRITUELLE FAMILIE – NATÜRLICHE FAMILIE

Alle Erneuerung in der Tiefe läuft in irgendeiner Form darauf hinaus, daß man die Familie wiederentdeckt. Wir kommen in diese Welt dank einer Beziehung, die sich „Familie" nennt. Wir kommen in das Reich Gottes dank eines Beziehungsgeflechts, das wir „Kirche" oder „spirituelle Familie" nennen. Die gleichen Regeln für die Erzeugung, das Teilen und die Zersetzung von Leben gelten sowohl in der natürlichen (biologischen) wie in der spirituellen (kirchlichen) Familie, und folglich gelten sie auch für unsere Beziehung zu Gott: die Bereiche unseres Lebens, die wir mit niemandem teilen können, sind auch die Bereiche, in denen uns Gott nicht anrühren kann. Die Bereiche, die wir vor Gott verschlossen halten, können wir nie mit anderen zum allgemeinen Wohl teilen.

Die natürliche und die spirituelle Familie scheinen einander gegenseitig zu brauchen, um ihr Bild, ihren Schwerpunkt und ihre Richtung immer wieder zurechtzurücken. Die natürliche Familie ohne die spirituelle Familie gerät in eine Isolation, in ein Inseldasein; sie schmort im eigenen Saft und entbehrt jeglicher Vision. Die spirituelle Familie (die Kirche) ohne die natürliche Familie ist kalt, ideologisch, unpersönlich, zweckorientiert und wird unfähig, ihre eigentliche Aufgabe zu erfüllen.

ERST SEINE IDENTITÄT FINDEN

Eine der großen Mythen unserer Kultur lautet, mit einer Heirat könne man die wichtigsten Fragen des Lebens lösen. In Wirklichkeit haben die Menschen, die wirklich fruchtbar eine Ehe leben, zunächst gelernt, ein fruchtbares Leben für sich zu führen. Wer noch nicht seine eigene Identität gefunden hat, ist auch nicht zur wirklichen Intimität fähig.

Jeder, der ein wenig von Ehe versteht, weiß, daß die Ehe eine ganze Reihe neuer Probleme mit sich bringt, statt eine geschickte Lösung aller Probleme darzustellen. Die Ehe stößt uns unsanft darauf, daß wir wachsen, reifen werden, miteinander teilen und sterben müssen. Es ist besser, für alle diese Ansprüche des Lebens bereits einigen Sinn entwickelt zu haben und bereits zu wissen, daß man ein Leben lang dazu brauchen wird, sie zu erfüllen, und dann erst zu heiraten. Die Heirat entspricht nicht immer diesen Ansprüchen; sie verpflichtet ein Paar dazu, zusammenzuarbeiten. Die Ehe macht uns klar, welche Probleme und Forderungen das Leben an uns stellt – aber immerhin, sie schenkt uns einen Partner, mit dem wir uns gemeinsam auf den Weg machen können.

SEXUALITÄT

Wir alle sind sexuell verfaßt. Auf Sexualität angelegt zu sein heißt grundsätzlich: vom Gegensatz angezogen werden, in der Polarität der Gegensätzlichkeit stehen, sich nach Vollständigkeit und Erfüllung sehnen, um ganz zu werden. Es gibt verschiedene Ebenen, auf denen alle Lebewesen von einer innersten Sehnsucht umgetrieben werden, und es gibt die Sehnsucht aller lebendigen Menschenwesen füreinander. Das deutet zutiefst auf unsere Sehnsucht nach Gott und darauf, daß wir aufeinander angewiesen sind. Wann immer Sie etwas sehen, was Sie nicht sind, und wenn Sie das sein möchten oder es in sich aufnehmen oder sich daran hingeben möchten, um ganz zu werden, hat das mit der Suche nach Gott zu tun. Daran ist nichts Schlechtes oder Beschämendes.

Unser Sexualtrieb ist kein Moraltest, den Gott mit uns durchführen möchte. Er ist vielmehr der Hinweis Gottes darauf, daß wir in uns selbst noch nicht ganz sind, sondern daß wir ganz notwendigerweise eine Beziehung brauchen. Und Gott holt uns mit jedem nur erdenklichen Mittel aus unserer Selbstgenügsamkeit heraus. Gäbe es keine Sexualität, so würden wir rein private, antiseptische Leben führen – und die Welt wäre furchtbar kalt.

DER LAUTERE MENSCH

Ein lauterer, ein reiner Mensch sein heißt nicht bloß, sauber irgendein vorgegebenes Verhaltensmuster einhalten. Der lautere Mensch ist jemand, der eine Vision des Ganzen hat, der die Dinge unverfälscht und ungefiltert sehen kann. Daher ist der einzig ganz Lautere und Reine Gott.

Wer unlauter ist, der sieht nur einen Teil; er trennt für sich ein Stück ab, das man nicht abtrennen darf. Er verfügt über die Fähigkeit, Lügen über sich selbst und andere Menschen zu ersinnen.

Gott läutert uns. Wie macht er das? Nicht indem er uns ein läuterndes Feuer schickt, sondern indem er in uns hineinschaut. (Die „visio beatifica", die „beseligende Schau Gottes", ist vielleicht eher unser Angeschautwerden durch Gott als unser Anschauen Gottes.) Gott läutert uns auf die Art, wie auch ein lauterer Mensch andere läutert, indem er auf eigentümliche Weise auf sie zugeht und in ihnen die guten Seiten weckt, die er in ihnen erkennt. Durch die Art, wie Gott uns anschaut, läutert er uns. Jemand, der uns ganz klar sieht, verleiht uns selbst Klarheit.

Wie also können Sie lauter werden? Indem Sie sich von jemand anschauen und die Wahrheit, die in Ihnen steckt, von jemandem sozusagen aus sich heraus-lieben lassen. Leute, die Sie nicht mögen, finden tausend Gründe, Sie zu verabscheuen. Die Sie nicht mögen, sind immer Leute, die Sie nur zum Teil kennen. Ich habe noch nie jemanden kennengelernt, der sich mir anvertraut hätte, ohne daß ich ihn dann auch geliebt hätte. Kennt man dagegen jemanden nur zum Teil, so kann man immer etwas Nachteiliges an ihm vermuten. Sobald man jemanden ganz kennt, ist er immer irgendwie liebenswert. Dann stellt sich ein lauteres Klima ein.

GOTT IST ARM

Ich hoffe, Sie haben irgendwann im Lauf Ihres Lebens den Mut aufgebracht, zu jemand zu sagen: „Ich liebe dich." Wir trauen uns das selten, denn wir sind uns nicht so sicher, wie der Betreffende das aufnimmt und wie er darauf reagiert. Wenn wir sagen: „Ich liebe dich", und darauf kommt kein Echo, ist es, als hätten wir plötzlich die Hosen heruntergelassen und zeigten unsere Blöße.

Ich benütze bewußt dieses anstößige Bild, denn genau so hat sich Gott am Kreuz vor uns entblößt. Gott hat zur Welt gesagt: „Ich liebe dich", Gott hat das große Risiko auf sich genommen, dumm dazustehen – und wir haben tatsächlich nichts darauf gesagt. Gott hängt nackt und verwundbar vor seinen Feinden, die seiner Liebe keinen Glauben schenken wollen.

Es scheint, Gottes Schicksal ist es, arm zu bleiben; sich herzugeben und nichts dafür zu bekommen; zu scheitern. Wir als Christen teilen das ewige Schicksal Gottes: oft besteht es darin, keinen Erfolg zu haben. Es besteht darin, arm dazustehen und dumm und wehrlos auszusehen. Aber wenn Sie sich einmal für die Liebe entschieden haben, haben Sie sich auch dafür entschieden, nicht nach den Maßstäben dieser Welt Erfolg zu haben.

DER SCHMERZ, VERWORFEN ZU WERDEN

Die Liebe ist eine demütigende Erfahrung. Das können wir in unserem Zusammensein mit unseren engsten Freunden erleben. Ja, das Lieben ist eine schrecklich demütigende Erfahrung: Wir müssen es lernen, immerfort zu geben und zu sterben und uns verletzen zu lassen und es wieder neu zu versuchen und alle Hindernisse zu überwinden. Daher kann ein stolzer Mensch nicht lieben und reifer werden.

Kein Schmerz auf dieser Welt ist größer als derjenige, abgelehnt zu werden. Das ist vor allem dann äußerst schmerzlich, wenn wir selbst unser Leben voll einbringen, wenn wir uns selbst ungeschützt preisgeben, wenn wir unser Herz sprechen lassen, und der oder die andere geht darauf überhaupt nicht ein. Wenn wir abgelehnt werden, tut sich unser offenbar abgrundtiefes Bedürfnis nach Bestätigung und nach Beziehung auf. Die Menschheit hat Gott von allem Anfang an abgelehnt. Wenn wir selbst schmerzlich spüren, daß wir abgelehnt werden, daß wir abgetrennt sind, kann uns aufgehen, wie sehr uns Gott liebt, und wie dringlich er deshalb auf die Gegenliebe seiner Geschöpfe wartet. Solide Theologen möchten nicht gern davon sprechen, daß Gott etwas *braucht*. Aber ich glaube, Gott hat eine Welt erschaffen, von der er in gewisser Weise etwas *braucht* und sehnlichst erwartet.

LIEBE

Liebe ist nicht ein Gefühl oder ein Zustand der Vernarrtheit. Liebe besteht in der Entscheidung, sein Leben auf eine Karte zu setzen. Solange Ihnen nicht aufgeht, daß Gottes Sohn sein Leben für uns auf eine Karte gesetzt hat, solange Ihnen nicht klar ist, daß die Gottheit ihr Leben für Sie hingegeben hat, verstehen Sie noch nicht den Entscheidungscharakter der Liebe. Sollten Sie irgendwann wissen wollen, wie man liebt oder nicht, so stellen Sie einfach die Frage: Wie liebt Gott mich? Gottes Liebe ist geduldig, sie ist nicht eifersüchtig, sie hält alles aus, sie läßt sich nicht beleidigen, sie wartet, sie glaubt, sie hofft, sie verzeiht (vgl. 1 Kor 13,4–8). Das ist die Art, wie wir einander lieben lernen müssen. Die Liebe besteht aus der praktischen Entscheidung, *sich auf das einzulassen, was ist* – auf den ersten und endgültigen Zustand –, auf eine Liebe, die für immer andauert.

DIE NEUE WELTORDNUNG

Um die Bergpredigt richtig verstehen zu können, muß man sich klarmachen, daß Jesus damit eine Botschaft verkündete, die sich auf den Kern der jüdischen Kultur bezog, in der er lebte. Er rief damit eine neue Weltordnung aus.

Die Herausforderung, die Jesus damit in den Raum stellte, hat viele Aspekte. Aber zunächst einmal stellte sie die alte Weltordnung völlig auf den Kopf. Jesus gab sich nicht einmal die Mühe, diese alte Ordnung direkt zu bekämpfen, und gerade das ärgert viele Leute ungemein. Er nimmt sie einfach nicht zur Kenntnis. Das ist ein Höchstmaß an Subversion. Warum sollte es zum Beispiel überhaupt einen Versuch wert sein, reich zu werden? *Warum eigentlich?* Das ergibt doch keinerlei Sinn, wenn man erst einmal erkannt hat, worum es überhaupt geht. Ja, Jesus ließ alle die Werte seiner Kultur links liegen, die die Menschen vom Einssein abhielten. Er suchte eine ganz andere Wirklichkeit, nämlich die Erfahrung des Reiches Gottes. Das ist der Kern des Matthäusevangeliums. Es geht um die Erfahrung des Absoluten, und darum geht es im Grunde jeder echten Religion.

AUSZUG AUS DEM TEMPEL

Das 24. Kapitel bei Matthäus, mit dem die sogenannte „Rede über die Endzeit“ anfängt, beginnt mit den Worten: „Als Jesus den Tempel verlassen hatte...“ Halten wir uns vor Augen, daß in der Bibel kein Wort umsonst steht, sondern alles seinen tiefen symbolischen Sinn hat. Wir sind versucht, achtlos über diese Bemerkung hinwegzulesen, um uns gleich mit den Hauptaussagen der Rede Jesu zu beschäftigen. Aber diese Anfangszeile sagt bereits etwas sehr Wichtiges. Der Tempel steht für das gesamte große religiöse System. Jesus verläßt dieses System. „Als Jesus den Tempel verlassen hatte, wandten sich seine Jünger an ihn und wiesen ihn auf die gewaltigen Bauten des Tempels hin.“ Ja, wie interessant dieses System doch ist! Bis heute ist das so.

Das steht fast am Ende des Evangeliums, und sie haben immer noch nicht begriffen, worauf es ankommt. Jesus verläßt den Tempel, und seine Jünger bewundern dessen herrliche Architektur! Lesen wir das als symbolischen Text, so erkennen wir, was damit gesagt werden soll: Die Jünger Jesu sind immer noch im alten System verwurzelt. Sie meinen immer noch, auf den Tempel komme es an, während Jesus doch alle Mühe aufgewandt hat, daß es darauf gerade nicht ankommt. „Er sagte zu ihnen: Seht ihr das alles? Amen, das sage ich euch: Kein Stein wird hier auf dem andern bleiben; alles wird niedergerissen werden“ (Mt 24,2).

Das ist es, was Jesus eindringlich verkündet: Das alles zerfällt. Setzt also euer Vertrauen nicht mehr auf solche Dinge. Jesus predigt nicht nur das Ende der Welt, sondern auch das Ende bestimmter Vorstellungswelten. Wenn Sie es in Ihrem Leben schon einmal erlebt haben, daß Ihnen plötzlich etwas aufgegangen und eine ganze seitherige Vorstellungswelt versunken ist, dann verstehen Sie, was in diesem Text gemeint ist. Die neue Weltordnung tut sich erst dann auf, wenn wir uns von der alten gelöst haben. Wir leben mit der Illusion, wir könnten beide auf einmal haben.

NOVEMBER

GEBURTSWEHEN

„Doch das alles ist erst der Anfang der Wehen" (Mt 24,8). Die Geburtswehen sind ein Bild für einen äußerst schmerzlichen Prozeß, aus dem etwas Besseres hervorgeht. Der Preis, den dieses Bessere kostet, besteht im Durchstehen der Geburtswehen. Wenn wir eine weiblichere Vorstellung von Gott gehabt und wenn wir uns Gott eher als Frau vorgestellt hätten, dann hätten wir wahrscheinlich auch dieses häufigere Bild von den Geburtswehen besser verstanden. In der von Männern geprägten Auslegung des christlichen Glaubens hat man allzuoft versucht, sich die Wehen zu ersparen. Geburtswehen wurden für etwas Unnötiges gehalten. Deshalb haben wir auch Jesus nie richtig verstanden.

Würden wir uns Gott als Große Mutter vorstellen, die neues Leben zur Welt bringen will, dann hätten wir wahrscheinlich auch viel stärker die Aufmerksamkeit auf die damit verbundenen Geburtswehen gelenkt. Eine Frau – zumindest eine Frau, die ein Kind zur Welt gebracht hat – hat viel mehr Verständnis für etwas, was ich in der Form nie werde ganz nachvollziehen können: für den inneren Zusammenhang zwischen Schmerzen und Leben.

SÜHNE UND EHRE ZUR ZEIT JESU

Sühne und Ehre waren in der Kultur, in der Jesus gelebt hat, hohe moralische Werte. Das bedeutet mit anderen Worten: In der damaligen jüdischen Kultur galt die eherne Regel, daß jedes Vergehen vergolten, bestraft werden muß. Jemandem etwas nicht heimzuzahlen hätte bedeutet, unmoralisch zu sein, denn damit hätte man nicht seine Ehre verteidigt. Als guter Jude im ersten Jahrhundert unserer Zeitrechnung mußte man sorgfältig auf die Ehre seines Dorfes, seiner Familie und seiner selbst achten.

Wenn Jesus nun also mitten darin lebte und verkündete: „Vergeltet nicht Gleiches mit Gleichem", so hieß das, daß er das ganze System von Ehre und Sühne über den Haufen warf. Die Leute, die das hörten, stellten sich unwillkürlich die Frage: „Aber wie geht das, ohne daß ich dann mein Bild von mir selbst, meine Identität, meine Ehre verliere?" Die Antwort Jesu besteht darin, daß er ohne Wenn und Aber auf Gott zeigt. Du bist das, was du vor Gott bist. Du hast die Ehre, die du in Gottes Augen hast. In diesem System gibt es kein Auf und Ab, da steht und fällt man nicht in seinem Selbstwertgefühl mit seiner Familie und mit seinem Dorf, und auch nicht mit seinem Reichtum und seiner gesellschaftlichen Position. Jesus stellt die Identität des Menschen auf ein ganz neues, solides Fundament: auf das Leben in Gott, und nicht auf zeitbedingte Spielregeln von Ehre und Sühne.

SPRINGT VOM PODEST HERUNTER

Man muß sich klarmachen, daß Jesus seine Botschaft an diejenigen an der Spitze der Gesellschaft und zugleich auch an die unteren Gesellschaftsschichten richtet. Zu denen an der Spitze sagt er immer wieder: „Kommt herunter. Gebt eure Macht, eure Selbstgerechtigkeit, eure Selbstrechtfertigung auf. Springt vom Podest herunter." Zu denen, die ohnehin schon unten sind, etwa zur armen syrophönizischen Frau (Mk 7,26), zur blutflüssigen Frau (Mk 5,25), zu den Aussätzigen und überhaupt zu allen, die nichts zählen, sagt er immer wieder: „Steh auf! Glaube nur! Zeige dich den Priestern! Du bist stark!"

Es gibt also ein Evangelium für die Unterdrücker und ein Evangelium für die Unterdrückten, und beiden Arten von Menschen wird ihr Denken von sich selbst auf ganz unterschiedliche Weise ausgetrieben. Die guten, anständigen, praktizierenden Leute reagieren auf einen solchen Jesus mit Wut und Ärger. Am Ende mancher Erzählungen darüber heißt es, sie hätten überlegt, wie sie ihn umbringen könnten. Wir mögen die neue Weltordnung nicht, die Jesus bringt – vor allem dann nicht, wenn wir bislang an der Spitze stehen.

IN BEIDEN WELTEN MIT EINEM FUSS

Wir müssen es lernen, sowohl in der Welt, wie sie nun einmal ist, zu leben, als auch in der Welt, wie sie eigentlich sein sollte. Das Merkmal der einen Welt ist die Macht, das Merkmal der anderen die Liebe. Macht ohne Liebe verkommt zur Brutalität, aber auch Liebe ohne Macht verkommt bald zur bloßen Gefühlsduselei. In dieser Welt müssen wir beides miteinander auf einen Nenner bringen.

Das Wort „Macht" muß nicht unbedingt ein schlechtes Wort sein; es *muß* zum guten Wort werden können. Wir können in dieser Welt nicht leben, als sei sie das hehre Reich der reinen Liebe, wo alles bestens angeordnet ist. Wir sind Pilger und Fremdlinge, uns gehört nichts endgültig, und wir verstehen nichts endgültig.

Ich denke, unsere Zeit ist eine Zeit des Exils für Kultur und Kirche. In einer solchen Zeit verfällt man besonders leicht der Versuchung zum einseitig-radikalen Denken. Das ist die Versuchung zur allzu einfachen Antwort, bei der man sich Hingabe, Liebe, Vertrauen und Tugend weithin erspart. Aber wir sind zum *Glauben* berufen; wir sollen einen Standpunkt einnehmen, von dem aus wir uns auf beide Welten einlassen und sie schätzen können, sowohl die Welt, wie sie ist (unter dem Vorzeichen der Macht), als auch die Welt, wie sie sein sollte (unter dem Vorzeichen der Liebe). Die Gabe des Evangeliums besteht darin, daß es uns die Kraft schenkt, geduldig und demütig in beiden Welten zu leben und nichts kurzschlüssig zu verurteilen. Jesus hat das Reich Gottes in einer Zeit ausgerufen, in der sein Volk unterdrückt, versklavt und ausgebeutet wurde und in der die Religion korrumpiert war. Wenn er trotzdem sagen konnte: „Das Reich Gottes ist mitten unter euch", hier und jetzt – wie können wir dann etwas anderes unterstellen? Die Spannung des biblischen Glaubens besteht darin, daß sie uns mit je einem Fuß in eines der beiden Lager stellt und uns zumutet, daß wir das in unserem eigenen Leben und Leib auf einen Nenner bringen.

DAS GESCHENK DES GLAUBENS

Den Glauben kann man nicht lehren; man kann ihn nur einander zuspielen. In einem Umfeld, in dem Menschen lebendig aus ihrem Glauben leben und spürbar auf Gott und aufeinander vertrauen, wird der echte Glaube sozusagen wie ein Ball ständig durch den Raum geworfen. Kinder, die in einem solchen Umfeld aufwachsen, in dem sich Menschen ständig den Glauben zuspielen, wo also ein Mysterium gefeiert und das Unsichtbare ernst genommen wird, fangen dieses Geschenk des Glaubens irgendwann wie von allein auf.

Ein echter Glaube ist zu wirklich, als daß man ihn übersehen könnte. Wo jemand Religionsunterricht gibt, ohne gleichzeitig den Ball seines eigenen Glaubens ins Spiel zu bringen, ist dieser Religionsunterricht weithin reine Zeitverschwendung. Er wird nur zum Unterfangen, die Kinder gegen die Wirklichkeit zu immunisieren.

DIE SANFTMÜTIGEN WERDEN DAS LAND ERBEN

Im Licht des Reiches Gottes sind Besitztümer reine Illusion! Was besitzen Sie denn? Warten Sie ein paar Jährchen ab! Sie werden schon sehen, was Sie noch besitzen, wenn Sie zwei Meter unter dem Boden sind.

Nur die Sanftmütigen besitzen das Land (Mt 5,5). Das Wort „sanftmütig" wird auch mit „niedrig", „demütig" und sogar mit „gewaltlos" oder „machtlos" oder „ohnmächtig" übersetzt. Ich als Franziskaner erinnere mich in diesem Zusammenhang vor allem daran, daß uns Franziskus gesagt hat, wir sollten nie irgend etwas als unseren Besitz betrachten, denn dann besäßen wir *alles*. Wenn Sie sich vom Wahn des Besitzenwollens lösen, sind Sie ein freier Mensch. Öffentliche Museen und Bibliotheken sind dafür ein gutes Beispiel. Wir erheben keinen privaten Besitzanspruch darauf, und folglich gehört uns das alles. Wir brauchen uns gar keine teuren Kunstwerke und Bücher kaufen und heimtragen, um sie genießen zu können.

Die klare Aussage des in Vergessenheit geratenen Zehnten Gebots lautet: Läutert euch von eurem Besitztrieb. Solange wir das Bedürfnis haben, alles in unsere eigenen vier Wände zu schleppen, damit es zum „Unsrigen" wird, bleibt alles, was noch draußen ist, das „Deinige", und damit fängt das ganze hinterlistige Theater um Mein und Dein an.

SELIG DIE TRAUERNDEN

„Selig die Trauernden; denn sie werden getröstet werden" (Mt 5,4). – Bei Männerexerzitien sprechen wir jetzt von „Trauerarbeit". Eine ganz neue Art von Arbeit für Männer! Tränen haben zweifellos eine therapeutische, heilende Wirkung. Ja, ist das Weinen nicht eine notwendige Lebensäußerung? Das Verstehen? Das Loslassen? Das Sich-Einlassen auf etwas Trauriges? Allerdings, Jesus spricht auch vom Zustand derer, die Grund zum Weinen haben, die den Schmerz der Welt nachhaltig empfinden. Er sagt: Menschen, die trauern können, Menschen, die weinen können, sind auch Menschen, die andere trösten und mit anderen Mitleid haben können.

Die syrischen Kirchenväter Ephräm und Simeon hatten ein besonderes Verständnis für die Gabe der Tränen. Die griechischen Kirchenväter dagegen hatten die Neigung, das ganze Evangelium durch ihren Kopf zu filtern. Die Syrer jedoch nahmen das Evangelium, so wie heutige feministische Theologinnen, eher mit ihrem ganzen Körper wahr. Sie wollten sogar, daß man die Gabe der Tränen zum Sakrament erkläre. Und der heilige Ephräm ging bis zur Aussage: Wenn du noch nie geweint hast, kennst du auch Gott noch nicht richtig. Was für ein Unterschied! Wir meinen immer, wir würden Gott infolge unserer scharfsinnigen Gedanken über ihn kennen! Aber leibhaftige Theologie sieht anders aus: Das Weinen, das Wegwischen von Tränen aus dem Gesicht anderer Menschen (Lk 7,38) und das Salben eines Leibes für sein Begräbnis (Mk 14,3–9) erschließt Ihnen vielleicht eine viel bessere Gotteserkenntnis als alle Begriffe und rechtgläubigen Formeln.

Jesus stellt sich auf die Seite der Weinenden, derjenigen, die den Schmerz der Welt mitempfinden und die das Sterben der Welt mitvollziehen können.

SELIG, DIE NACH GERECHTIGKEIT DÜRSTEN

Die meisten heutigen Bibelübersetzungen schwächen das Wort „Gerechtigkeit" ab zu „was recht ist" oder zu „Rechtschaffenheit". Das verrät den Hang, im „Hunger und Durst nach Rechtschaffenheit" in erster Linie ein „religiöses Gefühl" zu sehen. Aber im Griechischen heißt es ganz eindeutig „Gerechtigkeit" im sozialen Sinn. Diese Seligpreisung ist genau in die Mitte der Liste gesetzt, und gegen Ende wird die „Gerechtigkeit" noch einmal genannt. Das läßt sich wie ein Kehrvers verstehen, mit dem gesagt werden soll: darauf läuft alles hinaus. In dieser Welt *gerecht* leben heißt: ein Leben führen, durch das man sich mit den Niedrigen identifiziert. Matthäus versucht zwar – allerdings vergeblich –, die Botschaft für Leser aus der Mittelschicht zu mildern. Sie bleiben dennoch radikal, revolutionär und völlig außerordentlich.

Jesus will hier sagen: Achte darauf, daß du dich nicht zufrieden gibst. Halte dich bewußt in einem Zustand der Unzufriedenheit. In diese Verfassung bringt uns die Kontemplation... Echtes Beten weckt und schürt die Sehnsucht nach Gott. Das Unbewußte blubbert auf, und man entdeckt, wonach man sich eigentlich sehnt ... Wonach wir uns wirklich sehnen, ist immer Gott, das Einswerden mit ihm, die Liebe.

Das Traurige bei denen, die vor diesem Zustand der Sehnsucht und des Hungerns und Dürstens kneifen, ist, daß sie nie zufriedengestellt werden können. Der Reiche betrachtet sich nie als genügend reich. Der Gerechte dagegen ist mit der Gerechtigkeit zufrieden.

EIN ZENTRUM FÜR AKTION UND KONTEMPLATION

Von Anfang an hat den Leuten unser langer Name „Zentrum für Aktion und Kontemplation" gefallen, und sie haben gesagt, er stimme. Er war ein bißchen holprig, beschrieb aber genau unser Vorhaben. Wir hofften, er würde uns zur Redlichkeit nötigen und uns zwingen, immer wieder das erforderliche Gleichgewicht und die Verbindung beider Elemente zu finden. Niemand konnte sinnvollerweise unser damit erklärtes Ziel in Frage stellen. Es war Ausdruck der klassischen und allgemein anerkannten Spiritualität.

Aber nach vier Jahren hatte ich guten Grund zur Annahme, etliche Leute fänden den Titel aus den falschen Gründen gut. Aktivisten können ihn so deuten, daß damit ihre überfüllten Terminkalender bestätigt werden, und Introvertierte, als würden wir das Stillsein und Nichtstun und die geruhsame Nabelschau befürworten. Das empfindliche Gleichgewicht und die Kunst, worum es uns dabei geht, ist keines von beidem.

Das Wort *Aktion* verstehen wir nicht so, daß damit der Aktivismus, die Betriebsamkeit und das pausenlose Gutestun gemeint wären. Wir meinen mit *Aktion* die klare Entscheidung, uns auf sozialem Gebiet einzubringen und zu engagieren. Brennende Probleme lassen sich nicht mit Nachdenken, Diskutieren und auch nicht mit Beten allein lösen. Gott „führt alles zum Guten bei denen, die ihn lieben" (vgl. Röm 8,28) und mit ihm zusammenarbeiten.

Unter *Kontemplation* verstehen wir das entschiedene Suchen nach Gott, indem wir bereit sind, uns von unserem vordergründigen Ich zu lösen, uns von der Tyrannei unserer Gefühle zu befreien, unsere Abhängigkeit von einem bestimmten Bild unser selbst zu überwinden und die falschen Versprechungen dieser Welt zu entlarven. Die Kontemplation ist die „Therapie Gottes" für uns, eine unablässige Kläranlage für unsere Seele.

Es ist wichtig, daß wir uns diese beiden Angelpunkte unseres Lebens immer wieder deutlich klarmachen und uns auf sie zurückbesinnen. Wenn man sich in richtiger Weise um Aktion und Kontemplation bemüht, gleicht das eine das andere immer wieder aus und gibt ihm seinen richtigen Stellenwert. Löst man das eine vom andern, so führt jedes für sich in eine Sackgasse, und der Mensch kommt nicht mehr weiter. Die deutlich ausgesprochene Absicht unseres Zentrums ist, die Menschen dort abzuholen, wo sie sind und sie zu ermutigen, sich dorthin aufzumachen, wo sie noch nicht sind. Das ist für uns alle ein unablässiger rhythmischer Tanz. Ab und zu ändern sich unsere Tanzschritte, aber grundsätzlich wollen wir uns dabei immer vom ganz Anderen führen lassen.

DAS FAMILIENBILD

Katholiken stellt man sich gern im Familienbild vor. An der Spitze der Kirche steht der Papa, der Heilige Vater. Auch unsere Priester nennen wir in Amerika „Father". Unsere Ordensgemeinschaften haben alle eine „Mutter Oberin", und Ordensleute nennt man „Patres" (also auch „Väter"), „Brüder" und „Schwestern". Ständig sehen wir die Kirche als eine Art Familie. Aus diesem Grund war es für Katholiken so ungeheuer schrecklich, daß ihnen ein Schisma und eine Reformation passiert sind. Für den gesunden katholischen Familiensinn war es einfach unvorstellbar, daß sich jemand von der Einheit mit dem Heiligen Vater und der Geschwisterschar abspalten konnte. Der oberste katholische Grundsatz lautet: Bleibt beieinander!

In der Familie gibt es natürlicherweise auch eine Mutter. Wäre die Kirche keine Familie, dann würde, man muß es geradeheraus sagen, Maria darin stören; sie würde gar nicht ins theologische System passen. Versteht man die Kirche als eine leibhaftige Familie, dann ist es auch ganz in Ordnung, daß wir unsere älteren Brüder und Schwestern, die Heiligen, verehren, also unsere Vorfahren, die uns alles richtig vorgemacht haben. Der katholische Sinn versteht das intuitiv richtig.

Es ist erstaunlich, wie man all das jemandem gar nicht beweisen muß, der den katholischen Mythos voll verinnerlicht hat. Er ist nicht-rational und äußerst wirkkräftig. Aber gleichzeitig ist es damit wie bei einem Glückstreffer: entweder man hat es, oder man hat es nicht. Das ist das Problem, das die Protestanten mit uns haben, und das ist nur allzu verständlich.

EINE BEKEHRUNG IN DER „ARCHE"

Ich hatte einmal die bevorzugte Gelegenheit, einigen der nordamerikanischen Leiter von Jean Vaniers Gemeinschaft der „Arche" Exerzitien geben zu dürfen. Vor ungefähr zwanzig Jahren folgte Jean Vanier einer Eingebung aus dem Evangelium und beschloß, den Rest seines Lebens mit zwei geistig Behinderten zusammenzuleben. Er dachte nicht, davon würde außer seinen engsten Bekannten irgend jemand sonst etwas erfahren. Und nicht im Traum hätte er daran gedacht, daß es zwanzig Jahre später sechzig Gemeinschaften rund um die Welt geben würde, die versuchten, das gleiche Ideal zu verwirklichen.

Bei den Leuten von der „Arche" hatte ich einige Aha-Erlebnisse. Sie freuten sich an mir, und ich freute mich an ihnen, aber nach den Essenszeiten ging jeder einzelne seines Weges. So ging ich auch meines Weges. Ungefähr am zweiten Tag stellte ich fest, daß mich dort eigentlich niemand brauchte. Infolgedessen spürte ich, wie meine Energie rapide nachließ, denn ich komme immer erst richtig in Fahrt, wenn ich spüre, daß mich jemand braucht. Wie ich so in mein Zimmer zurückging, überkam es mich auf einmal: Diese Gruppe hat, wie vielleicht sonst keine andere, ein ganz einfaches und geradliniges Evangelium.

Sie finden Christus in den geringsten ihrer Brüder und Schwestern. Sie begegnen ihm in den geistig und körperlich Behinderten. Halt. Sie wollten immerhin einen Exerzitienmeister von außen, der ihnen geistliche Anstöße geben sollte. Aber im übrigen fühlten sie sich ohne mich wohl. Ihre eigentlichen geistlichen Anstöße fanden sie in ihren Körpern, in ihren Beziehungen. Sie wurden tagtäglich dadurch geistlich angeregt, daß sie mit der schrecklich gebrochenen und armseligen Wirklichkeit litten, die jeder von uns früher oder später in dieser Welt für sich entdecken muß.

DIE GESCHICHTE VOM BARMHERZIGEN SAMARITER ANDERS HERUM

Immer sind es die Ohnmächtigen, die die Gemeinschaft, die Kirche sammeln. Unlängst ging mir auf, wie man die Geschichte vom Barmherzigen Samariter ganz anders sehen kann. Bisher hatte ich immer als selbstverständlich vorausgesetzt, der Barmherzige Samariter sei ein Symbol Christi – und bestimmt kann man das Gleichnis so verstehen. Aber unter einem anderen Gesichtspunkt ist eher der am Straßenrand Liegende ein Symbol Christi.

Der im Graben liegende Mann ist derjenige, der die ganze Bekehrung bewirkt. Er gibt den Anstoß, daß alles anders als vorgesehen verlaufen muß; er nimmt Ihnen den Kopf ab, schüttelt ihn, kehrt das Obere nach unten, setzt Ihnen Ihren Kopf wieder auf den Rumpf und sagt: Um das geht es in Wirklichkeit!

Wer unsere Perspektiven auf den Kopf stellt, ist immer der Ohnmächtige, das wehrlose Kind, der Unnütze – und immer geht es um das Reich Gottes, bei dem oben und unten vertauscht sind –, und wir sind nie darauf gefaßt. Wir wollen eher bloß gute Christen sein, als daß wir das Reich Gottes herbeiwünschten! Wir möchten eher unsere Grenzen hier sichern, statt in jene grenzenlosen Weiten zu wachsen, in die uns Jesus hinausruft. Und das wahrscheinlich deshalb, weil ich zu viel von mir selbst loslassen müßte, um Platz für das Nicht-Ich frei zu machen, für den anderen, für den Feind ...

Wir können und wir wollen nicht lernen – und wir sperren uns so sehr dagegen, in jener Sphäre des Friedens zu leben, den Jesus ankündigt. Das können wir deshalb nicht, weil man nur in Frieden leben kann, wenn man seiner Herrschsucht entsagt. Der Preis des Friedens ist die Gerechtigkeit. Der Preis des Friedens ist die Wahrheit. Die Leute, die tot im Straßengraben liegen, lehren uns das.

EIN STÜCK HIMMEL LEBEN

Welches Hoffnungswort hat die Kirche heute der Welt zu bieten? Die Welt ist unserer Ideen und Theologien müde. Sie ist unserer trägen Gottesdienste müde. Sie will keine Ideen mehr glauben, aber sie wird der Liebe glauben. Sie wird einem Leben glauben, das hingegeben und empfangen wird. Sie wird, paradoxerweise, der Schwäche glauben.

„Die Gnade erweist ihre Kraft in der Schwachheit" (2 Kor 12,9). Aber wir fürchten uns davor, schwach, hilflos und arm daherzukommen. Wir fürchten uns davor, den Anschein von bedürftigen Söhnen und Töchtern zu geben. Wir fürchten uns davor, das Fleisch Gottes anzufassen, ja schon, gegenseitig unser eigen Fleisch und Blut anzufassen und zu begreifen, wozu uns Gott beruft. Der Apostel Thomas steht für unsere Versuchung zu einem verkopften Glauben, und deshalb fordert ihn Jesus auf, seine Wunden anzufassen (vgl. Joh 20,27).

Gott beruft uns nicht dazu, uns zu verhirnen. Aber wir haben so lange bloß aus unserem Kopf heraus gelebt, daß kein Mensch mehr auf uns hört. Eure Worte brauche ich nicht, sagt die Welt zu uns. Eure Predigten brauche ich nicht. Ich möchte Leben haben. Und ich möchte Leben in Überfülle haben.

Welches Hoffnungswort haben wir den Millionen von Arbeitern in der Welt zu bieten, die keinen Sinn in ihrem Leben sehen? Welches Hoffnungswort haben wir all den Frauen zu bieten, die Kinder in die Welt setzen und sich Tag für Tag fragen: Welchen Sinn hat dieses Leben eigentlich?

Für die meisten Menschen in der Welt heißt die Frage nicht: Gibt es ein Leben jenseits des Todes? Nein, ihre Frage lautet eher: Gibt es ein Leben diesseits des Todes? Solange wir Christen nicht unmißverständlich vorleben, daß es diesseits des Todes ein wirkliches Leben gibt, glaubt die Welt nicht mehr an unsere Dogmen und riesigen Kirchen. Sie braucht unsere Worte über die Hölle nicht. Sie braucht ein Leben, in dem schon ein wenig der Himmel anfängt.

HEILIGKEIT

Gleich darauf forderte er die Jünger auf, ins Boot zu steigen und an das andere Ufer vorauszufahren. Inzwischen wollte er die Leute nach Hause schicken. Nachdem er sie weggeschickt hatte, stieg er auf einen Berg, um in der Einsamkeit zu beten" (Mt 14,22–23).

Mancher mag denken, das sei eine Zeitverschwendung gewesen. Jesus hätte in der Zeit eine Menge Aussätziger heilen können. Es gab so viele Kranke in Israel. Was für ein Messias ist das? Er verbringt den ganzen Tag da draußen mit dem Gebet zu seinem Vater. Doch Matthäus möchte uns eine tiefere Weisheit mitteilen.

Wo liegt die Quelle deiner Kraft? Worauf gründet deine Kraft? Nicht darauf, daß du Gutes tust, sondern auf deinem Einssein mit Gott. Allzuoft meinen wir, um recht Seelsorge treiben zu können, bräuchten wir eben eine solide Ausbildung und müßten auf der Höhe der Zeit sein – statt daß wir bewußt das Einssein mit Gott suchen. Für ein wirklich fruchtbares Christentum wird es nie eine andere Grundlage geben als die Heiligkeit. Sie ist die Quelle deiner Kraft.

DIE CHRISTUS-SONNE UND DER MARIEN-MOND

Jesus ist die Sonne, Maria ist der Mond. Der Mond empfängt seine Herrlichkeit als Spiegel: er hat kein Licht aus sich selbst, sondern strahlt das Licht wider, das er von der Sonne empfängt. Er reflektiert es so gut, daß er uns im Finstern leuchtet. Diesen Sinn hat Maria. Das ist auch der Sinn der Kirche. Der Dichter Bruder Antonin hat es so gesagt: „Die Seele ist für Gott eine Braut; sie möchte von ihm ein Kind empfangen, möchte fruchtbar werden aus der Gnade."

Maria lehrt uns den Unterschied zwischen eigener Leistung und Gnade. In ihrem Magnificat singt sie davon, daß die Gnade alles und allüberall ist. Weil für Maria Gott alles ist, scheut sie sich nicht, sich ihrer eigenen Schönheit und Größe zu rühmen.

Reifes Menschsein ist ein Wunder der göttlichen Gnade und nicht unser eigenes Verdienst. Maria ist das vollkommene Ja zu Jesus. Aus diesem Grund ist sie in Überfülle fruchtbar und erringt einen herrlichen Sieg: Sie bringt Jesus zur Welt. Maria wird immer das angemessenste Bild dafür sein, wie die Heiligkeit in der Menschennatur wirkt.

SCHWIMMEN STATT WILD UM SICH SCHLAGEN

Die intensivste Form der Kommunikation ist die Kommunion. Wenn wir jemanden kennen und lieben, sind wir schon glücklich, wenn wir einfach in seiner Nähe sind. Wir spüren, wie zwischen uns Kraft und Energie hin- und herschwingen. Darin besteht auch die Kraft des Gebets. Beten heißt, sozusagen in den Strahlen der Liebe Gottes ein Sonnenbad nehmen. An uns ergeht die Weisung: „Tu nicht immer etwas; *bleib einfach stehen!*"

Sie haben vielleicht schon einmal zugeschaut, wie ein Anfänger schwimmen lernt. Man sagt ihm, er müsse nur ganz still im Wasser liegen, dann werde er von allein auf der Oberfläche treiben. Aber der Nichtschwimmer schlägt mit Armen und Beinen wild um sich und schluckt immer mehr Wasser. Genauso geht es uns beim Beten! Wir drohen zu sinken. Nach und nach wird der Schwimmer allmählich ruhiger. Wir schlagen nicht mehr so wild um uns, und siehe da: wir schwimmen friedlich auf der Oberfläche – und schwimmen richtig!

Wenn wir die Liebe Gottes in uns aufnehmen wollen, müssen wir erkennen, daß sie uns schon von allen Seiten umgibt, daß sie über und unter uns ist. Sie spricht zu uns aus allen Menschen, aus jeder Blume, jeder Prüfung und jeder Lage. Klopfen Sie also nicht immer wieder an die Tür: Sie sind doch schon längst drinnen!

DIE AUTORITÄT DER MUTTER TERESA

Wer bei euch groß sein will, der soll euer Diener sein, und wer bei euch der Erste sein will, soll der Sklave aller sein. Denn auch der Menschensohn ist nicht gekommen, um sich dienen zu lassen, sondern um zu dienen und sein Leben hinzugeben als Lösegeld für viele" (Mk 10,43–45).

Woher kommt es, daß Mutter Teresa vor riesige Menschenmengen treten und einfach eine Reihe von simplen Zitaten aus dem Neuen Testament aufsagen kann, und die Massen sind davon begeistert? Sie sagt sehr einfache Dinge. Und doch sitzen die Leute vorne auf der Stuhlkante und hören ihr angespannt zu. Sie sagt überhaupt nichts Neues. „Jesus liebt euch", versichert sie. „Wir sind Söhne und Töchter Gottes, und wir müssen die Armen lieben, weil sie die Brüder und Schwestern Jesu sind." Und dann gehen die Leute erneuert, umgewandelt und bekehrt heim.

Mutter Teresa hat nicht die Priesterweihe. Sie hat keine großartige Schulbildung. Sie bezieht ihre Autorität aus ihrem Lebensstil. Sie hat ihr Leben ganz Gott überantwortet, und sie hat dieses Leben voll in die Waagschale geworfen. In ihr steckt eine Wahrheit, die anziehend wie ein Magnet wirkt. Das ist die Art Kraft, über die die Heiligen verfügen. Aus dem Grund hat Paulus gelehrt, die Kirche ruhe auf der Autorität der Apostel und Propheten, der Evangelisten und Krankenheiler, der Lehrer, der Liebenden und der Helfer, die alle zusammen mit ihren vielfältigen Diensten die Einheit schaffen. Das Dienen ist die wahre Grundlage der Autorität in der Kirche, sehr viel mehr als jeglicher Titel oder jede Weihe.

DIE KIRCHE UND DIE POLITIK

Im ersten Johannesbrief heißt es: „Wer sagt, er sei im Licht, aber seinen Bruder haßt, ist noch in der Finsternis“ (1 Joh 2,9). Deutlicher könnte man das kaum sagen. Und es heißt weiter: „Wir wissen, daß wir aus dem Tod in das Leben hinübergegangen sind, weil wir die Brüder lieben“ (3,14). Für Johannes sind die beiden großen Gebote der Gottes- und der Nächstenliebe zu einem einzigen Gebot verschmolzen.

In seinen besten Zeiten hat der Katholizismus das sehr ernst genommen. Wir nehmen jetzt auch wieder die Geschichte ernst und mischen uns ins öffentliche Leben ein. Aus diesem Grund verwickeln wir uns immer wieder in politische Streitigkeiten und in Auseinandersetzungen um soziale Gerechtigkeit. Im Grunde gibt es nämlich nur eine einzige Geschichte: diejenige Gottes mit uns Menschen. Die Heilsgeschichte und die Profangeschichte lassen sich nicht als zwei völlig verschiedene Spuren voneinander trennen. Es handelt sich um ein und dieselbe Wirklichkeit.

Heutzutage sagen die Leute immer wieder: „O je, jetzt mischt sich die Kirche plötzlich in die Politik ein!“ Nun, Sie brauchen bloß in der Geschichte des Mittelalters nachzulesen. Die katholische Kirche hat sich schon immer in die Politik eingemischt: jetzt wechseln wir lediglich die Seiten! Unglücklicherweise waren wir bisher allzuoft auf der Seite der reichen und Mächtigen, statt auf der Seite der Armen und der Opfer, mit denen sich Jesus solidarisiert hat.

Politiker können zwar korrupt werden, aber der ursprüngliche Sinn von Politik besteht darin, sich bei der Gestaltung der menschlichen Verhältnisse und Zustände zu engagieren. Wir nehmen aktiv Anteil an der Geschichte der Menschheit, weil Gott an der Geschichte der Menschheit Anteil nimmt. So einfach ist das.

DER ANSTÖSSIGE JESUS

Bei Markus lesen wir, daß Jesus von seiner eigenen Familie nicht verstanden worden ist: „Jesus ging in ein Haus, und wieder kamen so viele Menschen zusammen ... Als seine Angehörigen davon hörten, machten sie sich auf den Weg, um ihn mit Gewalt zurückzuholen; denn sie sagten: Er ist von Sinnen" (Mk 3,20–21). Diese Sätze hat man in unseren Kirchen nie richtig gelesen. Wahrscheinlich können wir damit nichts Rechtes anfangen. Jesus hatte offensichtlich nicht das Aussehen eines so adretten, anständigen „normalen" Menschen, wie wir uns einen tiefgläubigen Christen vorstellen. Vielleicht kann uns das sagen, daß unsere ganze Vorstellung von Glauben und Religion etwas schief gewickelt ist. Wir sind viel zu sehr vom angelsächsischen Puritanismus oder vom Stoizismus beeinflußt, um überhaupt richtig wahrnehmen zu können, was uns Jesus beibringen will.

Die Religion besteht nicht in einer anständigen, richtigen, liebenswürdigen, harmlosen Verhaltensweise, wie sie die Leute allgemein erwarten. Die Güte Gottes ist viel radikaler und verlangt viel mehr. Wer von uns würde es sich zum Beispiel zur Ehre anrechnen, Johannes den Täufer bei sich zu beherbergen – diesen ungepflegten, wild und schlampig aussehenden Mann, der zweifellos schwer zu verstehen war und dessen ruppige Äußerungen uns total gegen den Strich gehen würden? Auch als Jesus zu seinen Zeitgenossen sprach, verstand ihn kein Mensch. Er lag so weit abseits vom Strom dessen, was man allgemein erwartet hat, daß die Leute glaubten, er sei übergeschnappt.

Jesus war nicht so, wie man ihn allzuoft abgebildet hat: als Inbegriff der männlichen Gestalt, mit kaukasischem Gesicht und sauber gekämmtem Haar. Er war ein Mensch, der, koste es, was es wolle, Gott gerecht werden und Gottes Wahrheit kompromißlos der Welt verkünden wollte. Die Welt wollte nicht auf ihn hören. Auch heute noch würde er unweigerlich am Kreuz landen, vielleicht sogar in der Kirche.

DER KOSMISCHE CHRISTUS

Während der jahrhundertelangen dogmatischen Streitigkeiten über die Menschheit und die Gottheit Christi hat die westliche Kirche nach und nach den Sinn für jene größere und universalere Wahrheit verloren, die lautet: „Er ist das Ebenbild des unsichtbaren Gottes, der Erstgeborene der ganzen Schöpfung. Denn in ihm wurde alles erschaffen im Himmel und auf Erden ... in ihm hat alles Bestand ... Denn Gott wollte mit seiner ganzen Fülle in ihm wohnen, um durch ihn alles zu versöhnen. Alles im Himmel und auf Erden wollte er zu Christus führen" (Kol 1,15–20).

Dieser Christus ist nicht einfach ein Probleme-Löser, der Christus einer bestimmten Konfession oder Kultur, ist kein von den Kirchen gezähmter Christus. Dieser Christus zeigt in seinem Leben und in seiner Person unmißverständlich das, was *zählt*, was *bleibt* und schließlich, was *wirklich ist*. Er hält alles in seiner Bedeutung zusammen; er offenbart den erlösenden Prozeß, den wir das Leben und das Sterben aller Wesen nennen, und er ist der Inbegriff des Sinns und des Wertes unseres Lebens *außerhalb von uns selbst*.

Weil wir den Sinn für die Verehrung eines Christus mit solchen Dimensionen verloren haben, sind wir dazu verurteilt, unsere Andacht auf viele beschränktere Geschichten zu richten. Wir machen immer wieder den Versuch, an seine Stelle die Abziehbildchen irgendwelcher vergänglicher Menschenwesen zu kleben. Aber keines davon ist groß oder wirklichkeitsträchtig genug, um unserem Leben allumfassend Ordnung und zu Sinn schenken. Wir starren auf unsere Einzelpsyche, aber die ist einfach nicht weit genug oder hat zu wenig Anschluß an das große Ganze, um der tiefsten spirituellen Sehnsucht des Menschen entsprechen zu können.

Erst wenn wir selbst wieder die Weite gewinnen, daß wir den kosmischen Christus erfassen und der Welt verkünden können, wird die Anstrengung der Kirche um eine Neuevangelisierung der Welt Aussichten auf Erfolg haben.

RADIKALE GNADE

Lange habe ich gesagt, wenn ich jemals ein Buch schreiben wollte, dann müßte sein Titel lauten: *„Nach dem sechsten Lebensjahr ereignet sich nichts Radikales mehr, es sei denn Gnade."* Darum habe ich für ein Buch im Amerikanischen den Titel „Radical Grace – Radikale Gnade" gewählt. Die Gnade, diese Erfahrung bedingungsloser Liebe, durchbricht jegliches System und kann alles auf den Kopf stellen.

Unser gesamtes christliches Leben könnte man beschreiben als eine zunehmend tiefere Begegnung zwischen dem verletzten inneren Kind in uns und der wunderbaren Welt der Gnade. Die Gnade kann uns zur *radix* zurückbringen, zu unserer Wurzel; sie kann uns zu jener Umkehrung und Bekehrung hinführen, zu der uns Jesus aufruft. Darum sagen wir, die Gnade sei *radikal*. Radikale Gnade gibt uns die Kraft, uns auf der Kruste des Systems zu befreien und wieder Kinder zu werden: Kinder Gottes, Brüder und Schwestern aller Menschen.

BEDINGUNGSLOSE LIEBE

Die meisten Menschen meinen, erst bekehre man sich, und dann erfahre man die Gnade der Erlösung. In Wirklichkeit ist es in der Bibel genau umgekehrt. Lesen Sie zum Beispiel Ezechiel 16, die Symbolgeschichte für Israel. Erst nachdem Sie zuerst einmal die erlösende Gnade Gottes erfahren haben, bekehren Sie sich und wenden sich mit ganzem Herzen Gott zu. Am Anfang steht immer die Erfahrung der befreienden Liebe Gottes, und sie gibt einem dann die Kraft, sich wirklich zu bekehren: „Nicht darin besteht die Liebe, daß wir Gott geliebt haben, sondern daß er uns geliebt hat" (1 Joh 4,10).

Viele Menschen sind zu wirklicher Bekehrung unfähig, weil sie sich allzusehr anstrengen. Sie schlagen sich so lange an die Brust, bis ihnen die Puste ausgeht. Das funktioniert nie, sondern lähmt und zermürbt nur. Auf diese Art ist Gott nie am Werk. Gott tritt in unsere Sünde ein und erlöst sie. Gott liebt uns zuerst, noch bevor wir irgend etwas machen können. Und diese Erfahrung unverdienter Liebe, auf die wir noch gar nicht recht vorbereitet sind, setzt in uns die Kraft frei, noch einmal neu anzufangen. Wenn wir dann gut in Form kommen und man uns lobt, wie wir uns gemacht haben, wissen wir, daß das in Wirklichkeit ganz anders gelaufen ist!

UNTERWEISUNG UNSERER KINDER

Wir müssen die nächste Generation darin unterweisen, wie richtiges Dienen aussieht und welchen Sinn es hat. Widmen Sie sich also Ihren Kindern, statt ihnen nur irgend etwas zu geben. Sie können nicht unablässig um sie herum sein, aber wenn Sie Zeit haben, lassen Sie sie spüren, daß Sie gern bei ihnen sind. Sie sollen erfahren, daß Sie sie um ihrer selbst willen mögen.

Die Frauen haben das besser als die Männer gelernt. Die Männer haben immer gemeint, man könne seine Kinder dadurch lieben, daß man genug Geld für sie verdient. Aber wir müssen unsere Kinder darin unterweisen, wie man sich *von Herzen umeinander kümmert*, indem wir ihnen das einfach vorleben. Dann fangen sie früher oder später auch damit an, sich um andere zu kümmern. Die einzig wirksame Unterrichtsmethode dafür ist tatsächlich, daß wir es selbst tun. Wenn Sie sich dagegen ständig darüber beklagen, daß von Ihnen zu viel verlangt wird und daß man Sie nie in Ruhe läßt, brauchen Sie sich nicht zu wundern, daß Ihre Kinder kleinlich und selbstsüchtig werden und sich nicht um andere Menschen kümmern, und erst recht nicht um andere Dinge.

Haben Ihre Kinder dagegen einen großherzigen, großzügigen unbekümmerten Menschen vor Augen, der spürbar aus dem Glauben lebt und für andere da ist, dann inspiziert das auch sie zur Heiligkeit. Unterweisen Sie Ihre Kinder darin, daß uns diese Erde nicht als Eigentum gehört, sondern daß „dem Herrn die Erde gehört und was sie erfüllt" (Ps 24,1). Uns ist die Erde nur zur Sorge anvertraut, und wir müssen das liebevolle, umsichtige Sorgen um sie lernen, ehe es zu spät ist.

WENN ICH ZWISCHEN MIR UND GOTT WÄHLEN MÜSSTE

Hätte ich die Wahl, ob ich über mich selbst urteilen sollte oder ob ich das Urteil Gott überlassen möchte, würde ich mich für Gott entscheiden. Lassen Sie es Gott machen, denn er hat den größeren Überblick und ist für mich Vater und Mutter. Gott sagt, was alle richtigen Eltern sagen: „Verschont mich mit all diesen Einzelheiten, das ist auf jeden Fall mein Kind!" Wir verurteilen uns gegenseitig anhand von Einzelheiten, aber diese Einzelheiten haben im größeren Zusammenhang einer persönlichen Beziehung nicht viel zu sagen.

Wenn Ihnen Ihre Tochter entgegengerannt kommt und Sie von weitem als ihren Papi ruft, dann ist es Ihnen doch egal, ob sie unterwegs ein paar ungeschickte Schritte oder Sprünge macht. „Wenn nun schon ihr, die ihr böse seid, euren Kindern gebt, was gut ist, wieviel mehr wird euer Vater im Himmel denen Gutes geben, die ihn bitten" (Mt 7,11).

DAS GEBET DES HEILIGEN FRANZISKUS

Unser Ordensvater Franziskus hat uns nur Texte von Lobgebeten hinterlassen. Er ging schlichten Sinnes durch sein Leben und fand nur immer neue Gründe, Gott zu loben und ihm zu danken: Er sah die alltäglichen Dinge, die Natur, die Geschöpfe, die Tiere, einzelne Begebenheiten, seine Brüder. Für alles, was geschah, lobt er Gott. Franziskus kommt mit Gottes Liebe nie an ein Ende; er feiert sie unablässig. In allem, was er sieht und was ihm widerfährt, feiert er die Liebe Gottes. Ein reifes Gebet stößt immer bis zur Dankbarkeit vor.

Beten heißt: still dasitzen, bis man dadurch selbst ganz still wird; heißt: bewußt dankbar sein, bis man selbst reiner Dank wird; heißt: Gott loben und preisen, bis man selbst zu einem einzigen Lobpreis wird.

HERR JESUS, ICH LIEBE DICH

Im Nachtrag zum Johannesevangelium wird erzählt, daß die Jünger beim Fischen waren. Der auferstandene Jesus erscheint ihnen am Ufer und fragt sie, ob sie etwas gefangen haben. „Ihr habt die ganze Nacht gefischt und trotzdem nichts gefangen", könnte er auch zur Kirche sagen. „Ihr habt das Netz immer und immer wieder ausgeworfen, und das hat fast nichts gefruchtet. Jetzt vertraut auf mich. Werft auf mein Wort hin das Netz noch einmal aus. Macht es jetzt anders. Werft es auf der anderen Seite aus." Und auf das Wort Jesu hin werfen sie ihre Netze noch einmal aus. Sie fangen 153 Fische. Diese Zahl bedeutet symbolisch alle bekannten Arten, alle Nationen der Erde, die sie für Gott gewinnen könnten, wenn sie nur glauben und ihr Vertrauen auf ihn setzen könnten, und zwar ausschließlich auf ihn.

Da erkennt Petrus im Boot, daß es Jesus ist, der am Ufer steht. Er vergißt alles andere, springt in den See und schwimmt zu Jesus hin. Zweifellos war ihm mulmig zumute, denn er hatte noch in lebhafter Erinnerung, daß er Jesus seit ihrem letzten Gespräch dreimal verleugnet hatte. Vielleicht hatte er Angst, Jesus werde ihn tadeln. Aber auf jeden Fall mußte er wieder zu ihm hin. Er stieg ans Ufer, und Jesus sagte nur: „Simon, Sohn des Johannes, liebst du mich mehr als diese?" Und Petrus gab zur Antwort: „Ja, Herr, du weißt, daß ich dich liebe" (Joh 21,15).

Da fragte ihn Jesus noch einmal: „Petrus, liebst du mich?" Und beklommen gab Petrus wieder zur Antwort: „Ja, Herr, du weißt, daß ich dich liebe." Er mußte in große Verlegenheit kommen, als Jesus die Frage noch einmal wiederholte, und er erwiderte: „Herr, du weißt alles; du weißt, daß ich dich liebhabe" (Joh 21,17).

Aus dieser Begebenheit spricht die umsichtige Liebe Jesu. Er hätte es nicht ertragen können, den Petrus sein Leben lang die Schuld seiner damaligen dreifachen Verleugnung mit sich herumtragen zu lassen. So gab er ihm die Möglichkeit, öffentlich und stolz zu verkünden: „Ich liebe dich. Du weißt alles. Du weißt auch, daß ich dich liebe.“ Endlich war Petrus ein echter Jünger Jesu geworden. Jetzt war er so weit, alles aufgeben und ihm folgen zu können.

Christus beruft auch uns, dieses gleiche öffentliche, stolze Bekenntnis des Glaubens abzulegen, für uns selbst und für unsere Brüder und Schwestern. Laßt uns angesichts der ganzen christlichen Gemeinde sagen: „Herr Jesus, ich liebe dich. Ich bin stolz darauf, daß ich dich liebe. Du bist mein Herr und mein Gott. Ich will alles aufgeben, um dir zu folgen. Du bist mein Lehrmeister. Du bist der unerschöpfliche Quell meiner Freude.“

QUELLENHINWEISE

Die Texte dieses „Kirchenjahr-Lesebuches" wurden ausgewählt aus:

1. Audiokassetten

a) St. Anthony Messenger Press:

The Great Themes of Scripture (1973), 12 Kassetten, daraus Texte zu folgenden Tagen: 30.12.; 1.1.; 2.1.; 8.1.; Wochentag i.d. Weihnachtszeit (7); Wochentag i.d. Weihnachtszeit (8); 9.1.; 30.1.; 31.1.; 1.2.; 2.2.; 5.2.; 6.2., 7.2.; 9.2.; 10.2.; 11.2.; 12.2.; 7. Sonntag i. Jahreskreis; 20.2.; 21.2.; 22.2., 27.2.; 13.3.; 15.3., 16.3.; 17.3.; 18.3.; 19.3.; 20.3.; 21.3.; 23.3.; 24.3.; 27.3.; 28.3.; 29.3.; 30.3.; 31.3.; 2.4.; 4.4.; 10.4.; 12.5.; 22.5.; Donnerstag. 9. Woche i. Jahreskreis; 3.6.; 4.6.; 2.9.; 8.9.; 9.9.; 12.9.; 15.9.; 14.11.; 15.11.; 16.11.; 19.11.; 25.11.; 26.11.

The Spiritual Family and the Natural Family (1976), 6 Kassetten, daraus Texte zu folgenden Tagen: 10.1.; 11.1.; 12.1.; 13.1.; 15.1.; 15.4.; 1.5.; 5.5.; 6.6.; 7.6.; Samstag 10. Woche i. Jahreskreis; 13.6.; 14.6.; 15.6.; 16.6.; 17.6.; 18.6.; 5.10.; 7.10.; 8.10.; 16.10.; 24.10.; 25.10.; 26.10.; 28.10.; 29.10.; 17.11.; 21.11.; 22.11.; 23.11.; 24.11.

The Price of Peoplehood (1979), 10 Kassetten, daraus Texte zu folgenden Tagen: 7.3.; 8.3.; 9.3.; 10.3.; 13.4.; 14.4.; 29.4.; 4.5.; 20.6.; 21.6.; 22.6.; 23.6.; 24.6.; 3.7.; 10.7.; 24.7.; 1.8.; 2.8.; 5.8.; 7.8.; 8.8.; 13.8.; 26.9.; 27.9.; 29.9.; 30.9.; 1.10.; 2.10.; 27.10.; 5.11.; 10.11.

Days of Renewal (1980), 5 Kassetten, daraus Texte zu folgenden Tagen: Einladung zum Menschsein aus dem Geist; S. 12; 11.4.; Montag 7. Woche i. Jahreskreis; Mittwoch 7. Woche i. Jahreskreis; Donnerstag 7. Woche i. Jahreskreis; Freitag 7. Woche i. Jahreskreis; 10.8.; 11.8.; 17.8.; 3.9.; 13.11.

On Pilgrimage With Father Richard Rohr (1983), 4 Kassetten, daraus Texte zu folgenden Tagen: Wochentag in der Weihnachtszeit (9); 16.4.; 27.6.; 28.6.; 29.6.; 30.6.; 26.7.; 27.7.; 29.7.; 21..8.; 27.8.; 28.9.; 10.10.

The Passion of God and the Passion Within (1984), 1 Kassette, daraus Texte zu folgenden Tagen: Montag 6. Woche i. Jahreskreis; Dienstag 6. Woche i. Jahreskreis; Mittwoch 6. Woche i. Jahreskreis; Freitag 6. Woche i. Jahreskreis; Samstag 6. Woche i. Jahreskreis; 11.3.; 12.3.; 29.5.; 3.8.; 14.8.; 11.11.

A Man's Approach to God (1984), 4 Kassetten, daraus Texte zu folgenden Tagen: 26.12.; Sonntag i. d. Weihnachtsoktav; 26.12.; 27.12.; 31.12.;

4.1.; 7.1.; 9.1.; 18.1.; 19.1.; 20.1.; 21.1.; 22.1.; 12.4.; 29.5.; 13.7.; 14.7.; 15.7.; 16.7.; 21.7.; 22.7.; 23.7.; 29.8.; 30.8.; 31.8.

Embracing Christ As Francis Did: In the Church of the Poor *(1984)* 1 Kassette, daraus Texte zu folgenden Tagen: 28.7.; 11.10.; 12.10.; 13.10.; 14.10.; 15.10.

Why Be Catholic? (1985), 4 Kassetten, daraus Texte zu folgenden Tagen: 6.1.; Wochentag i. d. Weihnachtszeit (10); Wochentag i. d. Weihnachtszeit (11); 6. Sonntag i. Jahreskreis; Montag 7. Woche i. Jahreskreis; Dienstag 7. Woche i. Jahreskreis; Mittwoch 7. Woche i. Jahreskreis; Donnerstag 7. Woche i. Jahreskreis; Samstag 7. Woche i. Jahreskreis; 15.2.; 17.4.; 18.4.; 19.4.; 20.4.; 21.4.; 22.4.; 23.4.; Samstag 7. Woche i. Jahreskreis; 23.5.; 24.5.; 25.5.; 26.5.; 27.5.; 2.6.; 14.9.; 18.11.

Letting Go: A Spirituality of Subtraction (1987), 8 Kassetten, daraus Texte zu folgenden Tagen: Wochentag i. d. Weihnachtszeit (12); 8. Sonntag i. Jahreskreis; Montag 8. Woche i. Jahreskreis; Dienstag 8. Woche i. Jahreskreis; Mittwoch 8. Woche i. Jahreskreis; Donnerstag 8. Woche i. Jahreskreis; Freitag 8. Woche i. Jahreskreis; Samstag 8. Woche i. Jahreskreis; 13.2.; 14.2.; 28.2.; 1.3.; 2.3.; 3.3.; 4.3.; 5.3.; 6.3.; 16.4.; 6.5.; 28.5.; 9. Sonntag i. Jahreskreis; 12.6.; 19.6.; 26.6.; 4.7.; 5.7.; 6.7.; 7.7.; 9.7.; 9.8.; 22.8.; 23.8.; 24.8.; 25.8.; 26.8.; 28.8.; 4.9.; 11.9.; 20.9.; 21.9.; 22.9.; 23.9.; 24.9.; 17.10.; 19.10.; 20.10.; 21.10.; 22..10.

Preparing for Christmas with Richard Rohr (1988), 2 Kassetten, daraus Texte zu folgenden Tagen: 28.11.; 1.12.; 2.12.; 5.12.; 7.12.; 8.12.; 9.12.; 10.12.; 12.12.; 13.12.; 14.12.; 15.12.; 16.12.; 17.12.; 18.12.; 19.12.; 20.12.; 24.12.; Heiliger Abend; 5.1.; 6.1.; 16.1.; 11.7.; 12.7.; 18.8.; 19.8.; 20.8.

Breathin Under Water: Spirituality and the 12 Steps (1989), 2 Kassetten, daraus Texte zu folgenden Tagen: 28.12.; 29.12.; 23.1.; 24.1.; 25.1.; 26.1.; 27.1.; 28.1.; 29.1.; 16.2.; 17.2.; 18.2.; 19.2.; 23.2.; 24.2.; 25.2.; 8.6.

Sermon on the Mount (1992), 8 Kassetten, daraus Texte zu folgenden Tagen: 30.10.; 31.10.; 1.11.; 2.11.; 3.11.; 4.11.; 6.11.; 7.11.; 8.11.

b) New Jerusalem tape ministry:

For Teens on the Risen Christ, 1 Kassette, daraus Text zum 3.4.

The Symbolism and Meaning of Mass (1986), 2 Kassetten, daraus Text zum 8.4.

How Mary Faced Life, 1 Kassette, daraus Text zum 9.4.

c) Credence Cassettes:

The Enneagram: Naming our Illusions (1988), 6 Kassetten, daraus Texte zu folgenden Tagen: 8.5.; 9.5.; 10.5.; 11.5.

Enneagram II: Tool for Conversion (1988), 9 Kassetten, daraus Texte zu folgenden Tagen: 25.3.; 13.5.; 15.5.; 16.5.; 17.5.; 18.5.; 19.5.; 20.5.

Is There a Masculine Spirituality? (1991), 1 Kassette, daraus Text zum 3.5.

Kingsdam Spirituylity Is Global Spirituality (1991), 1 Kassette, daraus Texte zu den Tagen: 25.9.; 12.11.

d) Mitschriften von Vorträgen:

The Furure of the American Church (1988), daraus Texte zu folgenden Tagen: 14.1.; 26.2.; 18.7.; 19.7.; 20.7.; 6.10.

Gebet bei der Konferenz 1991 über Franziskus und die Ökologie, daraus Text zum 12.8.

2. Zeitschriftenbeiträge:

a) Sojourners

Building Family: God's Strategy for the Reluctant Church (1979), daraus Texte zu den Tagen: 27.4.; 23.10.

Reflections on Marriage and Celibacy (1979), daraus Text zum Montag der 9. Woche i. Jahreskreis.

The Energy of Promise (1979), daraus Texte zu den Tagen: 22.12.; 23.12.; 8.2.

Baptism of Joy (1979), daraus Texte zu den Tagen: 29.11.; 4.12.; 10.6.

All of Life Together is a Stage (1981), daraus Text zum 26.3.

Authors of Life Together: Inner Authority in Community (1981), daraus Text zum 1.9.

A Life Pure and Simple: A Franciscan Reflects on the Saint (1981), daraus Text zum 1.6.

The Holiness of Human Sexuality (1982), daraus Text zum Donnerstag der 6. Woche i. Jahreskreis.

Why Does Psychology Always Win? The Procress of Conversion From Self-actualization of Self-transcendence (1991), daraus Text zum 20.11.

My People. I Am Your Security, daraus Text zum 22.3.

Pure Passion, daraus Text zum Freitag der 10. Woche i. Jahreskreis.

b) Radical Grace newsletter (Mitteilungsblatt):

The Throught God Is Lost In (1988), daraus Text zum Dienstag der 7. Woche i. Jahreskreis.

Why Deterrence Is Death (1988), daraus Text zum 25.4.

Our Lady of Guadalupe: Why the Story Fascinates (1988), daraus Texte zu den Tagen: 11.6.; 16.9.

The Other Side of Sadness: Naming Despair (1989), daraus Text zum 24.4.

Is This ‚Women-Stuff' Important? (1989), daraus Texte zu folgenden Tagen: 26.4.; 30.4.; 2.5.; 30.7.; 31.7.; 7.9.

The Twelve Steps: An Amazing Gift of the Spirit (1989), daraus Texte zu den Tagen: Montag der 23. Woche i. Jahreskreis; 6.9.

Center and Circumference (1990), daraus Texte zu den Tagen: 8.7.; 17.6.

How Do We help? (1990), daraus Texte zu den Tagen: 1.7.; 2.7.

A Masculine Magnificat (1991), daraus Texte zu folgenden Tagen: 30.11.; 11.12.; 21.12.; Freitag der 7. Woche i. Jahreskreis.

Not the Center for Activism and Introspection (1992), daraus Text zum 9.11.

A Transitional Generation (1992), daraus Texte zu den Tagen: 15.8.; 16.8.; 9.10.

The Bliss Ninny (1992), daraus Texte zu den Tagen: 31.5.; 9.6.

Risking reconciliation: The Hope of Christian Unity (1992), daraus Text zum 3.10.

Christ Against Culture or Christ the Transformer of Culture?, daraus Text zum 10.9.

c) Catholic Agitator:

Creativ dissent (1987), daraus Text zum 4.8.

Finding a Place for Prayer (1990), daraus Texte zu den Tagen: 6.12.; 14.3.; 7.5.; 13.9.

d) Andere Veröffentlichungen:

Catholic Charismatic: *To Be and to Let Be: The Life of Reverence*, daraus Text zum 28.4.

The Cross of Jesus and Human Suffering: Coalition for Public Sanctuary Pamphlet, 1986, daraus Text zu den Tagen: 1.4.; 17.9.

New Covenant: *The Incarnation (1983)*, daraus Text zum 25.12.

U.S. Catholic: *Recipes of a Gourmet Pray-er: Art and Betty Winter Interview Richard Rohr (1983)*, daraus Text zum 18.9.

3. Unveröffentlichte Predigten:

daraus Texte zu folgenden Tagen: 3.12.; 3.1.; 17.1.; 3.2.; 4.2.; 5.4.; 6.4.; 7.4.; 14.5.; 21.5.; 5.6.; 25.6.; 6.8.

Tony Schulte O.F.M., Interview mit Richard Rohr zum Thema *Naming the Father Hunger*, daraus Texte zu den Tagen: 4.10.; 18.10.

Richard Rohr hat die Texte für diesen Auswahlband gründlich überarbeitet und zum Teil stark verändert, so daß daraus ein ganz neues „Rohr"-Buch wurde. Deshalb mußte alles neu aus dem Amerikanischen übersetzt werden.

Die Bibelzitate sind der Einheitsübersetzung entnommen.

Von Richard Rohr liegen in deutscher Übersetzung folgende Bücher vor:

- *Das auferstandene Buch. Die Lebenskraft des Neuen Testaments*. Bearbeitet und herausgegeben von Joseph Martos. Nachwort und aus dem Amerikanischen übersetzt von Andreas Ebert (Verlag Herder, Freiburg i. Br. 31991).
- *Das entfesselte Buch. Die Lebenskraft des Alten Testaments*. Bearbeitet und herausgegeben von Joseph Martos. Aus dem Amerikanischen übersetzt und Vorwort von Andreas Ebert (Verlag Herder, Freiburg i. B. 51992).
  Warum katholisch? Herausgegeben von Joseph Martos und Andreas Ebert. Aus dem Amerikanischen übersetzt von Radbert Kohlhaas (Verlag Herder, Freiburg i. Br. 21992).
- *Der nackte Gott. Plädoyers für ein Christentum aus Fleisch und Blut*. Vorwort, Bearbeitung und Übersetzung aus dem Amerikanischen von Andreas Ebert (Claudius Verlag, München 1992).
- *Von der Freiheit loszulassen. Letting Go*. (Claudius Verlag, München 31992).
- *Der wilde Mann. Geistliche Reden zur Männerbefreiung*. Vorwort und Übersetzung aus dem Amerikanischen von Andreas Ebert (Claudius Verlag, München 151992).
- *Richard Rohr/Andreas Ebert, Das Enneagramm. Die neun Gesichter der Seele* (Claudius Verlag, München 151992).